中國學術思想 研究輯刊

二七編

林慶彰 主編

第 11 冊

漢代道氣論思想研究（上）

楊婉羚 著

花木蘭文化事業有限公司

國家圖書館出版品預行編目資料

漢代道氣論思想研究（上）／楊婉羚 著 — 初版 — 新北市：
花木蘭文化事業有限公司，2018〔民 107〕
目 6+282 面；19×26 公分
（中國學術思想研究輯刊 二七編；第 11 冊）
ISBN 978-986-485-381-6（精裝）
1. 道教 2. 陰陽學說 3. 漢代
030.8   107001873

ISBN-978-986-485-381-6

中國學術思想研究輯刊
二七編　第十一冊   ISBN：978-986-485-381-6

漢代道氣論思想研究（上）

作　　者　楊婉羚
主　　編　林慶彰
總 編 輯　杜潔祥
副總編輯　楊嘉樂
編　　輯　許郁翎、王　筑　美術編輯　陳逸婷
出　　版　花木蘭文化事業有限公司
發 行 人　高小娟
聯絡地址　235 新北市中和區中安街七二號十三樓
　　　　　電話：02-2923-1455／傳眞：02-2923-1452
網　　址　http://www.huamulan.tw 信箱 hml 810518@gmail.com
印　　刷　普羅文化出版廣告事業
封面設計　劉開工作室
初　　版　2018 年 3 月
全書字數　508818 字
定　　價　二七編 25 冊（精裝）新台幣 48,000 元

漢代道氣論思想研究（上）

楊婉羚　著

作者簡介

楊婉羚，臺北人，1983 年生，2005 年 6 月畢業於中國文化大學中國文學系文學組，同年考取中國文化大學中國文學系碩士班，2009 年 1 月以《《淮南鴻烈》氣論思想研究》取得碩士學位，9月考取中國文化大學中國文學系博士班。2017 年 6 月以《漢代道氣論思想研究》獲得博士學位。曾任台北海洋技術學院通識教育中心、馬偕醫護管理專科學校通識教育中心兼任講師，現任馬偕醫護管理專科學校通識教育中心兼任講師。

提　要

　　氣論思想起源甚早，上古先民透過觀天地間冷熱、陰陽之氣之變化，發展出用以詮釋、建構天地萬物變化的理論系統。春秋戰國時期思想家們結合陰陽與五行，使氣論思想的發展逐漸蓬勃，並普遍存在於眾家思想當中，成為其詮釋建構其思想理論的基礎。漢代為建構一「貫通古今，包羅萬有」的大一統帝國，故以氣作為詮釋無限生生之天道運行與萬物生化的基礎，建築出龐大的氣化宇宙論，同時，漢初政治上實行黃老治術，與民休息，因此開啓漢代對道氣論的討論。東漢末年政治社會動盪，讖緯迷信盛行，人民期望出現新的心靈信仰，於是以道為名的宗教道教於漢末應運而生，道教在黃老道本氣化論思想之上加入神靈觀，使道氣論思想逐漸轉變為道氣是一的本體論思想，並成為後來道教神本論的重要理論基礎，可見道氣論思想對漢代黃老以及道教思想皆產生重要的影響。因此，本文在道氣論思想基礎之上，試圖透過漢代具有黃老、道家特色著作《淮南鴻烈》、《老子指歸》、《老子河上公章句》、《太平經》、《老子想爾注》、《周易參同契》之道氣論理論建構，探討各家道氣論特色與道氣論思想在黃老逐漸轉變為道教思想當中所扮演的角色，期望重新透過道氣論思想的角度，了解漢代道氣論思想的內容、特色與其對後世的影響。

　　第一章緒論，闡明「研究動機與目的」，並將「研究範圍與方法」作一歸納整理。在「研究動機與目的」部分簡述先秦至漢初氣論思想發展概況，點出氣論思想對漢代黃老與道教思想的淵源與影響。「研究範圍」部分界定出研究範圍為漢代具有黃老、道教特色的六部經典《淮南鴻烈》、《老子指歸》、《老子河上公章句》、《太平經》、《老子想爾注》、《周易參同契》作為討論漢代道氣論思想的文本內容。

　　第二章時代背景與思想淵源，介紹影響漢代道氣論發展的五個時期，並透過「道論思想」、「氣論思想」與「道教思想」淵源，整理出漢代道氣論思想發展淵源與道教產生的思想與時代背景。

　　第三章《淮南鴻烈》道氣論思想，透過氣化本體論、宇宙論的討論，說明其尊道為本體，氣為內涵的特色，進而藉此詮釋並建構一龐大博雜之氣化宇宙世界觀。並在天人相應，氣類相感影響下建構形、氣、神是一的氣化心性身體觀，並以反性虛靜為本，提出養神和氣的修養功夫，成為漢初黃老思想集大成著作，開啓漢代道氣論思想的發展。

　　第四章《老子指歸》道氣論思想，以氣論思想為架構分析其以道為元始，氣化連通的本體論思想與氣化宇宙論，並在精氣神作為形體之基，論述其心性身體觀，最後探討以清靜為本的心性修養論，並點出「重神愛氣」的修養觀特色。

第五章《老子河上公章句》道氣論思想，《老子河上公章句》提出「從道受氣」、「吐氣布化」之道本氣化論，並在「道生一，一生二，二生三，三生萬物」的氣化宇宙生化過程中，強調「天人相通，精氣相貫」之氣化心性身體觀，同時更指出守中和之氣與呼吸吐納等愛氣養神的修養功夫，也為道教修養觀奠定理論根源。

第六章《太平經》道氣論思想，由「元氣行道，以生萬物」的道本氣化論中探討道與氣之間的關係，同時更直視道為神，轉變為道教以神為本的本體思想，氣化宇宙論則是建構龐大的氣化三合圖式，帶出天地人是一的氣化心性身體觀，最後從內在心性專一守氣，與外在懸像、存思、食氣、行善功等修練功夫，期望到達尸解昇天的長生道教修養終極目標。

第七章《老子想爾注》道氣論思想，《老子想爾注》首先將道氣連稱，建構道氣神是一的道氣論本體思想，接著討論天人是一，與道相通，在內在修養則首重心志清靜、練氣歸根，外在修養則提出行誠積善、太陰練形、食氣與房中等功夫，期望透過奉道行誠、積精成神達到神成仙壽的長生之境。

第八章《周易參同契》道氣論思想，在本體論部分《周易參同契》直接將氣提高至道位階討論，並強調黃老、大易、鼎爐為其理論基礎，建構以乾坤陰陽、卦氣納甲等氣化宇宙觀，奠定其煉丹術思想根基，並在建構人之心性身體皆稟元氣所生之後，在內在修養上提出「含精養神」才能「安靜虛無，歸根反元」，在外在修練部分則是透過對爐鼎結構、煉丹火候、鉛汞丹藥結合鍛鍊過程，使丹藥還原至初使金丹，完成最早煉丹理論，並期望透過服食練氣功夫，以達長生之境。

第九章漢代道氣論思想評價與影響，此章分為「漢代道氣論思想比較」與「後世影響」兩部分討論：在「漢代道氣論思想比較」部分，將六部經典分為黃老道氣論思想與道教道氣論思想兩部分，綜合討論其道氣論思想特色，並比較其中相互影響的部分，觀察漢代道氣論思想轉變為道教道氣論思想的過程。在「後世影響」部分，從氣論、玄學、理學、道教等面向，論述漢代道氣論思想與《淮南鴻烈》、《老子指歸》、《老子道德經河上公章句》、《太平經》、《老子想爾注》、《周易參同契》的影響與後世對六部經典的評價與貢獻。

目

次

第一章 緒 論

第一節 研究動機與目的

　　道家爲中國中重要的思想學派，先秦時期以《老子》、《莊子》爲重要經典奠定道家思想的基礎。《老子》思想以道爲理論基礎展開，主張道無名無形，不可言說，不可定義，故云：「道，可道也，非恆道也。名，可名也，非恆名也。无名，萬物之始也，有名，萬物之母也〔註1〕」。由於道形上超越，爲萬物本體，無形象可視，爲說明其生化萬物的過程，故字之曰道，且云：「道生一，一生二，二生三，三生萬物，萬物負陰而抱陽，沖氣以爲和〔註2〕」，《老子》認爲萬物皆由道所生，道透過陰陽二氣正反相生作用相互激盪，變化生成具體萬物，而道生萬物的作用《老子》稱爲一，一爲無形生生作用，故《老子》云：「天下之物生於有，有生於無〔註3〕」，由此可知，道體無形，但其中蘊含生生不息創造作用，透過「一生二，二生三」之恍惚而實有之變化凝結

〔註1〕國家文物局古文獻研究室編：《馬王堆漢墓帛書【壹】》（北京：文物出版社，1980年3月），甲本釋文，頁10。

〔註2〕此據《馬王堆漢墓帛書・老子乙本》，缺文據通行本補。國家文物局古文獻研究室編：《馬王堆漢墓帛書【壹】》（北京：文物出版社，1980年3月），乙本釋文，頁89。（魏）王弼註：《老子道德眞經》二卷（臺北：中國子學名著集成編印基金會，1978年12月，影明刊本），卷二，四十二章，頁462。

〔註3〕此據《郭店楚墓竹簡・老子甲編》，《簡帛書法選》編輯組編：《郭店楚墓竹簡・老子・甲本》（北京：文物出版社，2002年10月），頁37。陳錫勇先生云：「郭店《老子》甲編如此，……『天下之物生於有』據下奪一『有』字重號，據帛書乙本補。」陳錫勇：《老子釋疑》（臺北：國家出版社，2012年2月），頁153。

生成萬物〔註4〕，故云「有生於無」。而道生萬物的作用是自然無爲的，「道恆無名，侯王如能守之，而萬物將自化〔註5〕」，《老子》認爲萬物間皆有自己然之理，因此道生萬物的作用是順其生化自然，萬物自可自己變化完成，故云道無所不爲，順其自化之理而已。《老子》思想透過道本體建構天道宇宙生成論，再由此推展至人生、政治上，《老子》認爲侯王治國也必須依循道自然無爲之理，不有心有爲，隨順天道運行之理化育天下萬物，人民自能順自己然之理自我完成，使社會安定富足。

　　《莊子》的天道宇宙論在《老子》的基礎上加以發揮，同樣以道爲形上虛無本體，「夫道，有情有信，无爲无形，可傳而不可受，可得而不可見；自本自根，未有天地，自古以固存，神鬼神帝，生天生地〔註6〕」，道無形無象，無以名言，但其中有精，爲萬物初始。《莊子》延續《老子》對道的論述，但其所關注的重點則是將道落實於人世間詮釋，「夫昭昭生於冥冥，有倫生於无形，精神生於道，形本生於精，而萬物以形相生〔註7〕」，《莊子》認爲有生於無，而人虛靜清明的精神生於道，而人的形體生於精神，並云：「人之生，氣之聚也，聚則爲生，散則爲死。若死生爲徒，吾又何患！故萬物一也，是其

〔註4〕 蔣錫昌云：「然有一即有二，有二即有三，有三即有萬，至是巧曆不能得其窮焉。老子一二三，只是以數字表示道生萬物，愈生愈多之義。」蔣錫昌：《老子校詁》（臺北：東昇出版事業有限公司，1980年4月）頁279。陳錫勇先生云：「『一生二，二生三』者道之動，忽恍恍忽，視之不見、聽之不聞、撫之不得，實有而無名無形，故曰『有』，並在『萬物之始』，並是『無名』者，萬物皆尊道而行之，……凡『一生二，二生三』之『一、二、三』是謂變化，忽恍恍忽統稱之『一』。」陳錫勇：《老子論集》（臺北：國家出版社，2015年1月），敘論，頁24～25。

〔註5〕 《郭店楚墓竹簡・老子甲》：「道恆無爲也，侯王能守之，而萬物將自化。」《簡帛書法選》編輯組編：《郭店楚墓竹簡・老子・甲本》，頁13。《馬王堆漢墓帛書・老子甲本、乙本》皆作「道恆无名」。國家文物局古文獻研究室編：《馬王堆漢墓帛書【壹】》，甲本釋文，頁13；乙本釋文，頁98。陳錫勇先生云：「『無爲』，帛書本作『無名』，檢第三十二章甲編並作『道恆無名』，是本章『無爲』之『爲』乃『名』之訛，當據改。『侯王能守之』，『侯王』下奪一『如』字，帛書甲本有『若』而奪『若』下『能』字，以本作『若能』，『若』，『如』義同，是當捕『如』字，且第三十二章甲編作『侯王如能守之』，並其證也。『而萬物將自化』，帛書本並奪『而』字，『而』猶『如』也，當有。此云侯王當守一，如萬物之守自然，則民自化矣。」陳錫勇：《老子釋疑》，頁130。

〔註6〕 王叔岷：《莊子校詮》（全三冊）（臺北：中央研究院歷史語言研究所，2007年6月），上冊，〈內篇・大宗師第六〉，頁230。

〔註7〕 同註6，中冊，〈外篇・知北遊第二十二〉，頁818。

所美者爲神奇，其所惡者爲臭腐；臭腐復化爲神奇，神奇復化爲臭腐。故曰『通天下之一氣耳』〔註8〕」，認爲道中之精爲生生之氣，道透過其中精氣作用化生萬物，萬物一也，以氣作爲道中重要內涵，成爲道生萬物的基礎元素，故云「通天下之一氣耳」，萬物齊一。正因萬物齊一，天道、人與萬物齊平，因此只要因任自然順自然本性而動，使精神保持虛靜清明狀態，便可不受外物情識影響，與道相通。自此《莊子》的思想由天道落實於人身修養，強調心靈超越，並提出「坐忘」、「心齋」的修養功夫。《莊子·大宗師》云：「墮枝體，黜聰明，離形去知，同於大通，此謂坐忘〔註9〕」，《莊子》認爲過度強調形體、智巧會導致人執著於追求外在情識，因此主張「坐忘」的修養功夫，希望透過去除外在情識的執著與限制，使心靈通達清明之道。「若一汝志，无聽之以耳，而聽之以心：无聽之以心，而聽之以氣。聽止於耳，心止於符。氣也者，虛而待物者也。唯道集虛。虛者，心齋也〔註10〕」，《莊子》認爲感官爲認識外物的管道，容易受外在情識影響，因此主張「心齋」的修養功夫，希望透過虛靜心靈，使心知不受感官認知判斷影響，超越感官之上，以虛靜心認知感受萬物自然而然之理。由此可知，《莊子》強調心靈超越之生命修養功夫，希望透過心靈的虛靜超越外物干擾，以通達自然逍遙無爲之道境。其次，《莊子》認爲「通天下之一氣耳」，道生萬物，人在其中，人爲道中生生之氣組成，故可推知天地萬物人皆一氣流行，氣爲貫通形上之道與形下之器的重要關鍵，因此，《莊子》開始以氣詮釋道之思想內涵，成爲後世以氣論道的開端。

〔註8〕王叔岷：《莊子校詮》（全三冊），中冊，〈外篇·知北遊第二十二〉，頁809。「通天下之一氣耳」本作「通天下一氣耳」。王叔岷云：「案《闕誤》引劉得一本作『通天地之一氣耳。』（楊愼《莊子闕誤》，『天地』仍作『天下。』）之猶者也。〈大宗師篇〉：『遊乎天地之一氣。』」中冊，〈外篇·知北遊第二十二〉，頁810。陳景元：「『通天地之一氣耳』，見劉得一本舊作『通天下一氣』。」（明）陳景元：《南華眞經章句餘事·闕誤》（臺北：藝文印書館，1962年8月，據明《正統道藏》本），頁第十七。楊愼：「通天下之一氣耳。」（明）楊愼：《莊子闕誤》（臺北：藝文印書館，1968年，《百部叢書集成》據清乾隆李調元輯刊《函海》本影印），卷一，頁6。

〔註9〕王叔岷：《莊子校詮》（全三冊），上冊，〈內篇·大宗師第六〉，頁268。

〔註10〕同註9，〈內篇·人間世第四〉，頁131。「若一汝志」本作「若一志」。王叔岷云：「成疏：『志一汝心，無復異端。』案正文一下疑挩汝字，〈知北游〉篇：『若正汝形，一汝視。』與此文例同。成疏『志一汝心，』文不成義，蓋『一汝志心』之錯誤。所據正文，一下蓋本有汝字。」

　　到了戰國末期，道家思想發生變化，產生黃老思想，所謂黃老思想，陳
鼓應云：

　　「黃老」乃是黃帝與老子的合稱。雖是合稱黃帝與老子，然而就理
　　論內容來看，黃帝僅為依託的對象，老子的道論方是黃老之學的理
　　論主軸。〔註11〕

又云：

　　黃老之學是以老子道論思想為主軸，同時結合齊法家「法」的思想，
　　以及當時盛行的刑名觀念而融會出的新道家思潮。這一思潮試圖於
　　社會政治層面提出一套君無為而臣有為的治國有效原則。〔註12〕

由此可知，時人將《老子》與黃帝思想結合，尊黃帝為學術思想的淵源〔註13〕，
並以道家虛靜無為之道為萬物根本，結合名家思想辯證與法家陰陽刑名變化
的觀念，用以詮釋天道運行規律，提倡順應自然、無為而治的政治治國理論
〔註14〕，形成黃老思想的理論基礎。黃老思想在戰國末年經由稷下學官們如
鄒衍、淳于髡、田駢等人的討論與發揚之下蓬勃發展〔註15〕。其中又以《管
子》四篇〔註16〕與《呂氏春秋》〔註17〕為戰國末年黃老思想的代表著作。《管

〔註11〕陳鼓應：《管子四篇詮釋──稷下道家代表作解析》（北京：商務印書館，2006
　　　年4月），頁4。
〔註12〕同註11，頁5。
〔註13〕《史記‧卷七十四‧孟荀列傳》：「騶衍睹有國者益淫侈，不能尚德，若大雅
　　　整之於身，施及黎庶矣。乃深觀陰陽消息而作怪迂之變，終始太聖之篇十餘
　　　萬言。其語閎大不經，必先驗小物，推而大之，至於無垠。先序今以上至黃
　　　帝，學者所共術，大并世盛衰，因載其禨祥度制，推而遠之，至天地未生，
　　　窈冥不可考而原也。」（漢）司馬遷撰、（南朝宋）裴駰集解：《史記》一百三
　　　十卷（全二冊）（臺北：藝文印書館，2005年2月，據清乾隆武英殿刊本景印），
　　　冊二，卷七十四，頁939。
〔註14〕陳廣忠云：「把道家學派的『道』論與先秦名家的邏輯思想、法家的法術觀有
　　　機地結合在一起，形成獨具特色的『黃老刑名之學』，成為黃老學派治國的理
　　　論武器之一。」陳廣忠：《中國道家新論》（合肥：黃山書社，2001年11月）
　　　頁445。
〔註15〕《史記‧卷四十六‧田敬仲完世家第十六》：「宣王喜文學游說之士，自如騶
　　　衍、淳于髡、田駢、接予、慎到、環淵之徒七十六人，皆賜列第，為上大夫，
　　　不治而議論。是以齊稷下學士復盛，且數百千人。」同註13，冊二，頁754
　　　～755。
〔註16〕陳鼓應云：「《管子》一書融會各家學說，然其中卻有不少黃老思想的篇章，
　　　如〈心術上〉、〈心術下〉、〈內業〉、〈白心〉四篇，以及〈形勢〉、〈宙合〉、〈樞
　　　言〉、〈水地〉等作品，其中《管子》四篇更是黃老思想的代表作。」陳鼓應：

子・心術上》有云：

　　虛無無形謂之道。化育萬物謂之德。〔註18〕

　　天之道，虛其無形。虛則不屈，無形則無所位赶，無所位赶，故偏
　　流萬物而不變。德者，道之舍，物得以生，生知得以職道之精。故
　　德者，得也，得也者，其謂所得以然也，以無爲之謂道，舍之之謂
　　德。故道之與德無閒，故言之者不別也。〔註19〕

《管子》根據《老子》對道的描繪加以論述，認爲道體虛無無形，不可言說，
德爲落實於天地間具體化育萬物的作用，萬物得其自然之理而生成。《管子》
雖分道德言之，但也說「道之與德無間」，實爲一體兩面。然爲論述道在天地
間的具體展現，《管子》帶入精氣思想。《管子・內業》：

　　凡物之精，此則爲生。下生五穀，上爲列星。流於天地之閒，謂之
　　鬼神。藏於胸中，謂之聖人；是故此氣，杲乎如登於天，杳乎如入
　　於淵，淖乎如在於海，卒乎如在於己。〔註20〕

《管子四篇詮釋——稷下道家代表作解析》，頁 17。陳麗桂云：「《管子》中的
〈內業〉、〈白心〉、〈心術上〉、〈心術下〉等四篇也呈現出大致相同的思想主
題與特質：它們從治心之理上去論治國之道，由自然之道上去講政道，強調
尊君、崇尚刑名與法，主張人君用虛無靜因之術去完成統御，並且用『精氣』
去詮釋形、神修養問題，也兼採道德、理、法爲一，不但和黃老帛書所呈現
的思想主題大致相同，和司馬談《論六家要旨》裏所提示的黃老道家思想特
質也相當一致。」陳麗桂：《戰國時期的黃老思想》（臺北：聯經出版事業股
份有限公司，2005 年 11 月），頁 109。

〔註17〕陳麗桂云：「畢沅新校《呂氏春秋》序說《呂氏春秋》『兼儒墨之旨，合名法
之源』，方孝孺說《呂氏春秋》『論德皆本黃老』（《遜志齋集》卷四〈讀呂氏
春秋〉），顧實〈漢書藝文志講疏〉說《呂氏春秋》『以黃老爲宗，示天下政治
大歸。』作爲我國哲學史上第一部有計畫綜合前此思想鉅著的《呂氏春秋》，
先天上具備了黃老思想綜合各家的基本特質。高誘序《呂氏春秋》說『此書
以道德爲標的，以無爲爲綱紀』。可見，先秦道家思想在《呂氏春秋》中，是
佔著很大的比重的。」陳麗桂：《秦漢時期的黃老思想》（臺北：文津出版社，
1997 年，2 月），頁 7。

〔註18〕黎翔鳳：《管子校注》（全三冊）（北京：中華書局，2006 年 4 月），中冊，卷
十三〈心術上〉第三十六，頁 759。

〔註19〕同註 18，中冊，卷十三〈心術上〉第三十六，頁 770。

〔註20〕同註 18，中冊，卷十六〈內業〉第四十九，頁 931。「是故此氣」本作「是故
民氣」。丁士涵云：「『民』乃『此』字誤，『氣』即精氣也，下文云『是故此
氣也』，是其證。」（唐）尹知章注、（清）戴望校正：《管子校正》上下冊（臺
北：世界書局，1958 年 5 月），下冊，卷十六，頁 279。

《管子》認爲精氣爲化生天地萬物的關鍵，其特色無形恍惚但眞實流行於天地間，成爲萬物之所以生成之理，由此可知，《管子》視氣與道具相同特質，同爲化生萬物的作用，具有相同的位階，形成獨特的精氣思想。同時，《管子》將虛靜自然之道作爲其政治理論的根本，提出「道貴因」的觀念，《管子·心術上》云：

> 因也者，舍己而以物爲法者也。感而后應，非所設也，緣理而動，
> 非所取也。過在自用，罪在變化，自用則不虛，不虛則仵於物矣。
> 變化則爲生，爲生則亂矣。故道貴因，因者，因其能者，言所用也。
> 〔註21〕

所謂因，即因循萬物自然而然之法則而爲，道生物皆因循天道運行的法則春生夏長秋收冬藏，因此，在上位者治國施政時也應因循天道倫常，「感而後應」、「緣理而動」，不違背事物生成法則，國家自然得以安定。

而《管子》的修養觀則是在《老》、《莊》的除情去欲的基礎之上加入貴因的思想，《管子·心術上》云：

> 心之在體，君之位也。九竅之有職，官之分也。心處其道，九竅循
> 理。嗜欲充益，目不見色，耳不聞聲。故曰：上離其道，下失其事。
> 毋代馬走，使盡其力，毋代鳥飛，使獘其羽翼。毋先物動，以觀其
> 則。動則失位，靜乃自得，道不遠而難極也。〔註22〕
>
> 心之在體，君之位也。九竅之有職，官之分也。耳目者，視聽之官
> 也，心而無與視聽之事，則官得守其分矣。夫心有欲者，物過而目
> 不見，聲至而耳不聞也，故曰：「上離其道，下失其事」。故曰，心
> 術者，無爲而制竅者也。〔註23〕

《管子》認爲「精也者，氣之精者也。氣，道乃生，生乃思，思乃知，知乃止矣〔註24〕」，心的認知判斷作用源自於道之精氣，故以心爲形體之主，統御肢體、感官，然則心之統御並非有心有爲指揮九竅運行，而是因循九竅自己然之理序，無爲而無不爲，九竅自能順力發揮其作用，此爲心統御形體之術。

〔註21〕黎翔鳳：《管子校注》（全三冊），中冊，卷十三〈心術上〉第三十六，頁776。
〔註22〕同註21，中冊，卷十三〈心術上〉第三十六，頁759。
〔註23〕同註21，中冊，卷十三〈心術上〉第三十六，頁766～767。
〔註24〕同註21，中冊，卷十六〈內業〉第四十九，頁937。

　　《呂氏春秋》爲戰國末年呂不韋所編纂「備天地萬物古今之事〔註 25〕」
之書，其內容「以道德爲標的，以無爲爲綱紀，以忠義爲品式，以公方爲檢
格〔註 26〕」，是戰國末年黃老代表著作。《呂氏春秋・大樂》云：

> 道也者，視之不見，聽之不聞，不可爲狀。有知不見之見、不聞之
> 聞，無狀之狀者，則幾於知之矣。道也者，至精也，不可爲形，不
> 可爲名，彊爲之名謂之太一。〔註 27〕

知《呂氏春秋》以《老子》之道爲基礎，認爲無形、無名，至高無上，內含
精妙生化作用，若欲強爲之名稱作太一。而道中生生不息的變化作用《呂氏
春秋》以陰陽相生之精氣詮釋，《呂氏春秋・圜道》云：

> 精氣一上一下，圜周復雜，無所稽留，故曰天道圜。〔註 28〕

《呂氏春秋》認爲道的生化作用具體落實於天地之間，透過清揚之陽氣與重
濁之陰氣上下相互作用而成，因此，天地之道之運行皆以氣爲其內涵，建構
天地萬物古今之事，人君若能因循天地自然之道，國家便得以昌盛。

　　綜上所述，黃老思想於戰國末年興起，至漢朝初年達到鼎盛，而漢朝所
稱之道家思想實爲黃老思想，〈六家要指〉云：

> 道家使人精神專一，動合無形，贍足萬物。其爲術也，因陰陽之大
> 順，采儒墨之善，撮名法之要，與時遷移，應物變化，立俗施事，
> 無所不宜，指約而易操，事少而功多。……至於大道之要，去健羨，
> 絀聰明，釋此而任術。〔註 29〕

又云：

> 道家無爲，又曰無不爲，其實易行，其辭難知。其術以虛無爲本，以
> 因循爲用。無成埶，無常形，故能究萬物之情。不爲物先，不爲物後，

〔註 25〕　（周）呂不韋等撰、陳奇猷校釋：《呂氏春秋校釋》（全二冊）（臺北：華正書
　　　　　局有限公司，2004 年 6 月），上冊，漢河東高誘撰《呂氏春秋》序，頁 2。
〔註 26〕　同註 25，頁 2。
〔註 27〕　同註 25，上冊，卷五，頁 256。「彊爲之名謂之太一」本作「彊爲之謂之太一」。
　　　　　畢沅曰：「『彊爲之』下疑脫一『名』字。」（周）呂不韋等撰、（清）畢沅校
　　　　　正：《呂氏春秋校正》（四川：四川人民出版社，1998 年 2 月，《諸子集成新編
　　　　　（九）》），頁 43。許維遹案：「當有『名』字，《老子》云：『強爲之名曰大』，
　　　　　語例正同。」許維遹：《呂氏春秋集釋》（上海：上海書店，1996 年 12 月，《民
　　　　　國叢書》第五編據清華大學 1935 年版景印），卷五，頁 6。
〔註 28〕　同註 25，上冊，卷三，頁 171～172。
〔註 29〕　（漢）司馬遷撰、（南朝宋）裴駰集解：《史記》一百三十卷（全二冊），卷一
　　　　　百三十，〈太史公自序〉，頁 1349。

故能爲萬物主。有法無法，因時爲業；有度無度，因物與合。故曰「聖
人不朽，時變是守。虛者道之常也，因者君之綱」也。〔註30〕

由司馬談對道家的定義得知，此時的道家已非《老》、《莊》的道家思想，而
是在道家思想的基礎之上，以虛靜無爲之道爲本體，加入陰陽五行氣論思想，
以氣論天道運行規律，強調因循天道自然爲法則，構成君主施政依據的黃老
道家思想，而漢朝初年黃老道家思想的代表著作爲《淮南鴻烈》〔註31〕。

《淮南》的編撰者爲淮南王劉安，全書「其旨近《老子》，淡泊無爲，蹈
虛守靜，出入經道。言其大也，則燾天載地，說其細也，則淪於無垠，及古
今治亂，存亡禍福，世間詭異懷可之事。其義也著，其文也富，物事其類，
無所不載。然其大較歸之於道，號曰鴻烈〔註32〕」，由此可知其內容以道家爲
本，兼採眾家思想之長，貫通古今，包羅萬有，具有黃老特色。《淮南》的本
體論建立在道家初始、超越、無形、無名之道之上，故〈原道〉云：

夫道者，覆天載地，廓四方，柝八極，高不可際，深不可測，包裹
天地，稟授無形。原流泉浡，沖而徐盈，混混汩汩，濁而徐清。故
植之而塞于天地，橫之而彌于四海，施之無窮而無所朝夕，舒之幎
於六合，卷之不盈於一握。約而能張，幽而能明，弱而能強，柔而
能剛。橫四維而含陰陽，絃宇宙而章三光。〔註33〕

《淮南》道論基本上承襲自《老子》以降對道的描繪，並且藉由陰陽二氣相
生作用，詮釋天地萬物間之變化規律，《淮南》透過以氣詮釋道生萬物的過
程，作爲君王施政依據。在個人修養方面，主張虛靜無爲修養觀，使心性、
精神回歸初始虛靜的道的狀態，便可與道相通。由於其內容「觀天地之象，
通古今之事，權事而立制，度形而施宜，原道之心，合三王之風，以儲與扈
冶〔註34〕」，因此被視爲漢朝初年黃老道家集大成之作〔註35〕。然而就在漢武

〔註30〕 （漢）司馬遷撰、（南朝宋）裴駰集解：《史記》一百三十卷（全二冊），卷一
百三十，〈太史公自序〉，頁 1350。

〔註31〕 以下簡稱《淮南》。

〔註32〕 （漢）劉安撰：《淮南子》二十一卷（臺北：臺灣商務印書館，1979 年 11 月，
《四部叢刊》正編子部據上海涵芬樓景印劉泖生影寫北宋本），〈淮南鴻烈解
敘〉，頁 2。

〔註33〕 同註32，卷一〈原道〉，頁 2～3。「原流泉浡」本作「原流泉滂」。高誘注：「浡，
涌也。」

〔註34〕 同註32，卷二十一〈要略〉，頁 164。

〔註35〕 胡適云：「道家集古代思想的大成，而《淮南王書》又集道家的大成。道家兼
收并蓄，但其中心思想終是那自然無爲而無不爲的『道』。」胡適：《中國中

帝「罷黜百家，獨尊儒術〔註 36〕」之後，黃老道家思想轉入民間，與民間信仰、陰陽五行、災異讖緯等方術結合，成為道教思想理論的根源，對於道教教義的完成與道教建立產生重要的影響。

　　在《淮南》之後出現三本《老子》注本：《老子指歸》、《老子河上公章句》、《老子想爾注》，這三部經典雖然都站在《老子》的基礎之上展開，但由心性修養思想觀之，可見其思想內容在當時陰陽五行氣論思想盛行的影響之下，紛紛以氣釋道，因此使得心性修養觀由原先道家、黃老重精神修養功夫逐漸轉變為著重養氣的修養觀，故《老子指歸》云：「故治之於身，則性簡情易，心達志通，遠所不遠，明所不明。重神愛氣，輕物細名，思慮不惑，血氣和平。筋骨便利，耳目聰明，肌膚潤澤，面理有光。精神專固，生生青青，身體輕勁，美好難終〔註 37〕」；《老子河上公章句》云「修道於身，愛氣養神，益壽延年。其德如是，乃為真人〔註 38〕」，兩者雖皆強調除情去欲、清靜精神，但同時也重視愛氣養氣的修養觀為後世道教修養思想奠定理論基礎。

　　而《太平經》與《老子想爾注》被視為東漢末年道教正式出現的道教經典著作，兩者在本體論思想上延續漢朝以氣釋道的觀念，同時更將氣的位階提高至與道相同，為道教「一氣化三清」的神祇觀提供理論依據，建立道教

古思想史長篇》（合肥：安徽教育出版社，2006 年 8 月），頁 109。于大成云：「淮南王書，紀綱道德，總統仁義，籠天地于形內，挫萬物于筆端。因陰陽之大順，采儒、墨之善，撮名、法之要，而成一家之言。班史列之雜家，後世接武呂覽。論其義著贍富，文信奚足方駕！言其條貫縝密，淮南宜稱絕論。」于大成：《淮南鴻烈論文集》（全二冊）（臺北：里仁書局，2005 年 12 月），上冊，頁 69。

〔註 36〕 《史記·卷一百二十一·儒林列傳》：「及今上即位，趙綰、王臧之屬明儒學，而上亦鄉之，於是招方正賢良文學之士。……及竇太后崩，武安侯田蚡為丞相，絀黃老、刑名百家之言，延文學儒者數百人，……天下之學士靡然鄉風矣。」（漢）司馬遷撰、（南朝宋）裴駰集解：《史記》一百三十卷（全二冊），冊二，頁 1274。《漢書·武帝紀》：「孝武初立，卓然罷黜百家，表章六經。」（漢）班固撰、（唐）顏師古注、（清）王先謙補注：《漢書補注》一百卷（全二冊）（臺北：藝文印書館，1996 年 8 月，據清光緒庚子春日長沙王氏校刊本），冊一，頁 103。

〔註 37〕 （漢）嚴遵撰、（唐）谷神子註：《道德真經指歸》（臺北：中國子學名著集成編印基金會，1978 年 12 月，《中國子學名著集成——宋元明清善本叢刊》據明萬曆間胡震亨刊《秘冊彙函》本），卷三，〈善建篇〉，頁 210～211。

〔註 38〕 （漢）河上公章句：《老子道德經》二卷（臺北：臺灣商務印書館，1975 年 6 月，《四部叢刊》初編子部據上海商務印書館縮印常熟瞿氏藏宋本），卷下，〈修觀第五十四〉，頁 16。

初期的教義、科儀與神仙系統，在修養觀方面，兩者皆在養氣重神的基礎之上，提出養形重形體修養的觀念，使黃老思想轉變爲道教長生不死重視形體鍛鍊的修養觀。而《周易參同契》更是站在《周易》、黃老的思想之上，發展出鼎爐煉丹之術之理論，爲後世道教金丹術的成熟奠定良好的理論基礎。由此可知，這六部經典對於黃老思想轉變爲道教思想的過程皆產生深厚的影響，而氣在其中則是扮演關鍵的角色。

故本文試以氣論思想爲基礎，並以《淮南鴻烈》、《老子指歸》、《老子河上公章句》、《周易參同契》、《太平經》、《老子想爾注》等書爲討論對象，探討這些典籍中的氣論思想與以氣釋道過程中道與氣之間的關係，同時試圖藉此檢視其對黃老思想轉變爲道教思想的過程與影響。

第二節　研究範圍與方法

一、研究範圍

（一）原典

本文所討論的內容主要著重於漢代氣論思想與道的關係，進而觀察黃老道氣論思想轉變爲道教道氣論思想的過程，因此，在研究範圍部分，僅以漢代具有黃老與道教特質的著作爲論，其他如讖緯、中醫等著作中雖亦論及道與氣之關係，但由於並非直接與黃老、道教思想相關，故未列專書於論文當中討論。

綜上所述，漢代道氣論思想當中具有黃老、道教特質的著作，根據《漢書·藝文志》、《隋書·經籍志》紀載，除《淮南鴻烈》、《老子河上公章句》、《老子指歸》，其他多以亡佚，未見著錄〔註39〕，再加上道教經典多爲秘傳，經籍志少有著錄〔註40〕，東漢末年張道陵所著《老子想爾注》則因唐敦煌

〔註39〕《隋書·經籍志》：「《老子道德經》二卷周柱下史李耳撰。漢文帝時河上公注。梁有戰國時河上丈人注《老子經》二卷，漢長陵三老丘望之注《老子》二卷，漢徵士嚴遵注《老子》二卷，虞翻注《老子》二卷，亡。」又「《老子指歸》十一卷嚴遵注。」（唐）長孫無忌等撰：《隋書》八十五卷（臺北：藝文印書館，1996年8月，據清乾隆武英殿刊本景印），卷三十四，頁504。

〔註40〕《魏書·釋老志》：「及張陵受道於鵠鳴，因傳天官章本千有二百，弟子相授，其事大行。齋祠跪拜，各成法道，有三元九府、百二十官，一切諸神，咸所統攝。……其書多有禁祕，非其徒也，不得輒觀。」（北齊）魏收撰：《魏書》一百四十卷（全二冊）（臺北：藝文印書館，1996年8月，據清乾隆武英殿刊本景印），冊二，卷一百一十四，頁1451。

殘卷被發現而見於世，其他包括《後漢書》中所提到，保留於明《正統道藏》的東漢末年道教經典《太平經》〔註41〕，以及流傳於道教徒間鍛煉金丹代表著作魏伯陽所著的《周易參同契》〔註42〕，皆爲兩漢時期蘊含道氣論思想之道教初期代表著作。故本文以此六部經典爲論分別論述之。

1、《淮南鴻烈》

《淮南鴻烈》的編撰者劉安（179－122B.C.），是西漢淮南厲王劉長（198－174B.C.）之長子，劉長爲漢高祖劉邦（247－195 B.C.）的幼子。文帝繼位時，高祖八子只剩文帝與淮南王長，文帝六年（174B.C.），棘蒲侯太子柴奇謀反，劉長牽連其中，文帝召四十多位議罪大臣論其罪，皆曰「棄市」〔註43〕，文帝免其死罪，廢去淮南王位，發配往蜀郡嚴道縣。劉長絕食而亡，死時二十五歲，留下四子，年皆四、五歲。八年（172B.C.），文帝因憐憫淮南王四子尚年幼，故分封其子安爲阜陵侯、勃爲安陽侯、賜爲陽周侯、良爲東城侯

〔註41〕《後漢書·郎顗襄楷列傳第二十下》：「初，順帝時，琅邪宮崇詣闕，上其師干吉於曲陽泉水上所得神書百七十卷，皆縹白素朱介青首朱目，號太平清領書。其言以陰陽五行爲家，而多巫覡雜語。有司奏崇所上妖妄不經，乃收藏之。後張角頗有其書焉。」（南朝宋）范曄撰、（唐）李賢注、（清）王先謙集解：《後漢書集解》一百二十卷（全二冊）（臺北：藝文印書館，1996年8月，據乙卯秋中長沙王氏校刊本景印），冊一，頁391～392。

〔註42〕《周易參同契眞義·序》：「按神仙傳：眞人魏伯陽者，會稽上虞人也，世襲簪裾，惟公不仕，修眞潛默，養志虛無，博贍文詞，通諸緯候，恬淡守素，爲道是從。每視軒裳，如糠粃焉。不知師授誰氏。得古文龍虎經，盡獲妙旨，乃約周易，撰參同契三篇。」（五代）彭曉撰、（明）涵蟾子編：《金丹正理大全周易參同契眞義》三卷（臺北：中國子學名著集成編印基金會，1978年12月，《中國文學名著集成——宋元明清善本叢刊》據國立中央圖書館藏明刊本景印），彭曉序，頁1～2。

〔註43〕《漢書·淮南衡山濟北王列傳第十四》：「六年，令男子但等七十人與棘蒲侯柴武太子奇謀，以輂車四十乘反谷口，令人使閩越、匈奴。事覺，治之，迺使使召淮南王。王至長安，丞相張蒼，典客馮敬行御史大夫事，與宗正、廷尉雜奏：『長廢先帝法，不聽天子詔，居處無度，爲黃屋蓋儗天子，擅爲法令，不用漢法。及所置吏，以其郎中春爲丞相，收聚漢諸侯人及有罪亡者，匿與居，爲治家室，賜與財物爵祿田宅，爵或至關內侯，奉以二千石所當得。大夫但、士伍開章等七十人與棘蒲侯太子奇謀反，欲以危宗廟社稷，謀使閩越及匈奴發其兵。事覺，長安尉奇等往捕開章，長匿不予，與故中尉蕑忌謀，殺以閉口，爲棺槨衣衾，葬之肥陵，謾吏曰『不知安在』。……長所犯不軌，當棄市，臣請論如法。』」（漢）班固撰、（唐）顏師古注、（清）王先謙補注：《漢書補注》，冊二，卷四十四，頁1035～1036。

〔註 44〕。十二年（168B.C.），有人作民歌「一尺布，尚可縫；一斗粟，尚可舂；兄弟二人，不相容！〔註 45〕」文帝聽到後非常感慨，於是追諡淮南王爲厲王。十六年（164B.C.），文帝將淮南王劉喜改封回原來封地城陽，並將當年劉長的封地淮南國，一分爲三，封給他的三個兒子，長子安繼爲淮南王、勃爲衡山王、四爲廬江王。東城侯良已死，無後。

> 淮南王安爲人好書，鼓琴，不喜弋獵狗馬馳騁，亦欲以行陰德拊循
> 百姓，流名譽。招致賓客方術之士數千人，作爲內書二十一篇，外
> 書甚眾，又有中篇八卷，言神仙黃白之術，亦二十餘萬言。時武帝
> 方好藝文，以安屬爲諸父，辯博善爲文辭，甚尊重之。〔註 46〕

劉安好讀書鼓琴，且就輩分而言，劉安是武帝叔父，因此武帝非常尊敬他，也很看重其才華，每有文件至淮南，必令當時大文豪司馬相如等起草潤色，才敢送出。在一次入朝時，劉安獻上《淮南內篇》，武帝極爲喜愛。

建元六年（135B.C.），有彗星出現，賓客告訴劉安，天下將有兵災，故劉安「心以爲上無太子，天下有變，諸侯並爭，愈益治器械攻戰具，積金錢賂遺郡國諸侯游士奇材。諸辨士爲方略者，妄作妖言，諂諛王，王喜，多賜金錢，而謀反滋甚。〔註 47〕」元朔三年（126B.C.），武帝賜劉安几杖，准予免行朝觀之禮〔註 48〕。

〔註 44〕 《漢書·淮南衡山濟北王列傳》：「制曰：『其赦長死罪，廢勿王。』有司奏：『請處蜀嚴道邛郵，遣其子、子母從居，縣爲築蓋家室，皆日三食，給薪菜鹽炊食器席蓐。』制曰：『食長，給肉日五斤，酒二斗。令故美人材人得幸者十人從居。』於是盡誅所與謀者。乃遣長，載以輜車，令縣次傳。……淮南王謂侍者曰：『誰謂乃公勇者？吾以驕不聞過，故至此。』乃不食而死。……孝文八年，憐淮南王，王有子四人。年皆七八歲，乃封子安爲阜陵侯，子勃爲安陽侯，子賜爲陽周侯，子良爲東城侯。」（漢）班固撰、（唐）顏師古注、（清）王先謙補注：《漢書補注》，冊二，卷四十四，頁 1035～1037。

〔註 45〕 同註 44，冊二，卷四十四〈淮南衡山濟北王傳第十四〉，頁 1037。高誘敍：「一尺繒，好童童，一升粟，飽蓬蓬，兄弟二人，不能相容！」（漢）劉安：《淮南子》二十一卷，頁 2。

〔註 46〕 同註 44，冊二，卷四十四〈淮南衡山濟北王傳第十四〉，頁 1037。

〔註 47〕 同註 44，冊二，卷四十四〈淮南衡山濟北王傳第十四〉，頁 1038。

〔註 48〕 楊有禮云：「几杖是指几案與手杖，用來供老年人平時靠身和走路時扶持之用的，所以古代以賜几杖爲敬老之禮。漢武帝對劉安賜几杖，是表示對他的尊重。」楊有禮：《新道鴻烈：淮南子與中國文化》（開封：河南大學出版社，2005 年 4 月），頁 10。

　　安有二子，長子不害爲妾所生，不得寵，故反立次子遷爲太子。遷喜劍
道，自以爲高明，元朔五年（124B.C.），逼與郎中雷被比劍，雷被推辭不得，
相陪而誤傷劉遷。太子遷怒，雷被心生恐懼，「此時有欲從軍者輒詣長安，被
即願奮擊匈奴。太子數惡被，王使郎中令斥免，欲以禁後。元朔五年，被遂
亡之長安，上書自明，事下廷尉、河南。河南治，逮淮南太子〔註49〕」。朝臣
詔曰棄市，武帝不許，最後乃消減劉安封地二縣，以示儆戒。劉安深以爲恥，
謀反之心益烈，積極部署造反進兵事宜。

　　長子不害既不得寵，又常受太子遷及王后的欺凌，不害之子建，暗中設
法加害太子，被太子發現後「數捕繫笞建〔註50〕」，劉建乃與好友嚴正上書天
子，告發劉安謀反。元朔六年（123B.C.），當年爲劉長所椎殺的辟陽侯審時其
孫審卿，亦暗中以淮南王謀反事證，上告宰相公孫弘。劉安賓客伍被更向官
吏舉發淮南王謀反，《漢書》本傳記載：

　　　　吏因捕太子、王后，圍王宮，盡捕王賓客在國中者，索得反具以聞。
　　　　上下公卿治，所連引與淮南王謀反列侯、二千石、豪桀數千人，皆
　　　　以罪輕重受誅。〔註51〕

由於搜出不少證物〔註52〕，罪證確鑿，武帝於是派宗正劉棄疾治劉安罪，劉
安自殺，王后、太子及所有牽連者，全遭誅殺，並改封地爲九江郡〔註53〕。
劉安從十六歲被封淮南王至此，共四十二年，死時五十八歲，時爲武帝元狩
元年（122B.C.）。

〔註49〕（漢）班固撰、（唐）顏師古注、（清）王先謙補注：《漢書補注》，冊二，卷
　　　　四十四〈淮南衡山濟北王傳第十四〉，頁1038。
〔註50〕同註49，冊二，卷四十四〈淮南衡山濟北王傳第十四〉，頁1039。
〔註51〕同註49，冊二，卷四十四〈淮南衡山濟北王傳第十四〉，頁1040。
〔註52〕〈淮南衡山濟北王傳第十四〉：「於是王銳欲發，乃令官奴入宮中，作皇帝璽，
　　　　丞相、御史大夫、將軍、吏中二千石、都官令、丞印，及旁近郡太守、都尉
　　　　印，漢使節法冠。」同註49，冊二，卷四十四，頁1039。
〔註53〕關於劉安謀反說，近代學者多主張爲「被逼謀反」，詳說見陳麗桂：《淮南鴻烈
　　　　思想研究》（上下冊）（臺北：國立臺灣師範大學國文研究所博士論文，1983年
　　　　3月），上冊，頁9～31、任繼愈主編：《中國哲學發展史（秦漢）》（北京：人
　　　　民出版社，1998年5月），頁246～248、雷健坤：《綜合與重構——《淮南子》
　　　　與中國傳統文化》（北京：開明出版社，2000年9月），頁23～24、徐復觀：《兩
　　　　漢思想史》第二卷（上海：華東師範大學出版社，2004年2月），頁109～113、
　　　　陳靜：《自由與秩序的困惑——《淮南子》研究》（昆明：雲南大學出版社，2004
　　　　年11月），頁112～124、楊有禮：《新道鴻烈：淮南子與中國文化》，頁13～21、
　　　　鄭良樹：《淮南子通論》（臺北：海洋詩社，1964年5月），頁25～26。

漢淮南王劉安好讀書，並曾「招致賓客方術之士數千人〔註54〕」，著《淮南鴻烈》二十一卷，全書主旨以道爲本體，論及天地宇宙人事變化之理，最後以「揔万方之指，而歸之一本，以經緯治道，紀綱王事〔註55〕」的帝王之道總結。而其內容無所不包，兼容眾家學說，博雜精深，爲黃老道家代表著作。

《淮南鴻烈》傳世的版本眾多，經于大成先生的整理研究，「淮南舊本，卷子本唯餘一卷。其完本者，有二十八卷本及二十一卷本二大統系〔註56〕」。今就完本簡述之：

（1）二十八卷本：以「正統道藏」本爲底本，其將〈原道〉、〈俶眞〉、〈天文〉、〈地形〉、〈時則〉、〈主術〉、〈氾論〉諸篇分上下卷，故分二十八卷。「今傳道藏有明正統、萬曆二本。民國十二年。康長素、張季直借北京白雲觀藏正統藏交涵芬樓重印，道藏面目，大顯于世。〔註57〕」

（2）二十一卷本：此本爲金友梅景鈔北宋小字本，劉泖生景鈔金本，《四部叢刊》據上海涵芬樓景印劉泖生本影寫北宋本〔註58〕。此本「首高誘敍，卷崀題『淮南鴻烈卷第幾，太尉祭酒臣許慎記上』。書中匡、朗、敬、鏡、殷、恆、貞、徵諸字皆缺末筆，當爲北宋仁宗時刊本。……顧千里謂爲當日最善之本，遠出藏本之上。〔註59〕」故本文以臺灣商務印書館編《四部叢刊》據上海涵芬樓景印劉泖生影寫北宋本爲底本，並參考整理眾家學者對《淮南鴻烈》校刊成果進行論述。

2、《老子指歸》

蜀有嚴君平，……君平卜筮於成都市，以爲「卜筮者賤業，而可以惠眾人。有邪惡非正之問，則依著龜爲言利害。與人子言依於孝，與人弟言依於順，與人臣言依於忠，各因勢導之以善，從吾言者，已過半矣。」裁日閱數人，得百錢足自養，則閉肆下簾而授老子。博覽亡不通，依老子、嚴周之指著書十餘萬言。揚雄少時從遊學，

〔註54〕（漢）班固撰、（唐）顏師古注、（清）王先謙補注：《漢書補注》，冊二，卷四十四〈淮南衡山濟北王傳〉，頁1037。

〔註55〕（漢）劉安撰：《淮南子》二十一卷，卷二十一，頁162。

〔註56〕于大成：《淮南鴻烈論文集》（全二冊），上冊，頁21。

〔註57〕同註56，上冊，頁21。

〔註58〕陳奐云：「此北宋本舊藏吳縣黃蕘圃百宋一廛，後歸同道汪閬源家。高郵王懷祖先生屬余借錄寄至都中，送倩金君友梅景鈔一部藏之於三百書舍，顧澗蘋景鈔豫大其賈四十金者及此本也。」（漢）劉安撰：《淮南子》二十一卷，頁1。

〔註59〕同註56，上冊，頁27。

以而仕京師顯名，數爲朝廷在位賢者稱君平德。……君平年九十餘，

遂以其業終，蜀人愛敬，至今稱焉。〔註60〕

嚴遵，字君平，蜀郡成都人，本姓莊，後因班固《漢書》避漢明帝劉莊（28－75AD）諱而改作嚴〔註61〕。嚴遵生於西漢中葉，平日以卜筮爲生〔註62〕，他認爲卜筮雖爲賤業，但可嘉惠眾人，替民眾分析利害得失，給予指引，透過忠孝等處世倫常，指導民眾因循情勢而爲善。嚴遵性情恬淡，未嘗出仕，曾傳授《老子》一書，並專精於《周易》、《老子》、《莊子》思想，因此，嚴遵融合《周易》、《老子》、《莊子》特色，以道德爲首，推知天地運行端緒，欲使「智者見其經効，則通乎天地之數、陰陽之紀、夫婦之配、父子之親、君臣之儀，萬物敷矣〔註63〕」，著有《老子指歸》〔註64〕。〔註65〕由於嚴遵學識淵博，富有盛名於世，大儒揚雄少時便曾向其問學，

〔註60〕（漢）班固撰、（唐）顏師古注、（清）王先謙補注：《漢書補注》一百卷（全二冊），冊二，卷七十二，〈王貢兩龔鮑傳〉，頁1363。

〔註61〕《華陽國志・卷十・蜀郡士女》：「嚴遵，字君平，成都人也」。（晉）常璩撰：《華陽國志》十二卷（全五冊）（臺北：藝文印書館，1968年，《百部叢書集成》《函海》據宋本重刊又以各本校注於每字之下，故據影印），冊四，頁1。（唐）谷神子〈嚴君平道德指歸論序〉：「嚴君平者，蜀郡成都人也，姓莊氏，故稱莊子。東漢章和之間班固作《漢書》，避明帝諱更之爲嚴，莊嚴亦古今之通語」。（漢）嚴遵撰、（唐）谷神子註：《道德眞經指歸》，頁89。又揚雄《法言・問明卷第六》：「蜀莊沈冥，蜀莊之才之珍也」，《漢書・王貢兩龔鮑傳》作「蜀嚴湛冥」，是其證。汪榮寶撰、陳仲夫點校：《法言義疏》（全二冊）（北京：中華書局，1997年10月），上冊，頁200；（漢）班固撰、（唐）顏師古注、（清）王先謙補注：《漢書補注》一百卷（全二冊），冊二，頁1364。

〔註62〕《高士傳・卷中・嚴遵》：「隱居不仕，常賣卜於成都市，日得百錢以自給。卜訖，則閉肆下簾，以著書爲事」。（晉）皇甫謐撰、（明）吳琯校：《高士傳》三卷（臺北：藝文印書館，1968年，《百部叢書集成》據《古今逸史》景印），頁18。《華陽國志・卷十・蜀郡士女》：「常卜筮於市，假著龜以教」。（晉）常璩撰：《華陽國志》十二卷（全五冊），冊四，頁2。

〔註63〕（漢）嚴遵著、王德有點校：《老子指歸》（北京：中華書局，2009年6月），〈君平說二經目〉，頁1。

〔註64〕又稱《指歸》、《道德指歸論》、《道德眞經指歸》。

〔註65〕《三國志・蜀書八・秦宓傳》：「嚴君平見黃、老作指歸」。（晉）陳壽撰、（南朝宋）裴松之注、（清）盧弼集解：《三國志集解》六十五卷（臺北：藝文印書館，1955年），卷三十八，頁832。《華陽國志・卷十・蜀郡士女》：「專精《大易》，耽於《老》《莊》。……授《老》《莊》，著《指歸》，爲『道書』之宗」。（晉）常璩撰：《華陽國志》十二卷（全五冊），冊四，頁2。《高士傳・卷中・嚴遵》：「君平賣卜，子雲所師。聃文是闡，迺作指歸。牧不可屈，錢常有餘。眞人淡泊，亶哉匪虛。」（晉）皇甫謐撰、（明）吳琯校：《高士傳》三卷，頁19。

屢稱其德〔註66〕，其易學著作《太玄經》便是習自嚴遵後推演而成。遵九十歲餘，王莽篡漢（8AD）後隱遁於世〔註67〕。

然《老子指歸》的流傳「陳隋之際已逸其半，今所存者止論德篇，因獵其詭羪，定爲六卷。而以其說目冠於端，庶存全篇之大義爾〔註68〕」，由此可知，唐代谷神子時所見《老子指歸》已出現殘缺現象，至唐宋之際已亡佚大半，但仍有全本流傳〔註69〕，《宋史‧藝文志》中著錄嚴遵《老子指歸》十三卷〔註70〕，前七卷注《老子‧德經》，後六卷注《老子‧道經》，宋代之後只存前七卷。經王德有先生整理，今存《老子指歸》大致可分兩個版本：

（1）六卷本，題爲《道德指歸論》，列「卷一之六」，收於《祕冊彙函》、《津逮秘書》、《學津討原》、《叢書集成初編》中。六卷本不引《老子》經文，每篇前以所注《老子》章首幾字爲題，如「上德不德篇」、「得一篇」、「上士聞道篇」等等，比七卷本多缺一卷，即缺《老子》「人之飢也」至「信言不美」幾章的釋文。

（2）七卷本，題爲《道德眞經指歸》，列「卷七至十三」，收於《道藏》、《怡蘭堂叢書》中。七卷本每篇前引所注《老子》經文，不列篇題。〔註71〕

且今觀《老子指歸》殘本編目發現，其將《老子》八十一章分爲七十二篇，上經爲〈德經〉，四十篇，下經爲〈道經〉，三十二篇，共七十二篇，與諸本不同，〈君平說經目〉有云：

〔註66〕 《高士傳‧卷中‧嚴遵》：「揚雄少從之遊，屢稱其德」。（晉）皇甫謐撰、（明）吳琯校：《高士傳》三卷，頁18。《華陽國志‧卷十‧蜀郡士女》：「揚雄少師之，稱其德」。（晉）常璩撰：《華陽國志》十二卷（全五冊），冊四，頁2。

〔註67〕 （唐）谷神子〈嚴君平道德指歸論序〉：「君平生西漢中葉，王莽篡漢遂隱遁」。（漢）嚴遵撰、（唐）谷神子註：《道德眞經指歸》，頁89。《漢書‧王貢兩龔鮑傳》：「君平年九十餘，遂以其業終，蜀人愛敬，至今稱焉。」（漢）班固撰、（唐）顏師古注、（清）王先謙補注：《漢書補注》一百卷（全二冊），冊二，卷七十二，頁1363。《華陽國志‧卷十‧蜀郡士女》「年九十卒」。（晉）常璩撰：《華陽國志》十二卷（全五冊），冊四，頁2。

〔註68〕 （漢）嚴遵撰、（唐）谷神子註：《道德眞經指歸》，（唐）谷神子〈嚴君平道德指歸論序〉，頁89。

〔註69〕 張岱年云：「今存《道藏》本殘缺不全，而唐代《老子》注解中引《指歸》文句，頗有在《道藏》本以外的，足證唐代和宋代初之時猶有完本。」（漢）嚴遵著、王德有點校：《老子指歸》，序，頁1。

〔註70〕 （元）脫脫等撰：《宋史》四百九十六卷（全七冊）（臺北：藝文印書館，1996年8月，據清乾隆武英殿刊本景印），冊三，卷二百五，〈藝文志四〉，頁2446。

〔註71〕 （漢）嚴遵著、王德有點校：《老子指歸》，自序，頁4。

> 昔者《老子》之作也，變化所由，道德爲母，効經列首，天地爲象。
> 上經配天，下經配地。陰道八，陽道九，以陰行陽，故七十有二首。
> 以陽行陰，故分爲上下。以五行八，故上經四十而更始。以四行八，
> 故下經三十有二而終矣。〔註72〕

《老子指歸》今僅存前七卷〈德經〉四十篇。今觀〈德經〉四十篇篇目與內容，《老子指歸》將《老子》三十九章、四十章合爲〈得一篇〉；五十七章、五十八章至「人之迷，其日固久矣」合爲〈以正治國篇〉；五十八章「是以聖人方而不割，廉而不劌，直而不肆，光而不耀」、五十九章合爲〈方而不割篇〉；六十七章、六十八章合爲〈天下謂我篇〉；七十八章、七十九章合爲〈柔弱於水篇〉。由此可知，嚴遵注解《老子》時不僅只是發揮《老子》思想，更融合《周易》陰陽變化之理對《老子》進行重新詮釋，因此《老子指歸》加上篇目名稱，同時更動章節安排，以合天地陰陽變化之道，進而構成《老子指歸》內容宗旨。

　　本文所據版本爲漢嚴遵撰、唐谷神子註《道德眞經指歸》本〔註73〕，並參考眾家學者對《老子指歸》校刊成果進行論述。

3、《老子河上公章句》

　　《老子河上公章句》相傳爲河上丈人或河上公所撰，《史記‧樂毅列傳》有云：

> 樂臣公學黃帝、老子，其本師號曰河上丈人，不知其所出。河上丈
> 人教安期生，安期生教毛翕公，毛翕公教樂瑕公，樂瑕公教樂臣公，
> 樂臣公教蓋公。蓋公教於齊高密、膠西，爲曹相國師。〔註74〕

司馬遷《史記》中最早提到河上丈人，而晉皇甫謐《高士傳》中亦提及河上丈人生平：

> 河上丈人者，不知何國人也，明老子之術。自匿姓名，居河之湄，
> 著《老子章句》，故世號曰河上丈人。當戰國之末，諸侯交爭，馳說
> 之士，咸以權勢相傾，唯丈人隱身修道，老而不虧，傳業於安期生，

〔註72〕　（漢）嚴遵著、王德有點校：《老子指歸》，〈君平說二經目〉，頁1。
〔註73〕　（漢）嚴遵撰、（唐）谷神子註：《道德眞經指歸》（臺北：中國子學名著集成編印基金會，1978年12月，《中國子學名著集成──宋元明清善本叢刊》據明萬曆間胡震亨刊《秘冊彙函》本）。
〔註74〕　（漢）司馬遷撰、（南朝宋）裴駰集解：《史記》一百三十卷（全二冊），冊二，卷八十，頁983。

為道家之宗焉。伯陽倡教，嗣流河上。句疏章鈞，宣機顯象。戰世紛紜，玄心坦蕩。鶴髮葆真，仙民景嚮。〔註75〕

相傳河上丈人為戰國末年隱士，熟習《老子》思想，曾著《老子章句》，並傳授與安期生，成為道家思想大家。而「安期生教毛翕公，毛翕公教樂瑕公，樂瑕公教樂臣公，樂臣公教蓋公」，《史記·曹相國世家》中提及漢初賢相曹參曾受教於蓋公，學黃老清靜無為之術，而此對漢初的黃老治世產生不小的影響〔註76〕。由此可知，河上丈人雖於司馬遷時已「不知其所出」，但確有其人，《隋書·經籍志》有戰國時河上丈人注《老子經》與漢文帝時河上公注之說〔註77〕。

然而，今觀《老子河上公章句》內容發現，其思想內容與漢初黃老清靜無為心性修養思想出現差別，轉而著重養生長壽，再加上《敦煌道藏》中五千文本有「太極左仙公序係師定河上真人章句〔註78〕」等字，且今《老子河上公章句》前有太極左先公葛玄序，因此被道教徒視為道教必讀經典〔註79〕，使得眾家學者對於其成書年代出現不同的論述。因此，今之學者對於成書年代主張大致有四：

（1）西漢初年

主張《老子河上公章句》為西漢著作的學者有金春峰、雷建坤、黃釗、陳廣忠等人。金春峰認為「《河上注》為漢代作品，因為① 它使用的名詞、

〔註75〕（晉）皇甫謐撰、（明）吳琯校：《高士傳》三卷，卷中，頁10。

〔註76〕《史記·曹相國世家》：「聞膠西有蓋公，善治黃老言，使人厚幣請之。既見蓋公，蓋公為言治道貴清靜而民自定，推此類具言之。參於是避正堂，舍蓋公焉。其治要用黃老術，故相齊九年，齊國安集，大稱賢相。」（漢）司馬遷撰、（南朝宋）裴駰集解：《史記》一百三十卷（全二冊），冊二，卷五十四，頁809。

〔註77〕《隋書·經籍志》：「《老子道德經》二卷周柱下史李耳撰。漢文帝時河上公注。梁有戰國時河上丈人注《老子經》二卷。」（唐）長孫無忌等撰：《隋書》八十五卷（臺北：藝文印書館，1996年8月，據清乾隆武英殿刊本景印），卷三十四，頁504。

〔註78〕李德范輯：《敦煌道藏》（全五冊）（北京：中華全國圖書館文獻縮微複製中心，1999年12月），冊3，S.6453、P.2255、P.2350前、P.2599、P.2735，頁1173、1206、1251、1255、1257。

〔註79〕《傳授經戒儀注訣》中言道教授經順序，首為「老君大字本《道經》上」、「老君大字本《德經》下」，次為「老君《道經》上、《道經》下，河上公《章句》」、「老君《德經》上、《德經》下，河上公《章句》」，再者為「老君《道經》上，《想爾訓》」、「老君《德經》下，《想爾訓》」。不著撰人：《傳授經戒儀注訣》（臺北：藝文印書館，1962年9月，影明《正統道藏》本），冊三五五，頁第四。

觀念、思想不是魏晉時期的；② 它反映出漢代特有的風習、制度；③ 反應
的學風也與魏晉不同〔註80〕」，同時更指出《老子河上公章句》爲西漢作品，
認爲不見著錄於《漢志》之漢代著作頗多；且西漢經學興起，章句之學已大
盛，《漢志》著錄的章句甚多；且《河上注》並無神仙思想，《河上注》講長
生僅爲益壽延年，其方法和西漢流行的養生方法一致，與《想爾注》爲道教
神仙之《老子》，王弼注爲學術思想之《老子》，《河上注》則爲養生與治國相
結合之《老子》，具西漢初期黃老思想特點之《老子》；又與《道德指歸》比
較，《河上注》思想比較樸素平實等因素，故可見《老子河上公章句》在西漢
出現是順理成章的，且應爲《指歸》以前的作品。〔註81〕陳廣忠更通過與馬
王堆帛書《老子》甲、乙本與《河上公本》避諱、校勘和其他黃老帛書比較，
認定河上公《老子章句》成書於文、景之世。〔註82〕

（2）西漢末至東漢初

　　主張《老子河上公章句》爲西漢末至東漢初期著作的學者有熊鐵基、馬
良懷、劉韶軍、吳相武、陳麗桂等。熊鐵基等人從以氣論道、「致太平」的社
會政治思想、養生論等方面論述，認爲《河上注》關於氣的論述較嚴遵明確
得多；《河上注》三十五章、四十一章、五十五章注中出現「致太平」思想，
與西漢開始出現的「太平」思想一致，進一步發展，就有所謂齊人甘忠可詐
造的《包元太平經》，以致後來的《太平清領書》、《太平經》等；且《河上注》
養生論中受神仙思想影響，認爲養生可以達到長生不死，這樣的解釋很少有，
嚴遵注就不是如此。〔註83〕陳麗桂認爲根據版本狀況推斷《河上公章句》晚
於《指歸》，《指歸》作於西漢末的嚴遵（西元前八八年～西元後一～五年間），
則《河上公章句》至早當在此後出現，亦即成書上限爲西漢末。然而，《論衡》
中幾句談及老子有養生、愛氣、求長生之言，視爲《論衡》前已有類似《河
上公章句》一系愛氣、養生、求長生之《老子》詮解流行，將《河上公章句》
成書定爲東漢中期以前，應是較爲保守而可靠的推斷。〔註84〕綜上所述，主
張《老子河上章句》成書時間大約西漢後期或者東漢中期。

〔註80〕 金春峰：《漢代思想史》（北京：中國社會科學出版社，1997 年 12 月），頁 399。
〔註81〕 同註 80，頁 406～414。
〔註82〕 陳廣忠：《中國道家新論》，頁 478～492。
〔註83〕 熊鐵基、馬良懷、劉韶軍：《中國老學史》（福建：福建人民出版社，1997 年
　　　　7 月），頁 181～193。
〔註84〕 陳麗桂：《漢代道家思想》（臺北：五南圖書出版有限公司，2013 年 11 月），
　　　　頁 233。

（3）東漢末年

主張《老子河上公章句》為東漢末年著作的學者有王卡、王明、張運華〔註85〕、鄭燦山、趙中偉〔註86〕、曾春海〔註87〕、湯一介〔註88〕等。王明云：「據茲所考，戰國河上丈人殆未有書。云漢文帝時河上公授《老子注》，蓋系神仙家之虛言。今見河上公章句，約作於東漢中葉迄末季間，系養生家托名於『河上公』者。其書之行世，當在王弼注之先，……《河上公章句》大抵屬後漢養生家言〔註89〕」、王卡云：「總之，《河上公章句》應成書於西漢之後，魏晉之前，大約在東漢中後期。王明先生〈《老子河上公章句》考〉推測《章句》約為後漢桓帝或靈帝時黃老學者偽託戰國時河上丈人所作，其說大致可信。這樣說也不否認現存《河上章句》傳本中有魏晉以後所增益的文字〔註90〕」，因此，主張《老子河上公章句》為東漢末年養生家作品。

（4）魏晉

主張《老子河上公章句》為魏晉以後的著作的學者有劉知幾、黃震、徐大椿、姚鼐〔註91〕、周中孚、勞健〔註92〕、易順鼎、章太炎〔註93〕、馬敘倫、

〔註85〕 張運華：《先秦兩漢道家思想研究》（吉林：吉林教育出版社，1998 年 12 月），頁 290。

〔註86〕 趙中偉：《道者，萬物之宗：兩漢道家形上思維研究》（臺北：紅葉文化事業有限公司，2004 年 4 月），頁 204。

〔註87〕 曾春海：《兩漢魏晉哲學史（修訂版）》（臺北：五南圖書出版股份有限公司，2004 年 1 月），頁 137～138。

〔註88〕 湯一介：《魏晉南北朝時期的道教》（臺北：東大圖書股份有限公司，1988 年 12 月），頁 118～121。

〔註89〕 王明：《道家和道教思想研究》（北京：中國社會科學出版社，1990 年 8 月），頁 303。

〔註90〕 王卡點校：《老子道德經河上公章句》（北京：中華書局，2006 年 10 月），前言，頁 3。

〔註91〕 姚鼐云：「老子書六朝以前多為之注者而其本不傳，有所謂河上公章句者，蓋俗妄人作之而託於神仙之說。」（清）姚鼐：《老子章義》二卷（臺北：藝文印書館，1970 年，《無求備齋老子集成續編》據同治庚午冬桐城吳氏重付刊於邗上獨山莫友芝檢本影），〈《老子章義》自題三則〉，頁一。

〔註92〕 勞健云：「今傳河上公本，乃有〈體道〉、〈養身〉諸章名，擬議不倫，殆與偽注同出流俗妄作。」勞健：《老子古本考》二卷（臺北：藝文印書館，1970 年，《無求備齋老子集成續編》據辛巳秋手稿本影印），序，頁三。

〔註93〕 章太炎云：「史公〈樂毅傳〉曰：『樂臣公學黃帝、老子，其本師號河上丈人，不知其所出。河上丈人教安期生，安期生教毛翕公，毛翕公教樂瑕公，樂瑕公教樂臣公，樂臣公教蓋公。』是則河上丈人遠在衰周之世，而云漢文就見，必非其實。今之河上公注，鐂子玄已微其偽矣。」章太炎：《菿漢微言》一卷

蒙文通以及《四庫全書總目提要》，都認爲《河上注》非漢人所作〔註94〕。宋黃震《黃氏日抄》云：「至八十一章之解，直謂河上公作虛空中，授漢文帝其事，發於裴楷，不知漢文帝在位二十三年，僅嘗勞軍及郊雍，未嘗幸河上，而裴楷乃晉人，非漢人也，一本作裴楷又未詳其何人，且史稱河上丈人爲安期生之師，六傳而至蓋公，蓋公尚在文帝之前，河上公豈當文帝之世，其說不經，全類市井小說，略不知古今辱老子之書又甚矣。姑辯其妄〔註95〕」、《四庫全書總目提要・二十八・子部・道家類》：「唐書劉子玄傳〔註96〕，稱老子無河上公註，欲廢之而立王弼前〔註97〕，……詳其詞旨，不類漢人，殆道流之所依託歟，相傳已久，所言亦頗有發明，姑存以備一家可耳〔註98〕」、馬敍倫亦云：「《河上注》，出王弼之後僞作，不足據〔註99〕」，「余謂裴楷或襄楷之誤，蓋後世道士者流，托於襄楷，以此爲說。……然余論河上公注曰：『魂者，雄也。主出入人鼻，與天通，故鼻謂玄也。』……若此者，漢初猶無其說，何況戰國時。又檢王本，經注相證，頗多錯譌複重，亦有弼注譌入經中而河上乃并弼注亦注之。……亦有弼注後經文始有錯譌者，而河上本亦同其錯譌，以此證之，蓋出於王本亂雜，錯譌之後，爲張道陵學者所爲，……至梁元帝《金樓子》、阮孝緒《七錄》始錄其書，皇侃《論語義疏》始援引其注，從可知梁世乃大行〔註100〕」，故將《老子河上公章句》視爲魏晉時期道士僞作，應出於王弼本之後。陳錫勇先生亦從以下幾點論河上公注本成書於王弼本之後：第一，《史記》曰河上丈人講《黃、老》之學，並無文本留存，而太史公

（臺北：世界書局，1982 年 4 月，《章氏叢書（正續編、家書、年譜）》（全二冊）影浙江圖書館校刊本），下冊，頁 939。

〔註94〕 金春峰：《漢代思想史》，頁 395。

〔註95〕 （宋）黃震：《黃氏日抄》九十七卷（臺北：臺灣商務印書館，1983 年，《文淵閣四庫全書》本），冊 708，子部十四，儒家類，卷五十五，〈讀諸子・老子〉，頁 398～399。

〔註96〕 「劉子玄」本作「劉子元」。《四庫全書》因避聖祖諱而改玄作元，今校改。

〔註97〕 《唐書・卷一百三十二・列傳第五十七・劉吳韋蔣柳沈》：「老子書無河上公注，請存王弼學。」（宋）歐陽脩等撰：《唐書》二百二十五卷（全三冊）（臺北：藝文印書館，1996 年 8 月，據清乾隆武英殿刊本景印），冊二，頁 1669。

〔註98〕 （清）永瑢等撰：《合印四庫全書總目提要及四庫未收書目禁燬書目》全五冊（臺北：臺灣商務印書館，1971 年 7 月），冊三，頁 39。

〔註99〕 馬敍倫：《讀兩漢書記》一卷（北京：國家圖書館出版社，2008 年 8 月，《漢書》研究文獻輯刊（全十冊），據民國十六年（1927）商務印書館鉛印本影），冊 9，頁 2。

〔註100〕 馬敍倫：《老子校詁》，序，頁 4～7。

曰「不知其所出」，《漢書・藝文志》亦無著錄，是無《老子》文本流傳；第二，今《文選》注引《老子》第四十六章河上公注，當是梁・薛綜所注引，而非吳・薛綜解；第三，王弼注本第三十五章作「道之出言」，「言」壞而爲「口」，河上公注本作「道之出口」；第四，王弼注本不誤而河上公注本誤者，是證河上公注本成書在王弼注本之後。〔註101〕

今觀眾家學者論述，其中又以王卡、王明等人主張成書於東漢之說之論述較爲圓融，而其論證主要有三：

（1）由版本流傳觀之：《老子河上公章句》於晉朝時應已廣爲流行，晉朝皇甫謐《高士傳》便曾提及河上丈人著《老子河上公章句》之事，同時在《文選・卷三・東京賦》注中保留有三國時薛綜〔註102〕注解，引用了河上公《老子注》文，此後魏晉南北朝學者著作皆有引述此書。故王卡認爲：「如果《文選》卷三的薛注引文可靠，就更證明《河上公章句》的問是在三國以前〔註103〕」，正因其於東漢末年業已成書，故魏晉時期被大量引用。其次，饒宗頤認爲明正統道藏中記載道教徒傳授經典序次，前三種分別爲《老子》、《老子河上公章句》、《老子想爾注》，是河上公《章句》與《想爾訓》同爲道教必讀經典。〔註104〕而《老子河上公章句》列於《老子想爾注》前，又《老子想爾注》爲東漢末張陵、張魯所傳道教經典，可證《老子河上公章句》應早出於《老子想爾注》〔註105〕，又云：「《想爾》爲張陵（或張魯）作，蓋曾見河上公《注》，則河上《注》成書，明在張陵立教之前，不能下至葛洪之世，……

〔註101〕 詳說參見陳錫勇：〈一「言」說「河上」：《老子》河上公注本成書在王弼注本之後論證〉，收入中國文化大學中國文學系編《第五屆新子學國際學術研討會會議論文集》，2017 年 10 月，頁 A5：1～7。

〔註102〕 《三國志・吳書・薛綜傳》：「薛綜（？～243AD），字敬文，沛郡竹邑人也。……黃龍……五年，爲太子少傅，領選職如故。六年春，卒。凡所著詩賦難論數萬言，名曰私載，又定五宗圖述、二京解，皆傳於世。」（晉）陳壽撰、（南朝宋）裴松之注、（清）盧弼集解：《三國志集解》六十五卷，卷五十三，頁1033～1036。

〔註103〕 王卡點校：《老子道德經河上公章句》，前言，頁2。

〔註104〕 饒宗頤：《老子想爾注校證》（上海：上海古籍出版社，1991 年 11 月），解題，頁2。

〔註105〕 《傳授經戒儀注訣》中言道教授經順序，首爲「老君大字本《道經》上」、「老君大字本《德經》下」，次爲「老君《道經》上、《道經》下，河上公《章句》」、「老君《德經》上、《德經》下，河上公《章句》」，再者爲「老君《道經》上，《想爾訓》」、「老君《德經》下，《想爾訓》」。不著撰人：《傳授經戒儀注訣》（臺北：藝文印書館，1962 年 9 月，影明《正統道藏》本），冊三五五，頁第四。

證諸天寶十載寫本，末云：『太極左先公序，係師定河上眞人《章句》。』知河上《注》自東漢已有流傳，至天師道之係師，乃加以釐定耳〔註106〕」。

（2）由注經形式觀之：王卡云：「東漢時期，受古文經學影響，章句之體風行。……章句之體，西漢已有，但東漢後期尤爲盛行。河上公《老子章句》在文體上正反映當時學風。〔註107〕」又云：「而且據孔穎達《禮記正義》稱：東漢學者馬融注《周禮》，使採用『就經爲注』形式，改變以前經文與注文分開的形式。《河上公章句》在形式上正是『就經爲注』的，應成書於馬融（七九～一六六年）之後。〔註108〕」今觀敦煌道藏《老子河上公章句》殘卷數篇，其抄寫方式正是正文注文連鈔之「就經爲注」形式，全書分爲上下卷，上卷二章、下卷二章，共分四章，但未分篇且無篇名。而今以所見敦煌道藏中有年代紀錄之年號觀之，起於南朝承聖三年（554AD）至唐至德二年（757AD）〔註109〕，知南北朝至唐代所見《老子河上公章句》形式與東漢末年「就經爲注」之注經形式相符，且已出現多種不同傳本〔註110〕。然而今所見《四部叢刊初編》據上

〔註106〕饒宗頤：《老子想爾注校證》，頁82。湯一介云：「所有材料都把《想爾注》列於《河上公章句》之後，應可斷定《河上公章句》成書於《想爾注》之前，且敦煌卷有天寶十年系師定本《道德經》一卷，卷末有「五千文上下二号，合八十一章四千九百九十九字，太極左仙公序，系師定《河上眞人章句》。」這一段記載説明《河上公注》在張魯時已有，可證它在《想爾注》前。同時又説明《河上公注》和葛玄這派道教有更密切的關係。後來葛洪作《抱朴子》有些思想就來源於《河上公注》。」湯一介著：《魏晉南北朝時期的道教》，頁121。

〔註107〕王卡點校：《老子道德經河上公章句》，前言，頁3。

〔註108〕同註107，前言，頁3。

〔註109〕李德范云：「敦煌文書中，有五百餘件道教文獻，且均爲手抄本。從其有紀年的道經題記中出現的年號看，大約自六世紀中葉至八世紀中葉，起於南朝承聖三年（554）（太上動玄靈寶妙經種篇序章題記：「承聖三年三月七日道士朱士元書」。日本京都博物館藏本，據大淵忍尔《目錄篇》。）止於唐至德二年（757）（太極左仙公序係師定河上公眞人章句題記：「至德二年載歲次」P.2735號）。此時正是統治者在内地大力提倡道教的時期。」李德范輯：《敦煌道藏》（全五冊），冊1，前言，頁4。

〔註110〕王卡云：「《河上公章句》自東晉南朝廣爲流傳，至唐初已出現不同版本。如唐初陸德明《經典釋文》所引《河上公章句》，就有所謂『河上本』與『河上一本』的區別。又據宋謝手灝《混元聖紀》卷三稱：唐初傅奕考覈《道德經》眾本，勘數其字，《河上丈人》本，齊處士仇嶽家傳，有五千七百二十二字；《河上公》本，有五千五百五十五字，或五千五百九十字。又據唐成玄英《老子道德經開題序訣義疏》稱：《河上公》本《道德經》較五千文本多五百四十餘字。可見唐初《河上章句》的經文字數就有四種不同傳本。此外，隋蕭吉《五行大義》和唐釋法琳《辨正論》所引《河上注》文，也有不見於今本者。」同註107，前言，頁14。

海商務印書館縮印常熟瞿氏藏宋代刻本《老子河上公章句》中，其形式則爲全書分上下兩卷四章八十一篇，且各篇皆有篇名，注文內更加入音讀反切，已與古本不同〔註111〕。由此可知，道藏本《老子河上公章句》殘卷應爲東漢末年傳本，即是爲三國薛綜、晉朝皇甫謐等人所引用之《老子河上公章句》，故《老子河上公章句》應成書於東漢末年，與《老子想爾注》同一時期。

（3）由思想內容觀之：饒宗頤先生曾比較《老子想爾注》與《老子河上公章句》注文，認爲《想爾注》文雖與《河上公章句》訓詁相異之處眾多，然因襲《河上公章句》之處亦不在少數。〔註112〕王卡亦云：「河上《注》文主要以漢代黃老學思想解說《老子》，而與魏晉玄學家以哲學本體論解《老》有所不同，更不同於東晉南朝以後道教徒以羼雜佛學義理的重玄哲學疏解《老子》〔註113〕」。

綜上所述，皆可論證「《河上公章句》者，蓋當後漢中葉迄末造間，有奉黃老之教者，爲敷陳養生之義，希幸久壽不死，託名于河上公而作〔註114〕」。故本文採取此說來對《老子河上公章句》之內容進行討論，並以《四部叢刊》初編子部據上海商務印書館縮印常熟瞿氏藏宋本河上公章句《老子道德經》〔註115〕爲底本進行論述。

4、《太平經》

有關《太平經》的記載最早見於《漢書》〔註116〕與《前漢記》〔註117〕，

〔註111〕王卡於卷一，體道第一：「常有欲，以觀其徼」，河上公注：「徼，歸也。常有欲之人，可以觀世俗之所歸趣也」下注云：「影宋本、天祿本此句後原有『徼古吊反』，案此音釋乃宋刻本所添加，敦煌唐寫本、道藏諸本及日本舊鈔本、刻本皆無此注音，今據之刪除。」王卡點校：《老子道德經河上公章句》，前言，頁4。
〔註112〕饒宗頤：《老子想爾注校證》，頁79～82。
〔註113〕王卡點校：《老子道德經河上公章句》，前言，頁3。
〔註114〕王明：《道家和道教思想研究》，〈《老子河上公章句》考〉，頁323。
〔註115〕（漢）河上公章句：《老子道德經》二卷（臺北：臺灣商務印書館，1975年6月，《四部叢刊》初編子部據上海商務印書館縮印常熟瞿氏藏宋本）。
〔註116〕《漢書·眭兩夏侯京翼李傳》：「初，成帝時，齊人甘忠可詐造天官曆包元太平經十二卷，以言『漢家逢天地之大終，當更受命於天，天帝使眞人赤精子，下教我此道。』」（漢）班固撰、（唐）顏師古注、（清）王先謙補注：《漢書補注》一百卷（全二冊），冊二，卷七十五，頁1410。
〔註117〕《前漢紀·孝哀皇帝紀上》：「天官曆包元太平經十二卷。言漢家曆運中衰。當再受命。宜改元易號。太平經者。成帝時齊人甘忠詐造。云天帝使眞人赤松子教我此道。」（漢）荀悅撰：《前漢紀》三十卷（臺北：臺灣商務印書館，1975年6月，《四部叢刊》初編史部據上海商務印書館縮印無錫孫氏小淥天藏明刊本），卷二十八，頁195。

言漢成帝（51－7B.C.）時有齊人甘忠可造《天官曆包元太平經》十二卷，內容爲天帝向眞人赤松子傳授，論漢代興衰與受命興國之術。然《漢書・藝文志》中未著錄此書。其後《後漢書・襄楷列傳》云：

> 前者宮崇所獻神書，專以奉天地順五行爲本，亦有興國廣嗣之術。其文易曉，參同經典，而順帝不行，故國胤不興，孝沖、孝質頻世短祚。〔註118〕

又云：

> 初，順帝時，琅邪宮崇詣闕，上其師于吉於曲陽泉水上所得神書百七十卷，皆縹白素朱介青首朱目，號太平清領書。其言以陰陽五行爲家，而多巫覡雜語。有司奏崇所上妖妄不經，迺收臧之。後張角頗有其書焉。〔註119〕

《後漢書》中記載東漢順帝（115－144A.D.）時，宮崇獻上其師于吉所得神書百七十卷，其內容以天地自然、陰陽五行爲主，其中有興國廣嗣之術與巫覡雜語，號《太平清領書》。因此，關於《太平經》的成書時間與作者，一般學者認爲：

（1）《太平經》非一時一地一人所作。學者認爲史書所載西漢甘忠可所撰之《包元太平經》即爲《太平清領書》之原型，而東漢宮崇所獻其師于吉所得之神書《太平清領書》即爲現存之《太平經》〔註120〕，由此推知《太平經》的作者應爲西漢甘忠以降至東漢干吉、宮崇等道教徒所共同創作而成，故今所見《太平經》中文體風格極不統一，王平認爲可歸納爲散文體、對話體、問答體，其中散文體成書於東漢順帝以前，問答體成書於漢末靈（156－189A.D.）、獻（181－234A.D.）之世，而對話體則兩種可能兼而有之〔註121〕。其次，王明認爲《太平經》共一百七十卷，以甲、乙、丙、丁、戊、己、庚、

〔註118〕（南朝宋）范曄撰、（唐）李賢注、（清）王先謙集解：《後漢書集解》一百二十卷（全二冊），冊一，卷三十下，〈郎顗襄楷列傳第二十下〉，頁391。

〔註119〕同註118，冊一，卷三十下，〈郎顗襄楷列傳第二十下〉，頁391～392。

〔註120〕唐章懷太子李賢注：「于姓，吉名也。神書，即今道家《太平經》也。其經以甲、乙、丙、丁、戊、己、庚、辛、壬、癸爲部，每部十七卷也。」同註118，冊一，卷三十下，〈郎顗襄楷列傳第二十下〉，頁390。王明云：「范曄《後漢書・襄楷傳》裏襄楷疏稱于吉（于一作干）所得神書，號《太平清領書》，這就是道教相傳的《太平經》。」王明編：《太平經合校》（全二冊）（北京：中華書局，1997年10月），前言，頁1。

〔註121〕詳說參見王平著：《〈太平經〉研究》（臺北：文津出版社，1995年10月，《大陸地區博士論文叢刊》1992年北京大學博士論文），頁13～15。

辛、壬、癸爲部，每部十七卷，至爲龐大，無法簡單說此書爲甘忠或干吉、宮崇個人著作〔註122〕。

（2）《太平經》成書時間爲東漢順帝至靈、獻之際。根據王平由文體變化推測《太平經》的成書時間約在東漢順帝至靈、獻之際。其次，饒宗頤認爲《老子想爾注》屢言及「太平」二字，而《太平經》與張魯天師道相同觀點甚多，如禁酒、順時令、義舍、懺悔等，今《太平經》亦見「天師」、「天師道」諸名，足見《太平經》與天師道關係之深切〔註123〕。《老子想爾注》作者張陵爲順帝時人，張魯生活於靈、獻之際，故《太平經》最晚成書於靈、獻之際，與《想爾注》爲同一時期的道教經典。

綜上所述，《太平經》成書於東漢末年，非一時一地一人所作，雖爲漢魏以降道教徒所共同增補而成，「可是大體說來，它還是保存著東漢中晚期的著作的本來面目〔註124〕」，故可視爲東漢末初期道教經典著作。

按《太平經》目錄所載原書共一百七十卷，以甲、乙、丙、丁、戊、己、庚、辛、壬、癸爲部，每部十七卷，今唐敦煌殘卷 S.4226 中有《太平經》一百七十卷目錄、篇名〔註125〕，與今所見明正統道藏殘卷相符，知唐仍可見全本流傳〔註126〕，然今本殘卷僅存五十七卷，甲、乙、辛、壬、癸亡佚，其他各有若干卷亡佚，收入明正統道藏中。故本文討論《太平經》思想內容以中

〔註122〕 王明編：《太平經合校》（全二冊），前言，頁2。段致成：「《太平經》的來源，可能與西漢成帝時期人甘忠可的《天官曆包元太平經》有關；而于吉、宮崇、襄楷三人應該是最初的傳授者。因此，推論《太平經》最初可能只有若干卷（一說二卷、另一說十二卷）底本，後經由于吉、宮崇、襄楷等三人的不斷擴充，而成爲一百七十卷定本；且一百七十卷定本最晚在東漢末年（漢末靈、獻之際）已經形成」。段致成：《《太平經》思想研究》（臺北：淡江大學中國文學系碩士班碩士論文，2000年6月），頁37～38。

〔註123〕 詳說參見饒宗頤：《老子想爾注校證》，頁88～89。傅勤家云：「《太平清領書》即《太平經》，爲張角所同持，而張角及張道陵之五斗米道，與此有同一之點。述于下：其一，禁酒。……其二，順時令。……其三，義舍。……其四，道德的要素。……其五，懺悔。……其六，老子。……其他尚有之，不備述」。傅勤家：《中國道教史》（北京：商務印書館，2011年10月），頁56～58。

〔註124〕 王明編：《太平經合校》（全二冊），前言，頁2。

〔註125〕 李德范輯：《敦煌道藏》（全五冊），冊三，頁1653～1666。

〔註126〕 王平云：「按英國倫敦博物館藏敦煌經卷 S.四二二六號《太平經》殘篇，內含完整的《太平經》目錄一份，亦以一百七十卷爲其總卷數。考敦煌目爲唐代寫本，這表明最晚至唐代，《太平經》已實有一百七十卷」。王平：《《太平經》研究》，頁11。

華書局王明編《太平經合校》〔註127〕爲底本進行論述。

5、《老子想爾注》

　　《老子想爾注》於《隋書・經籍志》、新舊《唐書・藝文志》均未著錄，唐玄宗御製《道德眞經疏外傳》與五代杜光庭《道德眞經廣義》皆言《想爾》二卷，注云：「三天法師張道陵所注〔註128〕」，知唐人仍可見此書，但因「其書多有禁祕，非其徒也，不得輒觀〔註129〕」，故正史均未著錄。清末敦煌莫高窟發現古寫本典籍，其中包含《老子道經想爾注》殘卷，現藏大英博物院，列斯氏編目六八二五號。卷末題「老子《道經》上」，下注「想爾」二字分行。起「則民不爭」（上缺），迄卷終，凡五百八十行。注與經文連書，字體大小不分，既不別章次，過章又不起行，與其他唐寫本《道德經》款式頗異（孔穎達《禮記正義》稱：「馬融爲《周禮注》，欲省學者兩讀，故具載本文。〔註130〕」蓋後漢以來，始就經爲注。此書注與經文連寫，猶存東漢晚期注書之式）。〔註131〕

　　今人饒宗頤考證：明正統《道藏》九八九冊正乙部《傳授經戒儀注訣》中言道教授經順序，首爲「老君大字本《道經》上」、「老君大字本《德經》下」，次爲「老君《道經》上、《道經》下，河上公《章句》」、「老君《德經》上、《德經》下，河上公《章句》」，再者爲「老君《道經》上，《想爾訓》」、「老君《德經》下，《想爾訓》」〔註132〕，視河上公《章句》與《想爾訓》同爲道教必讀經典。其次，《傳授經戒儀注訣》論經法序次之由云：「係師得道，化道西蜀，蜀風淺末，未曉深言，託遘想爾，以訓初迴。初迴之倫，多同蜀淺，辭說切近，因爲賦道〔註133〕」，知《想爾注》於道教經典中具重要位置。再者，

〔註127〕王明編：《太平經合校》（全二冊）（北京：中華書局，1997年10月）。

〔註128〕（唐）玄宗注：《道德眞經疏外傳》（臺北：藝文印書館，1962年4月，影明《正統道藏》本），冊133，頁第一。（五代）杜光庭撰：《道德眞經廣聖義》（臺北：藝文印書館，1962年8月，影明《正統道藏》本），冊161，〈序〉，頁第二。

〔註129〕（北齊）魏收撰：《魏書》一百四十卷（全二冊）（臺北：藝文印書館，1996年8月，據清乾隆武英殿刊本景印），冊二，卷一百一十四，頁1451。

〔註130〕孔穎達正義：「及馬融爲《周禮》之註，乃云欲省學者兩讀，故具載本文，然則後漢以來始就經爲註。」（漢）毛公傳、鄭玄箋、（唐）孔穎達正義：《毛詩正義》七十卷（臺北：藝文印書館，2001年12月，《十三經注疏》本），卷第一，頁12。

〔註131〕饒宗頤：《老子想爾注校證》，解題，頁1。

〔註132〕不著撰人：《傳授經戒儀注訣》（臺北：藝文印書館，1962年9月，影明《正統道藏》本），冊三五五，頁第四。

〔註133〕同註132，冊三五五，頁第三。

劉大彬《茅山志》九《道山冊》言：「《登眞隱訣》，陶隱居云：『老子《道德經》，有玄師楊眞人（即楊羲）手書張鎮南古本。』其所謂五千文者，有五千字也。數係師內經有四千九百九十九字，由來闕一，是作『三十輻』應作『卅輻』，蓋從省易文耳，非正體矣。宗門眞蹟不存，今傳五千文爲正本，上下二篇不分章。〔註134〕」此記係師張魯五千文本，情狀甚詳悉。今敦煌《想爾》殘卷「三十輻」作「卅輻」，不分章，刪減助字，與此正合。又卷終題「《道經》上」，亦分上下二篇，並同于《注訣》所記。而卷上終「道常无爲」章，都三十七章。復與敦煌天寶十載寫本卷末記：「《道經》卅七章」，「五千文上下二弓（卷）」「係師定」諸語相符。〔註135〕綜上所述，知敦煌《想爾注》本即爲張魯所傳「道書」《老子》五千文本。

關於張道陵、張魯生平，根據《三國志·張魯傳》記載：

> 張魯字公祺，沛國豐人也。祖父陵，客蜀，學道鵠鳴山中，造作道書以惑百姓，從受道者出五斗米，故世號米賊。陵死，子衡行其道。衡死，魯復行之。益州牧劉焉以魯爲督義司馬，與別部司馬張脩將兵擊漢中太守蘇固，魯遂襲脩殺之，奪其眾。焉死，子璋代立，以魯不順，盡殺魯母家室。魯遂據漢中，以鬼道教民，自號「師君」。其來學道者，初皆名「鬼卒」。受本道已信，號「祭酒」。各領部眾，多者爲治頭大祭酒。皆教以誠信不欺詐，有病自首其過，大都與黃巾相似。諸祭酒皆作義舍，如今之亭傳。又置義米肉，縣於義舍，行路者量腹取足；若過多，鬼道輒病之。犯法者，三原，然後乃行刑。不置長吏，皆以祭酒爲治，民夷便樂之。雄據巴、漢垂三十年。〔註136〕

張魯祖父陵，客居蜀地，學道術於鵠鳴山〔註137〕，造作《道書》、《符書》吸引民眾信服，從其道者出米五斗，故世稱「米賊」、「五斗米道」，陵死傳子衡，衡死傳子魯。

〔註134〕（元）劉大彬撰：《茅山志》三十三卷（臺北：藝文印書館，1962年8月，影明《正統道藏》本），冊六〇，卷九，頁第一。

〔註135〕詳說參見饒宗頤：《老子想爾注校證》，解題，頁1～4。

〔註136〕（晉）陳壽撰、（南朝宋）裴松之注、（清）盧弼集解：《三國志集解》六十五卷，卷八，〈魏書〉，頁286～287。

〔註137〕「鵠鳴山」《後漢書》作「鶴鳴山」。（南朝宋）范曄撰、（唐）章懷太子賢注、（清）王先謙集解：《後漢書集解》九十卷（全二冊），冊二，卷七十五，頁870。

　　張魯，字公祺〔註138〕，沛國豐（今江蘇省徐州市）人，魯繼承祖之道，
自號「師君」，並將來學道者稱爲「鬼卒」，已信道者稱爲「祭酒」，統領部眾。
張陵所傳五斗米道，以《老子》五千文爲經典，傳授講習，並教以誠信不欺
詐，過失太多則鬼道便會降下病災，此時須靜室思過，加以祝禱、符書便可
痊癒。〔註139〕又諸祭酒設置義舍，懸以米肉，提供過路人取食，若有犯罪者，
原諒三次後始受刑罰，由於其治理得宜，魯深受當地民眾愛戴，故雄據巴（今
重慶市和四川省）、漢（今陝西漢中市）邊陲三十年。建安二十年降曹操，拜
鎮南將軍，封閬中侯。〔註140〕在張陵、張魯的耕耘之下，道教於東漢末年已
初具規模，已有信仰經典道書與信眾以及科儀、誡律的產生。

　　綜上所述，饒宗頤認爲史傳中所謂《道書》、《老子》五千文即今敦煌《想
爾注》殘卷寫本，而《想爾注》「當是張陵之說而魯述之；或魯所作而託始于
陵，要爲天師道一家之學〔註141〕」，當是張陵、張魯一脈所傳發揮《老子》經
典作爲道教修練之典籍。故本文以饒宗頤先生整理敦煌《想爾注》殘卷爲底
本〔註142〕進行論述。

　6、《周易參同契》

　　《周易參同契》最早見於東晉《抱朴子‧遐覽》〔註143〕與葛洪《神仙傳》，
《神仙傳‧卷二‧魏伯陽》：

　　　　魏伯陽，吳人也。高門之子，而性好道術，不肯仕宦，閒居養性，

〔註138〕「公祺」。《後漢書》作「公旗」。（南朝宋）范曄撰、（唐）章懷太子賢注、（清）
　　　　王先謙集解：《後漢書集解》九十卷（全二冊），冊二，卷七十五，頁870。
〔註139〕《三國志‧魏書‧張魯傳》：「典略曰：熹平中，……脩爲五斗米道。……加
　　　　施靜室，使病者處其中思過。又使人爲姦令祭酒，祭酒主以老子五千文，使
　　　　都習，號爲姦令。爲鬼吏，主爲病者請禱。請禱之法，書病人姓名，說服罪
　　　　之意。作三通，其一上之天，著山上，其一埋之地，其一沉之水，謂之三官
　　　　手書。使病者家出米五斗以爲常，故號曰五斗米師。……臣松之謂張脩應是
　　　　張衡，非典略之失，則傳寫之誤。」（晉）陳壽撰、（南朝宋）裴松之注、（清）
　　　　盧弼集解：《三國志集解》六十五卷，卷八，〈魏書‧張魯傳〉，頁286～287。
〔註140〕《後漢書‧劉焉傳》：「張魯，字公旗。初，祖父陵，順帝時，客於蜀，學道
　　　　鶴鳴山中，造作《符書》以惑百姓。受其道者則出米五斗，故謂之『米賊』。
　　　　陵傳子衡，衡傳子魯，魯遂自號師君。魯在漢川垂三十年，建安二十年降曹
　　　　操，拜鎮南將軍，封閬中侯。」同註138，冊二，卷七十五，頁870。
〔註141〕饒宗頤：《老子想爾注校證》，頁1～4。
〔註142〕同註141，錄注，頁5～47。
〔註143〕《抱朴子‧遐覽》：「魏伯陽內經」。王明：《抱朴子內篇校釋》（北京：中華書
　　　　局，2010年1月），頁334。

時人莫知其所從來。……伯陽作參同契，五相類，凡二卷，其說似解周易，其實假借爻象，以論作丹之意，而世之儒者不知神丹之事，多作陰陽注之，殊失其旨矣。〔註144〕

但《隋書・經籍志》並未著錄，而至《舊唐書・經籍志・五行類》始見著錄：「《周易參同契》二卷魏伯陽撰。《周易五相類》一卷魏伯陽撰〔註145〕」，然今只存《參同契》一書。有關魏伯陽的生平，正史未載，但《周易參同契》中有云：

會稽鄙夫，幽谷朽生，挾懷朴素，不染權榮，栖遲僻陋，忽略利名，執守恬淡，希時安寧，宴樂閒居，乃譔斯文，歌敘大易，三聖遺言，察其旨趣，一統共論。〔註146〕

彭曉云：「眞人魏伯陽者，會稽上虞人也〔註147〕」，雖出身簪裾但不染權貴氣息，不肯出仕坐官，喜好恬淡素樸，故以虛無養志，潛心靜修黃老易道，並透過寓言隱喻演繹金丹玄妙之理，撰寫成《參同契》，且密傳青州徐從事進行註解，至東漢孝桓帝（132－168A.D.）時再授與同郡淳于叔通，至此《參同契》便流傳於世。〔註148〕

在《周易參同契》中魏伯陽自述其姓名〔註149〕並交代生平與著書旨趣，同時，彭曉序文當中可知魏伯陽將書秘傳徐從事，徐從事傳與淳于叔通。今

〔註144〕（晉）葛洪：《神仙傳》十卷（臺北：藝文印書館，1968年，《百部叢書集成》據《夷門廣牘》本景印），卷二，頁第二。

〔註145〕（後晉）劉昫：《舊唐書》二百卷（全二冊）（臺北：藝文印書館，1996年8月，據清乾隆武英殿刊本景印），冊二，卷四十七〈經籍下〉，頁978。

〔註146〕（五代）彭曉撰、（明）涵蟾子編：《金丹正理大全周易參同契眞義》三卷，卷下，頁137。

〔註147〕同註146，彭曉序，頁1。

〔註148〕彭曉序：「按神仙傳：眞人魏伯陽者，會稽上虞人也。世襲簪裾，惟公不仕，修眞潛默，養志虛無，博贍文詞，通諸緯候，恬淡守素，惟道是從。每視軒裳，如糠秕焉。不知師授誰氏，得古文龍虎經，盡獲妙旨，乃約周易，譔參同契三篇。又云未盡纖微，復作補塞遺脫一篇，繼演丹經之玄奧，所述多以寓言借事，隱顯異文，密示青州徐從事，徐乃隱名而註之。至後漢孝桓帝特，公復傳授與同郡淳于叔通，遂行于世。」同註146，彭曉序，頁1～2。

〔註149〕《周易參同契》：「委時去害，依託丘山，循遊寥郭，與鬼爲鄰，化形爲仙，淪寂無聲，百世而下，遨遊人間，敷陳羽翮，東西南傾，湯遭厄際，水旱隔并，柯葉萎黃，失其華榮，吉人相乘負，安穩可長生。」同註145，卷下，頁140。俞琰云：「此乃魏伯陽三字隱語也。委與鬼相承負，魏字也。百之一下爲白，白與人相承負，伯字也。湯遭旱而無水爲易，阨之厄際爲卜，易與卜相承負，陽字也。魏公用意，可謂密矣。」（元）俞琰撰：《周易參同契發揮》（臺北：藝文印書館，1962年5月，影明《正統道藏》本），冊226，序第一。

觀東晉干寶《搜神記・卷六》有：

> 漢桓帝即位，有大蛇見德陽殿上。洛陽市令淳于翼曰：「蛇有鱗，甲
> 兵之象也；見於省中，將有椒房大臣受甲兵之象也。」乃棄官遁去。

〔註150〕

又唐《開元占經》卷一百二十引《會稽典錄》云：

> 淳于翼字叔通，除洛陽市長。桓帝即位，有大蛇見德陽殿上，翼占
> 曰：以蛇有鱗甲，兵之應也。〔註151〕

知淳于翼即淳于叔通，曾任洛陽市長，漢桓帝時有大蛇於德陽殿，因此為桓帝占卜。綜上所述，可知魏伯陽生活於東漢末年，《周易參同契》在徐從事、淳于叔通的註解、傳授之下約於東漢桓帝前後時成書並開始流傳〔註152〕。

　　《周易參同契》自唐代以後皆有著錄，且註解者繁多，經劉國樑先生整理自東漢末年成書之後至清朝共有二十七種注本流傳，其中「以彭曉本較佳，陳顯微和陳致虛、蔣一彪、董德寧、朱元育注本都值得參考。朱熹的《周易參同契考異》和俞琰的《周易參同契發揮》也都受到中外學者的重視〔註153〕」，故本文以五代彭曉撰、明涵蟾子編《金丹正理大全周易參同契真義》三卷本〔註154〕為底本進行論述。

（二）前人研究成果

　　前人對於《淮南鴻烈》、《老子指歸》、《老子河上公章句》、《老子想爾注》、《周易參同契》、《太平經》的研究成果豐碩，今將思想部分研究成果以下整理之。

〔註150〕（晉）干寶：《搜神記》二十卷（臺北：藝文印書館，1968年，《百部叢書集成》據《學津討原》本影印），卷六，頁第十一。

〔註151〕（唐）瞿曇悉達：《開元占經》（臺北：育林出版社，1994年10月，據《四庫全書》本影印），頁857。

〔註152〕牟鐘鑒云：「屬於早期上層道教著作的還有《周易參同契》（簡稱《參同契》）一書，作者魏伯陽。該書成於桓帝之前，與《太平經》大致同時。」任繼愈主編：《中國哲學發展史（秦漢）》（北京：人民出版社，1998年5月），頁681。劉國樑云：「此書大約著成於東漢桓帝前後。約當西元二世紀六○年代」。劉國樑注譯：《新譯周易參同契》（臺北：三民書局股份有限公司，2010年1月），導讀，頁6。趙中偉云：「大約成於東漢桓帝年間」。趙中偉：《道者，萬物之宗：兩漢道家形上思維研究》，頁371。

〔註153〕劉國樑注譯：《新譯周易參同契》，導讀，頁18～20。

〔註154〕（五代）彭曉撰、（明）涵蟾子編：《金丹正理大全周易參同契真義》三卷（臺北：中國子學名著集成編印基金會，1978年12月，《中國文學名著集成——宋元明清善本叢刊》據國立中央圖書館藏明刊本景印）。

1、《淮南鴻烈》

在專書方面有：牟鍾鑒撰《呂氏春秋與淮南子思想研究》〔註 155〕、李增撰《淮南子》〔註 156〕、李增撰《淮南子哲學思想研究》〔註 157〕、陳德和撰《淮南子的哲學》〔註 158〕、雷健坤撰《綜合與重構——《淮南子》與中國傳統文化》〔註 159〕、陶磊撰《《淮南子·天文》研究撰從數術史的角度》〔註 160〕、陳靜撰《自由與秩序的困惑——《淮南子》研究》〔註 161〕、楊有禮撰《新道鴻烈撰淮南子與中國文化》〔註 162〕、孫紀文撰《淮南子研究》〔註 163〕、戴黍撰《淮南子治道思想研究》〔註 164〕等。

其中李增撰《淮南子哲學思想研究》、陳德和撰《淮南子的哲學》等書全面分析《淮南鴻烈》思想內容與架構，並對道論與氣化宇宙論作出探討，楊有禮撰《新道鴻烈撰淮南子與中國文化》除討論《淮南鴻烈》思想內容之外，也探討了氣類相感及其對道教思想的影響。

在學位論文方面有：陳麗桂撰《淮南鴻烈思想研究》〔註 165〕、曾錦華撰《呂氏春秋十二紀紀首、淮南子時則訓及禮記月令之比較研究》〔註 166〕、郭立民撰《淮南子政治思想之研究》〔註 167〕、簡松興撰《西漢天人思想研

〔註 155〕牟鍾鑒：《呂氏春秋與淮南子思想研究》（濟南：齊魯書社，1987 年 9 月）。

〔註 156〕李增：《淮南子》（臺北：三民書局股份有限公司，1992 年 7 月）。

〔註 157〕李增：《淮南子哲學思想研究》（臺北：洪葉文化事業有限公司，1997 年 10 月）。

〔註 158〕陳德和：《淮南子的哲學》（嘉義：南華管理學院，1999 年 2 月）。

〔註 159〕雷健坤：《綜合與重構——《淮南子》與中國傳統文化》（北京：開明出版社，2000 年 9 月）。

〔註 160〕陶磊：《《淮南子·天文》研究：從數術史的角度》（濟南：齊魯書社，2003 年 7 月）。

〔註 161〕陳靜：《自由與秩序的困惑——《淮南子》研究》（昆明：雲南大學出版社，2004 年 11 月）。

〔註 162〕楊有禮：《新道鴻烈：淮南子與中國文化》（開封：河南大學出版社，2005 年 4 月）。

〔註 163〕孫紀文：《淮南子研究》（北京：學苑出版社，2005 年 7 月）。

〔註 164〕戴黍：《淮南子治道思想研究》（廣州：中山大學出版社，2005 年 9 月）。

〔註 165〕陳麗桂：《淮南鴻烈思想研究》（上下）（臺北：國立臺灣師範大學國文研究所博士論文，1983 年 3 月）。

〔註 166〕曾錦華：《呂氏春秋十二紀紀首、淮南子時則訓及禮記月令之比較研究》（臺北：國立政治大學中國文學研究所碩士論文，1988 年 6 月）。

〔註 167〕郭立民：《淮南子政治思想之研究》（臺北：國立政治大學政治學研究所博士論文，1989 年）。

究——以《淮南子》、《春秋繁露》、《史記》爲中心》〔註 168〕、王璟撰《黃老思想治身治國一體之理論研究——以《淮南子》爲中心》〔註 169〕、陳怡君撰《《淮南鴻烈》中「無爲」概念之探討》〔註 170〕等。

其中陳麗桂撰《淮南鴻烈思想研究》詳盡全面地論述作者生平、著作，分析其道論、宇宙論、無爲論、修養論、感應論、政治論、齊俗論、兵論等思想內容，爲研究《淮南鴻烈》思想奠定基礎。

而單篇論文有：王叔岷撰〈淮南子斠證〉（上下）〔註 171〕、戴君仁撰〈雜家與淮南子〉〔註 172〕、陳麗桂撰〈《淮南子》與《春秋繁露》中的感應思想〉〔註 173〕、周立升撰〈《淮南子》的易道觀〉〔註 174〕、白光華撰〈我對《淮南子》的一些看法〉〔註 175〕、陳鼓應撰〈從《呂氏春秋》到《淮南子》論道家在秦漢哲學史上的地位〉〔註 176〕、陽濟襄撰〈由《淮南子》看先秦至漢初「陰陽」觀念之轉化〉〔註 177〕、洪嘉琳撰〈《淮南子・原道》之得道論〉〔註 178〕、

〔註168〕簡松興：《西漢天人思想研究——以《淮南子》、《春秋繁露》、《史記》爲中心》（臺北：輔仁大學中國文學系博士論文，1998 年 6 月）。

〔註169〕王璟：《黃老思想治身治國一體之理論研究——以《淮南子》爲中心》（臺北：國立臺灣師範大學國文研究所碩士論文，2000 年）。

〔註170〕陳怡君：《《淮南鴻烈》中「無爲」概念之探討》（臺北：國立台灣大學哲學研究所碩士論文，2004 年 6 月）。

〔註171〕王叔岷：〈淮南子斠證〉（上下），收入國立臺灣大學編《國立臺灣大學文史哲學報》第五、六期（臺北：國立臺灣大學，1953、4 年 12 月）。

〔註172〕戴君仁：〈雜家與淮南子〉，收入陳新雄、于大成主編：《淮南子論文集》（臺北：木鐸出版社，1975 年 12 月）。

〔註173〕陳麗桂：〈《淮南子》與《春秋繁露》中的感應思想〉，收入輔仁大學中國文學系所編《先秦兩漢論叢》（第一輯）（臺北：輔仁大學中國文學系所，1999 年 7 月）。

〔註174〕周立升：〈《淮南子》的易道觀〉，收入陳鼓應主編《道家文化研究》（第二輯）（臺北：文史哲出版社，2000 年 8 月）。

〔註175〕白光華：〈我對《淮南子》的一些看法〉，收入陳鼓應主編《道家文化研究》（第六輯）（臺北：文史哲出版社，2000 年 8 月）。

〔註176〕陳鼓應：〈從《呂氏春秋》到《淮南子》論道家在秦漢哲學史上的地位〉，收入國立臺灣大學編《國立臺灣大學文史哲學報》（臺北：國立臺灣大學，2000 年 6 月）。

〔註177〕陽濟襄：〈由《淮南子》看先秦至漢初「陰陽」觀念之轉化〉，收入輔仁大學中國文學系所編《第二屆先秦兩漢學術全國研究生論文發表會論文集》（臺北：輔仁大學中國文學系，2000 年 6 月）。

〔註178〕洪嘉琳：〈《淮南子・原道》之得道論〉，收入輔仁大學中國文學系所編《第二屆先秦兩漢學術全國研究生論文發表會論文集》（臺北：輔仁大學中國文學系，2000 年 6 月）。

呂凱撰〈《淮南子》形神論〉〔註179〕、陳麗桂撰〈《淮南子》中的陰陽學（一）
——天文〉〔註180〕、黃玉麟撰〈道器之間撰《淮南子‧天文訓》以氣為樞的
道物歷程〉〔註181〕等〔註182〕。

其中陳麗桂撰〈《淮南子》與《春秋繁露》中的感應思想〉、陳鼓應撰〈從
《呂氏春秋》到《淮南子》論道家在秦漢哲學史上的地位〉、陽濟襄撰〈由《淮
南子》看先秦至漢初「陰陽」觀念之轉化〉、陳麗桂撰〈《淮南子》中的陰陽學
（一）——天文〉、黃玉麟撰〈道器之間撰《淮南子‧天文訓》以氣為樞的道物
歷程〉等篇章對於《淮南鴻烈》道論思想與氣化宇宙論思想皆作了詳細的討論。

2、《老子指歸》：

學位論文部分有：陳義堯撰《嚴遵《老子指歸》義理析論》〔註183〕、劉
為博撰《嚴遵《老子指歸》研究》〔註184〕、林宣佑撰《兩漢《老子》注中之
「道論」研究——以《河上公注》、《指歸》、《想爾注》為論》〔註185〕。

其中陳義堯撰《嚴遵《老子指歸》義理析論》、劉為博撰《嚴遵《老子指
歸》研究》為整體分析《老子指歸》思想內容之論文，皆對其中道與氣之關
係作出探討，林宣佑撰《兩漢《老子》注中之「道論」研究——以《河上公
注》、《指歸》、《想爾注》為論》則是站在道論思想的基礎之上論漢代三家《老
子》注本內容，其中對道氣關係亦有討論。

〔註179〕呂凱：〈《淮南子》形神論〉，收入國立政治大學中文學系編《第三屆漢代文學
　　　　與思想學術研討會論文集》（臺北：國立政治大學中文學系，2000年12月）。
〔註180〕陳麗桂：〈《淮南子》中的陰陽學（一）——天文〉，收入國立政治大學中國文
　　　　學系編《第四屆漢代文學與思想學術研討會論文集》（臺北：國立政治大學中
　　　　國文學系，2003年4月）。
〔註181〕黃玉麟：〈道器之間：《淮南子‧天文訓》以氣為樞的道物歷程〉，收入《哲學
　　　　與文化月刊》第399期（第卅四卷第八期）（臺北：哲學與文化月刊雜誌社，
　　　　2007年8月）。
〔註182〕另外在大陸地區有：丁原明：〈《淮南子》道論新探〉，收入《齊魯學刊》（1994
　　　　年，第6期）、丁原明：〈《文子》與《淮南子》思想之異同〉，收入《文史哲》
　　　　（1994年，第6期）、王德裕：〈《淮南子》哲學思想述評〉，收入《重慶師院
　　　　學報哲社版》（1994年，第4期）、雷健坤〈《淮南子》與《春秋繁露》的思
　　　　想比較〉，收入《晉陽學刊》第六期（2002年）等等。
〔註183〕陳義堯：《嚴遵《老子指歸》義理析論》（臺北：國立臺灣師範大學國文學系
　　　　碩士論文，2006年）。
〔註184〕劉為博：《嚴遵《老子指歸》研究》（臺北：國立臺灣師範大學國文學系碩士
　　　　論文，2000年）。
〔註185〕林宣佑：《兩漢《老子》注中之「道論」研究——以《河上公注》、《指歸》、《想
　　　　爾注》為論》（臺北：輔仁大學哲學研究所碩士論文，2004年）。

　　單篇論文部分有：劉爲博撰〈試論嚴遵《老子指歸》中的「道」〉〔註186〕、趙雅博撰〈從《道德指歸》看嚴遵的思想（上）〉〔註187〕、趙雅博撰〈從《道德指歸》看嚴遵的思想（下）〉〔註188〕、陳廣忠撰〈嚴遵「老子指歸」的思想特色〉〔註189〕、蔡振豐撰〈嚴遵、河上公、王弼三家《老子》注的詮釋方法及其對道的理解〉〔註190〕、杜保瑞撰〈嚴君平《老子指歸》哲學體系的方法論檢討〉〔註191〕、陳福濱撰〈「老子指歸」中「道」思想之探究〉〔註192〕、陳麗桂撰〈道家養生觀在漢代的演變與轉化——以《淮南子》、《老子指歸》、《老子河上公章句》、《老子想爾注》爲核心〉〔註193〕、馬承玉撰〈《老子想爾注》與《老子指歸》之關係〉〔註194〕、蘇慧萍撰〈論《老子指歸》與《老子道德經河上公章句》的天道思想〉〔註195〕、羅因撰〈戰國秦漢幾種《老子》注養生思想的遞變——從全身保身、精神境界、技術化導向到宗教教訓的發展〉〔註196〕、王俊彥撰：〈《老子指歸》、《老子道德經河上公章句》、《老子想爾注》的氣論〉〔註197〕等。

〔註186〕劉爲博：〈試論嚴遵《老子指歸》中的「道」〉，《思辨集》3（1999 年 12 月）。

〔註187〕趙雅博：〈從「道德指歸」看嚴遵的思想（上）〉，《哲學與文化》第 296 期（第 26 卷第 1 期）（臺北：哲學與文化月刊雜誌社，1999 年 1 月）。

〔註188〕趙雅博：〈從《道德指歸》看嚴遵的思想（下）〉，《哲學與文化》第 297 期（第 26 卷第 2 期）（1999 年 2 月）。

〔註189〕陳廣忠：〈嚴遵「老子指歸」的思想特色〉，《中國文化研究所學報》9（2000 年）。

〔註190〕蔡振豐：〈嚴遵、河上公、王弼三家《老子》注的詮釋方法及其對道的理解〉，《國立臺灣大學文史哲學報》52（2000 年 6 月）。

〔註191〕杜保瑞：〈嚴君平《老子指歸》哲學體系的方法論檢討〉，《哲學與文化》第 341 期（第 29 卷第 10 期）（臺北：哲學與文化月刊雜誌社，2002 年 10 月）。

〔註192〕陳福濱：〈「老子指歸」中「道」思想之探究〉，《哲學與文化》第 352 期（第 30 卷第 9 期）（臺北：哲學與文化月刊雜誌社，2003 年 9 月）。

〔註193〕陳麗桂：〈道家養生觀在漢代的演變與轉化——以《淮南子》、《老子指歸》、《老子河上公章句》、《老子想爾注》爲核心〉，《國文學報》39（2006 年 6 月）。

〔註194〕馬承玉：〈《老子想爾注》與《老子指歸》之關係〉，《宗教學研究》第四期（2008 年）。

〔註195〕蘇慧萍：〈論《老子指歸》與《老子道德經河上公章句》的天道思想〉，《問學》12（2008 年 6 月）。

〔註196〕羅因：〈戰國秦漢幾種《老子》注養生思想的遞變——從全身保身、精神境界、技術化導向到宗教教訓的發展〉，《東吳中文學報》19（2010 年 5 月）。

〔註197〕王俊彥：〈《老子指歸》、《老子道德經河上公章句》、《老子想爾注》的氣論〉，《諸子學刊》2014 年第二期，上海：華東師範大學先秦諸子研究中心（2014 年 12 月）。

漢代黃老思想當中形神修養觀爲其中重要內容，因此在陳麗桂撰〈道家養生觀在漢代的演變與轉化——以《淮南子》、《老子指歸》、《老子河上公章句》、《老子想爾注》爲核心〉、羅因撰〈戰國秦漢幾種《老子》注養生思想的遞變——從全身保身、精神境界、技術化導向到宗教教訓的發展〉等篇章除探討《老子指歸》思想內容，並兼論漢代氣化形神觀以及修養論思想逐漸轉向養生、長生思想的部分。此外，王俊彥先生撰：〈《老子指歸》、《老子道德經河上公章句》、《老子想爾注》的氣論〉則是站在氣論思想的觀點，針對《老子指歸》、《老子河上公章句》、《老子想爾注》當中道氣論思想內容的變化進行觀察與探討。

2、《老子河上公章句》：

學位論文部分有：王清祥撰《《老子河上公注》之研究》〔註198〕、江佳蒨撰《《老子河上公注》思想考察》〔註199〕、莊曉蓉撰《身國一理的《老子河上公章句》》〔註200〕、呂佩玲撰《《老子河上公注》思想探究》〔註201〕、陳慧娟撰《《老子河上公注》氣論研究》〔註202〕、陳慧娟撰《兩漢三家《老子》注養生思想研究》〔註203〕。

王清祥撰《《老子河上公注》之研究》以氣論角度觀察「天、地、人、神」等四個面向，江佳蒨撰《《老子河上公注》思想考察》從氣化宇宙論以及氣化身體觀角度進行考察，呂佩玲撰《《老子河上公注》思想探究》對氣化身體觀、修養論亦有專章討論，陳慧娟撰《《老子河上公注》氣論研究》則是站在氣論思想角度對《老子河上公注》進行理論分析，此外其《兩漢三家《老子》注養生思想研究》則是針對《老子指歸》、《老子河上公章句》、《老子想爾注》中養生思想進行理論分析，並兼論兩漢三家《老子》注本之道論與氣論思想。

〔註198〕王清祥：《《老子河上公注》之研究》（臺北：輔仁大學宗教學研究所碩士論文，1992年）。

〔註199〕江佳蒨：《《老子河上公注》思想考察》（臺北：國立臺灣大學中國文學研究所碩士論文，2001年）。

〔註200〕莊曉蓉：《身國一理的《老子河上公章句》》（臺北：華梵大學東方人文思想研究所碩士論文，2003年）。

〔註201〕呂佩玲：《老子河上公注》思想探究（台中：東海大學中國文學系碩士論文，2004年）。

〔註202〕陳慧娟：《老子河上公注》氣論研究（高雄：國立高雄師範大學國文學系碩士論文，2006年）。

〔註203〕陳慧娟：《兩漢三家《老子》注養生思想研究》（高雄：高雄師範大學國文學系博士論文，2010年）。

　　單篇論文部分有：張運華撰〈身國並重的道家養生論——論「老子河上公章句」〉〔註204〕、金春峰撰〈《老子河上公章句》產生的時代與思想特色〉〔註205〕、蔡振豐撰〈嚴遵、河上公、王弼三家《老子》注的詮釋方法及其對道的理解〉〔註206〕、潘柏年撰〈《老子河上公章句》之道論〉〔註207〕、杜保瑞撰〈《河上公注老》的哲學體系之方法論問題檢討（上）〉〔註208〕、杜保瑞撰〈《河上公注老》的哲學體系之方法論問題檢討（下）〉〔註209〕、李增撰〈論河上公注老之氣化宇宙觀特色〉〔註210〕、林俊宏撰〈氣、身體與政治——「老子河上公注」的政治思想分析〉〔註211〕、羅因撰〈戰國秦漢幾種《老子》注養生思想的遞變——從全身保身、精神境界、技術化導向到宗教教訓的發展〉〔註212〕、蕭雁菁撰〈從「氣」看《老子河上公注》身與國的聯繫與擴展〉〔註213〕、卿希泰撰〈《老子河上公章句》的成書時代與基本思想初探〉〔註214〕、王俊彥先生撰：〈《老子指歸》、《老子道德經河上公章句》、《老子想爾注》的氣論〉〔註215〕等。

〔註204〕張運華：〈身國並重的道家養生論——論「老子河上公章句」〉，《宗教哲學》第二卷第一期（1996年1月）。

〔註205〕金春峰：〈《老子河上公章句》產生的時代與思想特色〉，《中道雜誌社》（1990年9月）。

〔註206〕蔡振豐：〈嚴遵、河上公、王弼三家《老子》注的詮釋方法及其對道的理解〉，《國立臺灣大學文史哲學報》52（2000年6月）。

〔註207〕潘柏年：〈《老子河上公章句》之道論〉，《思辨集》4（2001年4月）。

〔註208〕杜保瑞：〈《河上公注老》的哲學體系之方法論問題檢討（上）〉，《哲學與文化》第336期（第29卷第5期）（臺北：哲學與文化月刊雜誌社，2002年5月）。

〔註209〕杜保瑞：〈《河上公注老》的哲學體系之方法論問題檢討（下）〉，《哲學與文化》第337期（第29卷第6期）（臺北：哲學與文化月刊雜誌社，2002年6月）。

〔註210〕李增：〈論河上公注老之氣化宇宙觀特色〉，《哲學與文化》第352期（第30卷第9期）（臺北：哲學與文化月刊雜誌社，2003年9月）。

〔註211〕林俊宏：〈氣、身體與政治——「老子河上公注」的政治思想分析〉，《政治科學論叢》19（2003年12月）。

〔註212〕羅因：〈戰國秦漢幾種《老子》注養生思想的遞變——從全身保身、精神境界、技術化導向到宗教教訓的發展〉，《東吳中文學報》19（2010年5月）。

〔註213〕蕭雁菁：〈從「氣」看《老子河上公注》身與國的聯繫與擴展〉，《有鳳初鳴年刊》第七期（臺北：東吳大學，2011年7月）。

〔註214〕卿希泰：〈《老子河上公章句》的成書時代與基本思想初探〉，《輔仁宗教研究》第二十二期（2011年）。

〔註215〕王俊彥：〈《老子指歸》、《老子道德經河上公章句》、《老子想爾注》的氣論〉，《諸子學刊》2014年第二期，上海：華東師範大學先秦諸子研究中心（2014年12月）。

　　《老子河上公章句》思想特色爲天人相應、身國一體之養生觀，故張運華撰〈身國並重的道家養生論——論「老子河上公章句」〉、林俊宏撰〈氣、身體與政治——「老子河上公注」的政治思想分析〉、羅因撰〈戰國秦漢幾種《老子》注養生思想的遞變——從全身保身、精神境界、技術化導向到宗教教訓的發展〉、蕭雁菁撰〈從「氣」看《老子河上公注》身與國的聯繫與擴展〉等篇章便針對身國一體的修養觀探討其中氣化身體修養觀與人君政治間的關係。

3、《太平經》

　　學位論文部分有：段致成撰《《太平經》思想研究》〔註216〕、羅正孝撰《《太平經》生命觀之研究》〔註217〕、曾清炎撰《《太平經》的倫理思想》〔註218〕、郭敏惠撰《《太平經》形神思想研究》〔註219〕、張建群撰《《太平經》的成書與「太平」思想研究》〔註220〕、孫永龍撰《陰陽五行與《太平經》關係之研究》〔註221〕、陳玉芳撰《《太平經》「氣」、「人」關係論》〔註222〕、石翔甄撰《儒家思想與太平經關係之初探》〔註223〕。

　　其中段致成撰《《太平經》思想研究》爲較早全面對《太平經》思想內容進行理論分析之論文，其中對天人感應的中介「氣」與「身中神」以及元氣之說皆有詳細論述。孫永龍撰《陰陽五行與《太平經》關係之研究》由陰陽五行的角度對《太平經》進行全面探討分析，陳玉芳撰《《太平經》「氣」、「人」關係論》則是從氣論思想的角度分析《太平經》思想內容。

〔註216〕段致成：《《太平經》思想研究》（臺北：淡江大學中國文學系碩士論文，2000年6月）。

〔註217〕羅正孝：《《太平經》生命觀之研究》（嘉義：南華大學宗教學研究所碩士論文，2003年）。

〔註218〕曾清炎：《《太平經》的倫理思想》（新竹：玄奘人文社會學院宗教學研究所碩士論文，2003年）。

〔註219〕郭敏惠：《《太平經》形神思想研究》（臺北：中國文化大學哲學研究所碩士論文，2005年）。

〔註220〕張建群：《《太平經》的成書與「太平」思想研究》（臺北：國立臺灣師範大學國文學系博士論文，2005年）。

〔註221〕孫永龍：《陰陽五行與《太平經》關係之研究》（高雄：國立高雄師範大學國文學系博士論文，2011年）。

〔註222〕陳玉芳：《《太平經》「氣」、「人」關係論》（臺北：國立政治大學中國文學研究所碩士論文，2011年）。

〔註223〕石翔甄：《儒家思想與太平經關係之初探》（新竹：玄奘大學宗教學系碩士論文，2012年）。

　　期刊論文部分有：段致成撰〈「太平經」中的「建除」學說〉〔註224〕、鄭志明撰〈「太平經」的養生觀〉〔註225〕、鄭志明撰〈「太平經」的貴生觀〉〔註226〕、鄭志明撰〈從「太平經」談道教的生命觀〉〔註227〕、梁宗華撰〈《太平經》的道家理論型態及其神學化〉〔註228〕、呂錫琛撰〈論《太平經》的倫理思想〉〔註229〕、袁光儀撰〈《太平經》承負報應思想探析〉〔註230〕、楊琇惠撰〈《太平經》神仙思想探微〉〔註231〕、曹維加撰〈從《太平經》與《老子想爾注》看早期道教神仙思想的形成〉〔註232〕、薛明生撰〈試論《太平經》及《老子想爾注》有關持戒在得道過程之作用的思想淵源〉〔註233〕、陳福濱撰〈《太平經》氣化論思想之探究〉〔註234〕、曹景年撰〈《太平經》元氣論思想淺述〉〔註235〕、林富士撰〈《太平經》的神仙觀念〉〔註236〕、陳玉芳撰〈《太平經》三一思維的調和觀〉〔註237〕、張超然撰〈經驗與教法：《太平經》「內學」之研究〉〔註238〕、陳明聖撰〈《太平經》的趨吉避

〔註224〕段致成：〈「太平經」中的「建除」學說〉，《鵝湖月刊》293 期（1999 年 11月）。

〔註225〕鄭志明：〈「太平經」的養生觀〉，《鵝湖月刊》299 期（2000 年 5 月）。

〔註226〕鄭志明：〈「太平經」的貴生觀〉，《鵝湖月刊》300 期（2000 年 6 月）。

〔註227〕鄭志明：〈從「太平經」談道教的生命觀〉，《中華道教學院南臺分院學報》1（2000 年 9 月）。

〔註228〕梁宗華：〈《太平經》的道家理論型態及其神學化〉，《東岳論叢》第 22 卷第 4期（2001 年 7 月）。

〔註229〕呂錫琛：〈論《太平經》的倫理思想〉，《哲學與文化》337 期（廿九卷第六期）（2002 年 6 月）。

〔註230〕袁光儀：〈《太平經》承負報應思想探析〉，《成大宗教與文化學報》2（2002年 12 月）。

〔註231〕楊琇惠：〈《太平經》神仙思想探微〉，《成大宗教與文化學報》2（2002 年 12月）。

〔註232〕曹維加：〈從《太平經》與《老子想爾注》看早期道教神仙思想的形成〉，《求索》第五期（2003 年）。

〔註233〕薛明生：〈試論《太平經》及《老子想爾注》有關持戒在得道過程之作用的思想淵源〉，《東方論壇》第 5 期（2005 年）。

〔註234〕陳福濱：〈《太平經》氣化論思想之探究〉，《哲學與文化》387 期（第 33 卷第8 期）（2006 年 8 月）。

〔註235〕曹景年：〈《太平經》元氣論思想淺述〉，《道教月刊》38（2009 年 2 月）。

〔註236〕林富士：〈《太平經》的神仙觀念〉，《中央研究院歷史語言研究所集刊》（2009年 6 月）。

〔註237〕陳玉芳：〈《太平經》三一思維的調和觀〉，《有鳳初鳴年刊》6（2010 年 10 月）。

〔註238〕張超然：〈經驗與教法：《太平經》「內學」之研究〉，《丹道文化》37（2011年 6 月）。

凶論初探〉〔註 239〕、羅鈴沛撰〈《太平經》與《老子想爾注》守一法的比較〉
〔註 240〕等。

在《太平經》期刊論文部分主要是以比較《太平經》、《老子想爾注》兩
部漢末道教思想著作內容特色進行探討，其中陳福濱撰〈《太平經》氣化論思
想之探究〉、曹景年撰〈《太平經》元氣論思想淺述〉則是站在氣論的角度分
析《太平經》思想內容特色。

4、《老子想爾注》：

學位論文方面有：林宣佑撰《兩漢《老子》注中之「道論」研究──以
《河上公注》、《指歸》、《想爾注》為論》〔註 241〕、陳慧娟撰《兩漢三家《老
子》注養生思想研究》〔註 242〕。

單篇論文部分有：李豐楙撰〈老子「想爾注」的形成及其道教思想〉〔註 243〕、
梁宗華撰〈道家哲學向宗教神學理論的切換──《老子想爾注》「道」論剖析〉
〔註 244〕、雷健坤撰〈從《老子想爾注》看神仙思想的宗教理論化〉〔註 245〕、
曹維加撰〈從《太平經》與《老子想爾注》看早期道教神仙思想的形成〉〔註 246〕、
曹劍波撰〈《老子想爾注》養生智慧管窺〉〔註 247〕、李遠國撰〈論《老子想爾
注》中的養生思想〉〔註 248〕、薛明生撰〈試論《太平經》及《老子想爾注》

〔註 239〕陳明聖：〈《太平經》的趨吉避凶論初探〉，《成大宗教與文化學報》17（2011
　　　　年 12 月）。
〔註 240〕羅鈴沛：〈《太平經》與《老子想爾注》守一法的比較〉，《東吳中文學報》30
　　　　（2015 年 11 月）。
〔註 241〕林宣佑：《兩漢《老子》注中之「道論」研究──以《河上公注》、《指歸》、《想
　　　　爾注》為論》（臺北：輔仁大學哲學研究所碩士論文，2004 年）。
〔註 242〕陳慧娟：《兩漢三家《老子》注養生思想研究》（高雄：高雄師範大學國文學
　　　　系博士論文，2010 年）。
〔註 243〕李豐楙：〈老子「想爾注」的形成及其道教思想〉，《東方宗教研究》新一期（1990
　　　　年 10 月）。
〔註 244〕梁宗華：〈道家哲學向宗教神學理論的切換──《老子想爾注》「道」論剖析〉，
　　　　《哲學研究》第 8 期（1999 年）。
〔註 245〕雷健坤：〈從《老子想爾注》看神仙思想的宗教理論化〉，《北京行政學院學報》
　　　　第六期（2002 年）。
〔註 246〕曹維加：〈從《太平經》與《老子想爾注》看早期道教神仙思想的形成〉，《求
　　　　索》第五期（2003 年）。
〔註 247〕曹劍波：〈《老子想爾注》養生智慧管窺〉，《宗教學研究》第二期（2004
　　　　年）。
〔註 248〕李遠國：〈論《老子想爾注》中的養生思想〉，《中國道教》第六期（2005
　　　　年）。

有關持戒在得道過程之作用的思想淵源〉〔註 249〕、李宗定撰〈從《老子想爾注》論道教老學詮釋系統之建立〉〔註 250〕、蘇寧撰〈論《老子想爾注》的道教和諧思想〉〔註 251〕馬承玉撰〈《老子想爾注》與《老子指歸》之關係〉〔註 252〕、羅因撰〈戰國秦漢幾種《老子》注養生思想的遞變——從全身保身、精神境界、技術化導向到宗教教訓的發展〉〔註 253〕、王俊彥先生撰：〈《老子指歸》、《老子道德經河上公章句》、《老子想爾注》的氣論〉〔註 254〕等。

　　《老子想爾注》是漢末站在道教思想理論之上對《老子》進行詮釋的著作，因此期刊論文多從道教思想特色與道氣關係對《老子想爾注》養生、成仙觀進行理論分析。

　　5、《周易參同契》

　　學位論文部分有：段致成撰《道教丹道易學研究——以《周易參同契》與《悟眞篇》爲核心的開展》〔註 255〕、黃惠玲撰《周易參同契之十二消息卦研究》〔註 256〕。

　　在學位論文部分主要由漢代象數易學和陰陽五行的角度探討《周易參同契》對易學的發揮與丹道思想的建構與特色。

　　期刊論文部分有：方素眞撰〈《周易參同契》幾個功法的詮釋問題〉〔註 257〕、

〔註 249〕薛明生：〈試論《太平經》及《老子想爾注》有關持戒在得道過程之作用的思想淵源〉，《東方論壇》第 5 期（2005 年）。

〔註 250〕李宗定：〈從《老子想爾注》論道教老學詮釋系統之建立〉，《高雄道教學院學報》2（2006 年 4 月）。

〔註 251〕蘇寧：〈論《老子想爾注》的道教和諧思想〉，《道教月刊》20（2007 年 8 月）。

〔註 252〕馬承玉：〈《老子想爾注》與《老子指歸》之關係〉，《宗教學研究》第四期（2008 年）。

〔註 253〕羅因：〈戰國秦漢幾種《老子》注養生思想的遞變——從全身保身、精神境界、技術化導向到宗教教訓的發展〉，《東吳中文學報》19（2010 年 5 月）。

〔註 254〕王俊彥：〈《老子指歸》、《老子道德經河上公章句》、《老子想爾注》的氣論〉，《諸子學刊》2014 年第二期，上海：華東師範大學先秦諸子研究中心（2014 年 12 月）。

〔註 255〕段致成：《道教丹道易學研究——以《周易參同契》與《悟眞篇》爲核心的開展》（臺北：國立臺灣師範大學國文學系博士論文，2004 年）。

〔註 256〕黃惠玲：《周易參同契之十二消息卦研究》（高雄：國立高雄師範大學回流中文系碩士論文，2005 年）。

〔註 257〕方素眞：〈《周易參同契》幾個功法的詮釋問題〉，《成大宗教與文化學報》1（2001 年 12 月）。

方素眞撰〈太一生水與《周易參同契》的關係〉〔註258〕、賴錫三撰《《周易參同契》的「先天─後天學」與「內養─外煉一體觀」》〔註259〕、段致成撰〈修丹與天地造化同途──試論「外丹」與「內丹」派對《周易參同契》的不同詮釋路徑〉〔註260〕、段致成撰〈張伯端《悟眞篇》與《周易參同契》的關係〉〔註261〕、李松駿撰〈從《周易參同契》看內丹學對黃老理論的吸收與轉化〉〔註262〕等。

其中賴錫三撰《《周易參同契》的「先天─後天學」與「內養─外煉一體觀」》、段致成撰〈修丹與天地造化同途──試論「外丹」與「內丹」派對《周易參同契》的不同詮釋路徑〉、李松駿撰〈從《周易參同契》看內丹學對黃老理論的吸收與轉化〉等篇章除了討論《周易參同契》丹道思想內容特色，也兼論黃老思想與天人相感思想內容。

6、專書

除了學術論文、期刊之外，在許多研究兩漢時期思想專書與思想史當中，皆收入許多對於《淮南鴻烈》、《老子指歸》、《老子河上公章句》、《老子想爾注》、《周易參同契》、《太平經》等書的專題討論。如：南懷瑾著《中國道教發展史略述》〔註263〕、任繼愈主編《中國道教史》上〔註264〕、李剛著《漢代道教哲學》〔註265〕、楊儒賓主編《中國古代思想中的氣論及身體觀》〔註266〕、金春峰著《漢代思想史》〔註267〕、劉精誠著《中國道教

〔註258〕方素眞：〈太一生水與《周易參同契》的關係〉，《成大宗教與文化學報》2（2002年12月）。

〔註259〕賴錫三：《《周易參同契》的「先天─後天學」與「內養─外煉一體觀」》，《漢學研究》第41期（第20卷第2期）（2002年12月）。

〔註260〕段致成：〈修丹與天地造化同途──試論「外丹」與「內丹」派對《周易參同契》的不同詮釋路徑〉，《輔仁宗教研究》9（2004年夏）。

〔註261〕段致成：〈張伯端《悟眞篇》與《周易參同契》的關係〉，《丹道研究》1（2006年7月）。

〔註262〕李松駿：〈從《周易參同契》看內丹學對黃老理論的吸收與轉化〉，《有鳳初鳴年刊》10（2015年11月）。

〔註263〕南懷瑾：《中國道教發展史略述》（臺北：老古文化事業公司，1991年2月）。

〔註264〕任繼愈主編：《中國道教史》上（臺北：桂冠圖書股份有限公司，1991年10月）。

〔註265〕李剛：《漢代道教哲學》（四川：巴蜀書社，1995年5月）。

〔註266〕楊儒賓主編：《中國古代思想中的氣論及身體觀》（臺北：巨流圖書公司，1997年2月）。

〔註267〕金春峰：《漢代思想史》（北京：中國社會科學出版社，1997年12月）。

史》〔註 268〕、張運華著《先秦兩漢道家思想研究》〔註 269〕、任繼愈主編
《中國哲學發展史（秦漢）》〔註 270〕、曾春海著《兩漢魏晉哲學史（修訂
版）》〔註271〕、趙中偉著《道者，萬物之宗：兩漢道家形上思維研究》〔註272〕、
陳廣忠、梁宗華著《道家與中國哲學（漢代卷）》〔註 273〕、傅勤家著《中
國道教史》〔註 274〕等。

　　其中漢代思想史的部分皆簡述眾家思想特色，以觀漢代學術思想發展，
與其在道教成立初期的影響。楊儒賓主編《中國古代思想中的氣論及身體
觀》、趙中偉著《道者，萬物之宗：兩漢道家形上思維研究》則是站在氣論思
想與形上道體的觀點對《淮南鴻烈》、《老子指歸》、《老子河上公章句》、《老
子想爾注》、《周易參同契》、《太平經》等書進行討論。

二、研究方法

（一）原點輯錄

　　為探討《淮南鴻烈》、《老子指歸》、《老子河上公章句》、《太平經》、《老
子想爾注》、《周易參同契》等六部典籍所蘊含之道氣論思想，本文先全面檢
索原文，並將建構道氣論思想之關鍵字詞：「道」、「氣」、「陰陽」、「五行」、「天」、
「精」、「神」、「心性」等一一輯錄，以此作為詮釋漢代道氣論思想之理論基
礎，並根據各本不同之思想特色，將與之相關的思想概念如：「三才」、「卦氣」、
「天人相應」、「長生成仙」等加以檢索，企圖透過關鍵字詞、思想概念之輯
錄，對六部典籍之思想內容特色進行全面討論與研究。

（二）歸納分析

　　為建構漢代道氣論思想，本文先將關鍵字詞、概念分門別類，並按道氣
本體論、氣化宇宙論、氣化心性身體觀、氣化修養觀之理論架構進行歸納整

〔註 268〕劉精誠：《中國道教史》（臺北：文津出版社，1998 年 4 月）。
〔註 269〕張運華：《先秦兩漢道家思想研究》（吉林：吉林教育出版社，1998 年 12 月）。
〔註 270〕任繼愈主編：《中國哲學發展史（秦漢）》（北京：人民出版社，1998 年 5 月）。
〔註 271〕曾春海：《兩漢魏晉哲學史（修訂版）》（臺北：五南圖書出版股份有限公司，
　　　　2004 年 1 月）。
〔註 272〕趙中偉：《道者，萬物之宗：兩漢道家形上思維研究》（臺北：紅葉文化事業
　　　　有限公司，2004 年 4 月）。
〔註 273〕陳廣忠、梁宗華：《道家與中國哲學（漢代卷）》（北京：人民出版社，2005
　　　　年 5 月）。
〔註 274〕傅勤家：《中國道教史》（北京：商務印書館，2011 年 10 月）。

理，再根據不同典籍之思想特色進行理論分析，如《淮南鴻烈》、《老子指歸》、《老子河上公章句》氣化宇宙生成論特色建構，《老子想爾注》、《周易參同契》、《太平經》則是在道教氣化修養觀之上加強理論之建構分析，企圖藉此觀察了解漢代道氣論思想特色與其轉變爲道教氣論思想的關鍵所在，以及道氣論思想在其中所扮演的角色。

（三）比較研究

綜觀比較《淮南鴻烈》、《老子指歸》、《老子河上公章句》、《太平經》、《老子想爾注》、《周易參同契》中道氣論思想特色，可發現六部經典雖皆以道爲本體，然其對氣的態度各有不同：《淮南鴻烈》以道爲初始本體，氣爲道中生生作用，建構龐大氣化宇宙世界觀，其後《老子指歸》言道爲萬物之根，但視氣爲道之重要內涵，《老子河上公章句》言道生氣，兩者仍延續黃老道家思想傳統視道爲初始本體，但視氣爲道生化萬物之關鍵，點出氣的關鍵位置。東漢末年道教經典《太平經》言元氣行道，以生萬物，雖然仍尊道爲萬物元首，但已視氣與道同一位階，其道氣觀逐漸出現轉變。而《老子想爾注》、《周易參同契》則皆認爲道氣爲一體兩面，《周易參同契》是以道氣爲道教內外丹道之術的根本，《太平經》、《老子想爾注》則視道氣爲至高無上神祇，具有宗教義，故被視爲道教正式成立的關鍵。

綜上所述，本文試圖透過原典輯錄與歸納分析建構條理其道氣論思想脈絡，並透過比較探究《淮南鴻烈》、《老子指歸》、《老子河上公章句》、《太平經》、《老子想爾注》、《周易參同契》中道氣論思想特色，總論漢代道氣論思想變化脈絡，藉此檢視漢代道氣論思想發展的歷程，與其對後世學者、思想的影響。雖然這六部典籍有的因內容博雜、年代久遠、思想隱晦以及道教修煉方術思想被視爲禁秘而流傳不易，如今多爲殘卷本，故思想內容不夠完整，且部分學者視其爲後人僞托非漢代著作，但透過總論其道氣論思想內容特色，以及道氣論思想發展過程，希望能藉此了解並肯定道氣論思想的價值，與其在漢代黃老道家思想發展至道教思想過程當中所扮演的承先啓後關鍵位置。

第二章　時代背景與思想淵源

　　漢朝是在中國歷史上繼秦朝之後的一個大一統帝國，因此不論在政治、經濟或是在學術上面，都有豐富的發展，在學術思想上，面對戰國末年和秦漢相爭時的戰亂，漢朝初年在政治上採用與民休息的黃老治術，使得道家思想出現轉變，成為以虛靜無為為本的黃老刑名治術，在漢初蓬勃發展，直到漢武帝罷黜百家，獨尊儒術之後，儒家思想才正式成為統治者治理國家的規範，成為學術上的主流。然而黃老道家思想並未消失，在陰陽五行氣論思想與讖緯思想的興盛與西漢中晚期巫蠱之禍與新莽篡漢的政治、社會動盪之下，黃老道家思想逐漸轉向神學化發展。東漢時期，在皇帝皆喜好讖緯符命的風氣之下，黃老道家思想人物老子也被神仙化，甚至有立祠祭祀活動的產生，而在東漢末年外戚宦官的政治鬥爭，與民間地動飢荒等災異不斷，使人民對漢室失去信心而轉向宗教尋求心靈上的慰藉，在此背景之下，黃老道家思想出現轉變而成為道教思想，並於東漢末年出現。

　　中國第一個本土宗教的產生，在時代上與學術思想上，漢朝皆是關鍵的孕育時期以及轉捩點，因此，以下針對黃老道家、道教思想轉變關鍵的漢朝，就時代背景與思想淵源兩部分進行整理與分析，試圖探究學術思想轉變之脈絡。

第一節　時代背景

一、西漢初年

　　漢興，接秦之敝，諸侯並起，民失作業，而大饑饉。凡米石五千，人相食，死者過半。高祖乃令民得賣子，就食蜀漢。天下既定，民

亡蓋臧，自天子不能具醇駟，而將相或乘牛車。上於是約法省禁，

輕田租，什五而稅一，量吏祿，度官用，以賦於民。〔註1〕

西漢初年由於剛經歷秦國嚴刑峻法、苛政重賦與楚漢相爭之戰火動盪，在政治上，「秦王懷貪鄙之心，行自奮之智，不信功臣，不親士民，廢王道，立私權，禁文書而酷刑法，先詐力而後仁義，以暴虐爲天下始〔註2〕」，在社會上，人民飽受苛政與長期戰事之苦，再加上民生、經濟凋蔽，饑寒交迫，更增添內心痛苦怨憤，因此，社會急需休養生息。故崇尚虛靜無爲的黃老道家〔註3〕便成爲最適合此時的治國方針。

漢高祖（247－195BC）期間，以蕭何爲相國，爲從秦朝嚴刑峻法、顛沛流離中恢復，採用順應人民自然之黃老道家之術，與民休息〔註4〕，在政治上主張減輕田租、賦稅，節制官吏俸祿，只向人民收取所需賦稅，另外，「高祖乃令賈人不得衣絲乘車，重租稅以困辱之〔註5〕」，加重商人租稅與限制，提倡「約法省禁」。

惠帝（211－188BC）、高后期間，「黎民得離戰國之苦，君臣俱欲休息乎無爲〔註6〕」，爲使百姓免受毒害，人民遠離戰爭之苦，此時延續漢初政策，以曹參繼蕭何爲相國，施行黃老之術，《史記・曹相國世家》云：

參之相齊，齊七十城。天下初定，悼惠王富於春秋，參盡召長老諸生，問所以安集百姓，……聞膠西有蓋公，善治黃老言，使人厚幣請之。既見蓋公，蓋公爲言治道貴清靜而民自定，推此類具言之。參於是避正堂，舍蓋公焉。其治要用黃老術，故相齊九年，齊國安集，大稱賢相。〔註7〕

〔註1〕（漢）班固撰、（唐）顏師古注、（清）王先謙補注：《漢書補注》一百卷（全二冊），冊一，卷二十四上，〈食貨志第四上〉，頁515。

〔註2〕（漢）司馬遷撰、（南朝宋）裴駰集解：《史記》一百三十卷（全二冊），冊一，卷六，〈秦始皇本紀第六〉，頁136。

〔註3〕陳麗桂云：「『黃老』思想是以《老子》的雌柔、反智哲學爲基礎，兼採陰陽、儒、墨、名、法各家，主虛靜、講無爲，並將之轉化爲尚因循、重時變，又運用刑名以防姦欺的君術。」陳麗桂：《秦漢時期的黃老思想》，頁2。

〔註4〕《史記・蕭相國世家第二十三》：「及漢興，依日月之末光，何謹守管籥，因民之疾秦法，順流與之更始。」同註2，冊二，卷五十三，頁805。

〔註5〕同註2，冊一，卷三十，〈平準書第八〉，頁562。

〔註6〕同註2，冊一，卷九，〈呂后本紀第九〉贊曰，頁189。

〔註7〕同註2，冊二，卷五十四，〈曹相國世家第二十四〉，頁809。

曹參遵循蓋公的黃老治術，「清靜極言合道，然百姓離秦之酷後，參與休息無為，故天下俱稱其美矣〔註8〕」，而在漢初君主主張從民之欲，不加擾亂，刑罰簡約，使民眾得以休養生息之下，此一時期「天下晏然，刑罰罕用，罪人是希。民務稼穡，衣食滋殖〔註9〕」，漢朝也逐漸從漢初的戰亂破敗當中恢復國力。而成為曹相國師之蓋公相傳便是師承於戰國末年黃老道家學者河上丈人學派〔註10〕，由此可知，黃老道家學說自戰國末年以降，便在民間與政府間盛行並產生重要的影響。

文帝（203－157BC）即位，「施德惠天下，填撫諸侯四夷皆洽驩，乃循從代來功臣〔註11〕」、「躬修儉節，思安百姓〔註12〕」，其簡樸治國，減免刑罰〔註13〕，獎勵農事，租稅減半〔註14〕，其後的景帝（188－141BC）亦循清靜無為、與民休息之治國法則，遵行黃老之術。至此，漢朝國力自漢初凋敝中恢復，擺脫秦朝苛政，訂定合宜的賦稅、刑罰制度，使人民安居樂業，開創漢初繁榮的文景盛世〔註15〕。

此一時期最重要的黃老著作為《淮南鴻烈》，淮南王安集眾賓客共同撰作完成，其內容包羅萬象，並以道家思想為主軸，且兼融先秦眾家思想之長，

〔註8〕 （漢）司馬遷撰、（南朝宋）裴駰集解：《史記》一百三十卷（全二冊），冊二，卷五十四，〈曹相國世家第二十四〉贊曰，頁810。

〔註9〕 同註8，冊一，卷九，〈呂后本紀第九〉贊曰，頁189。

〔註10〕 《史記·樂毅列傳第二十》：「樂臣公善修黃帝、老子之言，顯聞於齊，稱賢師。太史公曰：……樂臣公學黃帝、老子，其本師號曰河上丈人，不知其所出。河上丈人教安期生，安期生教毛翕公，毛翕公教樂瑕公，樂瑕公教樂臣公，樂臣公教蓋公。蓋公教於齊高密、膠西，為曹相國師。」同註8，冊二，卷八十，頁983。

〔註11〕 同註8，冊一，卷十，〈孝文本紀第十〉，頁194。

〔註12〕 （漢）班固撰、（唐）顏師古注、（清）王先謙補注：《漢書補注》一百卷（全二冊），冊一，卷二十四上，〈食貨志第四上〉，頁515。

〔註13〕 《史記·孝文本紀第十》：「孝文皇帝臨天下，通關梁，不異遠方。除誹謗，去肉刑，賞賜長老，收恤孤獨，以育羣生。減嗜欲，不受獻，不私其利也。罪人不帑，不誅無罪。除肉刑，出美人，重絕人之世。朕既不敏，不能識。」同註8，冊一，卷十，頁200。

〔註14〕 《漢書·文帝紀第四》：「農，天下之大本也，民所恃以生也，而民或不務本而事末，故生不遂。朕憂其然，故今茲親率羣臣農以勸之。其賜天下民今年田租之半。」同註12，冊一，卷四，頁73。

〔註15〕 《漢書·景帝紀第五》贊曰：「漢興，掃除煩苛，與民休息。至于孝文，加之以恭儉，孝景遵業，五六十載之間，至於移風易俗，黎民醇厚。周云成康，漢言文景，美矣！」同註12，冊一，卷五，頁83。

成爲漢初集黃老思想大成之著作。同時，它繼承戰國以降的氣論思想，並結合陰陽五行之氣，廣泛運用在詮釋天道運行規律、宇宙萬物生化過程以及天地間一切事物變化事理之上，具有承先啓後之功〔註16〕。

> 孝武初立，卓然罷黜百家，表章六經。遂疇咨海內，舉其俊茂，與之立功。興太學，修郊祀，改正朔，定厤數，協音律，作詩樂，建封禪，禮百神，紹周後，號令文章，煥焉可述。後嗣得遵洪業，而有三代之風。〔註17〕

武帝元光元年五月（134BC），董仲舒進天人三策，董仲舒云：「春秋大一統者，天地之常經，古今之通誼也。今師異道，人異論，百家殊方，指意不同，是以上亡以持一統；法制數變，下不知所守。臣愚以爲諸不在六藝之科孔子之術者，皆絕其道，勿使並進。邪辟之說滅息，然後統紀可一而法度可明，民知所從矣。〔註18〕」自此武帝罷黜百家，獨尊儒術，使儒學成爲漢代學術主流。

在漢武帝「興太學，修郊祀，改正朔，定厤數，協音律，作詩樂，建封禪，禮百神」的改革之下，漢朝國力達到鼎盛，然征和二年，巫蠱禍起，「秋七月，按道侯韓說、使者江充等掘蠱太子宮。壬午，太子與皇后謀斬充，以節發兵與丞相劉屈氂大戰長安，死者數萬人。庚寅，太子亡，皇后自殺〔註19〕」，再加上連年征戰匈奴，自此，漢朝國力由盛轉衰。

二、西漢末年

> 贊曰：自宣、元、成、哀外戚興者，許、史、三王、丁、傅之家，皆重侯累將，窮貴極富，見其位矣，未見其人也。陽平之王多有材能，好事慕名，其埶尤盛，曠貴最久。然至於莽，亦以覆國。王商有剛毅節，廢黜以憂死，非其罪也。史丹父子相繼，高以重厚，位至三公。丹之輔道副主，掩惡揚美，傅會善意，雖宿儒達士無以加

〔註16〕 王云度云：「《淮南子》集古代思想之大成，開後世學術之先聲，具有承上啓下的學術地位。……道家在先秦諸子中最注重哲學思維，以道家學術爲主的《淮南子》無論在本體論、方法論和認識論等方面都將中國古代哲學推向了一個高峰。」王云度：《劉安評傳》（南京：南京大學出版社，2006年4月），頁270。

〔註17〕 （漢）班固撰、（唐）顏師古注、（清）王先謙補注：《漢書補注》一百卷（全二冊），冊二、冊一，卷六，〈武帝紀第六〉，頁103。

〔註18〕 同註17，卷五十六，〈董仲舒傳第二十六〉，頁1172。

〔註19〕 同註17，冊一，卷六，〈武帝紀第六〉，頁102。

　　馬。及其歷房闥，入臥內，推至誠，犯顏色，動寤萬乘，轉移大謀，

　　卒成太子，安母后之位。「無言不讎」，終獲忠貞之報。傅喜守節不

　　傾，亦蒙後凋之賞。哀、平際會，禍福速哉！〔註20〕

眞正影響西漢國祚盛衰者爲外戚干政日趨嚴重。由於巫蠱之禍，太子自殺，因此武帝死後由八歲幼子昭帝（94－74BC）即位，昭帝年幼，便由武帝衛皇后外戚大司馬大將軍霍光秉政輔佐幼主〔註21〕。宣帝（91－48BC）時先由霍光秉政，後則大量使用許皇后父許廣漢兄弟與祖母史良娣家人〔註22〕，以爲要臣〔註23〕。自此，外戚干政便成爲影響漢朝政治發展的關鍵。

　　漢元帝（75－33BC）即位，由於「柔仁好儒〔註24〕」、「優游不斷〔註25〕」，使得朝政逐漸由皇后王政君把持〔註26〕，王元后先後歷經元、成（51－7BC）、哀（27－1BC）、平（9BC－6AD）四世君王，掌權六十餘年〔註27〕，並大量

〔註20〕（漢）班固撰、（唐）顏師古注、（清）王先謙補注：《漢書補注》一百卷（全二冊），冊二，卷八十二，〈王商史丹傅喜傳第五十二〉，頁1471。

〔註21〕《漢書・昭帝紀第七》：「武帝末，戾太子敗，燕王旦、廣陵王胥行驕嫚，後元二年二月上疾病，遂立昭帝爲太子，年八歲。以侍中奉車都尉霍光爲大司馬大將軍，受遺詔輔少主。明日，武帝崩。戊辰，太子即皇帝位，謁高廟。帝姊鄂邑公主益湯沐邑，爲長公主，共養省中。大將軍光秉政，領尚書事，車騎將軍金日磾、左將軍上官桀副焉。」同註20，冊一，卷七，頁104。

〔註22〕《漢書・宣帝紀第八》：「孝宣皇帝，武帝曾孫，戾太子孫也。太子納史良娣，生史皇孫。皇孫納王夫人，生宣帝，號曰皇曾孫。生數月，遭巫蠱事，太子、良娣、皇孫、王夫人皆遇害。……曾孫賴吉得全。因遭大赦，吉乃載曾孫送祖母史良娣家。……時掖庭令張賀嘗事戾太子，思顧舊恩，哀曾孫，奉養甚謹，以私錢供給教書。既壯，爲取暴室嗇夫許廣漢女，曾孫因依倚廣漢兄弟及祖母家史氏。」同註20，冊一，卷八，頁109。

〔註23〕《漢書・宣帝紀第八》：「朕微眇時，御史大夫丙吉、中郎將史曾、史玄、長樂衛尉許舜、侍中光祿大夫許延壽皆與朕有舊恩。及故掖庭令張賀輔導朕躬，修文學經術，恩惠卓異，厥功茂焉。詩不云乎？『無德不報。』封賀所子弟子侍中中郎將彭祖爲陽都侯，追賜賀諡曰陽都哀侯。吉、曾、玄、舜、延壽皆爲列侯。故人下至郡邸獄復作嘗有阿保之功，皆受官祿田宅財物，各以恩深淺報之。」同註20，冊一，卷八，頁115～116。

〔註24〕同註20，冊一，卷九，〈元帝紀第九〉，頁122。

〔註25〕同註20，冊一，卷九，〈元帝紀第九〉，贊曰，頁128。

〔註26〕《漢書・成帝紀》贊曰：「建始以來，王氏始執國命，哀、平短祚，莽遂篡位，蓋其威福所由來者漸矣！」同註20，冊一，卷十，頁136。

〔註27〕《漢書・元后傳第六十八》司徒掾班彪曰：「及王莽之興，由孝元后歷漢四世爲天下母，饗國六十餘載，羣弟世權，更持國柄，五將十侯，卒成新都。」同註20，冊二，卷九十八，頁1710。

提拔外戚擔任要職〔註28〕，而王莽（46BC－23AD）正是元后弟子，王莽於成、哀之際輔政，且逐漸取得君王信任把持政局。平帝年幼即位，故由大司馬莽輔佐秉政〔註29〕，更於元始元年（1BC）起，拜爲太傅，賜號安漢公，爵爲新都侯，官爲宰衡、大司馬〔註30〕，專政擅權，故有「孝平之世，政自莽出〔註31〕」之說。平帝崩，無後，莽爲掌握朝政，竟選宣帝玄孫中最年幼者子嬰爲帝〔註32〕，最終篡位改國號新，結束漢帝國統治。

在動盪不安的時代背景之下，儒學已無法滿足政治、學術以及民間文人所需而逐漸走向災異讖緯之說。同時，爲了尋求心靈上的安定，讀書人逐漸轉向對清靜無爲之黃老道家思想進行探究，因此，黃老道家思想又開始流行〔註33〕，甚至轉入民間。

此一時期黃老道家思想著作最重要的便是成書於西漢中晚期的《老子指歸》，「嚴遵引《易》入《老》，對《老子》之旨向玄學轉化，起到了關鍵的作用。他的學生揚雄，授《老》入《易》，創作了《太玄》，其書以《老子》自然天道觀貫穿全書。在嚴、揚的著作中，也浸透了儒學思想，呈現在《老》、《易》、儒合流的思想傾向〔註34〕」，可以看出漢武帝獨尊儒術之後對黃老道家思想所產生的影響。

〔註28〕 《漢書·元后傳第六十八》：「尊皇后爲皇太后，以鳳爲大司馬大將軍領尚書事，益封五千戶。王氏之興自鳳始。又封太后同母弟崇爲安成侯，食邑萬戶。鳳庶弟譚等皆賜爵關內侯，食邑。」（漢）班固撰、（唐）顏師古注、（清）王先謙補注：《漢書補注》一百卷（全二冊），冊二，卷九十八，頁1704。

〔註29〕 《漢書·平帝紀第十二》：「帝年九歲，太皇太后臨朝，大司馬莽秉政，百官總己以聽於莽。」同註28，冊一，卷十二，頁141。

〔註30〕 《漢書·王莽傳第六十九上》：「元始元年正月丙辰拜爲太傅，賜號安漢公，備四輔官：今年四月甲子復拜爲宰衡，位上公。臣莽伏自惟，爵爲新都侯，號爲安漢公，官爲宰衡、太傅、大司馬。」同註28，冊二，卷九十九上，頁1719。

〔註31〕 同註28，冊一，卷十二，〈平帝紀第十二〉，贊曰，頁145。

〔註32〕 《漢書·王莽傳第六十九上》：「時元帝世絕，而宣帝曾孫有見王五人，列侯廣戚侯顯等四十八人，莽惡其長大，曰：『兄弟不得相爲後。』乃選玄孫中最幼廣戚侯子嬰，年二歲，託以爲卜相最吉。」同註28，冊二，卷九十九上，頁1722～1723。

〔註33〕 《漢書·楚元王傳第六》：「辟彊字少卿，亦好讀詩，能屬文。武帝時，以宗室子隨二千石論議，冠諸宗室。清靜少欲，常以書自娛，不肯仕。……德字路叔少，修黃老術，有智略。」同註28，冊二，卷三十六，頁963～964。《漢書·敘傳第七十上》：「嗣雖修儒學，然貴老嚴之術。」冊二，卷一百上，頁1762。

〔註34〕 陳廣忠、梁宗華：《道家與中國哲學（漢代卷）》（北京：人民出版社，2005年5月），頁7。

　　然而西漢末年儒家學者除了專研儒家經典之外，也對黃老道家思想展開研究，如班固叔父「嗣雖修儒學，然貴老嚴之術〔註35〕」，可知黃老道家思想在動盪不安的西漢末年不論在政府或民間又開始流行。而西漢末年成帝時齊人甘忠可造《天官曆包元太平經》十二卷，言天帝傳授眞人漢室受命終始之說，雖被劉向以「假鬼神罔上惑眾，下獄治服」，然時人夏賀良、丁廣世、郭昌、解光、李尋等人仍好此道，相互傳授〔註36〕。而《天官曆包元太平經》更被視爲東漢道教著作《太平經》的根源〔註37〕，其內容以道氣爲本〔註38〕，「專以奉天地順五行爲本，亦有興國廣嗣之術〔註39〕」，可知西漢末年，黃老道家思想開始出現轉變，而此被視爲黃老道家思想宗教化的關鍵。

三、東漢末年

> 自和熹太后以女主稱制，不接公卿，乃以閹人爲常侍，小黃門通命
> 兩宮。自此以來，權傾人主，窮困天下。〔註40〕

　　東漢末年，在政治、社會上都出現動盪不安的景況，在政治上，自從和帝（79－106AD）以降皆幼年即位，因此女后臨朝、外戚干政的情況愈加嚴重，而和帝和熹鄧后在和帝過世之後，尊爲皇太后，並擁立才百日的殤帝（105－

〔註35〕（漢）班固撰、（唐）顏師古注、（清）王先謙補注：《漢書補注》一百卷（全二冊），冊二，卷一百上，〈敍傳第七十上〉，頁1762。

〔註36〕《漢書・眭兩夏侯京翼李傳第四十五》：「初，成帝時，齊人甘忠可詐造天官歷包元太平經十二卷，以言『漢家逢天地之大終，當更受命於天，天帝使眞人赤精子，下教我此道。』忠可以教重平夏賀良、容丘丁廣世、東郡郭昌等，中壘校尉劉向奏忠可假鬼神罔上惑眾，下獄治服，未斷病死。賀良等坐挾學忠可書以不敬論，後賀良等復私以相教。哀帝初立，司隸校尉解光亦以明經通災異得幸，白賀良等所挾忠可書。……時郭昌爲長安令，勸尋宜助賀良等。尋遂白賀良等皆待詔黃門，數召見，陳說『漢歷中衰，當更受命。成帝不應天命，故絕嗣。今陛下久疾，變異屢數，天所以譴告人也。宜急改元易號，迺得延年益壽，皇子生，災異息矣。得道不得行，咎殃且亡，不有洪水將出，災火且起，滌盪人民。』」同註35，冊二，卷七十五，頁1410。

〔註37〕段致成云：「《太平經》的來源，可能與西漢成帝時期人甘忠可的《天官曆包元太平經》有關。」段致成：《《太平經》思想研究》，頁37。

〔註38〕《太平經》：「夫道何等也？萬物之元首，不可得名者。六極之中，無道不能變化。元氣行道，以生萬物，天地大小，無不由道而生者也。」王明編：《太平經合校》（全二冊），上冊，頁16。

〔註39〕（南朝宋）范曄撰、（唐）李賢注、（清）王先謙集解：《後漢書集解》一百二十卷（全二冊），冊一，卷三十下，〈郎顗襄楷列傳第二十下〉，頁391。

〔註40〕同註39，冊一，卷四十三，〈朱樂何列傳第三十三〉，頁528。

106AD）即位〔註41〕，殤帝崩，又策立十三歲安帝（94－125AD）即位，並親臨朝政〔註42〕，自此「東京皇統屢絕，權歸女主，外立者四帝，臨朝者六后，莫不定策帷帟，委事父兄，貪孩童以久其政，抑明賢以專其威〔註43〕」。

而在女后掌權之後，由於女后不出內宮，不接公卿，宮中事務傳遞便逐漸落入閹人手中〔註44〕，「雖時有忠公，而竟見排斥。舉動回山海，呼吸變霜露。阿旨曲求，則光寵三族；直情忤意，則參夷五宗。漢之綱紀大亂矣〔註45〕」，因此宦官與外戚間的權力鬥爭便嚴重影響東漢末年政局情勢發展，而宦官亂政更加速了東漢國祚的滅亡。

桓（132－168AD）、靈（156－189AD）之際，外戚、宦官之間的權力鬥爭使東漢末年政局混亂，儒生、士子便起而品評人物、批判宦官亂政，形成清議之風〔註46〕，然宦官藉由與君王親近，掌握朝權，便誣告士人「養太學遊士，交結諸郡生徒，更相驅馳，共為部黨，誹訕朝廷，疑亂風俗〔註47〕」，進而逮捕禁錮，形成黨錮之禍，「凡黨事始自甘陵、汝南，成於李膺、張儉，海內塗炭，二十餘年，諸所蔓衍，皆天下善士〔註48〕」。

東漢末年除了政治上動盪不安，在社會上，人民更是飽受天災、寇賊、戰事之苦，桓帝期間因蝗災、水災、旱災農損而饑饉餓死者甚眾〔註49〕，再

〔註41〕 《後漢書・皇后紀第十上》：「元興元年，帝崩，長子平原王有疾，而諸皇子夭歿，前後十數，後生者輒隱秘養於人間。殤帝生始百日，后迺迎立之。尊后為皇太后，太后臨朝。」（南朝宋）范曄撰、（唐）李賢注、（清）王先謙集解：《後漢書集解》一百二十卷（全二冊），冊一，卷十上，頁161。

〔註42〕 《後漢書・皇后紀第十上》：「及殤帝崩，太后定策立安帝，猶臨朝政。」同註41，冊一，卷十上，頁162。

〔註43〕 同註41，冊一，卷十上，〈皇后紀第十上〉，頁155。

〔註44〕 《後漢書・宦者列傳第六十八》：「鄧后以女主臨政，而萬機殷遠，朝臣國議，無由參斷帷幄，稱制下令，不出房闈之間，不得不委用刑人，寄之國命。」同註41，冊二，卷七十八，頁896。

〔註45〕 同註41，冊二，卷七十八，〈宦者列傳第六十八〉，頁896～897。

〔註46〕 《後漢書・黨錮列傳第五十七》：「逮桓靈之間，主荒政繆，國命委於閹寺，士子羞與為伍，故匹夫抗憤，處士橫議，遂乃激揚名聲，互相題拂，品覈公卿，裁量執政，婞直之風，於斯行矣。」同註41，冊二，卷六十七，頁782。

〔註47〕 同註41，冊二，卷六十七，〈黨錮列傳第五十七〉，頁783。

〔註48〕 同註41，冊二，卷六十七，〈黨錮列傳第五十七〉，頁784。

〔註49〕 《後漢書・孝桓帝紀第七》：「建和元年……二月，荊揚二州人多餓死，遣四府掾分行賑給」；「永興元年……秋七月，郡國三十二蝗。河水溢。百姓饑窮，流冗道路，至有數十萬戶，冀州尤甚。詔在所賑給乏絕，安慰居業。……二年……六月，彭城泗水增長逆流。詔司隸校尉、部刺史曰：『蝗災為害，水變

加上盜賊肆虐〔註50〕，人民生活苦不堪言，靈帝期間情況更加劇烈，除蝗災饑
饉〔註51〕，更出現夫婦相食慘況〔註52〕，再加上寇賊四起、蠻夷叛變〔註53〕、
疫病流行〔註54〕，使得人民對政治失去信心；對生活感到惶恐。在這種情況
之下，人民急需心靈慰藉與改革力量，因此具有宗教色彩的《太平經》、《老
子想爾注》，與論述養身煉丹成仙的《周易參同契》在東漢末年開始流傳。

　　《老子想爾注》的作者張陵、張魯以《老子》五千文爲經典造作道書，
創立五斗米道，以鬼道教民，由於治理得宜，深受蜀地民眾愛戴，故雄據巴、
漢邊陲三十年。〔註55〕而順帝（115－144AD）時宮崇所獻其師干吉所得神書

仍至，五穀不登，人無宿儲。其令所傷郡國種蕪菁以助人食』」；「九月丁卯朔，
日有食之。詔曰：『朝政失中，雲漢作旱，川靈涌水，蝗蝥孳蔓，殘我百穀，
太陽薄光，飢饉薦臻。其不被害郡縣，當爲飢餒者儲。天下一家，趣不糜爛，
則爲國寶。其禁郡國不得賣酒，祠祀裁足。』」；「（延熹九年）司隸、豫州飢
死者什四五，至有滅户者，遣三府掾賑稟之。」（南朝宋）范曄撰、（唐）李
賢注、（清）王先謙集解：《後漢書集解》一百二十卷（全二冊），冊一，卷七，
頁124；126；127；130。

〔註50〕　《後漢書・孝桓帝紀第七》：「（延熹）九年……己酉，詔曰：『比歲不登，民多
飢窮，又有水旱疾疫之困。盜賊徵發，南州尤甚。災異日食，譴告累至。政亂
在予，仍獲咎徵。其令大司農絶今歲調度徵求，及前年所調未畢者，勿復收責。
其災旱盜賊之郡，勿收租，餘郡悉半入。』」（南朝宋）范曄撰、（唐）李賢注、
（清）王先謙集解：《後漢書集解》一百二十卷（全二冊），冊一，卷七，頁130。

〔註51〕　《後漢書・孝靈帝紀第八》：「（熹平）六年……夏四月，大旱，七州蝗。」同
註50，冊一，卷八，頁136。

〔註52〕　《後漢書・孝靈帝紀第八》：「（建寧）三年春正月，河內人婦食夫，河南人夫
食婦。」同註50，冊一，卷八，頁135。

〔註53〕　《後漢書・孝靈帝紀第八》：「建寧……二年……九月，江夏蠻叛，州郡討平
之。丹陽山越賊圍太守陳夤，夤擊破之。……三年……冬，濟南賊起，攻東
平陵」；「光和元年春正月，合浦、交阯烏滸蠻叛，招引九眞、日南民攻沒郡
縣。」同註50，冊一，卷八，頁134～135；137。

〔註54〕　《後漢書・孝靈帝紀》：「熹平……二年春正月，大疫，使使者巡行致醫藥。」
同註50，冊一，卷八，頁135。

〔註55〕　《三國志・魏書・張魯傳》：「張魯字公祺，沛國豐人也。祖父陵，客蜀，學
道鵠鳴山中，造作道書以惑百姓，從受道者出五斗米，故世號米賊。陵死，
子衡行其道。衡死，魯復行之。益州牧劉焉以魯爲督義司馬，與別部司馬張
脩將兵擊漢中太守蘇固，魯遂襲脩殺之，奪其眾。焉死，子璋代立，以魯不
順，盡殺魯母家室。魯遂據漢中，以鬼道教民，自號『師君』。其來學道者，
初皆名『鬼卒』。受本道已信，號『祭酒』。各領部眾，多者爲治頭大祭酒。
皆教以誠信不欺詐，有病自首其過，大都與黃巾相似。諸祭酒皆作義舍，如
今之亭傳。又置義米肉，縣於義舍，行路者量腹取足；若過多，鬼道輒病之。
犯法者，三原，然後乃行刑。不置長吏，皆以祭酒爲治，民夷便樂之。雄據

《太平經》百七十卷，「其言以陰陽五行為家，而多巫覡雜語〔註56〕」，相傳張角得到此書，並以此書之善道教化天下，創立太平道或稱黃老道，十餘年間信眾十萬，其後更造作訛言「蒼天已死，黃天當立，歲在甲子，天下大吉」，起兵反叛，由於人民積怨已久，因此不到旬日，天下響應，京師震動〔註57〕。

　　綜上所述，東漢末年在政治上外戚、宦官鬥爭之下，引發黨錮之禍，而黨錮之禍使天下善士、儒生紛遭禍遇難，終致朝野崩離，國力衰弱。再加上東漢末年災疫、寇賊不斷，以至於黃巾賊起，朝廷已無法應付，最終走向敗亡。

　　然而在這樣的時代背景之下，人民生活極度痛苦，導致精神上急需慰藉，而這時黃老道家宗教化、制度化的完成與道教理論著作的出現，正好成為人民生活與精神上新的寄託，也為道教的正式成立提供有利的時空背景條件，因此道教便在東漢末年應運而生。

第二節　學術思想淵源

一、道論思想淵源

　　道的觀念起源甚早，《說文·卷三》：「道：所行道也。〔註58〕」道最早指所通行之道路，故引申有規範、次序、法則之義。而最早賦予道有哲學意涵者為先秦末年的《老子》，《老子》認為道為初始萬物本體，故云：

巴、漢垂三十年。」（晉）陳壽撰、（南朝宋）裴松之注、（清）盧弼集解：《三國志集解》六十五卷，卷八，頁286～287。

〔註56〕　（南朝宋）范曄撰、（唐）李賢注、（清）王先謙集解：《後漢書集解》一百二十卷（全二冊），冊一，卷三十下，〈郎顗襄楷列傳第二十下〉，頁391。

〔註57〕　《後漢書·皇甫嵩朱儁列傳第六十一》：「初，鉅鹿張角自稱『大賢良師』，奉事黃老道，畜養弟子，跪拜首過，符水咒說以療病，病者頗癒，百姓信向之。角因遣弟子八人使於四方，以善道教化天下，轉相誑惑。十餘年間，眾徒數十萬，連結郡國，自青、徐、幽、冀、荊、楊、兗、豫八州之人，莫不畢應。……訛言『蒼天已死，黃天當立，歲在甲子，天下大吉』。……靈帝以周章下三公、司隸，使鉤盾令周斌將三府掾屬，案驗宮省直衛及百姓有事角道者，誅殺千餘人，推考冀州，逐捕角等。角等知事已露，晨夜馳敕諸方，一時俱起。皆著黃巾為摽幟，時人謂之『黃巾』，亦名為『蛾賊』。殺人以祠天。角稱『天公將軍』，角弟寶稱『地公將軍』，寶弟梁稱『人公將軍』，所在燔燒官府，劫略聚邑，州郡失據，長吏多逃亡。旬日之間，天下嚮應，京師震動。」同註56，冊二，卷七十一，頁822。

〔註58〕　（漢）許慎撰、（清）段玉裁注：《說文解字注》（臺北：洪葉文化事業有限公司，據經韻樓臧版影印，2001年10月），頁76。

　　道盅，而用之又不盈也。淵乎，似萬物之宗。〔註59〕

　　有狀混成，先天地生〔註60〕。寂乎漠乎，獨立不垓，可以爲天地母。
〔註61〕

道爲萬物之始，先天地生，形上獨立，無形恍惚，且作用周行不殆，用之而
不盈，生生不息，因此視道爲萬物初始宗祖。然而「道，可道也，非恆道也。
名，可名也，非恆名也〔註62〕」，道既爲萬物初始，形上超越，恍惚窈冥，不
可言說定義，爲詮釋道體特色，故字之曰道。《老子》在確立道爲初始本體後，
接著論述道生萬物過程。

　　道生一，一生二，二生三，三生萬物，萬物負陰而抱陽，沖氣以爲
　　和。〔註63〕

〔註59〕《馬王堆帛書乙本》：「道沖，而用之又弗盈也。淵呵，似萬物之宗。」國家
　　　　文物局古文獻研究室編：《馬王堆漢墓帛書【壹】》，乙本釋文，頁95。俞樾云：
　　　　「《說文・皿部》：『盅，器虛也。《老子》曰：『道盅而用之。』『盅』訓『虛』，
　　　　與『盈』正相對。作『沖』者，叚字也。」（清）俞樾：《諸子平議》，收入《春
　　　　在堂全書》（第二冊）（臺北：中國文獻出版社，1968年9月），頁941。陳錫
　　　　勇先生云：「『乎』，郭店楚簡甲編、乙編，凡帛書，王本作『呵』『兮』者，
　　　　並作『乎』，故據改。」陳錫勇：《老子校正》（臺北：里仁書局，2003年9
　　　　月），頁204～205。

〔註60〕《郭店楚墓竹簡・甲編》：「有脜蟲成，先天地生。」《簡帛書法選》編輯組編：
　　　　《郭店楚墓竹簡・老子・甲本》，頁21。裘錫圭云：「見於《老子》甲二一的
　　　　『脜』，無疑也應分析爲從『百』（首）『爿』聲，依文義當讀爲『狀』。……《老
　　　　子》十四章形容『道』的時候，有『是爲無狀之狀，無物之象，是謂惚恍』
　　　　之語。『有狀混成』的『狀』就是『無狀之狀』的『狀』。」裘錫圭：〈郭店《老
　　　　子》簡初探〉，收入陳鼓應編《道家文化研究》第17輯：郭店楚簡專號（北
　　　　京：生活、讀書、新知三聯書店，1999年8月），頁46。

〔註61〕《郭店楚墓竹簡・甲編》：「敚穆，獨立不亥，可以爲天下母。」《簡帛書法選》
　　　　編輯組編：《郭店楚墓竹簡・老子・甲本》，頁21。「寂乎漠乎」，《馬王堆帛書・
　　　　老子甲本》作「繡（寂）呵繆（寥）呵」；《帛書老子乙本》作「蕭（寂）呵
　　　　漻（寥）呵」。范應元本作「宋兮寞兮」，云：「『宋』，古『寂』字。『寞』字，
　　　　王弼與古本同。……按《莊子・天下篇》亦有『寂漠无形』。」「獨立不垓」，
　　　　陳錫勇先生云：「郭店楚簡《老子》甲編『垓』，作『亥』；帛書乙本作『玹』，
　　　　甲本殘缺，此『亥』、『玹』，當作『垓』，『垓』者，垠界，此謂道之動獨立無
　　　　匹而無垠界也。」陳錫勇：《老子釋疑》，頁95。「天地母」，《馬王堆漢墓帛書・
　　　　老子甲本、乙本》皆作「天地母」。國家文物局古文獻研究室編：《馬王堆漢
　　　　墓帛書【壹】》，甲本釋文，頁12；乙本釋文，頁97。范應元云：「『天地』字，
　　　　古本如此。」（宋）范應元：《宋本老子道德經古本集註》二卷，卷上，頁51。

〔註62〕國家文物局古文獻研究室編：《馬王堆漢墓帛書【壹】》，甲本釋文，頁10。

〔註63〕此據馬王堆帛書乙本，缺文據通行本補。國家文物局古文獻研究室編：《馬王

返也者，道之動也；弱也者，道之用也。天下之物生於有，有生於無。〔註64〕

《老子》言道生萬物之過程為「無生有」，道體虛無，視之不見、聽之不聞、搏之不得，但其中有精，故能變化生成萬物，《老子》稱之為一，為道之動，而「一二三」則是形容道生萬物恍惚不可名言之過程〔註65〕，在道創生萬物的過程中，陰陽二氣為蘊含其間重要的創造元素，透過陰陽二氣相互激盪與調和之下，具體萬物應運而生。此外，《老子》強調道生萬物的作用是自然無為的。

人法地，地法天，天法道，道法自然。〔註66〕

道之尊也，德之貴也，夫莫之爵也，而恆自然也。道生之、畜之、長之、育之、亭之、毒之、養之、覆之，生而不有，為而不恃，長而不宰，是謂玄德。〔註67〕

《老子》認為道生萬物，順應自然，而非有心有為干預造作，萬物自然得以依循自己然之理長養化育，由此可知，《老子》主張尊道尚德法自然〔註68〕，

堆漢墓帛書【壹】》，乙本釋文，頁89。（魏）王弼註：《老子道德真經》二卷，卷二，四十二章，頁462。

〔註64〕《郭店楚墓竹簡‧老子甲》：「返也者，道動也；弱也者，道之用也。天下之物生於有，生於亡。」《簡帛書法選》編輯組編：《郭店楚墓竹簡‧老子‧甲本》，頁37。陳錫勇先生云：「唯『道之動也』奪『之』字，據帛書乙本補，……『天下之物生於有』據下奪一『有』字重號，據帛書乙本補。」陳錫勇：《老子釋疑》，頁153。

〔註65〕陳錫勇先生云：「老子肯定道生萬物的過程是『有』，是『忽恍』，故以『一二三』符號來代稱，或以『一』來統稱『道之動』，也就是指『自然之變化』，老子所謂『道』，是不可名、言者，是宇宙之本體，是『無』。」陳錫勇：《老子校正》，頁24。

〔註66〕《簡帛書法選》編輯組編：《郭店楚墓竹簡‧老子‧甲本》，頁22～23。

〔註67〕今據《馬王堆漢墓帛書‧老子乙本》，缺文據《帛書‧老子甲本》、通行本補。國家文物局古文獻研究室編：《馬王堆漢墓帛書【壹】》，乙本釋文，頁90；甲本釋文，頁4。（魏）王弼註：《老子道德真經》二卷，卷一，五十一章，頁475～476。

〔註68〕蔣錫昌云：「此言道之所以尊，德之所以貴，即在於不命令或干涉萬物而任其自化自成也。」蔣錫昌：《老子校詁》（臺北：東昇出版事業有限公司，1980年4月），頁317。陳錫勇先生云：「道生之而德畜之，生之、畜之、長之、育之，是道生育萬物，故萬物尊道而貴德，是以聖人輔萬物之自然而不敢為。聖人尊道，故順之道、依萬物之自然，是以尚德無為，若『道』，實生萬物，是有為也，是自然而為也，蓋順自然而為，故生而不有，為而不恃，長而不宰，此順自然而為之。」陳錫勇：《老子釋疑》，頁177～178。

道生萬物之理如此，人君之理亦如是，因此在上位者應觀道之理，體道法自然，國家自能得到治理。

　　《老子》觀天地萬物運行之則，體無限生生道理，而其後戰國時期的《莊子》繼承此說加以發揮。《莊子》的道論思想延續《老子》之說，主張道爲初始本體。《莊子》云：

> 夫道，有情有信，無爲無形；可傳而不可受，可得而不可見；自本
> 自根，未有天地，自古以固存；神鬼神帝，生天生地；在太極之先
> 而不爲高，在六極之下而不爲深；先天地生而不爲久，長於上古而
> 不爲老。〔註69〕

《莊子》認爲道同樣具備形上超越特質，先天地生，爲萬物本根，無形無限，不受時間先後與空間高下限制，窈冥昏默，無形象可視聽，但其中有精，故可創生萬物〔註70〕。而道化生萬物的法則是自然無爲的，故《莊子》云：「道行之而成，物謂之而然〔註71〕」、「已而不知其然，謂之道〔註72〕」，道無心無爲，隨順萬物自然而然之生生之理，萬物自能生長收藏。

　　爲說明形上道體創生萬物的過程，《莊子》試圖運用觀念文字詮釋有生於無之恍惚不可名言之玄妙理序。《莊子·齊物論》云：

> 有始也者，有未始有始也者，有未始有夫未始有始也者。有有也者，
> 有无也者，有未始有无也者，有未始有夫未始有无也者。俄而有无
> 矣，而未知有无之果孰有孰无也。〔註73〕

　　《莊子》了解天地由無到有的過程是玄妙不可知的，但爲說明建構其過程，《莊子》以「有始」與「有無」兩個層面的論述，推想宇宙生成的過程。由此可知，《莊子》是想藉由層層的論述與推理，表現出宇宙生成由無到有過程之複雜，與其不可被言語掌握的特色。而這層層分析論述的過程，也影響了漢代氣化宇宙論對宇宙創生過程與氣化生生次序的討論，促成漢代龐大的氣化宇宙觀的理論的產生。

〔註69〕王叔岷：《莊子校詮》（全三冊），上冊，〈內篇·大宗師第六〉，頁230。
〔註70〕《莊子·外篇·在宥第十一》：「至道之精，窈窈冥冥；至道之極，昏昏默默。無視無聽，抱神以靜，形將自正。」同註69，上冊，頁390。
〔註71〕同註69，上冊，〈內篇·齊物論第二〉，頁61。
〔註72〕同註69，上冊，〈內篇·齊物論第二〉，頁61。
〔註73〕同註69，上冊，頁70。

　　到了秦漢之際，道家思想轉變爲黃老思想，黃老思想在道家《老》、《莊》的道論思想之上，加入「陰陽、儒、墨、名、法，轉化老子的雌柔哲學爲虛無的因術與君術，強化老子無爲無不爲的思想，兼論形神修養問題〔註74〕」，形成一套無爲而治的治術，然而這些黃老思想典籍當中，又以《管子》四篇與《呂氏春秋》最爲重要。《管子》四篇的道論思想延續《老》、《莊》以降對道的論述，《管子》云：

> 道也者，動不見其形，施不見其德，萬物皆以得，然莫知其極。故曰可以安而不可說也。莫人，言至也；不宜，言應也。應也者，非吾所設，故能無宜也。不顧，言因也。因也者，非吾所顧，故無顧也。不出於口，不見於色，言無形也。〔註75〕

> 凡道，無根無莖，無葉無榮，萬物以生，萬物以成，命之曰道。〔註76〕

道無形象可視，「口之所不能言也，目之所不能視也，耳之所不能聽也〔註77〕」，故形上超越，道不受時空限制，莫知其極，但實存於天地萬物之間，一作用則萬物皆得之以生成。因此，《管子》亦視道爲萬物初始本體，爲萬物之所以變化的法則規律，而萬物只要因循道自然而然之理便可生成。《管子》的道論思想除延續《老》、《莊》對道的討論之外，更加入氣的觀念，《管子》云：

> 夫道者所以充形也，而人不能固。〔註78〕

> 氣者，身之充也。〔註79〕

《管子》認爲道爲萬物本體，亦是充盈人身中的生生元素，而這流行於人身中的生生作用，《管子》稱之爲精妙之氣。由此可知，《管子》將氣提升至與道相同的位階，視氣爲道中重要的內涵，而《管子》的精氣說也對漢代的道氣觀與形神觀產生深刻的影響。

　　《呂氏春秋》的道論思想仍舊延續道家思想基礎，尊道爲形上初始本體，《呂氏春秋·大樂》云：

〔註74〕陳麗桂：《戰國時期的黃老思想》（臺北：聯經出版社，2005 年 11 月），序，頁 2。

〔註75〕黎翔鳳：《管子校注》（全三冊），中冊，卷十三〈心術上〉第三十六，頁 770。

〔註76〕同註75，中冊，卷十六〈內業〉第四十九，頁 937。

〔註77〕同註75，中冊，卷十六〈內業〉第四十九，頁 935。

〔註78〕同註75，中冊，卷十六〈內業〉第四十九，頁 932。

〔註79〕同註75，中冊，卷十三〈心術下〉第三十七，頁 778。

> 道也者，視之不見，聽之不聞，不可爲狀。有知不見之見、不聞之
> 聞，無狀之狀者，則幾於知之矣。道也者，至精也，不可爲形，不
> 可爲名，彊爲之名謂之太一。〔註80〕

道無形象可視聽，不可名言，不可以觀念定義，但並非虛空，其中蘊含至高
無上之精妙作用，爲說明詮釋，故強爲之名稱之爲太一，強調其爲初始生生
本體的特質。《呂氏春秋》站在道家道論爲形上本體的基礎之上，對道體進行
討論，但對《呂氏春秋》來說更重要的是道生生不息落實於天地間的精妙作
用，《呂氏春秋·圓道》云：

> 天道圓，地道方，聖王法之，所以立上下。何以說天道之圓也？精
> 氣一上一下，圓周復雜，無所稽留，故曰天道圓。何以說地道之方
> 也？萬物殊類殊形，皆有分職，不能相爲，故曰地道方。主執圓，
> 臣處方，方圓不易，其國乃昌。〔註81〕

《呂氏春秋》認爲道中精妙的作用稱爲精氣，當精氣上下生生作用變化爲輪
轉不息的天，當精氣凝結爲殊類殊形則變化爲乘載萬物的地，而透過觀天地
之道的變化，《呂氏春秋》體悟出因循自然之君臣之道，故〈功名〉云：

> 由其道，功名之不可得逃，猶表之與影，若呼之與響。善釣者出魚
> 乎十仞之下，餌香也；善弋者下鳥乎百仞之上，弓良也；善爲君者，
> 蠻夷反舌殊俗異習皆服之，德厚也。水泉深則魚鱉歸之，樹木盛則
> 飛鳥歸之，庶草茂則禽獸歸之，人主賢則豪桀歸之。故聖王不務歸
> 之者，而務其所以歸。〔註82〕

天地運行隨順氣化流行，以四時爲綱紀，分爲十二紀、八覽、六論，透過四
時十二月令天地運行規律以及萬物生殺變化，再加上五行生剋次第，闡示其
對政治得失的看法，認爲君王施政必須遵循天地自然運行之理，國家自然得
以昌盛。

〔註80〕 （周）呂不韋等撰、陳奇猷校釋：《呂氏春秋校釋》（全二冊），上冊，卷五，
　　　　〈仲夏紀·大樂〉，頁256。「彊爲之名謂之太一」本作「彊爲之謂之太一」。
　　　　畢沅曰：「『彊爲之』下疑脫一『名』字。」（周）呂不韋等撰、（清）畢沅校
　　　　正：《呂氏春秋校正》（四川：四川人民出版社，1998年2月，《諸子集成新編
　　　　（九）》），頁43。許維遹案：「當有『名』字，《老子》云：『強爲之名曰大』，
　　　　語例正同。」許維遹撰：《呂氏春秋集釋》（上海：上海書店，1996年12月，
　　　　《民國叢書》第五編據清華大學1935年版景印），卷五，頁6。
〔註81〕 同註80，上冊，卷三，〈季春紀·圓道〉，頁171～172。
〔註82〕 同註80，上冊，卷二，〈仲春紀·功名〉，頁110。

綜上所述，黃老思想仍舊承襲《老》、《莊》對道的論述，但受陰陽五行思想影響，開始大量運用氣的觀念詮釋道體，形成漢代氣化宇宙論的理論基礎，同時也展開漢代道氣思想的討論。

二、氣論思想淵源

（一）春秋時期

氣最早爲描繪天地間所產生的自然現象，《說文・氣部》：「气，雲气也〔註83〕」，氣指自然氣候的變化，並無顯的哲學意涵。對於自然氣候的變化，《國語》當中有更詳細的詮釋。《國語・卷一・周語上》云：

> 幽王三年，西周三川皆震。伯陽父曰：周將亡矣！夫天地之氣，不失其序；若過其序，民亂之也。陽伏而不能出，陰迫而不能烝，於是有地震，今三川實震，是陽失其所而鎮陰也，陽失而在陰，川源必塞；源塞，國必亡。夫水土演而民用也，水土無所演，民乏財用，不亡何待？〔註84〕

《國語》中將陰陽二氣視爲天地間正反、冷熱之氣，因此若陰陽二氣調和循其規律運行，天地萬物自能生生不息，若陰陽二氣失序無法調和以致陽氣蟄伏在下，陰氣迫之使其不能上升，便會出現地震、源塞等異象，導致國家滅亡〔註85〕。《春秋左傳・昭公・傳元年》亦有六氣之說：

> 天有六氣，降生五味，發爲五色，徵爲五聲。淫生六疾。六氣曰陰、陽、風、雨、晦、明也，分爲四時，序爲五節，過則爲菑：陰淫寒疾，陽淫熱疾，風淫末疾，雨淫腹疾，晦淫惑疾，明淫心疾。〔註86〕

〔註83〕（漢）許愼撰、（清）段玉裁注：《說文解字注》，頁20。

〔註84〕（魏）韋昭注：《國語》二十一卷（臺北：臺灣商務印書館，1975年6月，《四部叢刊》初編史部據上海商務印書館縮印杭州葉氏藏明金李校刊本），頁8。

〔註85〕謝松齡云：「這似乎是以陰陽觀念解釋『災異』現象的最早記載。《左傳》載僖公十六年『六鶂退飛過宋都』的異常現象，周内史叔興釋爲『是陰陽之事』。」謝松齡：《天人象：陰陽五行學說史導論》（山東：山東文藝出版社，1997年4月），頁19。

〔註86〕（周）左丘明傳、（晉）杜預注、（唐）孔穎達正義：《春秋左傳正義》六十卷（臺北：藝文印書館，2001年12月，《十三經注疏》本影嘉慶二十年江西南昌府重刊宋本），卷第四十一，頁708～709。

《左傳》中更詳述天地間運行之六氣有陰氣、陽氣、風氣、雨氣、晦氣、明氣，六氣於天地間交互作用，分爲四時五季，作用落實於具體世界更會降生五色、五味、五聲、六疾。《國語・周語下》中更云：

> 口內味而耳內聲，聲味生氣。氣在口爲言，在目爲明。言以信名，明以時動。名以成政，動以殖生。政成生殖，樂之至也。若視聽不穌，而有震眩，則味入不精，不精則氣佚，氣佚則不穌。於是乎有狂悖之言，有眩惑之明，有轉易之名，有過慝之度。〔註87〕

「《國語》將氣與人的心性修養聯繫起來，成爲中國哲學治氣養心、修身養性思想的肇端〔註88〕」，《國語》認爲氣貫通天人之間，落實於人身，在口爲言生味、在目爲明、在耳爲聲，成爲溝通天地間五色、五味、五聲等感官經驗認知判斷的基礎，因此，氣不精則佚失於形體之外，氣佚失於形體之外則無法調和，形體自然無法產生正確認知判斷而造成口有狂悖之言、目有眩惑之明，視聽不和，產生過與不及的反應，擴而大之，便會影響萬物生成與政治清明。

由此可知，在春秋時期氣的觀念已普遍而流行〔註89〕，首先，五行觀念已出，《左傳》中提到六氣生五味、五色、五聲、六疾；《尚書・虞書・大禹謨》、《左傳・文公・傳七年》中還出現六府三事之說，指出水、火、金、木、土、穀，稱爲六府，是用以養民的六種物品〔註90〕；《尚書・周書・洪範》更

〔註87〕　（魏）韋昭注：《國語》二十一卷，〈周語下第三〉，頁30。

〔註88〕　張立文：《氣》（臺北：漢興書局有限公司，1994年5月），頁27。

〔註89〕　劉長林云：「氣概念在周代已被廣泛使用。而且氣已不僅指呼吸之氣、風雲之氣，這樣一些具體的氣態物質。……至少有兩個特點：一是更具無形性、概括性，一是明顯增加了功能、信息的內涵。……到了春秋時代，氣概念進一步深化。人們開始用氣來說明萬物的生成，……點明氣有生發萬物的本領，爲萬物以氣爲本的理論開闢了道路。」劉長林：《中國象科學觀──易、道與兵、醫（修訂版）》（上、下冊）（北京：社會科學文獻出版社，2008年1月），冊下，頁654～655。

〔註90〕　《尚書・虞書・大禹謨》云：「禹曰：於！帝念哉！德惟善政，政在養民。水、火、金、木、土、谷，惟修；正德、利用、厚生、惟和。」（漢）孔安國傳、（唐）孔穎達等正義：《尚書正義》二十卷（臺北：藝文印書館，2001年12月，《十三經注疏》本），卷四，頁53；《左傳・文公・傳七年》云：「六府三事，謂之九功。水、火、金、木、土、穀，謂之六府。正德、利用、厚生，謂之三事。」（周）左丘明傳、（晉）杜預注、（唐）孔穎達正義：《春秋左傳正義》六十卷，卷五十三，頁923。

有五行之說〔註91〕，但此時五行仍爲五種天地間的元素。故春秋時期五行之說並未定型，且並無哲學意涵〔註92〕。其次，陰陽二氣已從說明氣候風雨冷熱之氣轉變爲詮釋天地間萬事萬物狀態變化的概念，並視氣爲天地四時運行的重要元素。且春秋時人開始試圖將天地間的氣化作用的過於不及詮釋人身疾病產生之因與心性清明與迷惑的狀態，使氣成爲貫通天人詮釋天地萬物變化的基本元素〔註93〕。因此，「《左傳》、《國語》的氣，已是一個涵蓋自然、社會和人的意識的普遍概念，開始上升成爲哲學範疇〔註94〕」。

> 道生一，一生二，二生三，三生萬物，萬物負陰而抱陽，沖氣以爲
>
> 和。〔註95〕

「伯陽父最先提出陰陽概念後，老子又作了進一步的哲學概括〔註96〕」，《老子》以陰陽二氣詮釋萬物生成之理，認爲初始之道之所以能變化生成萬物，其關鍵皆在萬物中蘊含陰陽和合之氣，因此氣不再只是天地間流動之雲氣，而成爲正反相生力量，成爲構成萬物的力量，透過陰陽相生調和，萬物應運而生，因此《老子》中的氣開始出現生生創造的作用義。〔註97〕

〔註91〕《尚書・周書・洪範》：「一，五行，一曰水，二曰火，三曰木，四曰金，五曰土，水曰潤下，火曰炎上，木曰曲直，金曰從革，土爰稼穡，潤下作鹹，炎上作苦，曲直作酸，從革作辛，稼穡作甘。」（漢）孔安國傳、（唐）孔穎達等正義：《尚書正義》，卷十二，頁169。

〔註92〕梁啓超云：「此不過將物質區分爲五類，言其功用及性質耳。」梁啓超：〈陰陽五行說之來歷〉，收入顧頡剛主編：《古史辨》第五冊（臺北：藍燈文化事業股份有限公司，1987年11月），下篇，頁350。

〔註93〕方立天云：「伯陽父的陰陽二氣對立觀念具有重要的意義：第一、它反映了人們把現象的多樣性，描象爲本質的對立性的辯證認識過程。……第二、伯陽父認爲陰陽應當保持並在一定時間內也能夠保持一定的秩序，同時，陰陽的鬥爭又必將失其秩序，這裡包含了對立統一規律的思想萌芽，也是十分珍貴的。第三、是從哲學的角度，闡明世界萬物是陰陽之氣運行而成的思想端倪。」方立天：《中國古代哲學問題發展史》（上冊）（北京：中華書局，1992年12月），頁193。

〔註94〕張立文：《氣》，頁28。

〔註95〕此據馬王堆帛書乙本，缺文據通行本補。國家文物局古文獻研究室編：《馬王堆漢墓帛書【壹】》，乙本釋文，頁89。（魏）王弼註：《老子道德真經》二卷，卷二，四十二章，頁462。

〔註96〕方立天：《中國古代哲學問題發展史》（上冊），頁193。

〔註97〕張立文云：「特別是老子表述爲『萬物負陰而抱陽，沖氣以爲和』，即是對宇宙萬物生成次序的概括，而這種『道生一，一生二，二生三，三生萬物』的次序，即是對萬物具有陰陽對立和諧性質的深刻認識。」張立文：《氣》，頁7。

載營魄抱一，能勿離乎？〔註98〕摶氣致柔，能嬰兒乎？滌除玄鑒〔註99〕，能勿疵乎？愛民治邦，能勿以智乎〔註100〕？天門啓闔，能爲雌乎？明白四達，能勿以知乎？生之、畜之，生而不有，長而不宰也，是謂玄德。〔註101〕

氣除了是構成天地萬物的作用，氣亦是構成人身的基本元素，《老子》認爲摶守體內之氣，使氣充盈全身，還能回到初生赤子般反璞歸眞嗎？只有合於自然之道，才是生生之德的表現。可知氣在當時是落實於人身修養中的重要內涵。而同時期的孔子亦將氣視爲構成人身的重要關鍵，《論語・季氏第十六》中有云：

孔子曰：「君子有三戒：少之時，血氣未定，戒之在色；及其壯也，血氣方剛，戒之在鬭；及其老也，血氣旣衰，戒之在得。」〔註102〕

從《論語》中得知孔子將血氣視爲流行於人身中基本元素，血氣盛衰變化與人年歲增長、氣質變化有密切關聯，而這也成爲儒家以氣化心性論的開端〔註103〕。綜上所述，氣於春秋時期便開始出現哲學意涵，由天地間冷熱之氣候變化轉向正反相生的概念，並成爲詮釋天地萬物變化生成與人的形體、血氣、感官認知判斷形成的基礎。

〔註98〕《馬王堆帛書・老子乙本》「勿」作「母」，陳錫勇先生云：「第三十章甲本、乙本：『果而母驕，果而勿矜。』甲編作：『果而弗驕，果而弗矜。』是證『母』者、『勿』者，原作『弗』，『弗』即『不』也，……『母』或釋作『勿』，如第十章：或釋作『不』。」陳錫勇：《老子校正》，頁 23。

〔註99〕「鑒」，《馬王堆帛書・老子乙本》作「監」。陳錫勇先生云：「古者以皿盛水爲『鏡』，帛書乙本作『監』，《說文》段注：『鏡亦可名鑒，是以經典多用鑑字，少用鏡者，亦或假監爲之，是以《毛詩》「宜鑑於殷」，《大學》作「儀監」。』是知帛書乙本《老子》作『玄鑒』。」陳錫勇著：《老子釋疑》，頁 45～46。

〔註100〕陳錫勇先生云：「本章『愛民治邦，能無以知乎』與『明白四達，能無以知乎』，前『知』字讀作『智』，……《經典釋文》出『以知乎』，注曰：『音智，河上本（又直）作智。』」陳錫勇著：《老子釋疑》，頁 45。

〔註101〕今據《馬王堆漢墓帛書・老子乙本》。國家文物局古文獻研究室編：《馬王堆漢墓帛書【壹】》，乙本釋文，頁 95。

〔註102〕（魏）何晏等注、（宋）邢昺疏：《論語注疏》二十卷（臺北：藝文印書館，2001 年 12 月，《十三經注疏》本），卷十六，頁 149。

〔註103〕張立文云：「孔子所謂『氣』，是一般概念，並未作爲哲學範疇來使用。然而，孔子關於『血氣』的觀念，包含有氣與心性相互聯繫的思想，爲後世儒家所發揮，發展成爲儒家心性學說的重要內容。」張立文：《氣》，頁 29。

（二）戰國時期

到了戰國時期的《周易・繫辭》更是發揮陰陽二氣相互感應、激盪的作用，用以詮釋《周易》卦爻之間的變化規律，《周易・繫辭上》云：

> 是故，易有太極，是生兩儀，兩儀生四象，四象生八卦，八卦定吉凶，吉凶生大業。是故，法象莫大乎天地，變通莫大乎四時，縣象著明莫大乎日月。〔註104〕

〈繫辭〉認爲卦象的根源爲正反作用尚未產生的太極，太極化生陰陽兩種正反相生作用生成天地，天地間陰陽變化生成四時，四時間陰陽變化生成八種自然現象〔註105〕，透過八種自然現象生成規律的觀察，故能判定吉凶禍福。〈繫辭〉以陰陽二氣作爲天地創生的原則，詮釋太極化生天地萬物的過程，〈說卦〉中更言卦爻辭的產生爲聖人觀天地陰陽二氣的消息變化之後所創作完成〔註106〕，用以推知天道運行的規律次序，更視陰陽二氣爲創生萬物的基本作用與生成次序，具有普遍義〔註107〕。

而且更進一步，〈繫辭〉將陰陽二氣由對天道運行化生萬物的詮釋用以詮釋人身的本質與性情的發生，使氣的意涵明顯出現轉變。《周易・繫辭上》云：

> 精氣爲物，游魂爲變，是故知鬼神之情狀。與天地相似，故不違。⋯⋯
>
> 一陰一陽之謂道，繼之者善也，成之者性也。〔註108〕
>
> 生生之謂易，成象之謂乾，效法之爲坤，極數知來之謂占，通變之謂事，陰陽不測之謂神。〔註109〕

〔註104〕（魏）王弼、（晉）韓康伯注、（唐）孔穎達等正義：《周易正義》十卷（臺北：藝文印書館，2001年12月，《十三經注疏》本影嘉慶二十年江西南昌府重刊宋本），卷第七，頁156～157。

〔註105〕朱伯崑著：《易學哲學史》全四卷（北京：昆侖出版社，2005年4月），第一卷，頁72。

〔註106〕《周易・說卦第九》：「昔者聖人之作易也，幽贊於神明而生蓍，參天兩地而倚數，觀變於陰陽而立卦，發揮於剛柔而生爻，和順於道德而理於義，窮理盡性以至於命。」同註104，卷第九，頁182～183。

〔註107〕張立文云：「人們透過觀察卦中所象的陰陽二氣相互感應變化規律，可以認識到天地萬物運動變化的規律。《易傳》以卦象卦義的形式，說明了正是陰陽二氣的交感相與，『精氣』才能化生萬物，萬物才能發展變化。」張立文：《氣》，頁34。盧央云：「《繫辭》論述天地間陰陽之道，把陰陽對立，互相轉化視爲天地間的普遍規律。」盧央：《易學與天文學》（北京：中國書店，2006年1月），頁84。

〔註108〕同註104，卷第七，頁147～148。

〔註109〕同註104，卷第七，頁149。

《周易・繫辭》認爲氣之精者能凝結爲具體形物，當氣尚未凝結爲具體形物時爲無形變動之游魂的狀態，而初始之道中蘊含陰陽兩種生化元素，當陰陽二氣生生不息的變化時稱爲神，當道中陰陽二氣的作用落實於人身便構成初始善性，其中的關鍵元素皆爲氣之變化，同時，〈繫辭〉亦將精氣視爲構成萬物和人身的本質〔註110〕，提出精氣之說。流行於人身之氣，《孟子》則提出浩然之氣，《孟子・公孫丑上》：

> 夫志，氣之帥也；氣，體之充也。夫志至焉，氣次焉。故曰：持其
> 志，無暴其氣。……志壹則動氣，氣壹則動志也。今夫蹶者趨者，
> 是氣也，而反動其心。……我知言，我善養吾浩然之氣。〔註111〕

《孟子》中視氣爲人生命中重要的基礎元素，氣不但爲心志作用的內涵，同時充盈於形體間，成爲溝通心志與肢體、臟器間的關鍵，《孟子》稱之爲浩然之氣，並將其落實於身體修養上，提出保養浩然之氣，希望透過養氣的功夫使身心達到最和諧的狀態。

同一時期道家的《莊子》在《老子》的基礎上發揮，認爲「陰陽者，氣之大者也〔註112〕」，陰陽二氣爲創生天地萬物的基本元素，氣亦爲構成人身的重要關鍵，《莊子・外篇・知北遊》：

> 人之生，氣之聚也，聚則爲生，散則爲死。若死生爲徒，吾又何患！
> 故萬物一也，……故曰通天下一氣耳。〔註113〕

因此，當氣一凝結於人身便成爲人生命的根本，當氣一消散，人的生命也會同時邁向死亡，而氣不但是人身根本更是天地萬物的共同本質，具有本體義、普遍義。同時《莊子》亦將氣視爲修養功夫的重要關鍵，《莊子・人間世》：

> 若一志〔註114〕，无聽之以耳，而聽之以心；无聽之以心，而聽之以

〔註110〕張立文云：「《易傳》實際上認爲天地萬物和人體形神，甚至『鬼神』都由『精氣』產生，這就將自然之物、人類形體和精神意識放置在共同的物質基礎之上，使萬物統一於『精氣』。」張立文：《氣》，頁33。

〔註111〕（漢）趙岐注、（宋）孫奭疏：《孟子注疏》十四卷（臺北：藝文印書館，2001年12月，《十三經注疏》本影嘉慶二十年重刊宋本），卷三上，頁54。

〔註112〕王叔岷：《莊子校詮》（全三冊），冊中，〈雜篇・則陽第二十五〉，頁1032。

〔註113〕同註112，冊中，〈外篇・知北游第二十二〉，頁809。

〔註114〕王叔岷云：「成疏：『志一汝心，無復異端。』案正文一下疑挩汝字，〈知北游〉篇：『若正汝形，一汝視。』與此文例同。成疏『志一汝心，』文不成義，蓋『一汝志心』之錯誤。所據正文，一下蓋本有汝字。」同註112，冊上，〈內篇・人間世第四〉，頁131。

氣。聽止於耳，心止於符。氣也者，虛而待物者也。唯道集虛。虛
者，心齋也。〔註115〕

虛也者，道之所居，氣之所居，因此若要使心志虛靜接物，便要透過心齋修
養功夫，使氣清明涵養心中，達到虛靜專一的狀態，便可通達道境〔註116〕。

而戰國末年稷下學說集大成者《管子》更以氣作為詮釋天地人萬物的生
成變化與運行次序的關鍵。《管子·內業第四十九》：

凡物之精，此則為生。下生五穀，上為列星。流於天地之間，謂之
鬼神。藏於胸中，謂之聖人；是故此氣〔註117〕，杲乎如登於天，杳
乎如入於淵，淖乎如在於海，卒乎如在於己。〔註118〕

《管子》以氣作為天地、星辰、五穀、萬物的根源，萬物皆由虛無、無限且
流行於天地間之陰陽氣化所生，人居其中，亦為氣所生。《管子·心術下》云：
「氣者，身之充也。〔註119〕」氣是人生命的泉源，流行充盈於形體之間，《管
子》認為氣中精華的部分作用於形體之間使人產生認知判斷、思慮精神，這
同時也是人之所以貴於萬物的原因，《管子》稱之為精氣〔註120〕。《管子》提
出精氣之說，認為氣為萬物本質，而精氣無限生生，更是人思慮清明專一的
關鍵所在，同時《管子》更將氣與道等同視之，〈內業〉云：

精也者，氣之精者也。氣，道乃生，生乃思，思乃知，知乃止矣。
〔註121〕

〔註115〕王叔岷：《莊子校詮》（全三冊），冊上，〈內篇·人間世第四〉，頁131。
〔註116〕張立文云：「所謂氣，就是人的內心能虛靜地對待外界事物的精神狀態。虛靜
即『心齋』，指虛懷若谷、恬靜無欲、不好不惡的心境。這種心境使人們超脫
利欲而達到精神自由，是一種精神上和道德人格上的超升。『唯道集虛』，只
有得「道」的人，才能做到虛靜。……莊子主張用『氣』而不是用耳、用心
智來對待事物，這是強調人的精神直覺的作用，因為只有在精神直覺上，才
能泯滅物我界限，成為『與天地精神合而為一』的聖人、神人。因此，莊子
非常重視守純一之氣。」張立文：《氣》，頁38。
〔註117〕「此」本作「民」。丁士涵云：「『民』乃『此』字誤，『氣』即精氣也，下文
云『是故此氣也』，是其證。」黎翔鳳撰：《管子校注》（全三冊），中冊，卷
十六，頁931。
〔註118〕同註117，中冊，卷十六，頁931。
〔註119〕同註117，中冊，卷十三，頁778。
〔註120〕《管子·第四十九·內業》：「精也者，氣之精者也。」同註117，中冊，卷十六，
頁937。《管子·第三十七篇·心術下》：「專於意，一於心，耳目端，知遠之證，
能專乎？能一乎？……故曰，思之，思之不得，鬼神教之。非鬼神之力也，其
精氣之極也。一氣能變曰精。一事能變曰智。」中冊，卷十三，頁780。
〔註121〕同註117，中冊，卷十六，頁937。

《管子》認爲道之所以生成萬物，成爲人身中生生不測之思慮判斷作用，皆是因爲其中蘊含氣之精者也，由此可知，《管子》將氣視爲道之重要內涵，同時更加肯定了氣作爲本體義上的地位〔註 122〕，這也對氣論思想的發展帶來重要的影響〔註 123〕。

　　由此可知，戰國以降，氣已普遍存在於中國思想當中，用以詮釋一切事物變化的規律次序，成爲思想家們共同詮釋天道變化與人生修養的重要元素之一。

　　而氣論思想在戰國末年蓬勃發展，鄒衍扮演極其重要的角色，鄒衍著作今已亡佚，但根據《史記·孟子荀卿列傳》記載：

> 騶衍睹有國者益淫侈，不能尚德，若大雅整之於身，施及黎庶矣。乃深觀陰陽消息而作怪迂之變，終始太聖之篇十餘萬言。其語閎大不經，必先驗小物，推而大之，至於無垠。先序今以上至黃帝，學者所共術，大并世盛衰，因載其禨祥度制，推而遠之，至天地未生，窈冥不可考而原也。先列中國名山大川，通谷禽獸，水土所殖，物類所珍，因而推之，及海外人之所不能睹。稱引天地剖判以來，五德轉移，治各有宜，而符應若茲。以爲儒者所謂中國者，於天下乃八十一分居其一分耳。〔註 124〕

鄒衍學說包含以五行生剋之理推演天道四時輪轉次第與帝王、朝代遞嬗的五德終始說〔註 125〕，而鄒衍所創的「終始五德之運」、「陰陽主運」學說，首

〔註 122〕陳鼓應云：「『道』在此即是『精氣』之意，精氣是充滿人身的。」陳鼓應：《管子四篇詮釋——稷下道家代表作解析》（北京：商務印書館，2006 年4 月），頁 23～24。劉長林：「《管子》將道與氣通用。」劉長林：《中國象科學觀——易、道與兵、醫（修訂版）》（全二冊），下冊，頁 759。陳麗桂云：「『氣』是極其細微的流動性物質，無固定形式，可隨時隨地變化存在。『氣』也是生命的本源，……又充滿天地之間。這一切的功能和性徵，和描繪『道』的完全一樣，『氣』當然等於『道』。」陳麗桂：〈先秦儒道的氣論與黃老之學〉，收入哲學與文化月刊雜誌社編《哲學與文化月刊》第398 期（第卅三卷第八期）（臺北：哲學與文化月刊雜誌社，2006 年 8 月），頁 10。

〔註 123〕張立文云：「《管子》的精氣論，標誌著中國哲學氣範疇發展的新水平，對中國哲學思想的發展產生了深遠的影響。」張立文：《氣》，頁 45。

〔註 124〕（漢）司馬遷撰、（南朝宋）裴駰集解：《史記》一百三十卷（全二冊），冊二，卷七十四，〈孟荀列傳第十四〉，頁 939。

〔註 125〕《史記·歷書第四》：「其後戰國並爭，在於彊國禽敵，救急解紛而已，豈遑念斯哉！是時獨有鄒衍，明於五德之傳，而散消息之分，以顯諸侯。」同註

次將陰陽與五行作出結合〔註126〕，此爲氣論思想奠定更加完整縝密的理論
基礎。

而戰國末年由呂不韋集眾賓客所編纂的《呂氏春秋》，更是站在氣論的基
礎之上，將氣論思想更廣泛的運用在詮釋宇宙間所有事物的變化之理。《呂氏
春秋‧圜道》云：

> 天道圜，地道方，聖王法之，所以立上下。何以說天道之圜也？精
> 氣一上一下，圜周復雜，無所稽留，故曰天道圜。何以說地道之方
> 也？萬物殊類殊形，皆有分職，不能相爲，故曰地道方。主執圜，
> 臣處方，方圜不易，其國乃昌。〔註127〕

《呂氏春秋》以精氣間陰陽二氣一上一下輪轉不息的作用詮釋天地之道的運
行過程，同時更指出宇宙間萬事萬物皆以氣爲基礎建構完成。《呂氏春秋‧圜
道》云：

> 日夜一周，圜道也。日躔二十八宿〔註128〕，軫與角屬，圜道也。精
> 行四時，一上一下各與遇，圜道也。物動則萌，萌而生，生而長，
> 長而大，大而成，成乃衰，衰乃殺，殺乃藏，圜道也。雲氣西行，
> 云云然冬夏不輟；水泉東流，日夜不休；上不竭，下不滿；小爲大，

124，冊一，卷二十六，頁498。王夢鷗云：「在他一生至少寫過兩部書：
一是小型的，五行之一年一周的終始；一是大型的，五行之從天地割判以
來，一朝一代的終始。前者是王居明堂而行的時令，後者是受命而帝的制
度。」王夢鷗：《鄒衍遺說考》（台北：商務印書館，1966年1月），頁56。
錢穆云：「五德終始是『五德之次從所不勝』的，所以說『虞土夏木殷金
周火』。……『五行相次轉用事隨方面爲服』是東方木，南方火，中央土，
西方金，北方水，春夏秋冬，相次用事的。」錢穆：〈評顧頡剛五德終使
說下的政治和歷史〉，收入顧頡剛主編：《古史辨》第五冊，下篇，頁621
～622。

〔註126〕王夢鷗云：「我們認爲鄒衍之最大的創說：是把古已有之『陰陽』與『五行』
兩種觀念合而爲一，使它成爲宇宙諸現象的原動力。」王夢鷗：《鄒衍遺說考》，
頁56。謝松齡云：「即使鄒衍兼言陰陽、五行，亦尚未將二者融合爲一。」
謝松齡：《天人象：陰陽五行學說史導論》，頁47。鄺芷人云：「根據『孟荀
列傳』的記述，則鄒（騶）衍是把『陰陽』與『五行』配合而立論，……至
於他是否最先以陰陽五行合而論之，這就無法稽考了。」鄺芷人：《陰陽五行
及其體系》（臺北：文津出版社，2003年7月），頁34。

〔註127〕（周）呂不韋等撰、陳奇猷校釋：《呂氏春秋校釋》（全二冊），上冊，卷第三，
頁171～172。

〔註128〕「日」本作「月」。陳奇猷：「『月』疑『日』字之誤，……日周躔二十八宿即
爲一年，亦即日行一周，故曰圜道。」同註127，冊上，卷三，頁176。

重爲輕；圓道也。黃帝曰：「帝無常處也，有處者乃無處也」，以言
不刑寒，圓道也。人之竅九，一有所居則八虛，八虛甚久則身斃。
故唯而聽，唯止；聽而視，聽止。以言說一，一不欲留，留運爲敗，
圓道也，一也齊至貴，莫知其原，莫知其端，莫知其始，莫知其終，
而萬物以爲宗。聖王法之，以令其性，以定其正，以出號令。令出
於主口，官職受而行之，日夜不休，宣通下究，瀸於民心，遂於四
方，還周復歸，至於主所，圓道也。〔註129〕

《呂氏春秋》將星宿的運行、四時氣候轉變、萬物生長、人形體與知覺等等，
皆視爲自然天道間精氣生生不息流行變化而成，此外，《呂氏春秋》中的十二
紀，更直接把十二個月的輪轉過程以氣詮釋，並且配上五行、星象以及君王
施政法則，企圖建構一氣化整體宇宙觀。由此可知，氣化思想在經過戰國時
期的發展，至戰國末秦初的《呂氏春秋》可說趨近成熟的階段，同時開啓兩
漢氣化宇宙論的蓬勃發展。

（三）漢初

漢朝爲氣化宇宙論蓬勃發展的時代，在儒家思想上，以董仲舒《春秋繁
露》元氣說爲代表，《春秋繁露》云：

元者萬物之本。人之元在焉。安在乎？乃在乎天地之前。〔註130〕

天地之氣，合而爲一，分爲陰陽，判爲四時，列爲五行。〔註131〕

董仲舒提出元氣爲萬物之本，生天地前，同時又以元氣作爲陰陽二氣、五行、
天地、四時、萬物的根源，建立以陰陽五行爲架構的氣化宇宙整體觀，也開
啓後世對氣本論的探討。

天地之符，陰陽之制，常設於身。身猶天也，數與之相差，故命與
之相連也。天以終歲之數，成人之身，故小節三百六十六，副日數
也；大節十二分，副月數也；內有五藏，副五行數也；外有四肢，
副四時數也；乍視乍瞑，副晝夜也；乍剛乍柔，副冬夏也；乍哀乍
樂，副陰陽也；心有計慮，副度數也；行有倫理，副天地也。此皆

〔註129〕（周）呂不韋等撰、陳奇猷校釋：《呂氏春秋校釋》（全二冊），冊上，卷三，頁172。
〔註130〕（漢）董仲舒撰、蘇輿義證：《春秋繁露義證》（北京：中華書局，2002年8月），卷第五，〈重政·第十三〉，頁147。
〔註131〕同註130，卷第十三，〈五行相生·第五十八〉，頁362。

> 暗膚著身，與人俱生，比而偶之合。於其可數也，副數；不可數者，
> 副類。皆當同而副天，一也。〔註132〕

其次，《春秋繁露》中人副天數的觀念，透過天人間陰陽五行之氣類相感的特質，說明人身之骨節、五臟、四肢、感官、情感、思慮等，皆與天道生成之數相符，藉此詮釋天人感應思想，由於天人相應，因此在人間至尊的天子就必須遵循天道之理，以此作爲君王行事與施政的依據。

> 然而主之好惡喜怒，乃天之春夏秋冬也，其俱暖清寒暑而以變化成功
> 也。天出此物者，時則歲美，不時則歲惡。人主出此四者，義則世治，
> 不義則世亂。是故治世與美歲同數，亂世與惡歲同數，以此見人理之
> 副天道也。天有寒有暑。夫喜怒哀樂之發，與清暖寒暑，其實一貫也。
> 喜氣爲暖而當春，怒氣爲清而當秋，樂氣爲太陽而當夏，哀氣爲太陰
> 而當冬。四氣者，天與人所同有也，非人所能蓄也，故可節而不可止
> 也。節之而順，止之而亂。人生於天，而取化於天。〔註133〕

再者，《春秋繁露》言天有喜怒哀樂，配四時春夏秋冬，認爲天有意志，能判斷是非，當人主施政合宜，天施氣順應喜怒哀樂次第，年歲自然豐美，反之若亂世頻仍，天施氣便不順，年歲自然凶惡。《春秋繁露》企圖以天人相應之說提醒警示君王施政情況，金春峰先生認爲：「由神學的以吉凶禍福爲內容的天人感應或刑名法治、清靜無爲，轉變爲以人爲中心的道德目的論和人文主義的思想，大力彰顯與突顯人的尊嚴與地位〔註134〕」。然其人格神色彩濃厚，也成爲後世儒道結合與神學化發展的開端〔註135〕。

〔註132〕（漢）董仲舒撰、蘇輿義證：《春秋繁露義證》，卷第十三，〈人副天數‧第五十六〉，頁356～357。

〔註133〕同註132，卷第十一，〈王道通三‧第四十四〉，頁330。

〔註134〕金春峰：〈漢代儒家哲學的定位與定性〉，收入國立臺灣師範大學國文學系編：《第二屆儒道國際學術研討會——兩漢論文集》（臺北：國立臺灣師範大學，2005年），頁779。

〔註135〕牟鐘鑒云：「戰國以鄒衍爲代表的陰陽五行思想在秦漢之際廣泛傳布，爲道家、儒家和方士們共同吸收。《呂氏春秋》有十二紀，《禮紀》有〈月令〉，董仲舒大講陰陽災異，而調陰陽、順四時、序五行、以政令配月令的思想，幾成漢人思維方式的普遍特徵。早期道教經典中充滿蓋這種思想，《太平經》以陰陽觀考查自然，謂『天地之性，半陰半陽』（《太平經合校》702頁）。《周易參同契》以卦爻配陰陽五行，藉以說明煉丹用藥與火候。《黃庭經》以五臟配五行，以陰陽之氣益身煉形。陰陽五行學說是內外丹學的重要理論根據。」任繼愈主編：《中國道教史》上，頁16～17。

綜上所述，氣論思想普遍深植於先秦思想當中，且成爲先秦以降重要的思想淵源。在秦漢思想當中，氣是萬物初始道體中重要的內涵，具有生生不息之創造義，萬物皆透過陰陽五行生生理序變化生成，同時，氣也是天道運行的規律次序，天地間四時節氣萬物皆依循陰陽氣化消息生長收藏輪轉不息，由此可知，氣同時具有形上初始本體與形下具體形質特質，故可貫通形上道體與形下氣質，成爲溝通無有的元素，亦是形上道體之所以變化生成形下萬殊的重要關鍵。

三、道教思想發展淵源

（一）古代信仰與民間巫術

中國古代殷商時期的人對於天地山川等大自然的力量感到敬畏，認爲萬物皆有神靈，因而產生崇拜鬼神的儀式，《禮記・祭法第二十三》云：

> 山林、川谷、丘陵能出雲，爲風雨，見怪物，皆曰神。有天下者祭
>
> 百神。〔註136〕

《周禮・春官宗伯第三》亦云：

> 大宗伯之職，掌建邦之天神、人鬼、地示之禮，以佐王建保邦國。
>
> 〔註137〕

這些對天地萬物間神靈所產生的崇拜，與對人鬼、先祖的祭祀活動，則被視爲早期宗教行爲的展現，在殷商時期便已逐漸發展成爲祭祀典禮等儀式，在上位者皆希望透過祭祀活動的展現，表達出對天地神靈的崇敬，進而祈求風調雨順與祖宗先王庇祐安定邦國。

爲祈求天地神靈的庇祐，因此便出現巫祝這種能與神靈溝通的職業。《說文解字》云：

> 巫：祝也。女能事無形，以舞降神者也。象人兩褎舞形。與工同意。
>
> 古者巫咸初作巫。凡巫之屬皆从巫。〔註138〕
>
> 祝：祭主贊詞者。从示从儿口。一曰从兌省。《易》曰：「兌爲口爲
>
> 巫」。〔註139〕

〔註136〕（漢）鄭玄注、（唐）孔穎達正義：《禮記正義》六十三卷（臺北：藝文印書館，2001年12月，《十三經注疏》本），卷四十六，頁797。

〔註137〕（漢）鄭玄注、（唐）賈公彥疏：《周禮注疏》四十二卷（臺北：藝文印書館，2001年12月，《十三經注疏》本），卷十八，頁270。

〔註138〕（漢）許慎撰、（清）段玉裁注：《說文解字注》，卷六，巫部，頁203。

〔註139〕同註138，卷一，示部，頁6。

所謂巫祝，便是「能齋肅事神明〔註140〕」以樂舞等儀式表達對天地神靈的崇敬，與透過祭祀贊頌與神靈溝通之人，因此藉由巫祝的祈禱、占卜、預言等行為，統治者希望能掌握天地萬物運行的規律次序，達到判斷吉凶禍福的境界。這種對天神、地祇、人鬼的崇拜，逐漸形成一種民間信仰，深深影響後世，而道教中齋醮法事產生的遠因正是承襲自巫祝遺風而來〔註141〕。

其次，古代巫醫不分，《周禮·天官冢宰第一》云：

女祝：掌王后之內祭祀，凡內禱祠之事。掌以時招、梗、禬、禳之事，以除疾殃。〔註142〕

《周禮·春官宗伯第三》又云：

男巫：掌望祀、望衍，授號，旁招以茅。冬堂贈，無方無算。春招弭，以除疾病。王弔，則與祝前。〔註143〕

古人認為疾病殃禍的產生皆是受到鬼神影響，因此透過巫的祝禱等儀式便可除疾去殃，延年益壽，因此後世學者認為道教符咒驅鬼、符水治病便是源於古代信仰當中的民間巫術而來〔註144〕。

（二）神仙傳說與方士方術

神：天神，引出萬物者也。从示申聲。〔註145〕

僊：長生僊去。从人㬚，㬚亦聲。〔註146〕

〔註140〕《說文解字·卷六·巫部》：「覡：能齋肅事神明也。在男曰覡，在女曰巫。从巫見。」（漢）許慎撰、（清）段玉裁注：《說文解字注》，卷六，巫部，頁203～204。

〔註141〕許地山云：「中國古代神道也是後來道教的重要源頭。」許地山編：《道教史》（臺北：牧童出版社，1976年9月），頁161。劉精誠云：「後來道教的符咒、齋醮、科儀，正是承襲這種巫風而來。」劉精誠：《中國道教史》，頁3。

〔註142〕（漢）鄭玄注、（唐）賈公彥疏：《周禮注疏》四十二卷，卷八，頁122。

〔註143〕同註142，卷二十六，頁400。

〔註144〕牟鐘鑒云：「先民以為疾病是惡鬼附體所致，須用巫術加以解除，由此而有符咒驅鬼的法術。……可知古時巫與醫不可分。後來道教用符水治病，以及祈禳、禁咒等，皆源於此。」任繼愈主編：《中國道教史》上，頁11～12。劉精誠云：「古代巫醫不分，古醫字作毉，巫術能消災去病，後來道教用符水治病即源於此。」劉精誠：《中國道教史》，頁2。

〔註145〕同註140，卷一，示部，頁3。

〔註146〕同註140，人部，頁387；《釋名·釋長幼》：「老，朽也。老而不死曰仙；仙，遷也；遷，入山也，故其制字人旁作山也。」（漢）劉熙：《釋名》八卷（臺北：臺灣商務印書館，1975年6月，《四部叢刊》初編經部據上海商務印書館縮印江南圖書館藏明嘉靖翻宋刻本），卷第三，頁13。

　　所謂神仙指具有神通變化莫測力量，能長生不死之人。而中國關於神仙傳說由來已久，主要源自於古人對自然界眾神靈神秘現象的幻想，進而希望人也能與天地神仙一樣長生不死、生生不息，而神仙思想又以荊楚文化與燕齊文化最爲豐富〔註147〕，如《楚辭·遠遊》：「餐六氣而飲沆瀣兮，漱正陽而含朝霞。保神明之清澄兮，精氣入而麤穢除……載營魄而登霞兮，掩浮雲而上征〔註148〕」，便描繪想像能與眾神仙一樣食氣飲露，精神清明，且乘龍駕霧，逍遙飛天的自由灑脫，而〈九章·惜誦〉：「駕青虬兮驂白螭，吾與重華遊兮瑤之圃。登崑崙兮食玉英，與天地兮同壽，與日月兮同光〔註149〕」，更寫到自己希望能如神仙般食玉英而與天地日月同壽，遨遊神仙之境。而《莊子·逍遙遊》：「藐姑射之山，有神人居焉，肌膚若冰雪，淖約若處子。不食五穀，吸風飲露，乘雲氣，御飛龍，而遊乎四海之外〔註150〕」，同樣也描繪了能吸風食氣，乘雲駕龍，翺遊四海之外冰清玉潔如處子之神人。由此可看出戰國時期，神仙思想已普遍深植於民眾心中。

　　既有神仙思想，接下來人們希望追求的便是如神仙般能長生不死，而這也是道教思想修養觀的終極目標，爲實踐追求長生不死，於是有不死之藥的產生。

　　　有獻不死之藥於荊王者，謁者操以入。中射之士問曰：「可食乎？」曰：「可。」因奪而食之。王怒，使人殺中射之士。中射之士使人說王曰：「臣問謁者，謁者曰可食，臣故食之。是臣無罪，而罪在謁者也。且客獻不死之藥，臣食之而王殺臣，是死藥也。王殺無罪之臣，而明人之欺王。」王乃不殺。〔註151〕

〔註147〕劉精誠云：「神仙信仰起源於古代人們對自然中種種神秘現象的幻想。……道教信仰的核心是長生成仙。神仙崇拜與道教有密切的關係。神仙思想到春秋戰國時發展豐富起來，多出自荊楚文化和燕齊文化。」劉精誠：《中國道教史》，頁 3。牟鐘鑒云：「神仙傳說可追溯到戰國時期，一出自荊楚文化，一出自燕齊文化。……神仙傳說流行較廣，而神仙方術的熱衷者主要是諸侯王，兩者同時盛行的地方是北方燕齊一帶。」任繼愈主編：《中國道教史》上，頁 12～13。
〔註148〕（漢）劉向集、（漢）王逸章句、（宋）洪興祖補注：《楚辭補注》十七卷（臺北：臺灣商務印書館，1975 年 6 月，《四部叢刊》初編集部據上海商務印書館縮印江南圖書館藏明覆宋刊本），卷五，〈遠遊〉，頁 88～89。
〔註149〕同註148，卷四，〈九章·惜誦〉，頁 68。
〔註150〕王叔岷：《莊子校詮》（全三冊），上冊，〈內篇·逍遙遊第一〉，頁 24。
〔註151〕（漢）高誘注、劉向校：《戰國策校注》十卷（臺北：臺灣商務印書館，1975 年 6 月，《四部叢刊》初編史部據上海商務印書館縮印江南圖書館藏元至正刊本），卷五，〈楚策〉，頁 122。《韓非子·說林上第二十二》：「有獻不死之藥

自戰國以來，賓客獻不死之藥給君王之事屢見，在《史記・秦始皇本紀》當中也有始皇「因使韓終、侯公、石生求僊人不死之藥〔註152〕」的記錄，可知「當此之時，燕、齊之士，釋鋤耒，爭言神仙。方士於是趣咸陽者以千數，言仙人食金飲珠，然後壽與天地相保〔註153〕」，就連帝王也對神仙長生不死的境界感到憧憬與嚮往，希望求取不死之藥與天地同壽，因此在秦漢時期出現大量出現從事鍛煉丹藥的方士。而這樣的風氣到漢武帝時期達到鼎盛，武帝時所受封重用，替武帝煉丹煉金的方術之士便有李少翁、欒大、李少君等人〔註154〕，可知在帝王的提倡之下，天下方士皆欲求取不死之藥、鍛煉黃白之術，蔚為風氣。

而與武帝同時的淮南王劉安對方術以及道教信仰也產生重要的影響，《漢書・淮南衡山濟北王傳》有云：「招致賓客方術之士數千人，作為內書二十一篇，外書甚眾，又有中篇八卷，言神仙黃白之術，亦二十餘萬言〔註155〕」，《西京雜記・卷三》亦云：「淮南王安好方士，方士皆以術見，遂有畫地成江河，

於荊王者，謁者操之以入，中射之士問曰：『可食乎？』曰：『可。』因奪而食之，王大怒，使人殺中射之士，中射之士使人說王曰：『臣問謁者曰可食，臣故食之，是臣無罪，而罪在謁者也。且客獻不死之藥，臣食之而王殺臣，是死藥也，是客欺王也。夫殺無罪之臣，而明人之欺王也，不如釋臣。』王乃不殺。」（周）韓非撰：《韓非子》二十卷（臺北：臺灣商務印書館，1975年6月，《四部叢刊》初編子部據上海商務印書館縮印黃蕘圃校宋鈔本），卷七，頁37。

〔註152〕（漢）司馬遷撰、（南朝宋）裴駰集解：《史記》一百三十卷（全二冊），冊一，卷六，〈秦始皇本紀第六〉，頁124。

〔註153〕（漢）桓寬撰：《鹽鐵論》十卷（臺北：臺灣商務印書館，1975年6月，《四部叢刊》初編子部據上海商務印書館縮印長沙葉氏藏明涂楨本），卷六，〈散不足第二十九〉，頁49。

〔註154〕《前漢紀・孝武皇帝紀四卷第十三》：「（元鼎）四年……夏，封方術士欒大為樂通侯，位上將軍。欒大，膠東人也。以方術言於上曰：『臣嘗往東海中，見安期羨門之屬。臣師曰：「黃金可成，河水決可塞，不死之藥可得，仙人可致也。」然臣恐效文成將軍，則方術之士，掩口不能言矣。文成將軍者，齊人也，姓李，字少翁，以方術進，拜為文成將軍。上以客禮待之。於甘泉宮中。畫太乙諸鬼神像所設祭祀。欲以致其神。』……少君言祠灶可致物如丹砂，可化為黃金，黃金成以為飲食器，則益壽，而蓬萊仙人可得見也，見之以封禪則不死，黃帝是也，其後方多不效。而少君病死，道士以為化去不死也。……是時言神怪方術者以萬數，入海求仙人者數千人。」（漢）荀悅撰：《前漢紀》三十卷（臺北：臺灣商務印書館，1975年6月，《四部叢刊》初編史部據上海商務印書館縮印無錫孫氏小淥天藏明刊本），卷十三，頁96～97。

〔註155〕（漢）班固撰、（唐）顏師古注、（清）王先謙補注：《漢書補注》一百卷（全二冊），頁1037。

撮土爲山巖，噓吸爲寒暑，噴嗽爲雨霧，王亦卒與諸方士俱去〔註156〕」，《淮南中篇》又名《萬畢》、《枕中鴻寶苑秘書》，其內容多言神仙變化、延命長生、鍛煉黃白等方術〔註157〕，而此亦成爲後世道教外在修煉理論完成的濫觴。此外，在東漢便已出現淮南王安白日升天的傳說〔註158〕，由此可知其對道教修煉成仙之說亦產生不小的影響。〔註159〕

（三）老莊和黃老道家思想

道教實源於道家，及古代以來方士神仙之說，其先皆托於老子。〔註160〕

道教是以至高無上的道爲本體所建構而成的宗教信仰，其根源便是來自道家思想，它以太上老君爲至尊神人，尊《老子》爲必讀經典，而道家思想中的《莊子》後也被道教稱爲《南華眞經》，成爲道家經典之一。由此可見道家思想對道教有深遠的影響〔註161〕。

〔註156〕　（漢）劉歆：《西京雜記》六卷（臺北：台灣商務印書館，1979 年，《四部叢刊》初編子部據上海商務印書館縮印江安傅氏雙鑑樓藏明刻本），頁 8。

〔註157〕　《漢書·楚元王傳第六》：「更生以通達能屬文辭，與王褒、張子僑等並進對，獻賦頌凡數十篇。上復興神僊方術之事，而淮南有枕中鴻寶苑秘書。書言神僊使鬼物爲金之術，及鄒衍重道延命方，世人莫見，而更生父德武帝時治淮南獄得其書。更生幼而讀誦，以爲奇，獻之，言黃金可成。」（漢）班固撰、（唐）顏師古注、（清）王先謙補注：《漢書補注》一百卷（全二冊），冊二，卷三十六，頁 964。

〔註158〕　《風俗通義·卷二》：「俗說淮南王安招致賓客方術之士數千人，作《鴻寶苑秘枕中》之書，鑄成黃白，白日升天。」（漢）應劭撰：《風俗通義》十卷（臺北：台灣商務印書館，1979 年，《四部叢刊》初編子部據上海商務印書館縮印常熟瞿氏藏元本），頁 22。

〔註159〕　牟鐘鑒云：「秦皇嚮往長生，漢武帝任用方士，淮南愛好仙術，其社會效應不可低估。在帝王至尊的封建時代，上有所好，下必甚焉，可以影響一國的風俗。尤其武帝在位五十餘年，終生好仙求藥不斷，無形中培養了一大批方士，造成社會上求仙修道的風氣，直接推到了丹鼎派的形成。」任繼愈主編：《中國道教史》上，頁 19。南懷瑾云：「道家的神仙方士之術，到漢武帝之世而昌盛，開啓後來東漢、爲、晉道家神仙方術思想的基礎。」南懷瑾：《中國道教發展史略述》（臺北：老古文化事業公司，1991 年 2 月），頁 19。

〔註160〕　傅勤家：《中國道教史》，頁 11。

〔註161〕　許抗生云：「道家哲學還深深地影響到中國的道教與佛教兩大宗教思想的發展。道教尊老子爲太上老君，奉《道德經》爲道教的基本經典，奉《莊子》爲《南華眞經》，並且用老莊的哲學來論證道教的神仙學，建立了道教的宗教哲學體系。」任繼愈、張岱年、馮契、湯一介等編：《中國哲學史通覽》（上海：東方出版中心，1996 年 8 月），頁 89。

關於兩者的淵源，《老子》的思想以道爲宇宙萬物的本體，是萬物生生的法則，故後世稱爲道家。在本體論上，《老子》強調道無形無名，形上超越，爲萬物本根，故云：「道，可道也，非恆道也。名，可名也，非恆名也。无名，萬物之始也，有名，萬物之母也〔註162〕」、「有狀混成，先天地生〔註163〕。寂乎漢乎，獨立不坲，可以爲天地母〔註164〕」。在宇宙論上，《老子》強調道是萬物生成普遍的法則，故云：「道生一，一生二，二生三，三生萬物，萬物負陰而抱陽，沖氣以爲和〔註165〕」，因此落實到現實人生，人只需順應道之法則行事，虛靜無爲，萬事萬物自然可完成，故云：「致虛，恆也；守中，篤也。萬物滂作，居以須復也〔註166〕」。在修養、政治論上，《老子》提出愛惜精力、

〔註162〕 國家文物局古文獻研究室編：《馬王堆漢墓帛書【壹】》，甲本釋文，頁10。

〔註163〕 《郭店楚墓竹簡‧甲編》：「有瓺蟲成，先天地生。」《簡帛書法選》編輯組編：《郭店楚墓竹簡‧老子‧甲本》，頁21。裘錫圭云：「見於《老子》甲二一的『瓺』，無疑也應分析爲從『百』（首）『刃』聲，依文義當讀爲『狀』。……《老子》十四章形容『道』的時候，有『是爲無狀之狀，無物之象，是謂惚恍』之語。『有狀混成』的『狀』就是『無狀之狀』的『狀』。」裘錫圭：〈郭店《老子》簡初探〉，收入陳鼓應編《道家文化研究》第17輯：郭店楚簡專號，頁46。

〔註164〕 《郭店楚墓竹簡‧甲編》：「敓穆，獨立不亥，可以爲天下母。」《簡帛書法選》編輯組編：《郭店楚墓竹簡‧老子‧甲本》，頁21。「寂乎漢乎」，《馬王堆帛書‧老子甲本》作「繡（寂）呵繆（寥）呵」；《老子乙本》作「蕭（寂）呵漻（寥）呵」。范應元本作「宋兮寞兮」，云：「『宋』，古『寂』字。『寞』字，王弼與古本同。……按《莊子‧天下篇》亦有『寂漠无形』。」「獨立不坲」，陳錫勇先生云：「郭店楚簡《老子》甲編『坲』，作『亥』；帛書乙本作『玹』，甲本殘缺，此『亥』、『玹』，當作『坲』，『坲』者，垠界，此謂道之動獨立無匹而無垠界也。」陳錫勇：《老子釋疑》，頁95。「天地母」，《馬王堆漢墓帛書‧老子甲本、乙本》皆作「天地母」。國家文物局古文獻研究室編：《馬王堆漢墓帛書【壹】》，甲本釋文，頁12；乙本釋文，頁97。范應元云：「『天地』字，古本如此。」（宋）范應元：《宋本老子道德經古本集註》二卷，卷上，頁51。

〔註165〕 此據《馬王堆帛書老子乙本》，缺文據通行本補。國家文物局古文獻研究室編：《馬王堆漢墓帛書【壹】》，乙本釋文，頁89。（魏）王弼註：《老子道德眞經》二卷，卷二，四十二章，頁462。

〔註166〕 《郭店楚墓竹簡‧甲編》：「至虛，恆也；守中，篤也。萬物旁作，居以須復也。」《簡帛書法選》編輯組編：《郭店楚墓竹簡‧老子‧甲本》，頁24。陳錫勇先生云：「郭店楚簡《老子》如此，唯『致』作『至』；『滂』作『旁』；……帛書以來各本『恆』，形訛作『極』；『中』，訛改作『靜』，……『萬物旁作』，……此謂『滂然大作』，『旁』當釋作『滂』。」陳錫勇：《老子釋疑》，頁66。

養護身心〔註167〕爲治國、治身之道，故云：「治人事天，莫若嗇。……是謂深根固柢，長生久視之道〔註168〕」，強調行道積德便可使國家長久維持，便可使身心清靜長生。

　　而劉精誠認爲道教吸收《老子》的思想大概有以下幾方面：

　　　一、道家崇尚的「道」是一種超絕一切的虛無本體，是「萬物之宗」，這是一種「恍惚」的、「玄妙」的，……道的這種神秘的性質，正好被道教利用、誇張，構成其唯心主義神學的核心和基礎，……二、老子哲學講無爲、清靜、抱一，它力圖從內心精神世界消解現實的矛盾，……被道教吸收發展，成爲其修煉養生的指導思想。三、《老子》思想中包含有長生的思想萌芽。如……「深根固柢，長生久視之道。」這本來是說愛惜形神，無知無欲，實行無爲，可以長久統治的道理，但「長生久視」卻被牽強地用來改造成爲道教長生不死的基本信仰。〔註169〕

　　而《莊子》延續《老子》對道的論述，視道爲形上超越本體，云：「夫昭昭生於冥冥，有倫生於无形，精神生於道，形本生於精，而萬物以形相生〔註170〕」，《莊子》認爲有形之物園於無形精神，無形精神源於恍惚玄冥之道，爲詮釋道的形上超越，《莊子》運用大量寓言，然而這些故事當中卻蘊含了大量神仙思想，如：

　　　藐姑射之山，有神人居焉，肌膚若冰雪，淖約若處子。不食五穀，吸風飲露，乘雲氣，御飛龍，而遊乎四海之外。〔註171〕

　　　夫列子御風而行，泠然善也，旬又五日而後反。彼於致福者，未數數然也。此雖免乎行，猶有所待者也。若夫乘天地之正，而御六氣之辯，以遊无窮者，彼且惡乎待哉！〔註172〕

〔註167〕林希逸云：「治國者如此，養生者亦如此，養生而能嗇，則可以深其根、固其柢，可以長生、可以久視。」（宋）林希逸撰：《老子鬳齋口義》二卷（臺北：藝文印書館，1970年，《無求備齋老子集成初編》據宋刊本景印）卷下，頁19。
〔註168〕此據《郭店楚墓竹簡・乙編》《簡帛書法選》編輯組編：《郭店楚墓竹簡・老子・乙、丙本》，頁 1～3。缺文據《馬王堆帛書・老子乙本》補。國家文物局古文獻研究室編：《馬王堆漢墓帛書【壹】》，乙本釋文，頁91。
〔註169〕劉精誠：《中國道教史》，頁7～8。
〔註170〕王叔岷：《莊子校詮》（全三冊），中冊，〈外篇・知北遊第二十二〉，頁818。
〔註171〕同註170，冊上，〈內篇・逍遙遊第一〉，頁24。
〔註172〕同註170，冊上，〈內篇・逍遙遊第一〉，頁17。

至人神矣！大澤焚而不能熱，河漢沍而不能寒，疾雷破山、風振海
而不能驚。若然者，乘雲氣，騎日月，而遊乎四海之外。死生无變
於己，而況利害之端乎！〔註173〕

而這些內容所談論能乘雲御龍、食氣飲露、飛天遨遊，不受外在事物影響的
至人、神人，具有神仙色彩，這也與戰國末年神仙思想與方士方術追求長生
不死之藥風氣盛行相互影響〔註174〕。而神仙思想色彩濃厚的《莊子》也成為
了道教神仙觀念的淵源。

由此可知，《老》、《莊》本為學術思想，但因其中的思想、內容蘊含神祕
性與神仙色彩，因此成為道教思想的養分與重要的理論淵源、基礎，同時更
直接影響了道教思想的成立與產生。〔註175〕

先秦老莊道家思想到了漢代出現變化，司馬談〈論六家之要指〉中對道
家的定義云：

道家使人精神專一，動合無形，贍足萬物。其為術也，因陰陽之大
順，采儒墨之善，撮名法之要，與時遷移，應物變化，立俗施事，
無所不宜，指約而易操，事少而功多。……其術以虛無為本，以因
循為用。……虛者道之常也，因者君之綱也。羣臣並至，使各自明
也。〔註176〕

根據司馬談的定義，漢代所指的道家已非老莊所謂清靜無為、因循自然的處
世哲學，則是轉變為「以虛無為本，以因循為用」、「因陰陽之大順，采儒墨
之善，撮名法之要，與時遷移，應物變化，立俗施事」的治人之術。而在《史
記·曹相國世家》〔註177〕與〈外戚列傳〉〔註178〕記載可知漢初所謂「以虛無

〔註173〕王叔岷：《莊子校詮》（全三冊），冊上，〈內篇·齊物論第二〉，頁80。
〔註174〕陳廣忠、梁宗華云：「《莊子》雖是子家著述，其中許多寓言故事，卻亦關涉
　　　　到神仙思想。莊子筆下描述了許多神人、至人、真人等神仙一般逍遙自在的
　　　　人物，並且談到了辟穀、行氣、乘風御風、導引、守一、坐忘等各種養行、
　　　　養神之術。……莊子這些形象化的描寫，深深啟發了方士們對神仙人物及長
　　　　生方術的想像」陳廣忠、梁宗華：《道家與中國哲學（漢代卷）》，頁352。
〔註175〕牟鐘鑒云：「但是從東漢起，一些宗教學者把《老子》神學化（漢以後又把《莊
　　　　子》神學化），視老子為教主，使巫術和神仙方術依託於《老子》的理論，於
　　　　是產生了道教。」任繼愈主編：《中國哲學發展史》（秦漢），頁653～654。
〔註176〕（漢）司馬遷撰、（南朝宋）裴駰集解：《史記》一百三十卷，冊二，卷一百
　　　　三十，〈太史公自序第七十〉，頁1349～1350。
〔註177〕《史記·曹相國世家第二十四》云：「參之相齊，齊七十城。天下初定，悼惠
　　　　王富於春秋，參盡召長老諸生，問所以安集百姓，……聞膠西有蓋公，善治

爲本，以因循爲用」的道家思想實爲黃老治術，黃老的老指老子，黃指黃帝，劉精誠云：

> 黃帝是古代華夏的一個酋長，被公認爲華夏族，後來包括整個漢族的始祖。他對華夏族的發展作出了貢獻，如帶領本則征服外族及其他德政等等。但戰國以後，人們把黃帝當作「神」來崇拜，他不僅是祖神，而且是創造事物的神。……他又被說成是陰陽曆數占卜的大師、兵法之祖、醫學的先驅等等。在戰國諸子百家爭言黃帝的過程中，出現了許多託名黃帝的著作。《漢書》《藝文志》有這方面的記載，如在陰陽家、天文家、曆數家、五行家、醫經中都有用黃帝命名的著作。〔註179〕

因此，黃帝具有中華文化初始的概念，故陰陽、五行、醫學等任何學說都試圖以黃帝爲其學說起源。然而從司馬遷對道家的定義可知，漢初雖將黃老合稱，但從理論內容得知黃老之學實以《老子》學說爲主，兼採儒墨名法與陰陽五行氣論之說，黃帝僅爲依託對象。〔註180〕然而，在《史記》當中記載了黃帝成仙的故事〔註181〕，可知黃帝學說內容雖未被完整保存流傳，但在漢朝已被視爲神仙，到了東漢末年時，老子也被神化，並出現祭祀的活動，甚至桓帝更曾爲老子立祠多次前往祭祀〔註182〕，由此可知，道家已從最初學術思

黃老言，使人厚幣請之。既見蓋公，蓋公爲言治道貴清靜而民自定，推此類具言之。參於是避正堂，舍蓋公焉。其治要用黃老術，故相齊九年，齊國安集，大稱賢相。」（漢）司馬遷撰、（南朝宋）裴駰集解：《史記》一百三十卷，冊二，卷五十四，頁809。

〔註178〕《史記・外戚世家第十九》：「竇太后好黃帝、老子言，帝及太子諸竇不得不讀黃帝、老子，尊其術。」（漢）司馬遷撰、（南朝宋）裴駰集解：《史記》一百三十卷，冊二，卷四十九，頁785。

〔註179〕劉精誠：《中國道教史》，頁5～6。

〔註180〕陳鼓應云：「『黃老』乃是黃帝與老子的合稱。雖是合稱黃帝與老子，然而就理論內容來看，黃帝僅爲依託的對象，老子的道論方是黃老之學的理論主軸。」陳鼓應：《管子四篇詮釋——稷下道家代表作解析》，頁4。

〔註181〕《史記・封禪書第六》：「黃帝采首山銅，鑄鼎於荊山下。鼎既成，有龍垂胡髯下迎黃帝。黃帝上騎，羣臣後宮從上者七十餘人，龍乃上去。餘小臣不得上，乃悉持龍髯，龍髯拔，墮，墮黃帝之弓。百姓仰望黃帝既上天，乃抱其弓與胡髯號，故後世因名其處曰鼎湖，其弓曰烏號。」同註178，冊一，卷二十八，頁550。

〔註182〕《後漢書・光武十王列傳第三十二》：「英少時好游俠，交通賓客，晚節更喜黃老，學爲浮屠齋戒祭祀。」；〈祭祀志中第八〉：「桓帝即位十八年，好神仙事。延熹八年，初使中常侍之陳國苦縣祠老子。九年，親祠老子於濯龍。文

想逐漸轉變爲宗教學說。

綜上所述，不論在思想上或宗教上，黃老道家學說皆成爲道教思想的重要淵源之一，對於道教理論的建構、神仙系統地完成與道教的正式成立都扮演了相當重要的角色〔註183〕。

（四）儒家讖緯之學與墨家明鬼思想

除了道家學說之外，先秦諸子當中又以儒家與墨家對道教的出現產生重要的影響。在儒家方面，自漢武帝罷黜百家，獨尊儒術，漢朝便以儒家學說作爲學術、治國的準則，儒家爲入世的思想學派，中心思想講究仁愛、忠孝、誠信等，這與道教欲修煉成仙、延年益壽，同樣講究入世的目標相近，因此道教思想吸取了部分儒家思想，作爲其禮法、道戒的規範的內容〔註184〕。

同時，爲鞏固龐大漢帝國統治，加強天子的地位，在武帝時期董仲舒便以天人感應之說詮釋災異禍福，認爲帝王施政好壞會與天降吉凶感應，藉此強調帝王能與天相通的至尊地位，同時達到譴告警示君王的目的，正因如此，讖緯學說應運而生。

讖，《說文解字》云：「讖，驗也。有徵驗之書，河雒所出書曰讖〔註185〕」，《四庫全書‧總目提要》云：「讖：詭爲隱語，預決吉凶〔註186〕」，所謂讖語

闢爲壇，飾淳金釦器，設華蓋之坐，用郊天樂也。」（南朝宋）范曄撰、（唐）李賢注、（清）王先謙集解：《後漢書集解》一百二十卷（全二冊），冊一，卷五十，頁512；冊二，〈後漢志〉卷八，頁1155。

〔註183〕 許地山云：「陰陽底說法是騶衍時代底流行思想。易十翼與莊子書中說陰陽底地方很多，騶衍所用來立一個學派，所增底是他底推尊黃帝，篤信機祥，和五德轉移等等主張。陰陽家推尊黃帝，後來與道家對於事物消長順逆之理參合，而成爲秦漢間最流行的『黃老道』底要素。……陰陽思想是道家成爲道教之樞紐。」牟宗三等著；項維新、劉福增主編：《中國哲學思想論集‧兩漢魏晉隋唐篇》（臺北：水牛圖書出版公司，1992年5月），頁191。

〔註184〕 牟鐘鑒云：「早期道教，除了張角、李弘等農民起義所利用的民間道教組織外，其他所有上層道教，都不是作爲儒學的對立面，而是作爲儒學的輔翼者出現於世的，儒學是他們吸取思想營養的重要來源。早期道教神學都把維護禮教作爲頭等教戒。如《太平經》強調爲道要忠君、孝親、敬長。《老子想爾注》也肯定忠孝仁義。……所以後來的道教大都採取忠於封建宗法制度的立場，其道德信條中有大量規範與儒家道德一致。」任繼愈主編：《中國道教史》上，頁16。

〔註185〕 （漢）許慎撰、（清）段玉裁注：《說文解字注》，言部，頁91。

〔註186〕 （清）永瑢等撰：《四庫全書總目提要》（五冊）（臺北：臺灣商務印書館，1971年7月），冊一，卷六，〈經部‧易類六〉頁114。

是指以隱諱言語作爲判斷吉凶之驗證，「其主要內容是政治性的，以預示君主禍福和國家存亡爲主旨〔註187〕」。由於秦漢之際神仙方術風氣繁盛，促成了讖語的大量產生，《後漢書·方術列傳上》云：

> 漢自武帝頗好方術，天下懷挾道藝之士，莫不負策抵掌，順風而屆焉。後王莽矯用符命，及光武尤信讖言，士之赴趣時宜者，皆騁馳穿鑿，爭談之也。故王梁、孫咸名應圖籙，越登槐鼎之任，鄭興、賈逵以附同稱顯，桓譚、尹敏以乖忤淪敗，自是習爲內學，尚奇文，貴異數，不乏於時矣。〔註188〕

在漢武帝好神仙方術長生之說的影響之下，整個漢朝便籠罩在天人感應、災異吉凶的神祕氛圍當中，後王莽矯造符命篡漢〔註189〕，東漢光武帝更是在讖語當中取得天下，因此對讖語更是深信不疑〔註190〕，在這種風氣之下，緯書大量產生。

緯，《說文解字·卷十四·糸部》云：「緯：織橫絲也〔註191〕」，《釋名·釋綵帛第十四》云：「布列眾縷爲經，以緯橫成之也〔註192〕」，緯與經相對交織成布，因此漢朝學者以緯經相對，在經書之外製作緯書，用神學觀點詮釋儒家經典，神化孔子，緯書於西漢已出，至東漢蔚爲風氣，根據《隋書·經籍志》記載：

> 《易》曰：「河出圖，洛出書。」然則聖人之受命也，必因積德累業，豐功厚利，誠著天地，澤被生人，萬物之所歸往，神明之所福饗，則有天命之應。蓋龜龍銜負，出於河、洛，以紀易代之徵，其理幽昧，究極神道。先王恐其惑人，祕而不傳。說者又云，孔子既敍六

〔註187〕陳廣忠、梁宗華：《道家與中國哲學（漢代卷）》，頁341。
〔註188〕（南朝宋）范曄撰、（唐）李賢注、（清）王先謙集解：《後漢書集解》一百二十卷（全二冊），冊二，卷八十二上，〈方術列傳第七十二上〉，頁965。
〔註189〕《漢書·王莽傳上第六十九上》：「前煇光謝囂奏武功長孟通浚井得白石，上圓下方，有丹書著石，文曰『告安漢公莽爲皇帝』。符命之起，自此始矣。」（漢）班固撰、（唐）顏師古注、（清）王先謙補注：《漢書補注》一百卷（全二冊），冊二，卷九十九上，頁1723。
〔註190〕《後漢書·光武帝紀第一上》：「光武避吏新野，因賣穀於宛。宛人李通等以圖讖說光武云：『劉氏復起，李氏爲輔。』」同註188，冊一，卷一上，頁37；〈光武帝紀第一下〉：「是歲，初起明堂、靈臺、辟雍，及北郊兆域。宣布圖讖於天下。」冊一，卷一下，頁61。
〔註191〕（漢）許慎撰、（清）段玉裁注：《說文解字注》，糸部，頁651。
〔註192〕（漢）劉熙：《釋名》八卷，卷四，頁19。

經，以明天人之道，知後世不能稽同其意，故別立緯及讖，以遺來
世。其書出於前漢，有《河圖》九篇，《洛書》六篇，云自黃帝至周
文王所受本文。又別有三十篇，云自初起至於孔子，九聖之所增演，
以廣其意。又有《七經緯》三十六篇，並云孔子所作，並前合爲八
十一篇。而又有《尚書中候》、《洛罪級》、《五行傳》、《詩推度災》、
《氾曆樞》、《含神務》、《孝經勾命訣》、《援神契》、《雜讖》等書。
漢代有郗氏、袁氏說。漢末，郎中郗萌集圖緯讖雜占爲五十篇，謂
之《春秋災異》。宋均、鄭玄並爲讖律之注。……起王莽好符命，光
武以圖讖興，遂盛行於世。漢時，又詔東平王蒼正五經章句，皆命
從讖。〔註193〕

由此可知，漢代學者將緯書依託於孔子，在儒家經典之下造作緯書，「至西漢
哀平之際，出於諸多方面的需要，讖與緯完全合流，發展爲一種社會思潮，
讖中有緯，緯中有讖，讖須依傍經義方能有好的宣傳效果，緯爲神化自己須
編造大量的預言，讖緯已混然一體。〔註194〕」而這也使儒家學說自董仲舒以
降便逐漸轉爲讖緯之說，並在讖緯符命的推波助瀾之下，對早期道教經典的
完成產生重要影響〔註195〕。

　　除了儒家轉變爲讖緯之學外，墨家思想當中的〈天志〉與〈明鬼〉也對
道教的出現產生一定的影響。《墨子・天志》云：

天欲義而惡不義。……然則何以知天之欲義而惡不義？曰天下有義
則生，無義則死；有義則富，無義則貧；有義則治，無義則亂。然
則天欲其生而惡其死，欲其富而惡其貧，欲其治而惡其亂，此我所
以知天欲義而惡不義也。〔註196〕

〔註193〕（唐）長孫無忌等：《隋書》八十五卷，卷三十二，頁483。

〔註194〕陳廣忠、梁宗華：《道家與中國哲學（漢代卷）》，頁342。

〔註195〕牟鐘鑒云：「儒教的變種——讖緯之學，也是道教的重要思想來源，緯書中有
　　　　許多神仙思想爲後來道教所吸收。」任繼愈主編：《中國哲學發展史》（秦漢），
　　　　頁655。陳廣忠、梁宗華云：「讖緯神學由於不受經典的約束，可以更爲自由
　　　　簡便地發揮自己的思想觀念，而對道家的宗教化具有更爲直接的意義，從而
　　　　構成黃老道學走向宗教過程中的一個重要的思想來源。」陳廣忠、梁宗華：《道
　　　　家與中國哲學（漢代卷）》，頁341。

〔註196〕（周）墨翟撰：《墨子》十五卷（臺北：臺灣商務印書館，1975年6月，《四
　　　　部叢刊》初編子部據上海商務印書館縮印明嘉靖唐堯臣本），卷七，〈天志上
　　　　第二十六〉，頁55。

　　日順天之意何若？曰兼愛天下之人。……自古及今無有遠靈孤夷之
　　國，皆犙豢其牛羊犬彘，絜爲粢盛酒醴，以敬祭祀上帝山川鬼神，
　　以此知兼而食之也。茍兼而食焉，必兼而愛之。〔註197〕

天有意志，好義惡不義，因此只要天子行義天便會使其生存、富裕而兼愛之，
反之，若不行義天便會使其死亡、貧困而降不詳，《墨子》透過天志之說強調
天兼愛萬民，是君王、人民行事的準則，藉此加強天的神秘性以監督君王施
政，提倡遵行天志的重要性，用以警示君主，告誡人民。這種視天爲人格神
般具有賞善懲惡的能力，具有宗教神學的色彩。《墨子・明鬼》云：

　　故古聖王必以鬼神爲賞賢而罰暴，是故賞必於祖而僇必於社。此吾
　　所以知夏書之鬼也。故尚者夏書，其次商周之書，語數鬼神之有也，
　　重有重之，此其故何也？則聖王務之。以若書之說觀之，則鬼神之
　　有，豈可疑哉？於古曰：「吉日丁卯，周代祝社方，歲於社者考，以
　　延年壽」。若無鬼神，彼豈有所延年壽哉！〔註198〕

《墨子》相信鬼神之說，認爲鬼神真實存在，具有賞賢和罰暴的能力，而鬼
神出現的事蹟普遍存在於古代經典當中，因此，古代聖王皆對鬼神的能力相
當敬畏，對於祭祀祖先、鬼神、社稷更是非常重視，認爲若誠心祭祀便可延
長年壽，而這對於道教神鬼之說與誠心祭祀便可延年益壽的道教修煉與養生
觀都產生重要影響〔註199〕。故章太炎云：「斯乃古之巫師，近於墨翟，……墨
子之傳，絕于漢後，……而明鬼獨率循勿替，漢晉後道士，皆其流也。〔註200〕」

（五）佛教傳入的刺激

　　英少時好游俠，交通賓客，晚節更喜黃老，學爲浮屠齋戒祭祀。八年，
　　詔令天下死罪皆入縑贖。英遣郎中令奉黃縑白紈三十匹詣國相曰：「託
　　在蕃輔，過惡累積，歡喜大恩，奉送縑帛，以贖愆罪。」國相以聞。

〔註197〕（周）墨翟撰：《墨子》十五卷，卷七，〈天志下第二十八〉，頁62。
〔註198〕同註197，卷八，〈明鬼下第三十一〉，頁70。
〔註199〕陳廣忠、梁宗華云：「墨子的『天志』『明鬼』說以教導世人、匡世救俗爲
　　　　目的，以兼愛互利爲實質內容，對道家的宗教化有著深刻的影響。早期道
　　　　教與墨家的尊天事鬼學說淵源甚深，黃老道學轉化爲宗教教義，大量吸收
　　　　了墨學的天志明鬼思想。」陳廣忠、梁宗華：《道家與中國哲學（漢代卷）》，
　　　　頁372。
〔註200〕章太炎：〈黃巾道士緣起〉（臺北：世界書局，1982年4月，《章氏叢書（正
　　　　續編、家書、年譜）》（全二冊）影浙江圖書館校刊本），冊上，《檢論・卷三》，
　　　　頁549～550。

詔報曰：「楚王誦黃老之微言，尚浮屠之仁祠，潔齋三月，與神爲誓，何嫌何疑，當有悔吝？其還贖，以助伊蒲塞桑門之盛饌。」〔註201〕

現今學者認爲佛教傳入中國，大致是在西漢末年至東漢初年〔註202〕，《後漢書》中便記載光武帝子楚王英好黃老與學浮屠齋戒之事，佛教至此便開始普遍傳入中國。在佛教傳入中國之後，「佛教傳人遺棄家國、拋卻今生，與儒家重禮救世傳統頗不合，但在息慾、超俗等方面又與道家、道教較爲接近，所以佛教最初依傍道術而流行。……佛道二教在中國的興起處於同一歷史時期，兩者互相依存又互相排斥，其結果是雙方共同得益，共同發展〔註203〕」，因此，佛教的齋戒儀式、教團組織、勸人行善、立祠祭祀等規範與因果報應等思想，都被道教徒所吸收，成爲道教成立初期重要的啓發〔註204〕，在漢朝共同發展。由此可知，佛教的傳入刺激道教徒建立起自己的教團組織、齋醮儀式，成爲道教於東漢末年成立的重要關鍵〔註205〕。

〔註201〕（南朝宋）范曄撰、（唐）李賢注、（清）王先謙集解：《後漢書集解》一百二十卷（全二冊），冊一，卷四十二，〈光武十王列傳第三十二〉，頁512。

〔註202〕《三國志・魏書三十・烏丸鮮卑東夷傳第三十》：「注：（《魏略・西戎傳》曰）昔漢哀帝元壽元年，博士弟子景盧受大月氏王使伊存口受《浮屠經》。」（晉）陳壽撰、（南朝宋）裴松之注、（清）盧弼集解：《三國志集解》六十五卷，卷八，頁733。《後漢書・西域傳第七十八》：「世傳明帝夢見金人，長大，頂有光明，以問羣臣。或曰：『西方有神，名曰佛，其形長丈六尺而黃金色。』帝於是遣使天竺問佛道法，遂於中國圖畫形像焉。楚王英始信其術，中國因此頗有奉其道者。後桓帝好神，數祀浮圖、老子，百姓稍有奉者，後遂轉盛。」同註201，冊二，卷八十八，頁1048。

〔註203〕任繼愈主編：《中國道教史》上，頁19～20。

〔註204〕牟鐘鑒云：「道教吸取了佛教的息欲、行善等教義，以及祠祀之方。」任繼愈主編：《中國哲學發展史》（秦漢），頁655。劉精誠云：「佛教有一套不同於中國傳統思想的教義教規，有一套禮拜釋迦、實行齋戒儀式，還有一個教會組織團體。這些都給中國方士很大的啓示，給他們對立了一個榜樣。……另一方面又剽取佛經，吸取其因果報應、輪迴、劫運、慈悲等教義，用以充實自己。」劉精誠：《中國道教史》，頁29。

〔註205〕陳寅恪云：「綜觀二千年來道教之發展史，每一次之改革，必受一種外來學說之激刺，而所受外來之學說，要以佛教爲主。」陳寅恪：〈崔浩與寇謙之〉，收入《陳寅恪集・金明館叢稿初編》（北京：生活、讀書、新知三聯書局，2001年6月），頁126。牟鐘鑒云：「但當佛教逐漸顯示其理論與組織上的獨立性以後，也刺激了道教徒的民族感情，覺得有必要形成一種表現中國傳統的強大民族宗教，以對抗外來宗教的影響。……正是由於佛教的介入與影響，道教才在漢末魏晉崛起，並在南北朝以後具備了一個上層大教的規模和面貌。」任繼愈主編：《中國道教史》上，頁19～20。

　　綜上所述，兩漢政治、社會的動盪與君王迷信的時代背景，加上陰陽五行氣論思想在兩漢的蓬勃發展，與中國古代的思想學派、文化民俗等，皆成為道教產生的養分，對道教的發展產生或多或少的影響，黃老道家思想成為道教的理論基礎，而古代多神信仰與民間巫術之風則成為戰國、秦漢時期神仙傳說與方士方術興盛的淵源，間接導致儒家思想的神學化與墨家明鬼思想的延續，最後在佛教的傳入刺激影響之下，道教在東漢末年正式出現。

第三章　《淮南鴻烈》道氣論思想[註1]

　　《淮南鴻烈》[註2]為西漢初年黃老集大成之著作，其內容以道家為本，兼採眾家思想之長，內容貫通古今，包羅萬有，其思想特色則是站在《老子》形上超越初始道體之上，加入氣論思想，以氣釋道體之具體無限且生生不息，因此透過其道氣論思想落實於天文、地理、政治、身體、養生等各個面向，構成龐大博雜的氣化宇宙世界觀，而其道氣論思想更對漢代黃老以及道教思想產生重要影響，故以下試以道氣論思想架構探究其思想特色。

第一節　一也者，萬物之本也，無敵之道也

一、道者，一立而萬物生

> 所謂無形者，一之謂也。所謂一者，無匹合於天下者也。卓然獨立，塊然獨處，上通九天，下貫九野，員不中規，方不中矩，大渾而為一，葉累而無根，懷囊天地，為道關門，穆忞隱閔，純德獨存，布施而不既，用之而不勤。[註3]

　　道是無形獨特不改變、至高無上、唯一、獨立、超越萬物之上，故云：「一也者，萬物之本也，無敵之道也[註4]」，無敵之道為形上絕對本體，因此《淮

[註1] 詳說參見楊婉羚：《《淮南鴻烈》氣論思想》（臺北：中國文化大學中國文學研究所碩士論文，2009 年 1 月），本章僅就道氣論主軸擇要論述之。

[註2] 以下簡稱《淮南》。

[註3] （漢）劉安：《淮南子》二十一卷，卷一〈原道〉，頁 7。

[註4] 同註3，卷十四〈詮言〉，頁 106。

南》認爲道即一。道透過陰陽二氣生生作用具體生化出九天、九野、天地萬物，不受具體有限規矩限制，這是因爲一切規律都是由唯一至高無上的道體所生〔註5〕。

> 植之而塞于天地，橫之而彌于四海，施之無窮而無所朝夕，舒之幎於六合，卷之不盈於一握。約而能張，幽而能明，弱而能強，柔而能剛。〔註6〕

> 可以弱，可以強；可以柔，可以剛；可以陰，可以陽；可以窈，可以明；可以包裹天地，可以應待無方。〔註7〕

對於道狀態的描繪，《淮南》使用大量具體有限的詞彙，如「天地」、「四海」、「朝夕」、「六合」，以及具有相對概念的辭彙，如「約張」、「幽明」、「弱強」、「柔剛」、「陰陽」、「窈明」。《淮南》藉由眾多具體的概念，由反面的角度說明道是超越在這些詞彙所包含的範圍之上，且是「卓然獨立」的。〔註8〕

> 道者，一立而萬物生矣。是故一之理，施四海；一之解，際天地。其全也，純兮若樸；其散也，混兮若濁。濁而徐清，沖而徐盈，澹兮其若深淵，汎兮其若浮雲，若無而有，若亡而存。萬物之總，皆閱一孔；百事之根，皆出一門。其動無形，變化若神；其行無迹，常後而先。〔註9〕

〔註5〕楊有禮云：「《淮南子》認爲，『道』是萬物發生的總根源，是天地萬物之前的原初狀態。」楊有禮：《新道鴻烈：淮南子與中國文化》（開封：河南大學出版社，2005年4月），頁49。牟鍾鑒云：「由于萬物皆發源于道，世界便是一個整體，彼此不可分割地聯繫在一起。在這個意義上，『道』是天地萬物之前的宇宙原初狀態。」牟鍾鑒：《呂氏春秋與淮南子思想研究》，（濟南：齊魯書社，1987年9月），頁175～176。陳麗桂云：「『道』基本上是虛無、廣漠、高於天地、生受萬有、『享穀食氣者皆受』的，宇宙間一切生類皆由道來，道是一切的根源，超乎萬物之上。」陳麗桂：《秦漢時期的黃老思想》，頁63。
〔註6〕（漢）劉安：《淮南子》二十一卷，卷一〈原道〉，頁2～3。
〔註7〕同註6，卷十二〈道應〉，頁83。
〔註8〕陳麗桂云：「道是超乎一般質性、數量之上的，可大可小，彈性無限，永不增減，也絕不改變。……這裡作者窮盡一切相對的概念，去反襯道體的絕對。」陳麗桂：《秦漢時期的黃老思想》，頁65。洪嘉琳云：「『道』在時間空間上都是無窮無盡的；就其本身而言，又是無形無象，並富含各種對立元的。而『道』是萬物生成之根據、本源」。洪嘉琳：《淮南子·原道》之得道論〉，收入輔仁大學中國文學系所編《第二屆先秦兩漢學術全國研究生論文發表會論文集》（臺北：輔仁大學中國文學系，2000年6月），頁264。
〔註9〕同註6，卷一〈原道〉，頁7。

道是一切事物最初的根本、開端，順著道中蘊含的生生作用具體萬物因此產生，《淮南》認爲道創造的作用是非常快速且玄妙不可知的，故曰「一立而萬物生矣」。道創生作用無所不在，沒有任何形兆，但其中蘊藏各種可能性，因此可化生不同形貌的萬物。此外，道的行動是無具體跡象可掌握，雖然看似毫無動作，但道生生神化的創造作用卻早已開始。

道爲萬物的根本，萬物皆由道所生，故《淮南》云：「一生二，二生三，三生萬物〔註10〕」，這是受《老子》道生萬物過程觀念影響，《老子》認爲道是化生萬物初始本體，故云：「道生一，一生二，二生三，三生萬物，萬物負陰而抱陽，沖氣以爲和〔註11〕」，《老子》認爲「道是宇宙之本體，『一』是宇宙之生成〔註12〕」，而《淮南》兩引此文直言「一生二」，可知其特別強調道之動的創造義，並已將道視作一。

高誘云：「一謂道也，二月神明也，三曰和氣也。或説一者元氣也，生二者乾坤也，二生三、三生万萬，天地設位，陰陽通流，萬物乃生〔註13〕」，亦可證《淮南》認爲一即道，二爲陰陽神妙的作用，順者陰陽相互調和之作用，萬物化育而生。由此《淮南》點出陰陽二氣爲道所蘊含之創生作用〔註14〕，無限超越的本體要能創生萬物，就必須要靠能貫通形上超越與形下具體的氣化作用。

二、道在其間，而莫知其所

> 忽兮怳兮，不可爲象兮；怳兮忽兮，用不屈兮；幽兮冥兮，應無形兮；遂兮洞兮，不虛動兮。與剛柔卷舒兮，與陰陽俛仰兮。〔註15〕

〔註10〕 〈天文〉：「一生二，二生三，三生萬物」；〈精神〉：「一生二，二生三，三生萬物。萬物背陰而抱陽，沖氣以爲和」。（漢）劉安：《淮南子》二十一卷，卷三，頁 22；卷七，頁 45。

〔註11〕 此據馬王堆帛書乙本，缺文據通行本補。國家文物局古文獻研究室編：《馬王堆漢墓帛書【壹】》，乙本釋文，頁 89。（魏）王弼註：《老子道德眞經》二卷，卷二，四十二章，頁 462。

〔註12〕 陳錫勇：《老子校正》，頁 39。

〔註13〕 同註 10，卷七〈精神〉，頁 45。

〔註14〕 張立文云：「道包含有陰陽兩個對立的方面。陰陽相摩相蕩而演化出萬物。」張立文：《道》（臺北：漢興書局有限公司，1994 年 5 月），頁 100。楊有禮云：「這種與陰陽變化相伴隨的道，就是事物運動發展的規律。因此道又是陰陽之道。由此可見，陰陽變化是道的內容。」楊有禮：《新道鴻烈：淮南子與中國文化》，頁 53。

〔註15〕 同註 10，卷一〈原道〉，頁 3。

古未有天地之時，罔像無形，幽幽冥冥，茫茫昧昧，幕幕閔閔，鴻

蒙澒洞，莫知其門。〔註16〕

《淮南》認爲道具有無形無限的特性，故用「恍惚」、「幽冥」、「洞灟」、「窈冥」、「茫茫昧昧」、「鴻蒙澒洞」等具有虛玄無形特質的詞句，企圖表現道沒有形象，混沌無形狀的特色，而道雖無形無限但非虛空。

天圓地方，道在中央。〔註17〕

往古來今謂之宙，四方上下謂之宇，道在其間，而莫知其所。故其

見不遠者，不可與語大；其智不閎者，不可與論至。〔註18〕

道不只是形上虛無、超越絕對的，同時更實存於宇宙之間，並成爲天地間萬事萬物中的本質與規律〔註19〕，透過陰陽二氣的作用，道具體化生萬物，藉由氣的作用，使道實際存在並盈滿於宇宙天地萬物之間。

甚淖而滒，甚纖而微，山以之高，淵以之深，獸以之走，鳥以之飛，

麟以之游，鳳以之翔，日月以之明，星曆以之行。〔註20〕泰古二皇，

得道之柄，立於中央，神與化游，以撫四方。是故能天運地滯，輪

轉而無廢，水流而不止，與萬物終始。風興雲蒸，事無不應；雷聲

〔註16〕（漢）劉安：《淮南子》二十一卷，卷七〈精神〉，頁45。「古未有天地之時，罔像無形，幽幽冥冥，茫茫昧昧，幕幕閔閔，鴻蒙澒洞，莫知其門」本作「古未有天地之時，惟像無形，窈窈冥冥，芒芠漠閔，澒濛鴻洞，莫知其門」。俞樾云：「惟乃惘字之誤。……今作『惟象無形』，義不可通。」（清）俞樾：《諸子平議》，收入《春在堂全書》（第二冊），頁941。于大成云：「御覽一、事類賦注一、海錄碎事九下、蔡箋杜詩六引此文，皆作『鴻蒙澒洞』。……御覽一下引明標高誘注，則高本作『鴻蒙澒洞』，上文『窈窈冥冥，芒芠漠閔』，御覽引作『幽幽冥冥，茫茫昧昧，幕幕閔閔』，亦高本如此。」于大成：《淮南鴻烈論文集》（全二冊），上冊，頁543。

〔註17〕（漢）劉安：《淮南子》二十一卷，卷三〈天文〉，頁22。

〔註18〕同註17，卷十一〈齊俗〉，頁79。

〔註19〕李增云：「雖然道是恍惚無形，或者如老子稱之爲『無』，然而此『無』並非絕對虛零，不具一物；而實際上仍是『有物混成』，只是此『有物』爲『視之不足見，聽之不足聞，用之不可既』而已。然此無形者卻是爲有形之物之根由。」李增：《淮南子哲學思想研究》（臺北：洪葉文化事業有限公司，1997年10月），頁52。

〔註20〕「山以之高，淵以之深，獸以之走，鳥以之飛，麟以之游，鳳以之翔，日月以之明，星曆以之行」本作「山以之高，淵以之深，獸以之走，鳥以之飛，日月以之明，星曆以之行，麟以之游，鳳以之翔」。于大成云：「『日月』二句，當在『鳳以之翔』之下，山、淵、獸、鳥、麟、鳳、日月、星曆，以類相從也。」于大成：《淮南鴻烈論文集》（全二冊），上冊，頁100。

雨降,並應無窮。鬼出神入〔註21〕,龍興鷥集;鈞旋轂轉,周而復匝。
已彫已琢,還反於樸。無爲爲之而合于道,無爲言之而通乎德,恬愉
無矜而得於和〔註22〕,有萬不同而便於性。神託於秋豪之末,而大與
宇宙之總。其德覆天地而和陰陽〔註23〕,節四時而調五行。〔註24〕

　　天地萬物順著自然之道的準則運轉不息、生化萬物,因此,《淮南》在描繪
無形但實存之道時,運用對具體的事物規律的敘述,欲證明道實際存在於宇宙
萬物之中。《淮南》舉出天文、地理、動物等層面,說明這種種事物間的規律變
化,皆是道透過氣化作用具體實存的例證。而天地自然之運行、四時輪轉、萬
物生長,其中都有道的存在。《淮南》強調虛無的道就是因爲氣化相生作用的相
互調和激盪,才能使道普遍實存於天地間,無所不在,與萬物終始。

三、太上之道,生萬物而不有

所謂無爲者,不先物爲也;所謂無不爲者,因物之所爲。所謂無治
者,不易自然也;所謂無不治者,因物之相然也。〔註25〕

　　萬物依據道自然的規律孕育化生,因此道並非刻意有心有爲的創造,而
是順著道之中陰陽相生作用所產生的不同比例,自然的生化出不同形類的事
物,故《淮南》言道「無爲而無不爲」。所謂「無爲」是指萬物順著道中中所
蘊含的自然之理而無限生生創造,而絕非刻意造作。「無不爲」則是強調道雖
無心無爲,故不會改變自然規律,但卻是積極創生萬物。所謂「無治」是指
道雖爲最高本體,但不會去改變其自然生生之理,以迎合萬物。因爲道「無
不治」,萬物只是順道體道而行,自然就會順利生成。

〔註21〕「鬼出神入」本作「鬼出電入」劉文典云:「文選新刻漏銘注引作『鬼出神入』。」
　　　　劉文典:《淮南鴻烈集解》(全二冊)(北京:中華書局,2006 年 3 月),上冊,
　　　　頁 6。
〔註22〕「恬愉無矜」本作「恬愉無矝」。于大成云:「說文十四上矛部:『矜,矛柄也。
　　　　從矛,令聲』,段注曰:『各本篆作矝,解云:今聲,今依漢石經論語、溧水
　　　　校官碑、魏受禪表皆作矜。正之毛詩與天、臻、民、旬、填等字韻,讀如鄰,
　　　　古音也』,則矜字古作矝。……唯景宋本作矝,高注,尚存古書之舊。氾論篇
　　　　『無矝伐之色』,景宋本亦作矝。」于大成:《淮南鴻烈論文集》(全二冊),
　　　　上冊,頁 102。
〔註23〕「其德覆天地而和陰陽」本作「其德優天地而和陰陽」。劉文典云:「群書治
　　　　要、御覽七十七引『優』並作『覆』。」同註21,上冊,頁8。
〔註24〕(漢)劉安:《淮南子》二十一卷,卷一〈原道〉,頁3。
〔註25〕同註24,卷一〈原道〉,頁6。

　　由此可知，「夫太上之道，生萬物而不有，成化像而弗宰〔註26〕」，道無
爲無不爲，道不會干預萬物生長之理序，而是使萬物隨順自然生化規律創生，
故《淮南》的道是積極的順道而爲。爲詮釋道順萬物自然之理而化生，《淮南》
以具體世界殊形萬類變化之理論證。

　　　　天致其高，地致其厚，月照其夜，日照其晝，列星朗，陰陽化，非
　　　　有爲焉，正其道而物自然。故陰陽四時，非生萬物也；雨露時降，
　　　　非養草木也；神明接，陰陽和，而萬物生矣。〔註27〕

　　道透過陰陽二氣相生變化產生天地、日月、星辰、四時、雨露、草木，
皆非有心有爲刻意生化，而是順著道中萬物「陽施陰化」自然的規律而運行。
道生萬物如此，落實到人世間亦如是，故《淮南》云：「萬物固以自然，聖人
又何事焉〔註28〕」。說明了聖人只要無爲而治，順天道四時自然的變化，萬物
便會依道如理恰當的表現，百姓只需順著「春生夏長秋收冬藏」天道的展現，
便能自然順利的生活。

四、天地之道，極則反

　　　　天道曰圓，地道曰方。〔註29〕

　　　　天地之道，極則反，盈則損。〔註30〕

　　《說文》云：「道，所行道也〔註31〕」，道本義爲道路，因此引申有規律
之義。而《淮南》的道不僅具有規律之義，還特別強調其生生循環的特質，
並且以道中陰陽相生之理說明萬物創生是依循環相生不已的規律運行。《淮
南》在描述道生生不息的特色時，還運用循環不已的天體觀來描寫，「天圓地
方」，天地間萬物生長消滅都順此規則運行，運行至極而返，欲滿則開始虧損，
無始無終。

〔註26〕　（漢）劉安：《淮南子》二十一卷，卷一〈原道〉，頁3。
〔註27〕　同註26，卷二十〈泰族〉，頁152。「列星朗，陰陽化，非有爲焉，正其道而
　　　　物自然」本作「陰陽化，列星朗，非其道而物自然」。王念孫云：「下三句本
　　　　作『列星朗，陰陽化，非有爲焉，正其道而物自然』。自『天致其高』至『列
　　　　星朗』，是說天地日月星，而『陰陽化』一句總承上文言之。今本『列星朗』
　　　　句在後，則失其次矣。」（清）王念孫：《讀書雜志》（全二冊），下冊，頁951。
〔註28〕　同註26，卷一〈原道〉，頁5。
〔註29〕　同註26，卷三〈天文〉，頁18。
〔註30〕　同註26，卷二十〈泰族〉，頁154。
〔註31〕　（漢）許慎撰、（清）段玉裁注：《說文解字注》，頁76。

> 原流泉浡，沖而徐盈，混混滑滑，濁而徐清。故植之而塞于天地，
> 橫之而彌于四海，施之無窮而無所朝夕，舒之幎於六合，卷之不盈
> 於一握。……是故能天運地滯，輪轉而無廢，水流而不止，與萬物
> 終始。風興雲蒸，事無不應；雷聲雨降，並應無窮。鬼出神入，龍
> 興鸞集；鈞旋轂轉，周而復匝。已彫已琢，還反於樸。〔註32〕

　　道的創造能力是生生不息且源源不絕，故《淮南》以泉水源源流動不絕的特性，形容道的永不止息，充盈於天地間。「天運地滯」強調天與地的運行速度是不一樣的，雖然其運行的方向速度皆不同，但皆循著天地之道「輪轉而無廢」，並且如同日月星辰在天體軌道的運行般「周而復匝」。《淮南》又云：

> 淖溺流遁，錯繆相紛而不可靡散，利貫金石，強濟天下，動溶無形
> 之域，而翱翔忽區之上〔註33〕，遭回川谷之間，而滔騰大荒之野，
> 有餘不足，與天地取與，稟授萬物而無所前後〔註34〕，是故無所私
> 而無所公，靡濫振蕩，與天地鴻洞，無所左而無所右，蟠委錯紾，
> 與萬物始終，是謂至德。〔註35〕

　　《淮南》言道如泉水般會到處流行，相互交錯不離雜，這說明了道所創生萬物雖有萬類殊形，且萬物之間都有著「蟠委錯紾」非常複雜的關係，但都能依自然生生中所蘊含之理順暢流行不紛亂。在此《淮南》以「淖溺流遁」、「遭回川谷之間，而滔騰大荒之野」描寫道之流行，具有時間無限流動義，而「靡濫振蕩」、「蟠委錯紾」則表現出道生生作用具有無限包容的能力，並了解到道之流動運行不是直線的而是曲折交錯，但如理流行「與萬物始終」，如圓道般無始無終，永遠運轉不息。

> 斗杓為小歲，正月建寅，月從左行十二辰。咸池為太歲，二月建卯，
> 月從右行四仲，終而復始。……天維建元，常以寅始起，右徙一歲

〔註32〕（漢）劉安：《淮南子》二十一卷，卷一〈原道〉，頁2～3。「鬼出神入」本作「鬼出電入」。劉文典云：「文選新刻漏銘注引作『鬼出神入』。」劉文典：《淮南鴻烈集解》（全二冊），上冊，頁6。

〔註33〕「而翱翔忽芒之上」本作「而翱翔忽區之上」。王引之云：「忽區二字，文不成義。區當作芒。忽芒即忽荒也。」（清）王念孫：《讀書雜志》（全二冊），下冊，頁772。

〔註34〕「稟授萬物而無所前後」本作「授萬物而無所前後」。俞樾云：「授上當有稟字。上文曰『稟授無形』，又曰『布施稟授而不益貧』，下文曰『稟授於外而以自飾也』，並以稟授連文，是其證也。」（清）俞樾：《諸子平議》，頁929。

〔註35〕同註32，卷一〈原道〉，頁6～7。

　　而移，十二歲而周天，終而復始。〔註36〕

　　帝張四維，運之以斗，月徙一辰，復反其所。正月指寅，十一月指
　　子，一歲而匝，終而復始。〔註37〕

　　太陰元始建于甲寅，一終而建甲戌，二終而建甲午，三終而復得甲
　　寅之元。〔註38〕

　　天體的運行，不論是天上的星宿，或者是用來記錄年月日和方位的干支，都是「終而復始」的不斷運行。譬如天上的星座「斗杓」正月時指向寅位，經過了一歲它又會在正月的時候回到寅位，又如「太陰」開始紀元始於甲寅年，它也會在經過三終四千五百六十年後重新回到甲寅的位置。由此可知，道輪轉不息的特質不只是形上境界超越的生生不息，落實在形下具體宇宙萬物之中，同樣也是運行不止的，故《淮南》言道「與萬物始終，是謂至德」。

五、道至高無上

　　夫道者，覆天載地，廓四方，柝八極，高不可際，深不可測，包裹
　　天地，稟授無形。原流泉浡，沖而徐盈，混混滑滑，濁而徐清。故
　　植之而塞于天地，橫之而彌于四海，施之無窮而無所朝夕，舒之幎
　　於六合，卷之不盈於一握。約而能張，幽而能明，弱而能強，柔而
　　能剛。〔註39〕

　　《淮南》的道是無形、虛無、實存且無所不在，萬物間皆有道，由此可知道是不可被限制的，具有無限義，因此不受限制。《淮南》對於道不被限制的特色上，分為幾個方面論述。

　　第一，時間無限：《淮南》認為道無限超越在時空之上，不受有限時間限制，故云：「施之無窮而無所朝夕」，道的作用無窮，不是時間可計度的。《淮

〔註36〕（漢）劉安：《淮南子》二十一卷，卷三〈天文〉，頁21。「十二歲而周天」本作「十二歲而大周天」。王引之云：「周天上本無大字，後人加之也。歲星十二歲而小周天，不得謂之大周。上文曰：『歲星歲行三十六度十六分度之七，（句）十二歲而周。』無大字。」（清）王念孫：《讀書雜志》（全二冊），下冊，頁792～793。

〔註37〕（漢）劉安：《淮南子》二十一卷，卷三〈天文〉，頁22。「十一月指子」本作「十二月指子」。王引之云：「『十二月指丑』本作『十一月指子』，後人改之也。太平御覽時序部一引此正作『十一月指子』。」（清）王念孫：《讀書雜志》（全二冊），頁795～796。

〔註38〕（漢）劉安：《淮南子》二十一卷，卷三〈天文〉，頁23。

〔註39〕同註38，卷一〈原道〉，頁2～3。

南》又云：「往古來今謂之宙，四方上下謂之宇〔註40〕」，時間貫穿了古今無限延伸，而且天道是「鈞旋轂轉，周而復匝〔註41〕」生生運轉不止的，而道是超越在時間之上的，時間古今流行運轉不息，這都證明了道在時間上的無限性。

第二，空間無限：道在時間上是無限的，空間上也是無限的，故《淮南》列舉了許多相對概念，如「舒卷」、「約張」、「幽明」、「弱強」、「柔剛」等，描述道不被相對概念限制。

> 浮縣而不可究，纖微而不可勤。累之而不高，墮之而不下，益之而不眾，損之而不寡，斲之而不薄，殺之而不殘，鑿之而不深，填之而不淺。〔註42〕

其次，《淮南》用有形概念，如「浮縣」、「纖微」、「高」、「下」、「眾」、「寡」、「薄」、「殘」、「深」、「淺」等，描述道不會被有形概念所侷限，超越在有形觀念之上。

> 道至高無上，至深無下，平乎準，直乎繩，圓乎規，方乎矩，包裹宇宙而無表裏，洞同覆載而無所礙。〔註43〕

> 樸至大者無形狀，道至眇者無度量，故天之圓也不中規，地之方也不中矩。〔註44〕

再者，《淮南》用度量單位，如「準」、「繩」、「規」、「矩」，描述道不受度量衡等單位限制，超越在有限標準之上，但卻具體實存於宇宙之間，流行不已。故《淮南》為詮釋道體無限，至高無上，運用了許多相對觀念、有形概念、度量單位，反覆論述道在時間空間上的無限性以及道無所不在的特質，除了說明道是不可被這些有形、有限、相對的概念所限制，同時反證道無限不可被任何觀念經驗及有限事物所限制，藉此突顯不管再多相對的、有形的觀念、在多的度量單位都是無法侷限道的無限性。〔註45〕

〔註40〕（漢）劉安：《淮南子》二十一卷，卷十一〈齊俗〉，頁79。

〔註41〕同註40，卷一〈原道〉，頁2～3。

〔註42〕同註40，卷一〈原道〉，頁3。「浮縣而不可究」本作「旋縣而不可究」。于大成云：「旋疑當為浮，字之誤也。浮誤為游，游壞為斿，遂又誤為旋。……此文之意，蓋謂浮縣無定而不可究極耳。」于大成：《淮南鴻烈論文集》（全二冊），上冊，頁108。

〔註43〕同註40，卷十〈繆稱〉，頁68。

〔註44〕同註40，卷十一〈齊俗〉，頁79。

〔註45〕趙中偉云：「道既是超驗，必然不受經驗有限的限制。」趙中偉：《道者，萬

六、芒芒昧昧，從天之道，與元同氣

綜上所述，可知道除了是無形、無限、虛無恍惚之外，道還落實在萬物之中，萬物中皆有道，且道有初始創生作用，萬物順著道之理自然化育而生，可見得道不但具有形上絕對價值義，還有普遍性，而氣更在道生萬物的過程當中扮演重要角色。因此，《淮南》除了以大量文字描繪道的狀態之外，受到《管子》以降精氣說的影響，《淮南》在解釋道生物的過程之中，加入氣論思想，形成以氣爲內涵的道體觀〔註46〕。

> 天地未形〔註47〕，馮馮翼翼，洞洞灟灟，故曰太始。太始生虛霩〔註48〕，虛霩生宇宙，宇宙生元氣，元氣有涯垠〔註49〕。清陽者薄靡而爲天，重濁者凝滯而爲地。〔註50〕

道與氣的關係藉由以上論述可看出幾個重點：（一）道在元氣之先：道是形上超越的本體，而在道創生落實在萬物的過程中，產生一種重要的元素「元氣」，透過元氣清濁變化，具體天地產生。故道在氣先，道本氣化，氣爲道由形上貫通形下具體事物的重要媒介〔註51〕。（二）道中已蘊含陰陽氣化作用：道生虛霩生宇宙生元氣，「元氣」當中有陰陽兩種創生作用，在陰陽兩種氣化作用相互調和之下，具體天地萬物孕育而生。由此可知，道中就已蘊藏陰陽兩種相生的作用，透過宇宙間自然氣化之理，具體形物才能產生，因爲氣具

物之宗：兩漢道家形上思維研究》，頁 12。張立文亦云：「道在空間上可大可小，可伸可縮，可聚可散，可盈可虛，在時間上無始無終。」張立文：《道》，頁 100。

〔註46〕 陳德和云：「『道』《淮南子》中又被稱之爲『一』或者是『無』，它常常也和『氣』、『陰陽』同時出現，這證明了《淮南子》的天道理論乃承襲自稷下道家而帶有陰陽家論道之痕迹者。」陳德和：《淮南子的哲學》（嘉義：南華管理學院，1999 年 2 月），頁 60。

〔註47〕 「地」本作「墜」。錢塘云：「『墜』籀文『地』。」（清）錢塘：《淮南天文訓補注・卷上》，頁 1。

〔註48〕 「故曰太始。太始生虛霩」本作「故曰太昭。道始於虛霩」。王引之：「『太昭』當作『太始』，字之誤也……『道始於虛霩』當作『太始生虛霩』，即承上文『太始』而言。」（清）王念孫：《讀書雜志》（全二冊），下冊，頁 785。

〔註49〕 「宇宙生元氣，元氣有涯垠」本作「宇宙生氣，氣有漢垠」。王念孫云：「此當爲『宇宙生元氣，元氣有涯垠。』下文清揚爲天，重濁爲地，所謂元氣有涯垠也。今本脫去兩元字，涯字又誤爲漢。」同註48，下冊，頁 785。

〔註50〕 （漢）劉安：《淮南子》二十一卷，卷三〈天文〉，頁 18。

〔註51〕 張立文云：「道是經由氣這一中間環節而產生宇宙萬物的。可見，道比氣更根本。道不僅是萬物的本體，也是氣的本體。」張立文：《道》，頁 98。

有既無形又有形的特質，故能順利貫通上下，並流行於具體事物間，成爲道可落實的重要關鍵。

　　綜上所述，《淮南》中道的內涵不但繼承道家傳統，將道視爲初始本體、根源，並且對道無限不可被限制、無爲而無不爲等內涵加以保留，除此之外，《淮南》將原本虛玄的推論，以具體又無限的事物來說明，使形上的道除保有超越特質外，加強其落實到形下氣化世界的描述。故李增云：「淮南子提倡氣化宇宙論，以氣爲萬物之本質。道乘氣而落實於萬物。道若沒有氣爲萬物之質而乘之，則老莊之道只能是懸空而不切實際的形而上的抽象觀念。〔註52〕」因此《淮南》在對無限道體的描繪中，加入道生元氣、元氣生萬物過程的描述，試圖將無限道體落實在現實社會中討論，並且建構一個無限但具體眞實的氣化世界。

第二節　太始生虛霩，虛霩生宇宙，宇宙生元氣

一、一生二，二生三，三生萬物

　　《淮南》站在《老子》和《莊子・齊物論》的基礎之上，更進一步想要探求道生萬物過程中從無到有的玄妙過程，因此，結合氣化生生的觀念，提出其對道生萬物過程的獨特看法。以下試論之。

（一）有有者，有无者，有未始有有無者，有未始有夫未始有有無者

　　　　有始者，有未始有有始者，有未始有夫未始有有始者。有有者，
　　　　有无者，有未始有有無者，有未始有夫未始有有無者〔註53〕。所

〔註52〕 李增：《淮南子哲學思想研究》，頁76～77。吳志鴻云：「從兩漢時期宇宙論的思想主張中，幾乎用『氣』來說明宇宙的變化，無論是『陰陽之氣』、或是『元氣』等。都是以『氣化』的思考模式，解釋整個宇宙萬事萬物間的關聯。這樣的『氣化』的宇宙論觀點，不只成爲漢代宇宙論思想的主流，也成爲中國的思想中，幾千年來解釋事物的思考模式之一，並爲思想上的一大特色。」吳志鴻：〈兩漢的宇宙論思想：宇宙發生論與結構論之探討〉，收入《哲學與文化月刊》第395期（第卅卷第九期）（臺北：哲學與文化月刊雜誌社，2009年9月），頁124。
〔註53〕 何寧云：「景宋本此下有注云：『言道微妙，苞裹天地。未始有有無者在有無者之前。有未始有夫未始有有無者，天也。』『有未始有夫未始有有無者』十一字，乃本宋本正文誤入注文，『天也』二字乃注。」何寧：《淮南子集釋》（全三冊）（北京：中華書局，2006年4月），上冊，頁91。

謂有始者，繁憤未發，萌兆牙蘖，未有形埒〔註 54〕，无无蝡蝡，將欲生興而未成物類。有未始有有始者，天氣始下，地氣始上，陰陽錯合，相与優游競暢于宇宙之間，被德含和，繽紛蘢蓯，欲与物接而未成兆朕。有未始有夫未始有有始者，天含和而未降，地懷氣而未揚，虛无寂寞，蕭條霄霏，无有仿佛，氣遂而大通冥冥者也。有有者，言万物摻落，根莖枝葉，青蔥苓蘢，萑蔰炫煌，蠉飛蝡動，蚑行噲息，可切循把握而有數量。有无者，視之不見其形，聽之不聞其聲，捫之不可得也，望之不可極也，儲與扈冶〔註 55〕，浩浩瀚瀚，不可隱儀揆度而通光耀者。有未始有有无者，包裹天地，陶冶萬物，大通混冥，深閎廣大，不可爲外，析豪剖芒，不可爲内，无環堵之宇，而生有无之根。有未始有夫未始有有无者，天地未剖，陰陽未判，四時未分，万物未生，汪然平靜，寂然清澄，莫見其形，若光耀之間於无有〔註 56〕，退而自失也。曰：予能有無，而未能无无也。及其爲无无，至妙何從及此哉！〔註 57〕

「有有者」言萬物始有形兆，具體成形的階段，此時陰陽二氣相生作用，已具體發生，化爲各種形類之萬物，耳目感官可識，並有可把握之數量，正式進入有形貌的階段。〔註 58〕

「有無者」言相對於有之無的狀態，雖開始有創生作用，但作用尚未落

〔註 54〕「未有形埒」本作「未有形呼埒垠堮」。王念孫云：「覽冥篇『不見朕垠』，高注：『朕，兆朕也。垠，形狀也。』繆稱篇『道之有篇章形埒者』，高注：『形埒，兆朕也。』是垠堮與形埒同義。既言形埒，無庸更言垠堮，疑垠堮是形埒之注，而今本誤入正文也。」（清）王念孫：《讀書雜志》（全二冊），下冊，頁 776。又呼字爲衍文，當刪。

〔註 55〕「儲與扈冶」本作「儲與扈治」。鄭良樹云：「各本『治』作『冶』，是也。北宋本與道藏本並誤。」鄭良樹：《淮南子斠理》（臺北：嘉新水泥公司文化基金會研究論文，1969 年），頁 22。

〔註 56〕「若光燿之問於無有」本作「若光燿之間於無有」。陳觀樓云：「閒當作問，光燿問於無有，事見莊子知北遊篇。」同註 54，下冊，頁 777。

〔註 57〕（漢）劉安：《淮南子》二十一卷，卷二〈俶眞〉，頁 11。

〔註 58〕于大成云：「此等萬物，皆有實體，……且皆有數量可數的。」于大成：《中國歷代思想家（四）—劉安》，頁 163。王云度云：「指現實存在的萬物，它們有茂盛的植物和活躍的動物，都是可以被具體把握而有數量可計。」王云度：《劉安評傳》（南京：南京大學出版社，2006 年 4 月），頁 165。

實凝結爲具體形物，因此無法被感官經驗所感受〔註59〕，「易言之，也就是宇宙之間，只有一望無際的空間而已〔註60〕」，此時氣化作用強烈，正在醞釀發生。

「有未始有有無者」，言非觀念所及之無，超越在相對觀念之上，「就是連『無』都還沒有的時代，這時代是：大氣包裹天地，陶冶萬物而萬物未生〔註61〕」，此時陰陽氣化作用已充滿於天地間，孕育萬物但尚未成形。

「有未始有夫未始有有無者」，言非概念所能掌握之無，「這是天地還沒有分開，具體的宇宙萬物還沒有產生的混沌一體的無形狀態〔註62〕」此時爲一切創生之始，時間、空間都尚未形成，就連創造作用的基本素質陰陽二氣都未出現，仍爲一渾沌虛無的階段。

（二）太始生虛霩，虛霩生宇宙，宇宙生元氣

「有始者」，萬物尚未具體成形，將有而未有，由此可知此時陰陽氣化作用已非常明顯，並且進入氣化凝結階段。陰陽相生作用一旦具體落實，各類形物便應運而生。

「有未始有有始者」，此階段氣化生生產生作用，人賦予其「天氣降，地氣升」的概念，原本渾沌充塞於天地間之氣開始交錯變化，陽氣下降，陰氣上升，陰陽二氣開始激盪調和，但仍處於無形氣化階段，尚未產生具體形物，處於「正在醞釀萬物萌階段〔註63〕」。

「有未始有夫未始有有始者」，描述最初始「天氣未降，地氣未升」混沌的狀態，此階段天地概念以產生，天地間充滿無形、恍惚混沌之氣，陳鼓應認爲「這似乎在寫元氣初成狀態：上天的和氣蘊含著而未下降，大地懷抱著氣還沒有散發，天地間『虛無寂寞』，只有作爲萬物原質的氣暢行于冥冥之中

〔註59〕 楊有禮云：「『有無者』是廣大宇宙空間寂寥自運、無從感知的景象。」楊有禮：《新道鴻烈：淮南子與中國文化》，頁58。張運華云：「『無』是指現實存在背後的無形世界，不可直接感知，它廣闊無邊，不可度量。」張運華：《先秦兩漢道家思想研究》，頁204。

〔註60〕 于大成：《中國歷代思想家（四）—劉安》，頁162。

〔註61〕 同註60，頁162。陳鼓應云：「謂宇宙廣大深遠而無限，其大無外，其小無内，孕含著天地，化育著萬物，而爲產生有形之物和無邊宇宙的根源。」陳鼓應：〈從《呂氏春秋》到《淮南子》論道家在秦漢哲學史上的地位〉，《國立臺灣大學文史哲學報》第52期（2000年6月），頁78。

〔註62〕 楊有禮：《新道鴻烈：淮南子與中國文化》，頁59。

〔註63〕 王云度：《劉安評傳》，頁164。

〔註64〕」，但陰陽二種氣化素質已存在於天地之間。

綜上所述，《淮南》由有生於無與氣化生生詮釋道生萬物的過程，企圖建構道生萬物之氣化宇宙觀，由此可知，氣在道生萬物的過程當中，皆扮演了關鍵的角色。除此之外，〈天文〉云：

> 天地未形，馮馮翼翼，洞洞灟灟，故曰太始。太始生虛霩〔註65〕，虛霩生宇宙，宇宙生元氣，元氣有涯垠〔註66〕。清陽者薄靡而爲天，重濁者凝滯而爲地。清妙之合專易，重濁之凝竭難，故天先成而地後定。
>
> 天地之襲精爲陰陽，陰陽之專精爲四時，四時之散精爲萬物。〔註67〕

〈天文〉中描繪氣化宇宙由無到有的過程，可分作幾個階段：

「太始」，指初始不可名言、無形無限的階段，此一階段是天地尚未成形，並充滿恍惚流動之氣的狀態，此時尚未出現時間、空間等觀念，但其中已蘊含氣化生生之理。〔註68〕

「太始生虛霩」，此爲虛無恍惚之「虛霩」階段，《淮南》特別強調「虛霩」狀態〔註69〕，此一時期雖無形無狀，但《淮南》認爲虛無恍惚之氣開

〔註64〕 陳鼓應：〈從《呂氏春秋》到《淮南子》論道家在秦漢哲學史上的地位〉，頁77。于大成云：「天氣不下降，地氣不上升，天地二氣不相交感，故一片虛無寂寞，唯大氣已成而已。」于大成：《中國歷代思想家（四）—劉安》，頁162。王云度云：「是天地剛開闢，陰陽之氣尚未交接，一切處於寂寞冥冥之中。」王云度：《劉安評傳》，頁164。

〔註65〕 「故曰太始。太始生虛霩」本作「故曰太昭。道始於虛霩」。王引之云：「『太昭』當作『太始』，字之誤也……『道始於虛霩』當作『太始生虛霩』，即承上文『太始』而言。」（清）王念孫：《讀書雜志》（全二冊），下冊，頁785。

〔註66〕 「宇宙生元氣，元氣有涯垠」本作「宇宙生氣，氣有漢垠」。王念孫云：「此當爲『宇宙生元氣，元氣有涯垠。』下文清揚爲天，重濁爲地，所謂元氣有涯垠也。今本脫去兩元字，涯字又誤爲漢。」同註65，下冊，頁785。

〔註67〕 （漢）劉安：《淮南子》二十一卷，卷三〈天文〉，頁18。

〔註68〕 金春峰云：「它的特點是：天地未形，但形所需的質料即氣已經具備了。……『馮馮』、『翼翼』形容氣的飛飄不定。『洞洞』形容氣的虛霩，『灟灟』指氣的粘稠狀態」。金春峰：《漢代思想史》，頁218～219。

〔註69〕 陳鼓應云：「提出虛空與氣的理論，認爲『虛霩』是先於氣的世界本源，這觀念或可溯源於稷下黃老（如〈心術上〉謂：『虛者萬物之始者也』）。當然最早老子曾說過道體是虛狀的，（如《老子》4章：『道沖……』，『沖』訓虛）。而虛在氣之先，且爲氣之本，這說法則由《淮南子》首先提出。這論題一直延伸到宋代，張載把虛和氣結合起來，提出『太虛即氣』、『虛空即氣』的命題。」陳鼓應：〈從《呂氏春秋》到《淮南子》論道家在秦漢哲學史上的地位〉，頁80。

始作用，因此經過「虛霩」階段的醞釀，時間、空間等相對的觀念應運而生〔註70〕。

「虛霩生宇宙」，此為時空觀念產生之「宇宙」生成階段，此一時期雖無形兆但已出現具體的時間、空間觀念，因此《淮南·齊俗》有云：「往古來今謂之宙，四方上下謂之宇〔註71〕」，而虛無恍惚之氣便充盈於宇宙之間，孕育出創生萬物之生生元氣。

「宇宙生元氣」，「元氣」為無形但具有創生作用的基本元素，具有無形但具體化生萬物的創生能力，因此，「元氣」清陽部分上升為天，重濁部分下沉為地，由於「元氣」有範圍的限制，故所生成的天地也是具體有範圍的，《淮南》認為清陽的部分形成易，重濁部分形成較難，故曰「天先成而地後定」。當天地成形，其中天氣中清揚之陽氣與地氣中重濁之陰氣相互激盪，生成四時，孕育萬物。

藉由〈天文〉提出由無形發展至有形的過程中可發現幾個重點：首先，《淮南》在「太始」生成「宇宙」間加入「虛霩」的觀念，「宇宙」的產生必須在充滿氣的「虛霩」醞釀才會形成。其次，《淮南》點出了氣的重要性，「元氣」是「宇宙」之中重要且關鍵的元素，「氣與道不同，道是無形無象、無限廣大的，而氣是有限的、有邊際的〔註72〕」，「元氣」當中有陰陽、冷熱兩種基本創造作用，有了這關鍵的創造作用，才能讓無形的宇宙進入有形具體四時、萬物的階段，同時《淮南》也強調氣是無形和有形的狀態間共同存在的重要元素，更是貫通有無層次的重要媒介〔註73〕。

〔註70〕曾春海云：「『道』對天地萬物享有先在性，萬物的生成由『道』啟始，『道』幾經化生的過程，產生無形而能構作萬物的原質——『氣』。換言之，有形的存在物生於無形的氣，氣是實在的，由虛而不實的虛霩所派生，氣出現後，在由氣化生天地陰陽四時萬物。」曾春海：《兩漢魏晉哲學史（修訂版）》，頁36～37。

〔註71〕（漢）劉安：《淮南子》二十一卷，卷十一〈齊俗〉，頁79。

〔註72〕張立文：《氣》，頁57。牟鍾鑑云：「『元氣』是一個重要的過度階段，自『元氣』起，情況有了根本性的變化。『元氣』具有邊際，開始向輕清和重濁兩個方向分化，最後形成天地，可知天地生於氣。」牟鍾鑑：《呂氏春秋與淮南子思想研究》，頁180。

〔註73〕黃玉麟云：「『元氣』的提出也同時填補了『道』與『萬物』之間的斷裂；『虛霩』在『氣』之先，『有』從『無』中生的本體義在此得到了更進一步的發揮。」黃玉麟：〈道器之間：《淮南子·天文訓》以氣為樞的道物歷程〉，收入哲學與文化月刊雜誌社編《哲學與文化月刊》第399期（第卅四卷第八期）（臺北：哲學與文化月刊雜誌社，2007年8月），頁95。

（三）別為陰陽，離為八極，剛柔相成，萬物乃形，煩氣為蟲，精氣為人

古未有天地之時，罔像無形〔註74〕，幽幽冥冥，茫茫昧昧，幕幕閔閔，鴻蒙澒洞〔註75〕，莫知其門。有二神混生，經天營地，孔乎莫知其所終極，滔乎莫知其所止息，於是乃別為陰陽，離為八極，剛柔相成，萬物乃形，煩氣為蟲，精氣為人。是故精神，天之有也；而骨骸者，地之有也。精神入其門，而骨骸反其根，我尚何存？〔註76〕

此段《淮南》由人的生成觀道生萬物的過程，共可分幾個階段：

「古未有天地之時」，此時為天地未生之時，是如虛霩般幽冥恍惚無形的狀態，僅有幽冥茫昧元氣流行其間，故高誘云：「皆未成形之氣也〔註77〕」。

「有二神混生，經天營地」，此時是指元氣間陰陽二氣產生，並開始相生作用，故高誘云：「二神，陰陽之神也〔註78〕」，但此時清陽之氣與重濁之氣尚未分離，仍屬於混沌之氣之狀態，但陰陽為一體的兩面，當陰氣極盛時陽氣潛藏在後，而天地概念便在此一時期醞釀產生。

「乃別為陰陽，離為八極，剛柔相成，萬物乃形」，當清陽之氣上升，重濁之氣下沉，天地產生，天地形成之後，因陰陽二氣激盪交錯分化，具體時間空間概念完成，同時也創生萬物，故《淮南》特別強調陰陽二氣生生作用的重要性，此外，由於陰陽作用可伸展至八方之極，是蘊含空間上的無限義，因此陰陽生化過程中產生的各類形物是具有具體但又無限的特色的。

而人的產生同樣是陰陽二氣交互作用產生，人與萬物兩者的差別在「煩氣為蟲，精氣為人」，萬物之靈的人是由陰陽二氣最精華的部分組成，而各式

〔註74〕 「罔像無形」本作「惟像無形」。俞樾云：「惟乃惘字之誤。……今作『惟象無形』，義不可通。」（清）俞樾：《諸子平議》，頁941。

〔註75〕 「幽幽冥冥，茫茫昧昧，幕幕閔閔，鴻蒙澒洞」本作「窈窈冥冥，芒芠漠閔，澒濛鴻洞」。于大成云：「御覽一、事類賦注一、海錄碎事九下、蔡箋杜詩六引此文，皆作『鴻蒙澒洞』。……御覽一下引明標高誘注，則高本作『鴻蒙澒洞』，上文『窈窈冥冥，芒芠漠閔』，御覽引作『幽幽冥冥，茫茫昧昧，幕幕閔閔』，亦高本如此。」于大成：《淮南鴻烈論文集》，上冊，頁543。

〔註76〕 （漢）劉安：《淮南子》二十一卷，卷七〈精神〉，頁45。

〔註77〕 同註76，卷七〈精神〉，頁45。

〔註78〕 同註76，卷七〈精神〉，頁45。

動物則是陰陽二氣中雜亂的部分組成〔註79〕，而人的精神來自於清揚生生之天氣，骨骸來自重濁下沉之地氣，因此人可說是集合天地陰陽之精氣所生。由此可知，《淮南》藉由「煩氣爲蟲，精氣爲人」的論述獨尊人在天地萬物間的地位，認爲人是萬物之靈，因此在天地間具有重要的位置〔註80〕。

綜合以上對氣化宇宙生化過程的討論，可歸納幾個重點：

1、《淮南》對宇宙生化過程的詮釋，是在《老》、《莊》對道詮釋的基礎上加以擴充發展，創造出獨有的氣化宇宙論。《淮南》以道爲超越在一切觀念之上的最高主體，並以氣爲內涵及作用，因此在描述萬物生化過程時，以陰陽二氣作爲萬物創生基本素質，對無到有的過程進行詮釋，但此過程只是視爲觀念上的推衍其次序上之先後，並非時間上之先後。因爲「道者，一立而萬物生矣。……其動無形，變化若神；其行無跡，常後而先〔註81〕」，由無到有的過程及道創生萬物的過程，是非常快速且神秘不可言的，由此可知，《淮南》雖試圖掌握氣化生生之理，但仍非常清楚氣化創生之理無限玄妙無形跡可循的特色，因此分別站在有生於無、氣化生物、氣化生人等角度討論道生萬物的過程，並點出氣在當中所扮演的關鍵角色。

2、確立「元氣」的存在，可知氣的重要性。「元氣」是溝通形上、形下重要的關鍵，但若是一個與形上、形下層性質不同的物質，要溝通兩個不同層次可能會相當困難，因此在戰國末期稷下黃老道家產生了精氣說的基礎上，強調氣虛無飄渺但同時也可凝結存在於具體世界的特性，用來描繪以及溝通形上、形下層。因此，《淮南》繼承此說，透過「元氣」生生的作用，對無到有及道生萬物過程進行推衍〔註82〕。

〔註79〕 陳鼓應云：「《淮南子》還吸收了稷下道家的精氣說，認爲生物由氣產生，氣又有精粗之分。……這顯然是脫胎自《管子・內業》『天出其精，地出其形』的說法；至於『精神入其門，而骨骸反其根』則是對人死亡後歸返天地的說明，實質上與莊子以死生爲一氣之聚散的理論相同。」陳鼓應：〈從《呂氏春秋》到《淮南子》論道家在秦漢哲學史上的地位〉，頁81。陶建國云：「人由天地之精氣而生，此乃由莊子思想而來。《莊子・知北遊》曰：『昭招生於冥冥，有倫生於無形，精神生於道，形本生於精，而萬物以形相生』。」陶建國：《兩漢魏晉之道家思想》（臺北：文津出版社，1990年3月），頁250。

〔註80〕 陶建國云：「而在〈精神訓〉中，《淮南子》更加上人之產生，使人在天地萬物之中，顯出獨特之地位。」陶建國：《兩漢魏晉之道家思想》，頁250。

〔註81〕 （漢）劉安：《淮南子》二十一卷，卷一〈原道〉，頁7。

〔註82〕 張立文云：「《淮南子》認爲，氣是構成世界萬物的精微原始物質，氣由本體道產生。」張立文：《氣》，頁57。曾春海云：「『氣』是萬物的原質，構成了《淮南子》氣化的宇宙論。」曾春海：《兩漢魏晉哲學史（修訂版）》，頁35。

二、陰陽之陶化萬物，皆乘一氣者也

> 天地之合和，陰陽之陶化萬物，皆乘一氣者也。〔註83〕

道由無形化生有形萬物的過程中，氣最爲關鍵，宇宙中陰陽二氣交互作用，清揚之氣上升爲天，重濁之氣下凝爲地，天地間的元氣煩雜者化爲萬物，精華者化生爲人，這種種變化都是透過氣中所蘊含陰陽兩種元素相互作用所產生，由此可知氣蘊含於萬物之中，萬物中皆有氣。

《淮南》認爲萬物本質皆是氣，並且都是透過陰陽氣化生生而成，因此彼此間有關聯性，故同氣類之物可相互感通對應，形成「同氣相動〔註84〕」、「氣類相應」的特殊現象〔註85〕。氣類相感觀念起源甚早，《周易·卷第一·乾九五文言》：「同聲相應，同氣相求，水流濕，火就燥，雲從龍，風從虎，聖人作而萬物睹〔註86〕」，其中就已蘊含氣類相感的觀念。而《淮南》加以發揮同氣相動、氣類相感的思想，形成其人副天數、天人相應的理論基礎，藉此詮釋道生萬物皆一氣流行之生化原則。

（一）陰陽同氣相動

> 毛羽者，飛行之類也，故屬於陽；介鱗者，蟄伏之類也，故屬於陰。日者，陽之主也，是故春夏則群獸除，日至而麋鹿解，月者，陰之宗也，是以月毀而魚腦減，月死而嬴蜔膲。〔註87〕

> 夫燧取火於日，方諸取露於月，天地之閒，巧歷不能舉其數，手徵忽怳，不能覽其光。然以掌握之中，引類於太極之上，而水火可立致者，陰陽同氣相動也。〔註88〕

〔註83〕（漢）劉安：《淮南子》二十一卷，卷八〈本經〉，頁52。「皆乘一氣者也」本作「皆乘人氣者也」。莊逵吉云：「『乘人氣』本作『乘一氣』，唯藏本作人。」（漢）劉安、（漢）高誘註、（清）莊逵吉校：《淮南子》（臺北：中國子學名著集成編印基金會，1978年12月，影清嘉慶甲子（九年）姑蘇聚文堂重刊莊逵吉本），頁261。

〔註84〕同註83，卷十六〈說山〉，頁120。

〔註85〕羅光云：「天地萬物都由氣而成，氣則週遊天地萬物內，在萬物裡通行。……因此，同類的氣，互起感應。」羅光：《中國哲學思想史（兩漢、南北朝篇）》（臺北：台灣學生書局，1978年11月），頁595～596。

〔註86〕（魏）王弼、（晉）韓康伯注、（唐）孔穎達等正義：《周易正義》，頁15。

〔註87〕同註83，卷三〈天文〉，頁18。「月毀而魚腦減」本作「月虛而魚腦減。」王念孫云：「虛當爲虧，字之誤也。月可言盈虧，不可言虛實。」（清）王念孫：《讀書雜志》（全二冊），下冊，頁786。

〔註88〕同註83，卷六〈覽冥〉，頁41。「夫燧取火於日」本作「夫陽燧取火於日」。

　　陰與陽是元氣中最基本的兩種作用，元氣清揚部分上升為天；重濁部分下凝為地，陽氣累積久了會變火；陰氣累積久了會變水，火氣精華部分會變日，水氣精華部分會變月，日月過多的精氣則會化為星辰。天上無數天象皆由陰陽二氣交互作用產生，地面上的萬物也是如此。《淮南》認為在天上飛翔和陸上行走且有羽毛的動物與天接近，故屬陽；在水中蟄伏有甲殼和鱗片的動物近水，故屬陰，陽燧屬陽故能生火；方諸屬陰故能生水。由於相同氣類之物會相互感應影響，因此同屬於陽氣所生的日便會影響毛羽類動物，使群獸在春夏時脫毛，日冬至和夏至時換角。相同地，同樣屬於陰氣所生的月亮盈虧也會讓介鱗類動物產生變化。因此同樣屬性的事物會互相感應，《淮南》在此藉由日月和動物間擁有相同陰陽屬性者會相互感應，說明了「同氣相動」的影響。

> 火上蕁，水下流，故鳥動而高，魚動而下。物類相感〔註89〕，本標相應，故陽燧見日則燃而為火，方諸見月則津而為水，虎嘯而谷風至，龍舉而景雲屬，麒麟鬥而日月食，鯨魚死而彗星出，蠶珥絲而商弦絕，賁星墜而勃海決。〔註90〕

> 故東風至而酒湛溢，蠶咡絲而商弦絕，或感之也。畫隨灰而月運闕，鯨魚死而彗星出，或動之也。〔註91〕

　　「陽召陽，陰召陰」，同氣相感，氣類同屬陽性會與陽者相感應，如陽燧、日與火；同屬陰性會與陰者相感應，如方諸、月與水。

　　其次，《淮南》用五行相生說明氣類相感的現象。「虎嘯而谷風至，龍舉而景雲屬」，高誘注：「虎，土物也。谷風，木風也。水生於土，故虎嘯而谷

　　　　　王念孫云：「夫陽燧本作夫燧，今本有陽字者，後人所加也。彼蓋誤以夫為語詞，又以天文篇『陽燧見日則然而為火，方諸見月則津而為水』，故加入陽字，不知夫燧即陽燧也。」（清）王念孫：《讀書雜志》（全二冊），下冊，頁818。

〔註89〕「鳥動而高，魚動而下。物類相感」本作「鳥飛而高，魚動而下。物類相動」。王念孫云：「『飛』本作『動』，此後人妄改之也。太平御覽鱗介部七引此正作『鳥動而高』。」（清）王念孫：《讀書雜志》（全二冊），下冊，頁786。劉家立云：「『物類相動』，『動』字應作『感』，與『本標相應』之『應』字相對。作動者涉上句而誤也。」劉家立：《淮南集證》（全三冊）（臺北：廣文書局，1978年7月），頁4。

〔註90〕（漢）劉安：《淮南子》二十一卷，卷三〈天文〉，頁18。

〔註91〕同註90，卷六〈覽冥〉，頁41。「畫隨灰而月運闕」本作「畫隨灰而月運闕」。依文義當作畫，形近而誤。

風至。龍，水物也。雲生水，故舉而景雲屬〔註92〕」，《淮南》認為因為虎的屬性為土，谷風屬性為木，木生於土，故虎與谷風可相感應；而龍的屬性為水，雲能生水，故龍與雲可相感應。

　　《淮南》雖欲將氣類感應現象作一整理，但卻發現「夫物類之相應，玄妙深微，知不能論，辯不能解〔註93〕」，並非所有同類相動的現象都可用陰陽兩種性質分類，如「鯨魚死」與「彗星出」、「蠶珥絲」與「商弦絕」、「賁星墜」與「勃海決」、「東風至」與「酒湛溢」、「畫隨灰」與「月運闕」，這些物類之間擁有玄妙的感應現象，雖同為「同氣相動」，但無法以單純陰陽物性區分。

（二）皆象其氣，皆應其類

　　土地各以類生人，是故山氣多男，澤氣多女，障氣多喑，風氣多聾，林氣多癃，水氣多尪，岸下氣多尰，石氣多力，險阻氣多癭，暑氣多夭，寒氣多壽，谷氣多痺，丘氣多尪〔註94〕，衍氣多仁，陵氣多貪，輕土多利，重土多遲，清水音小，濁水音大，湍水人輕，遲水人重，中土多聖人。皆象其氣，皆應其類。〔註95〕

　　是故堅土人剛，弱土人肥；壚土人大，沙土人細；息土人美，耗土人醜。〔註96〕

　　《淮南》認為不同地區所產生不同風土物類亦與陰陽氣化、氣類相感有關。如居處在山陵之氣較強的地方容易使人生男，居處在水澤之氣較強的地

〔註92〕　（漢）劉安：《淮南子》二十一卷，卷三〈天文〉，頁18。「龍，水物也」本作「龍，水也。」于大成云：「上句『虎嘯而谷風至』，高注云：『虎，土物也』，以彼例此，此注水下亦當有物字。莊本補物字，集解、集證並從之，是也。」于大成：《淮南鴻烈論文集》（全二冊），上冊，頁258～259。

〔註93〕　同註92，卷六〈覽冥〉，頁41。

〔註94〕　「土地各以類生人……水氣多尪，岸下氣多尰……丘氣多尪」本作「土地各以其類生……木氣多尪，岸下氣多腫……丘氣多狂」。于鬯云：「疑木乃水字之誤。」（清）于鬯：《香草續校書》（全二冊）（北京：中華書局，2006年7月），下冊，頁530；于大成云：「史記天官書正義引此，正作『水氣多尪』，可以證成于說。」于大成：《淮南鴻烈論文集》（全二冊），上冊，頁374。王念孫云：「此本作土地各以類生人。今本衍其字，脫人字……腫本作尰，此亦後人妄改也……狂當為尪。」（清）王念孫：《讀書雜志》（全二冊），下冊，頁807。

〔註95〕　同註92，卷四〈地形〉，頁28。

〔註96〕　同註92，卷四〈地形〉，頁28。

方容易生女，居處在障癘之氣多的地方人易變啞，居處在風邪之氣多的地方人易變聾。生長在土質堅硬地區的人易剛強，生長在土質柔軟地方的人易肥胖；生長在土地肥沃地區的人比較漂亮，生長在土地貧瘠地區的人比較醜陋。由此可知，《淮南》認爲不同氣候對地區以及人都有深遠的影響，這種種現象皆是氣類相互感應的結果。〔註97〕

> 食水者善游能寒，食土者無心而慧，食木者多力而奰，食草者善走而愚，食葉者有絲而蛾，食肉者勇敢而悍，食氣者神明而壽，食穀者知慧而夭，不食者不死而神。〔註98〕

不同氣類的食物，也會對人產生不同影響。如吃水的動物善於游泳且耐寒，吃土的動物沒有心臟卻很靈敏。而人是萬物之靈，淮南認爲人之所以較尊貴於其他動物，與人常食用之物也有關聯。故曰懂得呼吸吐納的動物神妙且長壽，吃穀的動物聰明但壽命不長，這點出了人有心知判斷的特點，強調其與其他動物的差別。此外，《淮南》特別提出了「不食者不死而神」的觀念，有些學者認爲這是「成爲後來道教神仙術的基礎理論〔註99〕」。

五方之氣生化物類過程〔註100〕

	氣	掌管	礦	澒	金	龍	泉	雲	海
中	正土之氣	埃天	五百歲生珱	五百歲生黃澒	五百歲生黃金	千歲生黃龍	入藏生黃泉	上爲黃雲	合于黃海

〔註97〕 劉長林云：「《淮南子》認爲，對人的身心影響最大的地理要素是：氣、土、水。而對這三大要素的性質起決定作用的東西包括地形、地勢、樹木、氣候、土質、水質、水勢和風等。這些自然地理條件能夠對人的性別、五官、體型、體重、壽夭、美醜、強弱、多發病以及品德、能力、行爲特徵產生重大影響。……《淮南子》對這種現象的理論解釋是：『皆象其氣，皆應其類。』其深層的涵義仍然是『同聲相應，同氣相求』（《繫辭上》）。根本原因在於，事物之間存在著感應關係。」劉長林：《中國象科學觀——易、道與兵、醫（修訂版）》（全二冊），下冊，頁778。

〔註98〕 （漢）劉安：《淮南子》二十一卷，卷四〈地形〉，頁28。

〔註99〕 （日）小野澤精一、福永光司、山井涌編：李慶譯：《氣的思想——中國自然觀與人的觀念的發展》，頁135。楊有禮云：「這裡認爲有三種高級生物：食氣者、食穀者、不食者。承認有長生不死的神仙。……《淮南子》受神仙思想的影響，卻不滿足於這些純外在的方術，所以依附老莊道家的思想，吸取黃老新道家的思想，演成一種向內求的神仙出世哲學。」楊有禮：《新道鴻烈：淮南子與中國文化》，頁214～215。

〔註100〕 原文詳見（漢）劉安：《淮南子》二十一卷，卷四〈地形〉，頁31。

東	偏土之氣	青天	八百歲生青曾	八百歲生青濱	八百歲生青金	千歲生青龍	入藏生青泉	上爲青雲	合于青海
南	牡土之氣	赤天	七百歲生赤丹	七百歲生赤濱	七百歲生赤金	千歲生赤龍	入藏生赤泉	上爲赤雲	合于赤海
西	弱土之氣	白天	九百歲生白礜	九百歲生白濱	九百歲生白金	千歲生白龍	入藏生白泉	上爲白雲	合于白海
北	牝土之氣	玄天	六百歲生玄砥	六百歲生玄濱	六百歲生玄金	千歲生玄龍	入藏生玄泉	上爲玄雲	合于玄海

此外，《淮南》對於五行之氣之感應生化過程亦有詳細論述，以中央爲例：中央「正土之氣」上升形成「埃天」，「埃天」經過五百年後形成礦石「缺」，「缺」經過五百年後形成黃色的汞礦「黃濱」，「黃濱」經過五百年後形成「黃金」，「黃金」經過千年後變化成「黃龍」，「黃龍」會潛藏於「黃泉」中，「黃泉」中的細微物質會上升變成「黃雲」，天上陰陽二氣相互逼迫形成雷，相激盪形成電，在上者會趨向下，於是水的流動就會通順，最後流入中央的「黃海」。

由此可知，《淮南》對於五方風土之氣的循環生化過程，是以五行觀加以詮釋：《淮南》以五方爲準，搭配上五色、五行之數，其所產生的物類生化過程順序爲五方之地氣、五天、五礦、五汞、五金、五龍、五泉、五雲、五海。

此外，《淮南》再次強調了五行當中「土」的位置，故將中央土行放在第一位，顯然受到漢武帝後尙土的影響。〔註101〕

（三）律歷之數，天地之道也

除了由有無、氣化生生與人的角度論之，《淮南》更發現生生之數與萬物生成之間亦存在「同數相動」的特殊現象，以下試論之。

> 道始於一〔註102〕，一而不生，故分而爲陰陽，陰陽合和而萬物生，
> 故曰「一生二，二生三，三生萬物。」天地三月而爲一時，故祭祀

〔註101〕陳德和云：「《淮南子》之所以如此，反應了兩個可能：第一是它在基調上仍屬於漢初道家之一羣，儘管拙文辨析它不完全等同於黃老，但它對黃帝的土德和老子的地道依然是情有獨鍾的；第二是它的政治立場還是護衛劉家天下而爲主流派，因爲當時朝野所普遍流行的觀念裡，漢家王室自文帝之後是被相信屬諸土德的。」陳德和：《淮南子的哲學》，頁137。

〔註102〕「道始於一」本作「道曰規始於一」。王念孫云：「『曰規』二字與上下文義不相屬，此因上文『故曰規生矩殺』而誤衍也。」（清）王念孫：《讀書雜志》（全二冊），下冊，頁796。

三飯以爲禮，喪紀三踊以爲節，兵革三令以爲制〔註103〕。以三參物，三三如九，故黃鐘之律九寸而宮音調。因而九之，九九八十一，故黃鐘之數立焉。黃者，土德之色；鐘者，氣之所種也。日冬至德氣爲土，土色黃，故曰黃鐘。律之數六，分爲雌雄，故曰十二鐘，以副十二月。〔註104〕

道是萬物生化的標準、開始，也就是一，道中陰陽兩種作用交互調和產生萬物。《淮南》認爲道即一，陰陽爲二，陰陽作用爲三，因此萬物的生成皆與一、二、三這三個數字有關，如季節以三月爲一季，祭祀以三飯爲禮等。此外《淮南》認爲三是陰陽合和相生萬物之數，因此與三有關，以三相乘之數，皆與天地萬物相生有密切關係。如三三得九，而黃鐘律管長爲九寸，九九八十一，黃鐘律數爲八十一，三二得六，故有六律六呂，六二十二，因此共有十二月律主十二個月。

古之爲度量輕重，生乎天道。黃鐘之律脩九寸，物以三生，三三九，三九二十七，故幅廣二尺七寸，古之制也。音以八相生，故人臂修四尺〔註105〕，尋自倍，故八尺而爲尋。有形則有聲，音之數五，以五乘八，五八四十，故四丈而爲匹。匹者，中人之度也。一匹而爲制。秋分蔈定，蔈定而禾熟。律之數十二，故十二蔈而當一分。律以當辰，音以當日，日之數十，故十分而爲寸，十寸而爲尺，十尺而爲丈。其以爲重〔註106〕，十二粟而當一分，十二分而當一銖，

〔註103〕「兵革三令以爲制」本作「兵重三罕以爲制。」王念孫云：「重、罕二字，義不可通。重當爲革，罕當爲軍。」同註102，下冊，頁797。又于大成云：「王校革是而軍非。兵革之事而以三軍爲制，義不可通，且與上『三飯』、『三踊』不相類。罕當爲令，『三令』，即史記孫武列傳之『三令五申』也。」于大成：《淮南鴻烈論文集》（全二冊），上冊，頁308。

〔註104〕（漢）劉安：《淮南子》二十一卷，卷三〈天文〉，頁22。

〔註105〕「故人臂修四尺」本作「故人脩八尺」。王引之云：「此文多不可通。今更定其文而釋之如左：『有形則有聲，音以八相生，故人臂修四尺，尋自倍，故八尺而爲尋。』一切經音義卷十七引淮南云：『人臂四尺，尋自倍，故八尺曰尋』，是也。」（清）王念孫：《讀書雜志》（全二冊），下冊，頁798。

〔註106〕「律之數十二，故十二蔈而當一分。律以當辰，音以當日，日之數十，故十分而爲寸，十寸而爲尺，十尺而爲丈。其以爲重」本作「律之數十二，故十二蔈而當一粟，十二粟而當一寸。律以當辰，音以當日，日之數十，故十寸而爲尺，十尺而爲丈。其以爲量」。王引之云：「今依主術篇及許、高二家之說而更定之。」；王念孫云：「量當爲重。重、量字相近，又因上文『度量』而誤也。自十二粟以下，皆言其重之數，非言其量之數。說文禾部注及宋書

十二銖而當半兩。衡有左右，因而倍之〔註107〕，故二十四銖爲一
兩。天有四時，以成一歲，因而四之，四四十六，故十六兩而爲一
斤。三月而爲一時，三十日爲一月，故三十斤爲一鈞。四時而爲一
歲，故四鈞爲一石。其以爲音也，一律而生五音，十二律而爲六十
音，因而六之，六六三十六，故三百六十音以當一歲之日。故律歷
之數，天地之道也。下生者倍，以三除之；上生者四，以三除之。
〔註108〕

　　此外《淮南》亦有度量輕重與律歷之數間氣類感應之說。《淮南》認爲三、
四、五三數字與度量和律數間擁有巧妙的相感應的現象。首先，以三論之：
三是陰陽合和產生萬物最基礎的數字，在長度方面：十二月律中代表開始的
黃鍾律管長九寸，古制布帛寬度以二尺七寸爲標準，律數十二，「十二蔈而當
一粟，十二粟而當一寸」，十二除了與長度的倍數有關，同時也與重量生成之
數具有相應的狀態。在重量方面：「十二粟而當一分，十二分而當一銖，十二
銖而當半兩」，季節「三月而爲一時，三十日爲一月，故三十斤爲一鈞」皆爲
三的倍數。以四論之：天有春夏秋冬四時而爲一歲，重量方面：「十六兩而爲
一斤」、「四鈞爲一石」，亦皆爲四的倍數。以五論之：音律以五爲單位，「音
以當日，日之數十」，一旬十日，長度方面：「十寸而爲尺，十尺而爲丈」，正
爲音律數五的倍數。而音律相生之數爲八，爲五加三之和，「人臂修四尺」、「八
尺而爲尋」，音律數與相生數相乘，五八四十，而「十尺而爲丈」，四十尺爲
四丈，故「四丈而爲匹」，十二律與五音相乘，故「十二律而爲六十音」，然
而以六爲倍數，六乘以六十音，正好三百六十音與一年日數相合，以上種種
關係，皆與音律數五有著巧妙的連結。

　　《淮南》發現度量以及音律與數字之間充滿神秘的關聯性，三爲陰陽二
氣的總合，四爲陰陽二氣之倍數，而五爲五行之數，由此可看出制度與律數
的生成變化，和陰陽五行之氣間存在相互感應的現象，而且《淮南》認爲這
些現象皆是秉著「天地之道」的生生變化而產生。

律志並作『其以爲重』。」（清）王念孫：《讀書雜志》（全二冊），下冊，
頁799。
〔註107〕「因而倍之」本作「因倍之」。何寧云：「因下當有而字，與下文『因而四之』
『因而六之』同例。宋書律歷志作『因而倍之』。」何寧：《淮南子集釋》（全
三冊），上冊，頁259。
〔註108〕（漢）劉安：《淮南子》二十一卷，卷三〈天文〉，頁23。

凡人民禽獸萬物貞蟲，各有以生，或奇或偶，或飛或走，莫知其情。
唯知通道者，能原本之。天一地二人三，三三而九。九九八十一，
一主日，日數十，日主人，人故十月而生。八九七十二，二主偶，
偶以承奇，奇主辰，辰主月，月主馬，馬故十二月而生。七九六十
三〔註109〕，三主斗，斗主犬，犬故三月而生。六九五十四，四主時，
時主彘，彘故四月而生。五九四十五，五主音，音主猿，猿故五月
而生。四九三十六，六主律，律主麋鹿，麋鹿故六月而生。三九二
十七，七主星，星主虎，虎故七月而生。二九十八，八主風，風主
蟲，蟲故八日而化。〔註110〕

　　動物的生化過程，也與數字產生巧妙的感應現象。首先《淮南》描述天
地人的關係，它認為天屬陽，地屬陰，人屬和，因此與數字一、二、三作連
結，並認為三的倍數九與動物的相生有著對應關係，如九九八十一，一主陽
故主日，日數為十天干，而日與人相感應，故人十月生。又如八九七十二，
二主偶，偶與奇相承，故奇主辰而辰主月，月與馬相感應，故馬十二月而生。
由此可知，《淮南》以三的倍數九為基準，並從九開始遞減至一，而與萬物對
應的數字則由一遞增至九排列，這與不同氣類動物懷孕的時間一致，因而作
出巧妙的連結。

　　總而言之，「鴻烈以為乃以『氣』故，物物之間以『氣』相感通，氣類相
同則相感動，故曰『陰陽同氣相動』（覽冥）『以陰陽之氣相動』（泰族）〔註111〕」，
《淮南》將這種無法解釋的神秘現象，皆以氣類相感加以詮釋，萬事萬物間
都存在因氣類相近而相互感動的情況。這些事物間彼此的關係全以陰陽五行
之氣類的相應詮釋，在科學尚不發達的漢代所發展出氣類相感詮釋玄妙之道
生萬物的過程，對後世產生深遠的影響。

（四）天地宇宙，一人之身也

　　基於天人同在一氣流行，天與人內在本質皆為一氣，天人之間存在許

〔註109〕「七九六十三」本作「十九六十三」。十當作七，形近而誤，今校改。
〔註110〕（漢）劉安：《淮南子》二十一卷，卷四〈地形〉，頁 28～29。「蟲故八日而
　　　　化」本作「蟲故八月而化」。楊樹達云：「月字集證本作日，是也。說文十三
　　　　篇下風部云：『風動蟲生，故八日而化』。」楊樹達：《淮南子證聞・鹽鐵論
　　　　要釋》（上海：上海古籍出版社，2006 年 12 月），頁 36。
〔註111〕陳麗桂：《淮南鴻烈思想研究》（上下冊），下冊，頁 216。

多相似之處，故可相互感應〔註112〕。因此，若人違逆天道，流動於人身之氣就會不通順，天人相應，故天氣也就會不調合，因而產生許多異象。但人若專一心志，使其氣之精充滿於內心，天亦能感受到人之精氣而有所回應。

1、天有四時五行九解三百六十日，人亦有四支五藏九竅三百六十節

天地萬物間存在這種「玄妙深微，知不能論，辯不能解〔註113〕」物類相感現象，不但在物類之間存在相感應的情況，萬物之靈的人類更與天地之數有著「同氣相動」的情況產生。〔註114〕

> 天地以設，分而爲陰陽。陽生於陰，陰生於陽。陰陽相錯，四維乃通。或死或生〔註115〕，万物乃成。蚑行喙息，莫貴於人。孔竅肢體，皆通於天。天有九重〔註116〕，人亦有九竅。天有四時，以制十二月，人亦有四肢，以使十二節。天有十二月，以制三百六十日，人亦有十二肢，以使三百六十節。故舉事而不順天者，逆其生者也。〔註117〕

《淮南》認爲陰陽二氣爲創造萬物最基本的元素，陰陽交錯相生，萬物於是形成，天地間萬物最尊貴者爲人，故人能與天的內容互相感通，因此人若能順天而爲，生命就不會出現違逆的情況。因此，《淮南》舉出天與人之內容相互類同之處：天有九重、四時、十二月、三百六十五日，而人有九竅、四肢、十二節、三百六十節。不論是在數目與類別上都有著巧妙的對應。因此，《淮南》藉此強調人副天數的觀念並突顯出天人關係之密切。

> 故頭之圓也象天，足之方也象地。天有四時〔註118〕、五行、九解、

〔註112〕陳麗桂云：「人之於天地，非特先天形骸相副，情性相合，基於同秉一氣化生之理，鴻烈以爲人之於天地，亦得恃此相同之一『氣』而交通往來，此謂天人感應。」同註111，下冊，頁214。

〔註113〕（漢）劉安：《淮南子》二十一卷，卷六〈覽冥〉，頁41。

〔註114〕人副天數、天人感應爲秦漢流行的思想，故同時期的董仲舒亦有相似的論述。《春秋繁露・人副天數》：「天以終歲之數，成人之身，故小節三百六十六，副日數也；內有五臟，副五行數也；外有四肢，副四時數也。」（漢）董仲舒撰、蘇輿義證：《春秋繁露義證》，頁356～357。

〔註115〕「或死或生」本作「或死或」。景宋本缺一生字，當據補。

〔註116〕「天有九重」本作「天地九重」。于大成云：「地當爲有。……蓋此文係以人與天配，與地無涉。」于大成：《淮南鴻烈論文集》（全二冊），上冊，頁319。

〔註117〕同註113，卷三〈天文〉，頁25。

〔註118〕「天有四時」本作「有四時」。景宋本缺一天字，當據補。

三百六十日，人亦有四支、五藏、九竅、三百六十節〔註119〕。天有
風雨寒暑，人亦有取與喜怒。故膽爲雲，肺爲氣，脾爲風，腎爲雨
〔註120〕，以與天地相參也，而心爲之主。是故耳目者日月也，血氣
者風雨也。〔註121〕

　　人頭圓足方，人有五臟九竅，和會有取與喜怒的特質，皆與天的特質相感
通，此外，人的膽、肺、肝、腎、脾作用與天上雲、氣、風、雨、雷的作用也
有相感通之處。〔註122〕此外，《淮南》還強調五臟中心的重要性，認爲心是人
體內各臟器、知覺的主宰，且它認爲五官中耳目的重要性，與天上的日月一樣
重要，而代表身體內源源不絕，充滿流動創造的血氣，與天上陰陽相激盪所產
生最基本的風雨一樣重要，這都是天人關係當中所不可或缺最基本的元素。

　　《淮南》欲將人與天的關係作緊密連結，因此將人與天的內容以感通現象
作出詮釋，試圖證明人之尊貴，但有時刻意爲了將天人關係作出連結而出現與
事實不符和前後不一等情況。例如人有三百六十五節，與實際關節數目不同，
又如〈天文〉云：「天有四時，以制十二月，人亦有四肢，以使十二節。天有十
二月，以制三百六十日，人亦有十二肢，以使三百六十節〔註123〕」，〈精神〉云：
「天有四時、五行、九解、三百六十六日，人亦有四支、五藏、九竅、三百六
十六節〔註124〕」，兩者對於一年的日數與人全身關節總數的說法就不完全相同。

〔註119〕「三百六十日」、「三百六十節」本作「三百六十六日」、「三百六十六節」。王
　　　　念孫云：「後人以堯典言『朞三百有六旬有六日』，故於上句加六字，因併下
　　　　句而加之也。不知三百六十日，但舉大數言之。」（清）王念孫：《讀書雜志》
　　　　（全二冊），下冊，頁825。
〔註120〕「膽爲雲，肺爲氣，脾爲風，腎爲雨」本作「膽爲雲，肺爲氣，肝爲風，腎
　　　　爲雨，脾爲雷。」王念孫云：「時則篇『春，祭先脾』注引一說曰：『脾屬木，
　　　　自用其藏也』，是脾爲木也（說詳經義述聞月令）。脾屬木，而木爲風生，故
　　　　曰『脾爲風』。」同註119，下冊，頁825～826；又于大成云：「『脾爲雷』三
　　　　字迺是衍文。……蓋後人習聞心、肝、脾、肺、腎爲五藏之說，其『脾爲風』
　　　　脾字既誤爲肝，迺於『腎爲雨』下妄增『脾爲雷』三字。不知肝、膽共爲一
　　　　府，言膽即不必言肝，淮南自以心、膽、肺、脾、腎爲五藏也。」于大成：《淮
　　　　南鴻烈論文集》（全二冊），上冊，頁548～549。
〔註121〕（漢）劉安：《淮南子》二十一卷，卷七〈精神〉，頁46。
〔註122〕徐復觀認爲「因爲人的身體構造，是與天地相參，所以便可說『天地宇宙，
　　　　一人之身也』；可以說『遭急迫難，精通于天』；可以說『人主之情，上通于
　　　　天』。即是人可以與天相通的。」徐復觀：《兩漢思想史》（全三冊）（上海：
　　　　華東師範大學出版社，2004年2月），第二冊，頁135～136。
〔註123〕同註121，卷三，頁25。
〔註124〕同註121，卷七〈精神〉，頁46。

夫精神者，所受於天也；而形體者，所稟於地也。〔註125〕

由此觀之，天地宇宙，一人之身也；六合之內，一人之刑也〔註126〕。是故明於性者，天地不能脅也；審於符者，怪物不能惑也。故聖人者，由近知遠，而萬殊爲一〔註127〕。古之人，同氣于天地，與一世而優游。〔註128〕

劉長林云：「《淮南子》繼承了先秦的自然整體觀和天人統一觀，并用這種觀點對人身進行了更爲細緻、具體的觀察和總結，明確地提出人身是一個小宇宙的思想〔註129〕」。天人之間「數同」、「類同」的現象，皆是因爲氣類相感導致天人感應，正因如此，《淮南》更認爲天人之間的關係有別於天與萬物更加密切，因爲天地的變化與人精神形骸的產生，皆是元氣中陰陽二氣相互作用所造成，並且相互對應，天地宇宙間的變化，其實就是人身的表現，天人同類，天人是一。

2、精誠感於內，形氣動於天

由於天人相應、氣類相感，因此天人能互相感應，而人只要誠心行善，天必能感動而有所回應，反之，若人君爲惡，天亦會降下災異譴告之〔註130〕。

故聖人者懷天心，聲然能動化天下者也。故精誠感於內，形氣動於天，則景星見，黃龍下，祥鳳至，醴泉出，嘉穀生，河不滿溢，海不涌波。〔註131〕

〔註125〕（漢）劉安：《淮南子》二十一卷，卷七〈精神〉，頁45。

〔註126〕「一人之刑也」本作「一人之制也」。王念孫云：「制字義不可通，制當爲刑，字之誤也。刑與形同。『一人之形』集承『一人之身』言之。」（清）王念孫：《讀書雜志》（全二冊），下冊，頁832。

〔註127〕「而萬殊爲一」本作「而萬殊爲」。景宋本缺一字，且高注曰：「殊，異也。一，同也。」故當據補。

〔註128〕同註125，卷八〈本經〉，頁52。

〔註129〕劉長林：《中國象科學觀──易、道與兵、醫（修訂版）》，下冊，頁775。

〔註130〕陳麗桂云：「首先，它肯定『上天之誅』絕對存在，……不過，對於這個『上天之誅』，《淮南子》並沒有循宗教神學的方向，去論證『天』的意志與尊威、賞罰；而是從『氣』的類應原理去解證這些變異，而著重在發端一方，亦即『人』這邊的精神、心靈狀況與行爲的好壞。」陳麗桂：〈《淮南子》與《春秋繁露》中的感應思想〉，收入輔仁大學中國文學系所編《先秦兩漢論叢》（第一輯）（1999年7月），頁160。

〔註131〕同註125，卷二十〈泰族〉，頁151。「海不涌波」本作「海不溶波」。楊樹達云：「說文水部云：『溶，水盛也。』溶疑當讀爲涌。說文云：『涌，滕也。』」楊樹達：《淮南子證聞·鹽鐵論要釋》，頁194。

抱質效誠，感動天地，神諭方外，令行禁止，豈足爲哉！〔註132〕

《淮南》認爲人要感動上天，必須專一自己的心智，使眞誠之心由內心發出，如此，所表現出來的形氣才能與天相通，進一步感動上天，因而產生種種祥瑞的徵兆。因此，《淮南》非常強調「精」與「誠」的重要性，《淮南》認爲之所以會有天人感應的現象，都是人內心之精氣專一所造成的〔註133〕，氣流動於人與天中，當天人之間的精妙之氣能順利流通時，便會產生感應現象，故《淮南》云：「故至精之所動，若春氣之生，秋氣之殺也，雖馳傳騖置，不若此其亟〔註134〕」。

綜上所述，《淮南》認爲道生萬物的過程皆是一氣流行，因此氣類相感、同氣相動便成爲道生萬物過程中重要的原則，而人民行事與君王施政更應遵循天道運行自然，與天道相應，才能精誠動天，因此《淮南》以氣建構一龐大整體之陰陽氣化世界觀，作爲君王行事、施政規範之參考與依循對象。

第三節　元氣有涯垠。清陽者薄靡而爲天，重濁者凝滯而爲地

在確立的氣化宇宙生成論之後，《淮南》有系統的將天文、地理、曆法透過道氣論思想建構出龐大的氣化陰陽宇宙世界觀，因此《淮南》當中由道氣論思想所建構的陰陽氣化宇宙觀在《淮南》全篇當中扮演相當重要的角色。以下試論之。

一、天受日月星辰

（一）陽施陰化

《淮南》認爲到由無形虛廓生化至有形萬物，氣是當中非常重要的關鍵，「宇宙生元氣」，宇宙中在產生了元氣之後，元氣中蘊含的陰陽兩種作用交互

〔註132〕（漢）劉安：《淮南子》二十一卷，卷九〈主術〉，頁58。

〔註133〕陳麗桂云：「是心靈境界的虛無純寧；促成了生理之『氣』的相激相盪與高度流行，人與外物、他人的溝通管道因此而暢通了起來。因爲，基本上人與外物同樣都是這一『氣』之聚散與化生。有時候，它還把『精』結合著儒家《孟子》、《中庸》一系的『誠』來連用，以強調它是一種內在精神心靈的眞樸狀態。」陳麗桂：《秦漢時期的黃老思想》，頁89。

〔註134〕同註132，卷九〈主術〉，頁58。

激盪，具體世界應運而生，而陰陽二氣作用一具體化最初所產生的就是日月星辰以及天體間氣候的變化。

> 積陽之熱氣久者生火，火氣之精者爲日；積陰之寒氣久者爲水，水氣之精者爲月。日月之淫氣精者爲星辰〔註135〕。天受日月星辰，地受水潦塵埃。昔者共工與顓頊爭爲帝〔註136〕，怒而觸不周之山，天維絕，地柱折〔註137〕。天傾西北，故日月星辰移焉；地不滿東南，故水潦塵埃歸焉。〔註138〕

精爲氣中最精華的部分，氣爲萬物變化中重要的元素，陰、陽則爲氣中最主要的變化作用，陽氣累積久了就會變成火；陰氣累積久了就會變成水，因此水火便成爲宇宙間最基本的兩種作用，而火氣中最精華的作用會變成日；水氣中最精華的作用會變成月，日月產生後，兩者中過多的精氣則會產生天體間無數的星辰，由此可知日月爲天體中最主要且最初產生的星體，日月產生後，天體間其他星辰才應運而生。又因「天先成而地後定」，天屬清陽者形成較容易，故在天上的日月星辰較早形成；地屬重濁者凝結較難，故地面上的「水潦塵埃」後定。其次《淮南》以古時候共工怒觸不周山的神話，帶出天文循環不已的觀念。

> 天道曰圓，地道曰方。方者主幽，圓者主明。明者，吐氣者也，是故火日外景；幽者，含氣者也，是故水月內景〔註139〕。吐氣者

〔註135〕「積陽之熱氣久者生火，……積陰之寒氣久者爲水，……日月之淫氣精者爲星辰」本作「積陽之熱氣生火，……積陰之寒氣者爲水，……日月之淫爲精者爲星辰」。王引之云：「今本無『久者』二字，後人刪之也。……『日月之淫爲』本作『日月之淫氣』，此因上下文『爲』字而誤。廣韻星字注引此云：『日月之淫氣精命爲星辰』。」（清）王念孫：《讀書雜志》（全二冊），下冊，頁785。

〔註136〕「昔者共工與顓頊爭爲帝不得」本作「昔者共工與顓頊爭爲帝」。王叔岷云：「楚辭天問注引帝下有『不得』二字。論衡談天篇有『不勝』二字。」王叔岷：《諸子斠證》，頁339。

〔註137〕「天維絕，地柱折」本作「天柱折，地維絕」。向宗魯云：「柱折維絕，疑後人依列子互易。楚辭天問：『康回憑怒，墜何故以東南傾。』王注云：『淮南子言共工與顓頊爭爲帝，不得，怒而觸不周之山，天維絕，地柱折』。」何寧：《淮南子集釋》（全三冊），上冊，頁167。

〔註138〕（漢）劉安：《淮南子》二十一卷，卷三〈天文〉，頁18。

〔註139〕「火日外景」、「水月內景」本作「火日外景」、「水日內景」。《周髀算經》趙注：「日者，陽之精，譬猶火光，月者，陰之精，譬猶水光。月含影，故月光生於日之所照，魄生於日之所蔽，當日即光盈，就日即明盡，月稟日光而成

施，含氣者化，是故陽施陰化。天地之偏氣，怒者爲風，天地之
合氣〔註140〕，和者爲雨，陰陽相薄，感而爲雷，激而爲霆，亂而
爲霧，陽氣勝則散而爲雨露，陰氣勝則凝而爲霜雪。毛羽者，飛
行之類也，故屬於陽；介鱗者，蟄伏之類也，故屬於陰。日者，
陽之主也，是故春夏則群獸除，日至而麋鹿解，月者，陰之宗也，
是以月虛而魚腦減，月死而嬴蚌膲。〔註141〕

「天圓地方」，天是圓，屬陽，因此陽氣多故主明，陽是不斷把氣表現出
來的作用，如火日的光芒較爲外放，故曰吐氣；地是方，屬陰，因此陰氣多
故主幽，陰是一種收攝作用，如金水的光芒較爲收斂，故曰合氣。陰陽二氣
一含一吐，一冷一熱，一化一施，交互作用之後產生不同的氣候變化。

　　陰陽二氣「陽施陰化」的作用除了造成不同氣候的變遷外，動物的品類
也受到陰陽二氣的影響。《淮南》認爲動物中毛羽類者，是在地上爬行和空中
飛行之類者，故屬於陽；介鱗類者，是生活蟄伏在地面下和水中之類者，故
屬於陰。屬陽的動物，會受到日的影響，故春夏時群獸毛除，日夏至麋鹿脫角；
屬陰的動物，會受月的影響，故月缺時魚腦減少，月消失時蚌蛤肉會減少。

　　綜上所述，從天地萬物皆透過精、氣、陰、陽的變化而產生，而陰陽交
互陽施陰化創生的作用大致可分爲幾種，一是陽氣與陽氣作用；一是陰氣與
陰氣作用；一是陰氣與陽氣相薄之作用。《淮南》藉由陰氣陽氣這三種交互作
用，建構一龐大博雜、包羅萬有之氣化宇宙觀。

　　（二）以天為蓋，以地為輿

　　蔡邕曰：言天體者有三家，一曰周髀；二曰宣夜；三曰渾天。〔註142〕

形兆，故云日兆月也」。（漢）趙君卿注：《周髀算經》二卷（臺北：臺灣商務
印書館，1975 年 6 月，《四部叢刊》初編子部據上海商務印書館縮印南陵徐
氏積學齋明刊本），頁 40。又前文日月與火水相對爲文，故此處疑作「火日
外影；水月內影」。

〔註140〕「天地之偏氣」、「天地之合氣」本作「天之偏氣」、「天之含氣」。王念孫云：
　　　　　「劉本刪去下句天字，而莊本從之。是風雨皆天地之氣，豈得以風屬之天，
　　　　　雨屬之地乎？下句當依道藏本作『天地』，上句當補『地』字。又案『含氣』
　　　　　當爲『合氣』。『合』『含』字相似，又涉上文『含氣』而誤也。」（清）王念
　　　　　孫：《讀書雜志》（全二冊），下冊，頁 785～786。
〔註141〕（漢）劉安：《淮南子》二十一卷，卷三〈天文〉，頁 18。
〔註142〕（南朝宋）范曄撰、（唐）李賢注、（清）王先謙集解：《後漢書集解》一百二
　　　　　十卷（全二冊），卷五十九，頁 667。

　　漢代天體觀主要有三種說法：第一為周髀說，《晉書斠注・卷十一・天文志》：「古言天者有三家，一曰蓋天，二曰宣夜，三曰渾天。……蔡邕所謂周髀者，即蓋天之說也〔註143〕」，而《周髀算經》記錄漢代當時關於蓋天說的說法，是三說中起源最早的〔註144〕，根據清錢塘《淮南天文訓補注》中所載「祖暅《天文祿》云：古人言天地之形者有三，一曰渾天，二曰蓋天，三曰宣夜。蓋天之說又有三體：一云天如車蓋，遊乎八極之中；一云天形如笠，中央高而四邊下；一云天如欹車蓋，南高北下〔註145〕」，蓋天說有三：一曰天象車蓋，並運行於八方之中，一曰天似車蓋，但為南高北低。由於說法過於簡單，因此到了後期蓋天說，已不言「天圓地方」，而認為天象斗笠覆蓋，地與天似如盤覆蓋狀，天地皆為圓弧狀〔註146〕。陳遵媯認為「《周髀算經》下卷所載的蓋天說，對於天地形狀的解說和天圓地方說略有不同〔註147〕」，因此推測此時蓋天說受到渾天說的影響〔註148〕。

　　第二為宣夜說，《晉書斠注・卷十一・天文志》：「天了無質，仰而瞻之，高遠無極，眼瞀精絕，故蒼蒼然也。……日月眾星，自然浮生虛空之中，其行其止，皆須氣焉〔註149〕」，宣夜說主張天沒有具體形象，所有星體皆是浮於天體之中，或高或下，而星體輪轉則是靠氣化流行周遊於天體間。

〔註143〕（唐）房玄齡撰、（清）吳士鑑、劉承幹同注：《晉書斠注》百三十卷（全二冊），卷十一〈天文志〉，頁190。

〔註144〕薄樹人云：「《周髀》即《周髀算經》，一向被人們視為蓋天說的經典，大約成書於西元一世紀前後。」薄樹人編：《中國天文學史》（臺北：文津出版社1996年5月），頁112。陳遵媯云：「這三家裡面，以蓋天說起源最早。蔡邕說《周髀》就是古代的蓋天說，實際蓋天說的由來，遠在《周髀》成書以前。天圓地方說可以說是蓋天說的起源，所以有人把它叫做第一次蓋天說。《大戴禮》和《呂氏春秋》都有記載。」陳遵媯：《中國古代天文學簡史》（臺北：木鐸出版社，1982年4月），頁160。

〔註145〕（清）錢塘：《淮南天文訓補注》二卷，卷上，頁3。

〔註146〕《周髀算經》：「天象蓋笠，地法覆槃。」（漢）趙君卿注：《周髀算經》二卷，卷下，頁39。

〔註147〕陳遵媯：《中國古代天文學簡史》，頁165。

〔註148〕陳遵媯云：「我們知道《周髀算經》不是同一時代同一人所作；所以它的論天的觀點，前後有些改變；但後說是由前說誘導而來，則是毫無容疑的。至於誘導而得後說的原因，則是由於西漢末的周髀家受了當時逐漸得勢的渾天說的影響的緣故。」同註147，頁166。

〔註149〕（唐）房玄齡撰、（清）吳士鑑、劉承幹同注：《晉書斠注》百三十卷（全二冊），卷十一〈天文志〉，頁190。

第三爲渾天說，張衡《渾天儀》：「渾天如雞子，天體圓如彈丸。地如雞中黃，孤居於內，天大而地小。天表裏有水，天之包地，猶殼之裏黃。天地各乘氣而立，載水而浮。……天轉如車轂之運也，周旋無端，其形渾渾，故曰渾天也〔註150〕」。渾天說主張天地如雞卵，天如蛋殼，地如中之蛋黃，天中有水承載大地，天地間則充滿陰陽二氣如卵白，日月星辰便在天體間周旋運行。

> 是故大丈夫恬然無思，澹然無爲；以天爲蓋，以地爲輿；……故以
> 天爲蓋，則無不覆也；以地爲輿，則無不載也。〔註151〕

> 天道曰負，地道曰方。〔註152〕

《淮南》的天體觀受蓋天說影響，認爲天體構造的特色爲「天圓地方」、「以天爲蓋，以地爲輿」，由此可知其與《天文祿》中「天如敲車蓋，南高北下」之說較爲相近。同時《淮南》以古代神話說明天傾西北的原因，可知其天文觀是屬於較早期的說法，因此對天體運行觀念仍停留在早期的蓋天說。

（三）季春三月，豐隆乃出，以將其雨

> 季春三月，豐隆乃出，以將其雨。至秋三月，地氣不藏，乃收其殺，
> 百蟲蟄伏，靜居閉戶，青女乃出，以降霜雪，行十二時之氣，以至
> 于仲春二月之夕，乃收其藏而閉其寒，女夷鼓歌，以司天和，以長
> 百穀禽鳥草木。孟夏之月，以熟穀禾，雄鳩長鳴，爲帝候歲。〔註153〕

針對季節的遞嬗、天象的變化，《淮南》保留了早期神話式的描繪，詮釋節氣、日月星辰的遞嬗。因此《淮南》認爲季節的轉換，是受掌管四季的神明影響，此外，就連風向的改變，《淮南》也認爲是受掌管八風之神祇影響〔註154〕。這種種描述都顯示《淮南》覺得大自然的現象雖然遵循一定的規

〔註150〕（漢）張衡：《渾天儀》一卷（臺北：藝文出版社，1968 年，《百部叢書集成》據清嘉慶問經堂刊洪頤煊輯《經典集林》本影印），頁 1。

〔註151〕（漢）劉安：《淮南子》二十一卷，卷一〈原道〉，頁 3。「澹然無爲」本作「澹然無慮」。《呂氏春秋・卷五・適音》：「不充則不詹。」高誘注：「詹，足也。詹讀如『澹然無爲』之澹。」（周）呂不韋編撰、陳奇猷校釋：《呂氏春秋校釋》（全二冊），冊一，頁 276。〈原道〉爲高注本，故此處疑作「澹然無爲」。

〔註152〕（漢）劉安：《淮南子》二十一卷，卷三〈天文〉，頁 18。

〔註153〕同註 152，卷三〈天文〉，頁 22。

〔註154〕〈地形〉：「諸稽、攝提，條風之所生也；通視，明庶風之所生也；赤奮若，清明風之所生也；共工，景風之所生也；諸比，涼風之所生也；皋稽，閶闔風之所生也；隅強，不周風之所生也；窮奇，廣莫風之所生也。」高誘注言

律運行，但因仍有許多神秘且當時人類所無法掌握的力量，因此將這些現象各自賦予了掌管的神明，解釋各種天候的變化。

「日五日不見，失其位也，聖人不與也〔註155〕」，月有圓缺，星辰也是或隱或現，只有日東升西落，周行不殆，因此《淮南》認為日月星辰中最重要的就是太陽，太陽若五日不出現，聖人就會失去依據。針對太陽整日的運行軌道，〈天文〉中有詳細的描述，以下列表觀之：

太陽一日運行軌道〔註156〕

古時分	今時分	日行舍之處
晨明	清晨天將明	日出于暘谷，浴于咸池，拂于扶桑
朏明	黎明	登于扶桑，爰始將行
旦明	天亮時分	至于曲阿
蚤食	早餐時分	臨于曾泉
晏食	早餐之後	次于桑野
禺中	接近中午	臻于衡陽
正中	中午時分	對于昆吾
小還	日小偏西	靡于鳥次
晡時	晚飯時分	至于悲谷
大還	日大偏西	迴于女紀
高舂	傍晚	經于淵隅
下舂	天將暗	頓于連石
縣車	日欲止息	至于悲泉，爰止羲和，爰息六螭
黃昏	天始昏暗	薄于虞淵
定昏	天色已暗	淪于蒙谷
日入	日落	日入崦嵫，經於細柳，入虞泉之池，曙於蒙谷之浦。日西垂，景在樹端，謂之桑榆

《淮南》認為日從早晨於暘谷出發至西棲於桑榆休息，共行「九州七舍」十六個地方，五億萬七千三百九里，並將一日分作早晨、白晝、黃昏、夜晚

諸稽、攝提、通視、赤奮若、共工、諸比、皋稽、隅強、窮奇皆天神也。（漢）劉安：《淮南子》二十一卷，卷四〈地形〉，頁31。
〔註155〕（漢）劉安：《淮南子》二十一卷，卷三〈天文〉，頁22。
〔註156〕原文詳見（漢）劉安：《淮南子》二十一卷，卷三〈天文〉，頁22。

四個時段。太陽是陽氣最精華的部分，因此《淮南》特別描述其一日運行過程，並以神話想像方式呈現。其次，太陽的運行是日復一日的，《淮南》也藉此帶出氣化生生周行不息的觀念。

（四）子午、卯酉為二繩，丑寅、辰巳、未申、戌亥為四鉤

子午、邧酉爲二繩，丑寅、辰巳、未申、戌亥爲四鉤。東北爲報德之維，西南爲背陽之維，東南爲常羊之維，西北爲蹷通之維。〔註157〕

《淮南》中紀錄一套天體劃分的方式，《淮南》將視天體爲一個輪轉不息的大圓蓋，爲了分辨方位以及記載星象的變化，其運用可代表方位的地支，將天體作一區分。

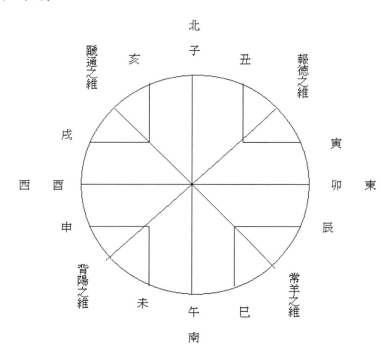

所謂「二繩」，是指子午線與卯酉線，兩線代表東南西北四正位。此外，又將子午卯酉四正位稱作「四仲」〔註158〕，象徵其爲天體方位之準繩。所謂

〔註157〕 （漢）劉安：《淮南子》二十一卷，卷三〈天文〉，頁20。「東北爲報德之維」本作「東北爲報德之維也」。鄭良樹著云：「也字不當有，乃與下文『西南爲背陽之維』，『東南爲常羊之維』，『西北爲蹷通之維』句法一律。」鄭良樹著：《淮南子斠理》，頁44。

〔註158〕 〈天文〉：「太陰在四仲，則歲星行三宿。」高注：「仲，中也。四中，謂太陰在卯酉子午四面之中。」同註157，卷三〈天文〉，頁19。

「四鉤」，分別指丑寅、辰巳、未申、戌亥四個方位，象徵其如四個鉤子鉤住天體的四個角落。而「四維」指報德之維、背陽之維、常羊之維、蹏通之維，分別表示東北、西南、東南、西北四個方位，象徵拉住天體間四個角落的綱紀。「兩維之閒，九十一度十六分度之五〔註159〕」，如東北至東南稱爲兩維，其在天體所占的角度爲九十一度十六分度之五，因此四維環繞便是三百六十五度，正好呼應「天圓」的概念。至於四維的名稱，由高誘注中看出其與陰陽二氣的消長有密切關係。

方　位	四　維	高　注〔註160〕
東北	報德之維	報，復也。陰氣極於北方，陽氣發於東方，自陰復陽，故曰報德之維
西南	背陽之維	西南已過，陽將復陽，故曰背陽之維
東南	常羊之維	常羊，不進不退之貌也。東南純陽用事，不盛不衰常如此，故曰常羊之維
西北	蹏通之維	西北純陰，陽氣閉結，陽氣將萌，蹏始通之，故曰蹏通之維

以東北報德之維觀之：北方陰氣極盛，陽氣潛藏於後，到了東北陰氣仍然強盛，但陽氣已開始萌發，因此東北被視爲是陽氣復返之處，故稱爲報德之維。另外，〈天文〉藉由陰陽二氣的變化，與地支結合，將天體作了清楚的劃分，方便觀測日月星辰的變化，並成爲紀錄天道變化之規律的基礎。

（五）天有九野，五星，八風，二十八宿

天有九野，九千九百九十九隅，去地億五萬里〔註161〕，五星，八風，二十八宿，五官，六府，紫宮，太微，軒轅，咸池，四守，天河。

〔註162〕

〔註159〕 「九十一度十六分度之五」本作「九十一度也，十六分度之五」。王念孫云：「『九十一度十六分度之五』作一句讀。其高注自『東北至東南』云云，本在十六分度之五下，道藏本誤入九十一度下，度下又衍也字，遂致隔斷上下文義。劉績本刪去也字，是也。」（清）王念孫：《讀書雜志》（全二冊），下冊，頁790。

〔註160〕 （漢）劉安：《淮南子》二十一卷，卷三〈天文〉，高誘注，頁20。

〔註161〕 「去地億五萬里」本作「去地五億萬里」。王念孫云：「開元占經天占篇引此作『億五萬里』。太平御覽地部一引詩含神霧亦云：『天地相去億五萬里』。然則『億五』二字，今本倒誤也。」同註159，下冊，頁786。

〔註162〕 同註160，卷三〈天文〉，頁18。「天河」本作「天阿」。王引之云：「『天阿』本作『天河』，後人以天河非星名，故改爲天阿也。」同註159，頁787。

　　《淮南》認爲天體主要組成構造爲九野、五星、八風、二十八宿、五官、六府、紫宮、太微、軒轅、咸池、四守、天阿，以下針對其主要構造九野、五星、八風三部分進行討論。

1、九野

　　何謂九野？中央曰鈞天，其星角、亢、氐。東方曰蒼天，其星房、心、尾。東北方曰變天，其星箕、斗、牽牛。北方曰玄天，其星須女、虛、危、營室。西北方曰幽天，其星東壁、奎、婁。西方曰顥天，其星胃、昴、畢。西南方曰朱天，其星觜嶲、參、東井。南方曰炎天，其星輿鬼、柳、七星。東南方曰陽天，其星張、翼、軫。〔註163〕

　　《淮南》以九個方位將天體及二十八宿分成九個區域，稱作九野。其目的主要是爲了在廣大的天體之中，方便認識記載星體在天上的運行變化，並作爲方位以及季節的分別。

〔註163〕　（漢）劉安：《淮南子》二十一卷，卷三〈天文〉，頁18。「東北方爲變天」本作「東北爲變天」。王叔岷云：「『東北』下當有方字，與下文『西北方曰幽天』，『西南方曰朱天』，『東南方曰陽天』句法一律。」王叔岷：《諸子斠證》，頁340。

以西北方爲例：「西北方曰幽天」，高誘注：「幽，陰也，酉方，季秋，將即於陰，故曰幽天也〔註164〕」。高誘認爲西北方之所以命名爲幽天，是因爲幽即陰暗，有陰氣將要到達極盛之意，故代表了西北方、季秋等涵義。

綜上所述，九野名稱的由來，透過高誘注文可知其中蘊含陰陽二氣消長變化的觀念，此外高誘更加入五行觀念，還結合了季節與五行，試圖以陰陽的消長與五行相生循環觀念，強調九野不只是天體方位的劃分，而是如同二十八宿、陰陽五行、季節等具有生生循環流行義，透過陰陽五行的連結，天體便形成一個龐大的氣化整體。

2、五星

何謂五星？東方木也，其帝太昊〔註165〕。執規而治春。其佐勾芒，其神爲歲星，其獸蒼龍，其音角，其日甲乙。南方火也，其帝炎帝，其佐朱明，執衡而治夏。其神爲熒惑，其獸朱鳥，其音徵，其日丙丁。中央土也，其帝黃帝，其佐后土，執繩而治四方〔註166〕，其神爲鎮星，其獸黃龍，其音宮，其日戊己。西方金也，其帝少昊，其佐蓐收，執矩而治秋，其神爲太白，其獸白虎，其音商，其日庚辛。北方水也，其帝顓頊，其佐玄冥，執權而治冬，其神爲辰星，其獸玄武，其音羽，其日壬癸。〔註167〕

五星觀測爲觀測星象中重要的內容之一，《淮南》中對五星的記載，除了實際觀測五星的運行之外，還依木、火、土、金、水五行相生次序，分別搭配方位、帝、佐、器、季節、神、獸、音、十干等事物，形成特殊的五星結構。

〔註164〕（漢）劉安：《淮南子》二十一卷，卷三〈天文〉，頁18。

〔註165〕「其帝太昊」本作「其帝太皞」。于大成云：「觀御覽所引注文，即是高注，而昊字不見說文，知作昊者是高本。知許本必作太皞。」于大成：《淮南鴻烈論文集》（全二冊），上冊，頁266～267。

〔註166〕「執繩而治四方」本作「執繩而制四方」。何寧云：「上云治春治夏，下云治秋治冬，此制亦當爲治，聲近而誤。」何寧：《淮南子集釋》（全三冊），上冊，頁187。

〔註167〕同註164，卷三〈天文〉，頁18～19。

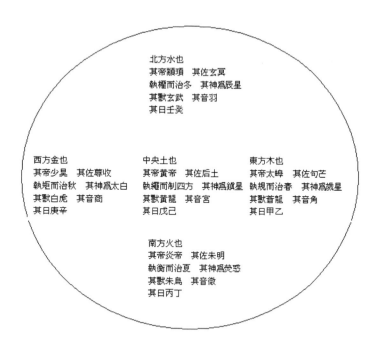

　　以五行中的木為例：《淮南》認為五行當中的木代表了草木生生，與一年
當中萬物開始生長的春季，以及日月星辰開始運行的東方，與五星當中的歲
星，神話傳說中治理東方的神明、神獸，以及五音中的角音與十天干日的甲
乙，皆因其五行屬木而可相互搭配。透過五行的連結，天上的五星與神明便
得以和地上五音、五行干支相互連結，形成以五行組成的五星系統。

　　五行是以木火土金水五種元素作為分類的原則與系統，利用此原則〈天文〉
將天上星辰與地上相同屬性的事物相互連結，並以五星作為代表，這是受當時
人們認為觀天象變化可以判斷人事吉凶的影響，故將天上星象運行規律視為天
道變化的準則。《史記‧天官書》中星官的概念，就是源自於此〔註168〕。

　　太陰在四仲，則歲星行三宿；太陰在四鉤，則歲星行二宿。二八十
六，三四十二，故十二歲而行二十八宿。日行十二分度之一〔註169〕，

〔註168〕陳遵媯云：「《天官書》在古代可稱為經典之作，它把星官分為五官，顯然可
　　　　和五行說聯繫起來，所以後世的陰陽家，都常聯繫使用，它所命名的星官名
　　　　字，大部分也沿用了下來。」又云：「這些星座樹立了一切星座組織的基礎，
　　　　其名稱都是按陰陽五行的理論來定的。使天上世界的名稱，都反映了地下人
　　　　間社會的事物，這樣看了屬於某星座中的變化現象，就可以占和它相應的人
　　　　間社會事物的吉凶禍福。」陳遵媯：《中國天文學史》第二冊，頁5、23。
〔註169〕「日行十二分度之一」本作「日月行十二分度之一」。于大成云：「開元占經
　　　　二十三引日下無月字，各本俱無，是也。惟此與本誤衍，當刪。」于大成：《淮
　　　　南鴻烈論文集》（全二冊），上冊，頁270。

歲行三十度十六分度之七，十二歲而周。熒惑常以十月入太微，受
制而出行列宿，……鎮星以甲寅元始建斗，歲鎮行一宿，……日行
二十八分度之一，歲行十三度百一十二分度之五，二十八歲而周。
太白元始以甲寅正月與營室晨出東方〔註170〕，二百四十日而入，入
百二十日而夕出西方，二百四十日而入，入三十五日而復出東
方。……辰星正四時，常以二月春分効奎、婁，以五月夏至効東井、
輿鬼，以八月秋分効角、亢，以十一月冬至効斗、牽牛。出以辰戌，
入以丑未，出二旬而入。晨候之東方，夕候之西方。〔註171〕

此段爲〈天文〉記載古代觀測五星實際運行的紀錄。除此之外，〈天文〉
更將其與災異觀念作結合，並賦予其不同涵義，例如：歲星代表歲時豐歉、
熒惑代表各種災難、鎮星代表土地、太白代表兵災、辰星代表氣候是否調和
〔註172〕，只要五星不在應當出現時出現，就代表國君施政不合於自然之道，
故天降災異。由此可知，五星雖有各自的軌道，但同爲天道中陰陽二氣所生，
因此五星運行皆以天道運行規律作爲準則，循環不息。

3、八風

何謂八風？距日冬至四十五日條風至，條風至四十五日明庶風至，
明庶風至四十五日清明風至，清明風至四十五日景風至，景風至四
十五日涼風至，涼風至四十五日閶闔風至，閶闔風至四十五日不周
風至，不周風至四十五日廣莫風至。條風至則出輕繫，去稽留。明
庶風至則正封疆，修田疇。清明風至則出幣帛，使諸侯。景風至則
爵有位，賞有功。涼風至則報地德，祀四鄉〔註173〕。閶闔風至則收

〔註170〕「太白元始以甲寅正月與營室晨出東方」本作「太白元始以正月建寅，與熒
惑晨出東方」。王引之云：「此本作『太白元始以甲寅正月與營室晨出東方』。
甲寅正月者，甲寅年之正月也。後人不審其義，遂改『甲寅正月』爲『正月
甲寅』，又改營室爲熒惑，不知甲寅者，甲寅年也。」（清）王念孫：《讀書
雜志》（全二冊），下冊，頁788。
〔註171〕（漢）劉安：《淮南子》二十一卷，卷三〈天文〉，頁19。
〔註172〕〈天文〉：「熒惑……司無道之國，爲亂爲賊，爲疾爲喪，爲饑爲兵，出入無
常，辩變其色，時見時匿。鎮星……當居而弗居，其國亡土，未當居而居之，
其國益地，歲熟。……太白……當出而不出，未當入而入，天下偃兵；當入
而不入，當出而不出，天下興兵。辰星……一時不出，其時不和；四時不出，
天下大饑。」同註171，卷三〈天文〉，頁19。
〔註173〕「祀四鄉」本作「祀四郊」。王念孫云：「祀四郊本作祀四鄉。四鄉，四方也。……
故高注云：『祀四方神』，即月令所謂『命主祀祭禽于四方也』。通卦驗曰：『涼

縣垂，琴瑟不張。不周風至則修宮室，繕邊城。廣莫風至則閉關梁，
決罰刑。〔註174〕

何謂八風？東北曰炎風，東方曰條風，東南曰景風，南方曰巨風，
西南曰涼風，西方曰飂風，西北曰麗風，北方曰寒風。〔註175〕

八風爲八方之風，〈天文〉所記載的內容爲季節與八風間的關係，〈地形〉
所載爲八風和方位間的關係〔註176〕。關於八風的內容特色，以下試論之。

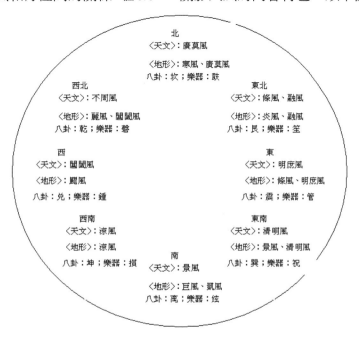

風至，報土功，祀四鄉。』白虎通曰：『涼風至，報地德，祀四鄉。』皆其明
證也。……若作郊則失其韻矣。」（清）王念孫：《讀書雜志》（全二冊），下
冊，頁 789。

〔註174〕（漢）劉安：《淮南子》二十一卷，卷三〈天文〉，頁 19。「決罰刑」本作「決
刑罰」。王念孫云：「『決刑罰』本作『決罰刑』，故高注：『罰刑疑者，於是愼
時而決之』；下文曰：『斷罰刑』，皆其證也。」（清）王念孫：《讀書雜志》（全
二冊），下冊，頁 789。

〔註175〕（漢）劉安：《淮南子》二十一卷，卷四〈地形〉，頁 26～27。「東方」本作
「東玄」，形近而誤，今校改。

〔註176〕陳麗桂云：「《呂氏春秋‧有始覽》與《淮南子‧地形》皆有「八風」之說，
然呂覽與〈地形〉所言主方位，故以方向爲各風來自之關鍵，屬空間問題。〈天
文〉所言主時節，故以日數爲各風來自之關鍵，屬時間問題，兩者所著重並
不相同。」陳麗桂：《〈淮南子〉中的陰陽學（一）—天文》，收入國立政治大
學中國文學系編《第四屆漢代文學與思想學術研討會論文集》（臺北：國立政
治大學中國文學系，2003 年 4 月），頁 132。

　　藉由此圖表可看出幾個特點：第一，〈天文〉〈地理〉中對八風的名稱雖有些差異，但所指同為八方之風。且在註解當中，皆帶入易卦的觀念〔註177〕，因此把八卦與八方之風作連結，詮釋八風的成因。第二，在〈天文〉高誘注文中還配上八種樂器，與八方、八風、八卦相對應，這可看出漢代社會除了陰陽五行之外，也習慣以卦氣思想將天地事物作分析與歸納。第三，八風代表八個節氣的變化，可能是先民為了農作實際觀測的結果，企圖藉由風向的改變來判斷季節，作為農事的參考。而節氣的改變也替為政者提供施政的依據，因此在上位者施政時必須配合天地間自然的季節變化，例如：當立春，條風至時應放罪輕之囚及因小罪而拘留者，而春分，明庶風至時則應正田界、修田畝，準備耕種。只要不違背自然之道的規律，一切便能順利運行。

　　八風的系統，將方位、節氣、季節、八卦和樂器相配，可知古人將此視為據普遍意義的系統，因此將相關事物作一連結，另一方面，藉由這些不同的類別與方位、季節的相配，說明萬物都如同四時一般是輪轉生生不息，只要時空不斷運轉，萬物生生便永不停止。

（六）陰陽刑德

　　日冬至則斗北中繩，陰氣極，陽氣萌，故曰冬至為德。日夏至則斗南中繩，陽氣極，陰氣萌，故曰夏至為刑。陰氣極則北至北極，下至黃泉〔註178〕，故不可以鑿池穿井〔註179〕。万物閉藏，蟄虫首穴，故曰德在室。陽氣極，則南至南極，上至朱天，故不可以夷丘上屋。万物蕃息，五穀兆長，故曰德在野。日冬至則火從之，日夏至則水

〔註177〕《周易・說卦》：「萬物出乎震，震，東方也，齊乎巽，巽，東南也，齊也者，言萬物之絜齊也，離也者，明也，萬物皆相見南方之卦也，聖人南面而聽天下，嚮明而治，蓋取諸此也，坤也者，地也，萬物皆致養焉，故曰致役乎坤，兌，正秋也，萬物之所說也，故曰說言乎兌，戰乎乾，乾，西北之卦也，言陰陽相薄也，坎者，水也，正北方之卦也，勞卦也，萬物之所歸也，故曰勞乎坎，艮，東北之卦也，萬物之所成終而所成始也，故曰成言乎艮。」（魏）王弼、（晉）韓康伯注、（唐）孔穎達等正義：《周易正義》十卷，卷九，頁184。

〔註178〕「陰氣極則北至北極，下至黃泉」本作「陰氣極則下至黃泉，北至北極」。于大成云：「開元占經五、廣博物志四引此，竝作『北至北極，下至黃泉』，豈劉績所得而移之者乎？『北極』句在上，是也。」于大成：《淮南鴻烈論文集》（全二冊），上冊，頁278。

〔註179〕「鑿池穿井」本作「鑿地穿井」。王念孫云：「太平御覽地部三十二池下引此作『鑿池穿井』，於義為長。」（清）王念孫：《讀書雜志》（全二冊），下冊，頁790。

從之，故五月火正而水漏，十一月水正而火勝〔註180〕。陽氣爲火，
陰氣爲水。水勝故夏至溼，火勝故冬至燥。燥故炭輕，溼故炭重。
日冬至而井水盛〔註181〕，盆水溢，羊乳，麋角解，鵲始加巢〔註182〕；
八尺之表，日中而景脩丈三尺〔註183〕。日夏至而流黃澤，石精出，
蟬始鳴，半夏生，蜻蛚不食駒犢，鷙鳥不搏黃口；八尺之表，景脩尺
五寸〔註184〕。景脩則陰氣勝，短則陽氣勝〔註185〕。陰氣勝則爲水，
陽氣勝則爲旱。〔註186〕

　　陰陽刑德爲《淮南》中重要的觀念，內容主要描述陰陽二氣的消長，對
季節變化、物候改變、日影長短所造成的影響〔註187〕。《淮南》根據陰陽二氣

〔註180〕「日冬至則火從之，日夏至則水從之，故五月火正而水漏，十一月
　　　　水正而火勝」本作「日冬至則水從之，日夏至則火從之，故五月火正而水漏，十一月
　　　　水正而陰勝」。俞樾云：「今按『日冬至則水從之，日夏至則火從之』，水火二
　　　　字當互易。……十一月水正而陰勝，陰乃火字之誤，勝字當讀爲升，勝升古
　　　　通用。如此則與下文一貫矣。」（清）俞樾：《諸子平議》，頁935。
〔註181〕「日冬至而井水盛」本作「日冬至井水盛」。于大成云：「御覽七百五十八引
　　　　亦有則字。下文『日夏至而流黃澤』有而字，而猶則也。」于大成：《淮南鴻
　　　　烈論文集》（全二冊），上冊，頁279。
〔註182〕「羊乳，……鵲始加巢」本作「羊脫毛，……鵲始巢」。何寧云：「『羊乳』，
　　　　乳疑甤之誤。『鵲始巢』，玉燭寶典十一引作『鵲始架巢』，疑此『巢』上脫『加』
　　　　字。加架通。下文『鵲始加巢』可證。文選子虛賦引淮南注『加，制也』，當
　　　　即此處注文。『羊脫毛』『鵲始巢』，皆後人拘泥於句法一律所改。」何寧：《淮
　　　　南子集釋》（全三冊），上冊，頁210。
〔註183〕「八尺之表，日中而景脩丈三尺」本作「八尺之脩，日中而景丈三尺」。何寧
　　　　云：「疑當作『八尺之表，日中而景脩丈三尺』。下文『八尺之景脩徑尺五寸』，
　　　　藝文類聚三引作『八尺之表，景脩尺五寸』，太平御覽二十三引作『八尺之表，
　　　　景脩尺有五寸』，知此『八尺之』下亦脫『表』字。脩字當在景字下。」同註
　　　　182，上冊，頁210。
〔註184〕「八尺之表，景脩尺五寸」本作「八尺之景脩徑尺五寸」。劉文典云：「《藝文
　　　　類聚・三》引作『八尺之表，景脩尺五寸』。」劉文典撰：《淮南鴻烈集解》
　　　　（全二冊），上冊，頁98。
〔註185〕「景脩則陰氣勝，短則陽氣勝」本作「景脩則陰氣勝，景短則陽氣勝」。何寧
　　　　云：「玉燭寶典五、太平御覽二十三引作『景脩則陰氣勝，短則陽氣勝』，無
　　　　下景字。今本疑涉上而衍。漢書天文志云：『暑長爲潦，短爲旱。』句法同，
　　　　是其比。」同註182，上冊，頁212。
〔註186〕（漢）劉安：《淮南子》二十一卷，卷三〈天文〉，頁20。
〔註187〕金春峰云：「《淮南子》二十一卷有陰陽刑德之說，其觀念可能是戰國時期天
　　　　文學的遺留，……德和刑指陽氣、陰氣分別具有的促進萬物生長或消藏的力
　　　　量與性質。」金春峰：《漢代思想史》，頁220。

的特質，認爲陰氣重濁而滯凝，故主水、主月、主殺，因此爲刑；陽氣清揚且薄靡，故主火，主日、主生，因此爲德〔註188〕。接著，《淮南》言冬夏至的轉變，冬至時陰氣極盛，陽氣發萌，故曰德；夏至時陽氣極盛，陰氣發萌，故曰刑。《淮南》強調陰陽如冬夏至一樣，是不斷輪轉不息的，陰陽二氣是並存不離，且互爲消長，故曰：「是故天不發其陰，則万物不生；地不發其陽，則万物不成〔註189〕」，兩者缺一不可。

刑德的判斷，是以萌發者爲準，正要萌發者爲德。例如：五月雖爲夏，但「陽生於子，陰生於午。陽生於子，故十一月日冬至，鵲始加巢，人氣鍾首。陰生於午，故五月爲小刑，薺麥亭歷枯，冬生草木必死〔註190〕」，故五月時陽氣雖盛，但陰氣以開始萌發，因此雖以火氣的作用最大，但水氣也已經開始作用而滲透，夏雖主生，但陰氣萌發，故薺麥及亭歷等冬生植物卻會開始枯萎。

陰陽刑德除了影響冬夏至的遞嬗，更對事物的變化造成不小的影響，冬至時陰氣極盛，故不可挖地掘井。此時萬物皆潛藏於地底，泉水因陰氣盛而滿盈，《淮南》稱此爲「德在室」，指陽氣仍潛藏於萬物之中，尚未萌發。夏至時陽氣極盛，故不可剷平突起的山丘以及位於高處的屋頂。此時萬物蓬勃生長，《淮南》稱爲「德在野」，指陽氣大盛發散於天地萬物之間。

在動植礦物方面，冬至時陰氣盛，昆蟲仍蟄伏於洞穴中，羊開始脫毛，麋鹿開始脫角，但陽氣發萌，故鵲鳥開始築巢。此外，由於冬至陽氣萌，火氣始出，故炭較乾燥所以較輕。夏至時陽氣盛，故蟬開始叫，草藥生，但陰氣始萌，故地底的硫磺、石精等礦物則會露出，而幼馬與牛尚未長大，故蚊蟲不叮咬，幼鳥尚未長成，故猛禽不搏食，這都是因爲動物初生時屬陰氣初萌階段，正與夏至陽氣盛、陰氣萌相應所致。此外，夏至陰氣萌，水氣始出，故炭較潮濕所以較重。

最後，《淮南》提到陰陽二氣對日影的影響，《淮南》認爲影長表陰氣盛，影短表陽氣盛，因此冬至陰氣強故影長，夏至陽氣強故影較短。以上《淮南》將實際觀察所得的萬物生長變化，與陰陽二氣的消長相互對應，以陰陽刑德觀念作出詮釋。

〔註188〕〈天文〉：「日爲德，月爲刑。月歸而万物死，日至而万物生。遠山則山氣藏，遠水則水蟲蟄，遠木則木葉槁」。（漢）劉安：《淮南子》二十一卷，卷三〈天文〉，頁22。

〔註189〕同註188，卷三〈天文〉，頁22。

〔註190〕同註188，卷三〈天文〉，頁21。

陰陽刑德有七舍。何謂七舍？室、堂、庭、門、巷、術、野。十一
月德居室三十日〔註191〕，先日至十五日，後日至十五日，而徙所居
各三十日。德在室則刑在野，德在堂則刑在術，德在庭則刑在巷，
陰陽相德則刑德合門。八月、二月，陰陽氣均，日夜分平，故曰刑
德合門。〔註192〕

　　刑德七舍描述陰陽二氣的消長變化與月份的搭配，而七舍表示每月陰
陽刑德所居的位置〔註193〕。從十一月開始，十一月陰氣盛陽氣萌，因此德
在室刑在野，室表示處在屋室中如陽氣潛藏於內，野表示充滿在廣闊郊外
如陰氣發散於外。十二月陽氣漸發陰氣仍然強盛，故曰德在堂則刑在術，
堂表示廳堂形容陽氣較爲發散，術表示街道形容陰氣由郊外回到街上，作
用仍然強大。一月陰氣漸弱陽氣轉強，故曰德在庭則刑在巷，庭指中庭形
容陽氣已由屋室出至中庭，巷表示巷道形容陰氣見由大街進入小巷中。二
月陰陽二氣強弱相當，故曰刑德合門，陰陽二氣共同會合抵達於門，兩氣
作用相近。自此陰陽二氣消長改變，陰氣衰弱陽氣強，至五月陽氣極盛陰
氣萌，六月起，陽氣轉弱陰氣發萌，至十一月再度回到德在室刑在野，週
而復始，不停運轉。

　　《淮南》透過陰陽刑德變化，認爲二月、八月陰陽二氣作用相近，因此
晝夜的長短相當，而在刑德作用方面，「德南則生，刑南則殺〔註194〕」，因
此刑德會於二月時雖陰陽二氣作用相當，但陽氣漸強，故萬物蓬勃生長。八
月時陰氣漸強，故草木轉爲凋零。《淮南》藉由陰陽二氣消長，以及刑德七
舍觀念，將每月陰陽二氣變化與萬物生殺的關係作出詮釋，並且傳達出生生
不息的觀念，強調陰陽二氣與月份季節轉換都是輪轉不息的。

〔註191〕「十一月德居室三十日」本作「十二月德居室三十日」。王念孫云：「『十二月』
　　　　當爲『十一月』，上文云『冬至德在室』是。」（清）王念孫：《讀書雜志》
　　　　（全二冊），下冊，頁790。
〔註192〕（漢）劉安：《淮南子》二十一卷，卷三〈天文〉，頁20。
〔註193〕陶磊云：「根據所述內容，按歲月日時劃分法，可將上述文字內容分爲三類：
　　　　歲刑德、月刑德、日刑德。所謂歲刑德即刑德一歲一徙，月刑德指刑德一月
　　　　一徙，日刑德指刑德一日或數日一徙」。陶磊：《《淮南子·天文》研究：從數
　　　　術史的角度》（濟南：齊魯書社，2003年7月），頁120。
〔註194〕同註192，卷三〈天文〉，頁20。

（七）二十四時之變

而斗日行一度〔註195〕，十五日爲一節，以生二十四時之變。斗指子則冬至，音比黃鍾；加十五日指癸則小寒，音比應鍾；加十五日指丑則大寒，音比無射；加十五日指報德之維，則越陰在地，故日距日冬至四十六日而立春，陽凍解〔註196〕，音比南呂；加十五日指寅則雨水，音比夷則；十五日指甲則雷驚蟄，音比林鍾；加十五日指卯中繩，故日春分則雷行，音比蕤賓；加十五日指乙則清明風至，音比仲呂；加十五日指辰則穀雨，音比姑洗；加十五日指常羊之維則春分盡，故日有四十六日而立夏，大風濟，音比夾鍾；加十五日指巳則小滿，音比太蔟；加十五日指丙則芒種，音比大呂；加十五日指午則陽氣極，故日有四十六日而夏至，音比黃鍾；加十五日指丁則小暑，音比大呂；加十五日指未則大暑，音比太蔟；加十五日指背陽之維則夏分盡，故日有四十六日而立秋，涼風至，音比夾鍾；加十五日指申則處暑，音比姑洗；加十五日指庚則白露降，音比仲呂；加十五日指酉中繩，故日秋分雷藏〔註197〕，蟄蟲北鄉，音比蕤賓；加十五日指辛則寒露，音比林鍾；加十五日指戌則霜降，音比夷則；加十五日指蹢通之維則秋分盡，故日有四十六日而立冬，草木畢死，音比南呂；加十五日指亥則小雪，音比無射；加十五日指壬則大雪，音比應鍾；加十五日指子。〔註198〕

二十四節氣名稱最早見於《淮南・天文》〔註199〕，其內容結合斗杓運行、

〔註195〕 「而斗日行一度」本作「而升日行一度」。王念孫云：「升當爲斗，字之誤也。」（清）王念孫：《讀書雜志》（全二冊），下冊，頁790。

〔註196〕 「陽凍解」本作「陽氣凍解」。王引之云：「『陽氣凍解』，文不成義，當作『陽凍解』。陽凍，地上之凍也。陰凍，地中之凍也。立春之日，地上之凍先解，故日陽凍解。管子臣乘馬篇曰：『日至六十日而陽凍解，七十日而陰凍釋。』是也。今本陽下有氣字，因注內陽氣而衍。」同註195，下冊，頁792。

〔註197〕 「故日秋分雷藏」本作「故日秋分雷戒」。王念孫云：「戒當爲藏，字之誤也。藏古藏字。《秋分雷藏》與上文《春分雷行》相應。時則篇云『八月雷不藏』，是其證也。」同註195，下冊，頁792。

〔註198〕 （漢）劉安：《淮南子》二十一卷，卷三〈天文〉，頁20～21。

〔註199〕 陳遵嬀云：「二十四氣名稱，最早見於《淮南子・天文訓》，它和現今同用的二十四氣名稱及次序完全相同。一年分爲二十四氣，大概是前漢初年以後，《淮南子》成書（西元前139年）以前。」陳遵嬀：《中國天文學史》第五冊（臺北：明文書局股份有限公司，1998年11月），頁51～52。

十二月律，作爲推定節氣遞嬗的依據。根據《淮南》的記載，二十四節氣的
劃分，是將一年三百六十五日以十五日爲一單位而訂爲一節氣，方便作爲農
事依據。

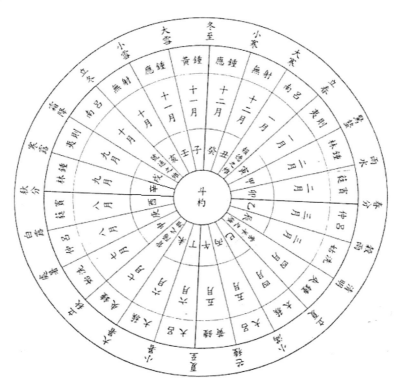

　　以圖表觀之〔註 200〕，《淮南》在二十四節氣的基礎上，又加上了十二月
律、斗杓方位、八風、物候以及陰陽二氣的消長。《淮南》之所以將這麼多不
同的系統組合在一起，是爲了突顯時空的運行不單是一個二十四節氣或陰陽
觀的系統就能說盡的，整個氣化世界是非常複雜、縝密且周詳的不同系統挽
合在一起。

　　其次，《淮南》藉由二十四節氣的介紹，帶出氣化宇宙世界是立體、螺
旋且循環進行不已的觀念。從天象北斗所指的方向，到宇宙中氣候、風向，
到地面上動、植物的生長變化，到音樂都是日復一日，年復一年的輪轉運
行，而且是如道一般非刻意有心有爲的創造，而是因循自然無爲並生生循
環不已。

〔註 200〕本圖表爲陳麗桂校注：《新編淮南子》（全二冊）（臺北：國立編譯館，2002
　　　　年 4 月），上冊，頁 192。附〈北斗之運行與二十四節氣圖〉。

再者，《淮南》強調陰陽輪轉運形方式是「陽生於子，陰生於午」，陽氣始於冬至，但相當微弱且潛藏於後，陰氣極盛，到了立春「越陰在地」，陰氣作用仍然很強，但「陽氣凍解」，陽氣作用越來越明顯，到了夏至「陽氣極」，陽氣作用即盛，此時陰氣表面上看似沒有作用，實際上只是作用微弱，但已在背後醞釀，故曰「陰生於午」。因此當陽氣鼎盛時，表面上看不見陰氣，但陰氣已開始醞釀發生，而陰氣當發展到極盛時，表面上看不到陽氣，事實上陽氣卻也已開始發生。

（八）十二律

帝張四維，運之以斗，月徙一辰，復反其所。正月指寅，十一月指子〔註201〕，一歲而匝，終而復始。〔註202〕

星斗的運行與十二月、十二辰、十二律的輪轉都是「一歲而匝，終而復始」，因此具有生生不息之義，《淮南》稱為十二律。以下列表觀之。

十二律〔註203〕

月份	斗指	釋義	月律	釋義
正月	寅	則萬物螾螾然也	太蔟	太蔟者，蔟而未出也
二月	卯	卯則茂茂然	夾鐘	夾鐘者，種始莢也
三月	辰	辰則振之也	姑洗	姑洗者，陳去而新來也
四月	巳	巳則生已定也	仲呂	仲呂者，中充大也
五月	午	午者，忤也	蕤賓	蕤賓者，安而服也
六月	未	未者，味也	林鐘	林鐘者，引而止之也
七月	申	申者，呻也	夷則	夷則者，易其則也，德以去矣
八月	酉	酉者，飽也	南呂	南呂者，任包大也
九月	戌	戌者，滅也	無射	無射，入無厭也
十月	亥	亥者，閡也	應鐘	應鐘者，應其鐘也
十一月	子	子者，茲也	黃鐘	黃鐘者，鐘已黃也
十二月	丑	丑者，紐也	大呂	大呂者，旅旅而去也

〔註201〕「十一月指子」本作「十二月指子」。王引之云：「『十二月指丑』本作『十一月指子』，後人改之也。太平御覽時序部一引此正作『十一月指子』。」（清）王念孫：《讀書雜志》（全二冊），下冊，頁795～796。

〔註202〕（漢）劉安：《淮南子》二十一卷，卷三〈天文〉，頁22。

〔註203〕原文詳見（漢）劉安：《淮南子》二十一卷，卷三〈天文〉，頁22。

　　《淮南》發現斗杓所指十二個月正好運行一周，且一個月指向一個方位，因此前人便以十二地支表示斗杓所指方位代表各個月份，故斗杓指向寅位爲正月，斗杓指向丑位爲十二月，週而復始。另外，關於十二支的名稱，《淮南》中大致以其字之假借義釋之。以子爲例：「子者，茲也」，子因音近假借作滋，故有萬物滋長之義。《淮南》對於十二支的詮釋相當簡略，雖多以假借義釋之，但隱約透露出氣化生生的次序，如子指十一月，陰氣極盛陽氣萌，故有萬物滋生之義。

　　其次，十二律的名稱，《淮南》則多以其名稱引申義釋之。以太蔟爲例：「太蔟者，蔟而未出也」，蔟引申有萬物聚集但尚未生出之義。但關於十二律名稱的說法相當簡略，所以有時看不出其關聯性。如「黃鐘者，鐘已黃也」，便看不出其命名之原因，而同屬漢代的《史記・律書》〔註204〕與《漢書・律歷志》〔註205〕中對於黃鐘的解釋則爲完整且詳細，並可看出兩者都是根據陰陽五行的觀念加以論述。

　　　凡十二律，黃鐘爲宮，太蔟爲商，姑洗爲角，林鐘爲徵，南呂爲羽。

　　　物以三成，音以五立，三與五如八，故卵生者八竅。律之初生也，

　　　寫鳳之音，故音以八生。〔註206〕

　　《淮南》中亦有五音與十二律相配之說。《淮南》認爲十二律的產生，是模仿鳳凰音調所訂，而鳳凰有八竅，正與陰陽相生萬物所成的數字三和五音相加總合八相對應，因此音律相生法也稱爲隔八相生法，表列如下。

〔註204〕《史記・律書》：「十一月也，律中黃鐘。黃鐘者，陽氣踵黃泉而出也。其於十二子爲子。子者，滋也。滋者，言萬物滋於下也。其於十母爲壬癸。壬之爲言任也，言陽氣任養萬物於下也。癸之爲言揆也，言萬物可揆度，故曰癸。」（漢）司馬遷撰、（南朝宋）裴駰集解《史記》，上冊，卷二十五，頁490～491。

〔註205〕《漢書・律歷志》：「黃鐘：黃者，中之色，君之服也；鐘者，種也。天之中數五，五爲聲，聲上宮，五聲莫大焉。地之中數六，六爲律，律有形有色，色上黃，五色莫盛焉。故陽氣施種於黃泉，孳萌萬物，爲六氣元也。以黃色名元氣律者，著宮聲也。宮以九唱六，變動不居，周流六虛。始於子，在十一月。」（漢）班固撰、（唐）顏師古注、（清）王先謙補注：《漢書補注》，上冊，卷二十一上，頁395。

〔註206〕（漢）劉安：《淮南子》二十一卷，卷三〈天文〉，頁22。

隔八相生法〔註207〕

生律次序	1	8	3	10	5	12	7	2	9	4	11	6
律名	黃鍾宮	大呂	太蔟商	夾鍾	姑洗角	仲呂	蕤賓	林鍾徵	夷則	南呂羽	无射	應鍾
律數	81	76	72	68	64	60	57	54	51	48	45	42
月份	11	12	1	2	3	4	5	6	7	8	9	10
隔八相生	下生林鍾	上生姑洗	下生南呂	下生無射	下生應鍾	極不生	上生大呂	上生太蔟	上生夾鍾	上生姑洗	上生仲呂	上生蕤賓

　　所謂隔八相生，是指十二律所產生的次序，《淮南》認爲黃鍾爲所有音律之主，故定其生律次序爲一，十二律生成次序從黃鍾開始計算，黃鍾主十一月，其「下生林鍾」，林鍾主六月，其間正好相隔八個月，故曰隔八相生。

　　其次，《淮南》記載了十二律數的變化，《淮南》云：「故律歷之數，天地之道也。下生者倍，以三除之；上生者四，以三除之〔註208〕」，十二律數上下相生，下生者律數乘二除三，上生者乘四除三，黃鍾爲律數之始，以黃鍾爲例，黃鍾「下生林鍾」，故以黃鍾數八十一乘二除三，正好等於林鍾數五十四。以下依此類推，至仲呂爲止。

　　《淮南》藉由十二律相生法以及律數、月份的變化，帶出氣化生生不息的觀念。十二個月在春夏秋冬的運轉之下周而復始，十二律及其律數的變化也就順著四季的遞嬗不斷輪轉。

> 宮生徵，徵生商，商生羽，羽生角，角主姑洗〔註209〕，姑洗生應鍾，
> 不比於正音，故爲和。應鍾生蕤賓，不比正音，故爲繆。日冬至，
> 音比林鍾，浸以濁。日夏至，音比黃鍾，浸以清。〔註210〕

〔註207〕原文詳見（漢）劉安：《淮南子》二十一卷，卷三〈天文〉，頁22～23。本表參考陳麗桂校注：《新編淮南子》，上冊，頁225。附圖繪製。

〔註208〕（漢）劉安：《淮南子》二十一卷，卷三〈天文〉，頁23。

〔註209〕「宮生徵，徵生商，……角主姑洗」本作「徵生宮，宮生商，……角生姑洗」。王念孫云：「上文云黃鍾爲宮，太蔟爲商，林鍾爲徵。又曰黃鍾下生林鍾，林鍾上生太蔟，所謂宮生徵，徵生商也。宋書律志、晉書律曆志並作『宮生徵，徵生商』。」；王引之云：「音律相生，皆非同位者。上文云姑洗爲角，則角與姑洗爲一，不得云角生姑洗也。生當爲主。角主姑洗，猶言姑洗爲角耳。主與生相似，又因上下文生字而誤。」（清）王念孫：《讀書雜志》（全二冊），下冊，頁797。

〔註210〕同註208，卷三〈天文〉，頁23。「不比於正音，故爲和」本作「比於正音，

接著，《淮南》介紹十二律與五音的關係。在十二個音律之中，五音爲宮（黃鍾）商（太蔟）角（姑洗）徵（林鍾）羽（南呂），屬於正音，而五音的生成次序爲宮徵商羽角。除了正音之外還有變音，《淮南》認爲五音之外爲變音，並有和與繆的區別，和爲正音所生，繆爲變音所生。

十二律與五音不但是音樂變化的準則，更與季節的改變有著極爲密切的關係。《淮南》指出十二律的變化正好與二十四節氣的改變互相對應，冬至時，音律配合黃鍾，之後律管越長，聲音逐漸重濁。夏至時，音律配合黃鍾，之後律管越短，聲音逐漸清揚，音律隨著季節的遞嬗正好形成一個循環，周行不已。

> 以十二律應二十四時之變，甲子，仲呂之徵也；丙子，夾鍾之羽也；
> 戊子，黃鍾之宮也；庚子，无射之商也；壬子，夷則之角也。〔註211〕

除了二十四節氣與十二月律，《淮南》中還由十二律帶出六十旋宮的觀念。金春峰云：「《禮記‧禮運》說：『五音、六律、十二管，旋相爲宮也。』『旋宮』及轉移主調位置，一個調可以『旋宮』十二次，五種調式共可得六十調〔註212〕」，故以黃鍾爲例：黃鍾十二支爲子，故由甲子仲呂之徵開始運行，十二日後至丙子夾鍾之羽，依此類推，自甲子後四十八日至壬子夷則之角。因此以五音與十二律相互搭配的結果，得出六十旋宮。參見下表〔註213〕。

十二律 五音	黃鍾（子）	大呂（丑）	太蔟（寅）	夾鍾（卯）	姑洗（辰）	仲呂（巳）	蕤賓（午）	林鍾（未）	夷則（申）	南呂（酉）	無射（戌）	應鍾（亥）
徵	甲子仲呂之徵	乙丑蕤賓之徵	丙寅林鍾之徵	丁卯夷則之徵	戊辰南呂之徵	己巳無射之徵	庚午應鍾之徵	辛未黃鍾之徵	壬申大呂之徵	癸酉太蔟之徵	甲戌夾鍾之徵	乙亥姑洗之徵
羽	丙子夾鍾之羽	丁丑姑洗之羽	戊寅仲呂之羽	己卯蕤賓之羽	庚辰林鍾之羽	辛巳夷則之羽	壬午南呂之羽	癸未無射之羽	甲申應鍾之羽	乙酉黃鍾之羽	丙戌大呂之羽	丁亥太蔟之羽

故爲和」。王引之云：「『不比於正音』者，不入於正音也。宋書律志正作『不比於正音，故爲和』，晉書律曆志引淮南王安曰：『應鍾不比正音，故爲和』，足證今本之謬。」（清）王念孫：《讀書雜志》（全二冊），下冊，頁 797～798。

〔註211〕（漢）劉安：《淮南子》二十一卷，卷三〈天文〉，頁 23。
〔註212〕金春峰：《漢代思想史》，頁 113～114。
〔註213〕本表根據陳廣忠譯注：《淮南子譯注》（吉林：吉林文史出版社，1996 年 11月），頁 144。附〈五音十二律旋宮以當六十甲子表〉繪製。

宮	己亥 應鍾之宮	戊戌 無射之宮	丁酉 南呂之宮	丙申 夷則之宮	乙未 林鍾之宮	甲午 蕤賓之宮	癸巳 仲呂之宮	壬辰 姑洗之宮	辛卯 夾鍾之宮	庚寅 太蔟之宮	己丑 大呂之宮	戊子 黃鍾之宮
商	辛亥 南呂之商	庚戌 夷則之商	己酉 林鍾之商	戊申 蕤賓之商	丁未 仲呂之商	丙午 姑洗之商	乙巳 夾鍾之商	甲辰 太蔟之商	癸卯 大呂之商	壬寅 黃鍾之商	辛丑 應鍾之商	庚子 無射之商
角	癸亥 林鍾之角	壬戌 蕤賓之角	辛酉 仲呂之角	庚申 姑洗之角	己未 夾鍾之角	戊午 太蔟之角	丁巳 大呂之角	丙辰 黃鍾之角	乙卯 應鍾之角	甲寅 無射之角	癸丑 南呂之角	壬子 夷則之角

綜合觀之，十二律循環順序，主要是按十二個月份運行次序排列，但二十四節氣與十二月律搭配的循環，十二月律的循環次序則可看出有所不同。可知，當時十二月律的循環相配可能有不同的系統。《淮南》在此將二十四節氣、十二月律、五音、六十旋宮相互結合，並以陰陽氣化作出詮釋，金春峰認爲「這裡值得注意的是相生、三分損益、循環以及『旋宮』可得六十調的觀念。因爲這些觀念包含著音樂是一個整體、一個系統以及系統各單元之間是相互和諧協調的思想，包含著強調三分法的思想。它對以後中國哲學特別是漢代哲學的發展，產生了重大影響〔註214〕」，由此可知，《淮南》試圖藉由傳達時間、季節、音律等是不斷的循環運行的過程，帶出「一歲而匝，終而復始」之氣化生生不息的觀念。

（九）五行受制

五行受制〔註215〕

季節	春	夏	仲夏	秋	冬
干支	甲子	丙子	戊子	庚子	壬子
五行	木	火	土	金	水
火煙色	青	赤	黃	白	黑

〔註214〕金春峰：《漢代思想史》，頁 114。李美燕云：「『律、曆合一』的觀點其實是呈顯出漢人對天地之間的規律性與秩序性的掌握。」李美燕〈漢代樂律與天人思想同構之宇宙圖式及方法意義〉，收入國立政治大學中文學系編《第三屆漢代文學與思想學術研討會論文集》（2000 年 12 月），頁 376。

〔註215〕原文詳見（漢）劉安：《淮南子》二十一卷，卷三〈天文〉，頁 21。

五行用事	行柔惠，挺群禁，開闔扇，通障塞，毋伐木	舉賢良，賞有功，立封侯，出貨財	養老鰥寡，行秤鬻，施恩澤	繕牆垣，修城郭，審群禁，飾兵甲，徼百官，誅不法	閉門閭，大搜客，斷刑罰，殺當罪，息關梁，禁外徙
五子之氣	氣燥濁	氣燥陽	氣溼濁	氣燥寒	氣清寒

此為古代五行曆法，〈天文〉所載五行時令以七十二日為一單位，將三百六十日分成五個部分，並以五行：木火土金水分別配上火煙色：青紅黃白黑，方位：東南中西北，干支記日：甲丙戊庚壬五子，構成以五行相生為主的曆法觀。但一年有三百六十五又四分之一日，故《淮南》在安排五行曆法中記日干支發現一年約差六日，而七十年後後會再度回到冬至以甲子日開始計算。

《淮南》將一年火煙特色變化巧妙與五行作搭配，加上五子之氣候的特質，試圖以季節中火煙、氣質的變化作為五行用事的基礎，強調五行對季節變化的影響與五行用事的重要性。此外，《淮南》將一年五季君王應遵守的施政用事準則作了整理，並與五行循環系統作結合，建議君王的施政，不可背離五行生生自然規律，否則五行用事系統不順，相互干犯時，就會產生災異現象，造成天候異常、社會動盪不安。故《淮南》中將五行互相干犯的現象作一紀錄，以下列表觀之。

五行干犯 〔註216〕

五子＼干犯	甲子	丙子	戊子	庚子	壬子
甲子		蟄蟲早出，故雷早行	胎夭卵殠，鳥蟲多傷	有兵	春有霜
丙子	地動		霆	草木夷	雹
戊子	介蟲不為	大旱，苽封熯		五穀有殃	夏寒雨霜
庚子	草木再生	草木復榮	歲或有或亡		則魚不為
壬子	冬乃不藏	星墜	蟄蟲多出其鄉	多雷	

以丙子干甲子為例：《淮南》認為當丙子與甲子互相干犯時，就會出現原本該蟄伏於地底的昆蟲提早出現的異象。此外，《春秋繁露》〔註217〕與《開元

〔註216〕原文詳見（漢）劉安：《淮南子》二十一卷，卷三〈天文〉，頁21。
〔註217〕《春秋繁露・卷第十四・治亂五行第六十二》：「火干木，蟄蟲蚤出，蚿雷蚤

占經》中都有相似記載，《春秋繁露》中用五行取代《淮南》中五子的說法，而《開元占經》裡則將甲、丙、戊、庚、壬五子以木（歲星）、火（熒惑）、土（塡星）、金（太白）、水（辰星）五星表示，說明五星干犯之理。

由此可知，五行系統相生相剋的觀念，在當時相當流行，且運用廣泛，不但可作爲曆法的基礎，還是災異發生的判斷依據，雖然五行搭配說法相當分歧，但也反映出當代習用五行作爲詮釋災異天象重要的系統工具。

（十）太一元始，正月建寅

太微者，天子之庭也〔註218〕。紫宮者，太一之居也。軒轅者，帝妃之舍也。咸池者，水魚之圃也。天河者，群神之闕也。四守者，所以司賞罰〔註219〕。太微者主朱鳥，紫宮執斗而左旋，日行一度，以周於天。日冬至峻狼之山，日移一度，六月行百八十二度八分度之五〔註220〕，而夏至牛首之山。反覆三百六十五度四分度之一而成一歲。太一元始，正月建寅，日月俱入營室五度。太一以始建七十六歲〔註221〕，日月復以正月入營室五度無餘分，名曰一紀。凡二十紀，

行：土干木，胎夭卵㱩，鳥蟲多傷；金干木，有兵；水干木，春下霜。土干火，則多雷；金干火，草木夷；水干火，夏雹；木干火，則地動。金干土，則五穀傷有殃；水干土，夏寒雨霜；木干土，倮蟲不爲；火干土，則大旱。水干金，則魚不爲；木干金，則草木再生；火干金，則草木秋榮；土干金，五穀不成。木干水，冬蟄不藏；土干水，則蟄蟲冬出；火干水，則星墜；金干水，則冬大寒」。（漢）董仲舒撰、蘇輿義證：《春秋繁露義證》，頁383～384。

〔註218〕「太微者，天子之庭也」本作「太微者，太一之庭也」。俞樾云：「下云曰：『紫宮者，太一之居也』，然則太一自在紫宮，不在太微。此『太一』乃『天子』二字之誤。太平御覽引天官星占曰：『紫宮，太一之坐也。太微之宮，天子之庭，五帝之坐也』，是其明證。」（清）俞樾：《諸子平議》，頁934。

〔註219〕「天河者，群神之闕也。四守者，所以司賞罰」本作「天阿者，群神之闕也。四宮者，所以爲司賞罰」。王引之云：「北堂書鈔、太平御覽引此竝作天河。……各本守作宮，涉上文紫宮而誤。又各本以下衍爲字，今據舊本北堂書鈔、初學記、太平御覽所引刪。」（清）王念孫：《讀書雜志》（全二冊），頁787。

〔註220〕「六月行百八十二度八分度之五」本作「月行百八十二度八分度之五」。錢塘云：「此六月所行度分也。日移一度，故半歲而有此度數。月上疑脫六字」。（清）錢塘：《淮南天文訓補注・卷上》，頁38。

〔註221〕「太一元始，……太一以始建七十六歲」本作「天一元始，……天一以始建七十六歲」。錢塘云：「『天一』當爲『太一』，字之譌也。」；又云：「『天一』亦宜作『太一』。」同註220，頁39；41。

千五百二十歲大終，三終，日月星辰復始甲寅之元〔註222〕。日行危一度而歲有奇四分度之一〔註223〕，故四歲而積千四百六十一日而復合，故舍八十歲而復故日〔註224〕。〔註225〕

此爲〈天文〉中記載曆法觀念與基本的紀元方法。太微、紫宮、軒轅、咸池、天河、四守皆天上星座之名，《淮南》將其與神明作連結，形成後來星官的概念。《淮南》認爲太微是天子之庭，主管四象之朱鳥；紫宮、軒轅、咸池、天河爲四守，其作用在掌管施行賞罰。

而北斗七星左旋於天，日行一度，三百六十五又四分之一日正好運行一周，周行不息，正如天道運行亦是無限生生不息的。太陽的運行於冬至時由極南之山出發，日行一度，六個月後運行百八十二度八分度之五，並於夏至抵達極北之山後開始回轉，反覆三百六十五度四分度之一後完成一年運行。

而《淮南》的曆法，以十月爲歲首，故正月時斗杓指向寅位，此時日月正好同位於營室五度，七十六年後日月正好重新一同進入營室五度，故《淮南》稱此循環爲「一紀」。二十紀爲一千五百二十年後大終，三終後日月星辰又從甲寅年開始。每年運行到危宿一度，就有四分之一度奇零，故累積四年，共千四百六十一日（第五年半夜子時），日月又復合至牽牛，八十年後始返開始之甲寅冬至日。

斗杓爲小歲，正月建寅，月從左行十二辰。咸池爲大歲，二月建卯，月從右行四仲，終而復始。大歲迎者辱〔註226〕，背者強，左者衰，

〔註222〕「千五百二十歲大終，日月星辰復始甲寅之元」本作「一千五百二十歲大終，三終，日月星辰復始甲寅元」。王引之云：「各本千上有一字，開元占經所引無，今從之。『大終』下當有『三終』二字。千五百二十歲一終，但至甲戌，不得復始甲寅之元，故知脫『三終』二字也。」（清）王念孫：《讀書雜志》（全二冊），下冊，頁789。于大成云：「占經五引許本元上有之字。集證本於此處補之字，是也。」于大成：《淮南鴻烈論文集》（全二冊），上冊，頁276。

〔註223〕「日行危一度而歲有奇四分度之一」本作「日行一度而歲有奇四分度之一」。王引之云：「『日行一度』本作『日行危一度』，後人刪去『危』字耳。」同註222，下冊，頁789～790。

〔註224〕「故四歲而積千四百六十一日而復合，故舍八十歲而復故日」本作「故日歲而積千四百六十一日而復合，故舍八十歲而復故日」。于大成云：「劉本雖誤作日，然於日字絕句，下句『子午卯酉』已下提行別作一段，知劉亦作日字也。集證本改爲日字，是也。」于大成：《淮南鴻烈論文集》（全二冊），上冊，頁277。

〔註225〕（漢）劉安：《淮南子》二十一卷，卷三〈天文〉，頁19～20。

〔註226〕「咸池爲大歲」、「大歲迎者辱」本作「咸池爲太歲」、「太歲迎者辱」。錢塘云：

右者昌，小歲東南則生，西北則殺，不可迎也，而可背也，不可左也，
而可右也，其此之謂也。大時者，咸池也；小時者，月建也。〔註227〕

《淮南》中還有關於大歲、小歲的記載。「斗杓爲小歲」，斗杓用以確定
十二月、二十四節氣等小時令，故曰小歲。斗杓正月建寅，月從左行十二辰。
咸池爲大歲，正月建卯，月從右行四仲，終而復始。斗杓指向東南時，爲陽
氣當令月節，故主生。斗杓指向西北時，爲陰氣當令月節，故主殺。「大歲爲
咸池」，咸池指子、午、酉、卯四位，用以確定大節令如四季，故曰大歲。正
月由卯位開始右行，經子、午、酉、卯四位，週而復始。向左迎大歲者衰辱，
向右順大歲者強盛。

天維建元，常以寅始起，右徙一歲而移，十二歲而周天，終而復始。
淮南元年冬，天一在丙子〔註228〕，冬至甲午，立春丙子。二陰一陽成
氣二，二陽一陰成氣三，合氣而爲音，合陰而爲陽，合陽而爲律，故
曰五音六律。音自倍而爲日，律自倍而爲辰，故曰十而辰十二。〔註229〕

太歲開始紀元，通常是從歲星在營室、東井二宿之位，太歲指寅開始
算起。歲星向右運行，一年移動一辰位，十二年繞天一周。因此淮南元年
冬〔註230〕，太歲在丙子，冬至爲甲午，立春爲丙子。

接著，《淮南》以陰陽觀詮釋音律與日辰的關係，「二陰一陽成氣二，二
陽一陰成氣三〔註231〕」，因此，合氣二與氣三爲五氣，五氣生五音，合前者與

「淮南有兩太歲，此太歲非太一也。或說太當爲大，然義則同。」（清）錢塘：
《淮南天文訓補注・卷上》，頁55。王念孫云：「錢氏曉徵答問曰：問淮南以
咸池爲太歲，與它書所言太歲異，何故？曰：淮南云『斗杓爲小歲，咸池爲
大歲』。『大時者，咸池也。小時者，月建也』。皆以大小相對，初未嘗指咸池
爲太歲。其作太歲者，乃後人轉寫之譌。」（清）王念孫：《讀書雜志》（全二
冊），下冊，頁792。

〔註227〕（漢）劉安：《淮南子》二十一卷，卷三〈天文〉，頁21。
〔註228〕「十二歲而周天，……天一在丙子」本作「十二歲而大周天，……太一在丙
子」。王引之云：「周天上本無大字，後人加之也。歲星十二歲而小周天，不
得謂之大周。……太一乃北極之神，與紀歲無涉。太一當作天一。……廣雅
曰：『天一，太歲也。』漢元封七年，太歲在丙子。上推至文帝十六年，爲淮
南王安始封之年，太歲亦當在丙子，故曰天一在丙子也。」（清）王念孫：《讀
書雜志》（全二冊），下冊，頁792～793。
〔註229〕同註227，卷三〈天文〉，頁21。
〔註230〕高誘注：「是則淮南王安即位之元年，以紀時也」。同註227，卷三〈天文〉，
頁21。時爲漢文帝十六年。
〔註231〕俞樾云：「陽之數以三而奇，陰之數以二而得偶，所謂參天兩地也。《周書・

後者之二陰與一陰而爲三，恰爲陽之數，合二陽數爲六，六氣生六律，五音數加倍爲十，恰爲天干數，六律數加倍爲十二，恰爲地支數。

綜上所述，《淮南·天文》中記載了大量漢初及其以前的曆法資料，且在詮釋其曆法觀時，運用了陰陽二氣的觀念，可知陰陽觀在漢初已成爲一種基本的詮釋系統，凡天道所生的事物之理皆可以陰陽二氣生息規律加以詮釋。

（十一）太陰元始建于甲寅

> 太陰元始建于甲寅，一終而建甲戌，二終而建甲午，三終而復得甲
> 寅之元。歲從一辰，立春之後，得其辰而遷其所順，前三後五，百
> 事可舉。太陰所建，蟄蟲首穴而處，鵲巢鄉而爲戶。〔註232〕

太陰爲〈天文〉中用以紀歲的方法之一，《淮南》紀歲由甲寅年日月五星入營室五度無餘分開始運行，一千五百二十年爲大終，日月星辰重入營室五度無餘分，《淮南》曰一終，干支建於甲戌，二終三千零四十年干支建於甲午，三終四千五百六十年，干支、日月五星又重新回到以甲寅紀年，此時稱爲一元。

《淮南》的曆法認爲太陰所居辰位所代表的月份「前三後五，百事可舉」，以太陰建寅爲例：太陰建寅爲正月，因此前三個月卯（二）、辰（三）、巳（四），與後五個月丑（十二）、子（十一）、亥（十）、戌（九）、酉（八），百事皆宜。此外，太陰所居辰位也代表一個方位，以太陰建寅爲例：寅表東北東方，《淮南》根據觀察發現，當太陰所居此辰位時，「蟄蟲首穴而處，鵲巢鄉而爲戶」，冬眠的動物頭所朝的方向與鵲鳥築巢巢口的方向，正好會與太陰所居的辰位方向相同。

在此〈天文〉簡述太陰紀元曆法的規律，以及太陰紀歲與行事吉凶的關係，並且記載自然界受到太陰紀年的影響所產生的特殊現象。以下列表觀之。

武順篇》曰：『男生而成三，女生而成兩。』是其義也。二陰一陽則二二如四，一三如三，其數七。除五生數，則得成數二，所謂二陰一陽成氣二也。二陽一陰則二三如六，一二如二，其數八。除五生數，則得成數三，所謂二陽一陰成氣三也。高注未得其解。此陰陽之數，即《易》少陽少陰之數。」（清）俞樾：《諸子平議》，頁935。

〔註232〕 （漢）劉安：《淮南子》二十一卷，卷三〈天文〉，頁23。

太陰紀歲與歲星運行〔註233〕

太陰方位	歲 名	歲星位置	月 份	相對星宿
寅	攝提格	斗、牽牛	正月與之晨出東方	東井、輿鬼
卯	單閼	須女、虛、危	二月與之晨出東方	柳、七星、張
辰	執除	營室、東壁	三月與之晨出東方	翼、軫
巳	大荒落	奎、婁	四月與之晨出東方	角、亢
午	敦牂	胃、昴、畢	五月與之晨出東方	氐、房、心
未	協洽	觜嶲、參	六月與之晨東方	尾、箕
申	涒灘	東井、輿鬼	七月與之晨出東方	斗、牽牛
酉	作鄂	柳、七星、張	八月與之晨出東方	須女、虛、危
戌	閹茂	翼、軫	九月與之晨出東方	營室、東壁
亥	大淵獻	角、亢	十月與之晨出東方	奎、婁
子	困敦	氐、房、心	十一月與之晨出東方	胃、昴、畢
丑	赤奮若	尾、箕	十二月與之晨出東方	觜嶲、參

　　太陰紀歲與歲星的運行有關，歲星十二年運行天體二十八宿一周，因此以十二支配上十二個方位，稱為十二辰，用來紀錄歲星運行的位置，歲星一年由西向東運行一個辰位，正與日月運行方位相左，古人為紀歲方便，因此設立太陰，並訂定太陰運行方向與日月相同，一年由東向西運行一個辰位，配上一歲名，加上星宿的相對位置，方便紀歲的判斷〔註234〕。

　　以「太陰在寅」為例：當太陰在寅位（東北東）時，此時為正月，歲星會於早晨出現在東方天空，此時天空星宿以斗、牽牛為主，與之相對星宿為東井、輿鬼，歲名定為攝提格。

　　《淮南》藉由太陰紀歲，十二月、星辰、方位會輪轉不息的觀念，說明大自然間存在生生不息之理序、規範，而君主施政以及人民行事皆須依循此理而為，不可違背天道運行法則。

〔註233〕原文詳見（漢）劉安：《淮南子》二十一卷，卷三〈天文〉，頁23～24。
〔註234〕陳遵嬀云：「據《淮南子·天文訓》所載，所謂歲星神靈是天帝的別稱，北斗是天地巡幸所坐的帝車，所以歲星神靈的方向應該和北斗運行方向相一致。把十二支分配於十二方位，用來表示斗柄的視運行，其次序正和歲星運行方向相反；因而認為有和歲星運行方向相反的神靈歲陰存在。由於當時沒有直接指示歲星運行的名稱，遂以十二支表示歲陰位置，從而可以間接地表示歲星的位置。這種思想大概建立在戰國到秦漢之間。」陳遵嬀：《中國天文學史》第二冊，頁171。

（十二）寅為建，卯為除

太陰在寅，朱鳥在卯，勾陳在子，玄武在戌，白虎在酉，蒼龍在辰。
寅為建，卯為除，辰為滿，巳為平，主生；午為定，未為執，主陷；
申為破，主衡；酉為危，主杓；戌為成，主少德；亥為收，主大德；
子為開，主太歲；丑為閉，主太陰。〔註235〕

〈天文〉中還將曆法與預測人事吉凶禍福的數術相結合，形成以陰陽五行生剋觀作為判定吉凶的準則〔註236〕。首先《淮南》說明太陰與五星中代表南方的神獸朱鳥、北方玄武、西方白虎、東方蒼龍以及代表中央的勾陳星的對應位置。其次，介紹建除之法〔註237〕，所謂建除，許地山云：

建除之意：建為一月之始，故從建立起義。建次為除，為除舊布新之意。「一生二，二生三」，三為數之極，故名滿。過滿則溢，故必使之平。平則定。定則可執，故繼之以執。執所以守其成，故繼之以成。物無成不毀，故繼之以破。既破而後知危，故繼之以危。心能知危，事乃有成，故繼之以成。既成必收效，故繼之以收。自建至收而數全，但數無終極，當以理開，故以第十一底「開」為首。開即開始，一始，自此數到三，復為建。故建實生於開。開即是生氣。氣始萌芽，不閉則發洩淨盡，而物不能生，故受之以閉。惟其能閉，故能建立，於是第十三復為建日。〔註238〕

因此，除建之術便透過一年萬物生長消息過程推衍出事物吉凶變化過程。而《淮南》當中的建除之說，以下列表觀之。

〔註235〕（漢）劉安：《淮南子》二十一卷，卷三〈天文〉，頁 23。王引之云：「太陰二字，乃下屬為句，與下文『太陰在卯』之屬相同。主下當別有所主之事，而今脫去。」（清）王念孫：《讀書雜志》（全二冊），下冊，頁799。

〔註236〕陶磊云：「再從《淮南子・天文》的有關記述看，所謂「五家曆」，當是指通過測候歲月日星辰的運行，輔以分野等學說，以預測人事吉凶的曆說，是以歲、月、星、日、辰五神在天空中的不同位置為根據，判斷吉凶宜忌的一種數術。」陶磊：《《淮南子・天文》研究：從數術史的角度》，頁140。

〔註237〕錢塘云：「此建除之法。《史記・日者傳》有建除家。……案：建除有二法，越絕書從歲數，淮南書及漢書從月數，後人惟用月也。」（清）錢塘：《淮南天文訓補注》，頁 50～51。

〔註238〕牟宗三等著；項維新、劉福增主編：《中國哲學思想論集・兩漢魏晉隋唐篇》，〈道家思想與道教〉，頁197。

十二支	建除之法	吉凶
寅	建	主生
卯	除	
辰	滿	
巳	平	
午	定	主陷
未	執	
申	破	主衡
酉	危	主杓
戌	成	主少德
亥	收	主大德
子	開	主太歲
丑	閉	主太陰

　　《淮南》將十二辰與「建、除、滿、平、定、執、破、危、成、收、開、閉」相配，用來判斷月之吉凶：「建、除、滿、平主生」，「生」主生長，故為吉。「定、執主陷」「陷」為缺陷；「破主衡」，「破」為破敗，「衡」主朝廷之事；「危主杓」，「危」為危險，「杓」，主牢獄之事，皆為凶。「成主少德；收主大德」，「少德」為小德，「收」為大德，故為吉。「開主太歲」，「太歲」主咸池，咸池司賞罰，故順者吉、逆者凶。「閉主太陰」，「太陰」表陰氣大盛，故為凶。

　　以太陰在寅為例：當太陰在寅月，此時建除法為建，建有生長之義，故此月諸事皆吉。《淮南》在此記載建除法斷定月份吉凶的內容，雖後世已淪為迷信之說〔註239〕，但在當時此法目的是告誡君王、人民配合吉凶行事就能平安順利，同時也在說明吉凶是配合四時輪轉不息的規律，強調出遵循天道自然運行的重要。

（十三）太陰所居，日為德，辰為刑

　　太陰在甲子，刑德合東方宮，常徙所不勝，合四歲而離，離十六歲而復合。所以離者，刑不得入中宮，而徙於木。

〔註239〕陳遵嬀云：「建除十二神即後面所謂十二直，據星命家的傳說，他們都是神仙的名字。」又「從以上所說十二直的吉凶來看，可以知道都是毫無科學根據的迷信，他們可以說是兩個字為一組，……僅按文字來定吉凶而已。」陳遵嬀：《中國天文學史》第五冊，頁414、439。

此爲刑德歲徙離合之法〔註240〕，以下列表觀之〔註241〕。

天　干	德　宮	五　行	德　日	地　支	刑　宮	五　行	刑　辰
甲	東	木	甲	子	東	水	木
乙	西	金	庚	丑	西	金	金
丙	南	火	丙	寅	南	火	火
丁	北	水	壬	卯	北	木	水
戊	中	土	戊	辰	東	水	木
己	東	木	甲	巳	西	金	金
庚	西	金	庚	午	南	火	火
辛	南	火	丙	未	北	木	水
壬	北	水	壬	申	東	水	木
癸	中	土	戊	酉	西	金	金
甲	東	木	甲	戌	南	火	火
乙	西	金	庚	亥	北	木	水
丙	南	火	丙	子	東	水	木
丁	北	水	壬	丑	西	金	金
戊	中	土	戊	寅	南	火	火
己	東	木	甲	卯	北	木	水
庚	西	金	庚	辰	東	水	水
辛	南	火	丙	巳	西	金	金
壬	北	水	壬	午	南	火	火
癸	中	土	戊	未	北	木	水
甲	東	木	甲	申	東	水	木

　　當太陰在甲子年，十天干屬德，十二地支屬刑，刑德始於東方宮，並開始運行，前四年完全相合，但因「刑不得入中宮，而徙於木」，故第五年開始刑德分離，分離十六年後刑德又於甲申年相合於東方宮。此外，〈天文〉又將刑德方位與五行相結合，故曰第五年刑入屬木的東方宮。

〔註240〕陶磊認爲「所謂歲刑德即刑德一歲一徙」。陶磊：《《淮南子・天文》研究：從數術史的角度》，頁 120。

〔註241〕本表參考陶磊：《《淮南子・天文》研究：從數術史的角度》，頁 123～124，附〈表一〉。與鄭慧生：《古代天文曆法研究》（河南：河南大學出版社，1995年 7 月），頁 254。附〈刑德合宮表〉繪製。

太陰所居，日爲德〔註242〕，辰爲刑。德，綱日自倍因，柔日徙所不
勝〔註243〕。刑，水辰之木，木辰之水，金、火立其處。〔註244〕

除了用在歲徙上，刑德之法也被用在干支紀日的判斷上〔註245〕，「日爲
德，辰爲刑」，以德而言，德屬日主十天干，而「凡日，甲剛乙柔，丙剛丁柔，
以至于癸〔註246〕」，綱日爲奇數日（如：甲丙戊庚壬），柔日爲偶數日（如：
乙丁己辛癸），當運行到綱日時可因循其干支不變，但運行到柔日時則須變
動，並遵循綱日〔註247〕。以刑而言，屬水之辰須轉變爲木，屬木之辰須轉變
爲水，金、火之屬不變。只要按照此法運行，日刑德就會符合歲刑德「太陰
在甲子，刑德合東方宮，常徙所不勝，合四歲而離，離十六歲而復合」的規
律。

以甲子年爲例：甲爲綱日不變，子辰五行屬水，水須變木，如此甲子的
五行就會合於木同屬東方宮。以下連續四年五行皆會相合，第五年開始刑德
的干支開始分離，十六年後至甲申年，甲爲綱日不變，申辰五行屬水，水須
變木，如此甲申的五行又會重新合於木同屬東方宮。

凡徙諸神，朱鳥在太陰前一，鉤陳在後三，玄武在前五，白虎在後
六，虛星乘鉤陳而天地襲矣。〔註248〕

〈天文〉呼應前段天上星象之神於十二辰中的運行次序：朱鳥在太陰之
前一辰，鉤陳在太陰之後三辰，玄武在太陰後五辰，白虎在太陰後六辰。故

〔註242〕「日爲德」本作「曰德」。錢塘云：「『曰德』二字當作『日爲德』。」（清）錢
　　　　塘：《淮南天文訓補注·卷下》，頁57。
〔註243〕「綱日自倍因，柔日徙所不勝」本作「綱曰自倍因，柔日徙所不勝」。于大成
　　　　云：「兩曰字竝當爲日，劉績本不誤。」于大成：《淮南鴻烈論文集》（全二冊），
　　　　上冊，頁312。
〔註244〕（漢）劉安：《淮南子》二十一卷，卷三〈天文〉，頁24。
〔註245〕陶磊認爲「日刑德指刑德一日或數日一徙。案《五行大義》的劃分，月刑德
　　　　又稱月氣刑德，而歲刑德與日刑德統稱爲干之刑德，蓋歲日刑德移徙遵循干
　　　　支五行屬性，故可如是稱。」陶磊：《《淮南子·天文》研究：從數術史的角
　　　　度》，頁120。
〔註246〕同註244，卷三〈天文〉，頁24。
〔註247〕鄭慧生云：「天干之中，甲、丙、戊、庚、壬爲綱日，綱日自處，仍爲甲、丙、
　　　　戊、庚、壬，它們所在的宮分別爲東、南、中、西、北；乙、丁、己、辛、
　　　　癸爲柔日，柔日不勝，分別轉到了它們的對立面，即成爲庚、壬、甲、丙、
　　　　戊，它們所在的宮分別爲西、北、東、南、中。」鄭慧生：《古代天文曆法研
　　　　究》，頁255。
〔註248〕同註244，卷三〈天文〉，頁24。

以太陰在寅為例：朱鳥在寅的前一辰卯，鉤陳在寅後三辰子，玄武在寅後五辰戌，白虎在寅後六辰酉。且當虛宿能順應鉤陳（北極星）的運行，天下就能調和。接著，〈天文〉言十二月、十二支、五行的盛衰情況。以下列表觀之。

十二辰與五行生壯 〔註249〕

過　程 \ 五　行 月　辰	木	火	土	金	水
生	亥	寅	午	巳	申
生	季　冬	春	夏	夏	秋
生	月　10	1	5	4	7
壯	卯	午	戌	酉	子
壯	春	夏	秋	秋	冬
壯	2	5	9	8	11
死	未	戌	寅	丑	辰
死	夏	秋	春	冬	春
死	6	9	1	12	3

以十二辰在寅為例：五行盛衰規律若生成第一辰在寅，成長第五辰便會在午，結束於第九辰戌。而將生壯死之數相乘得五九四十五，故太陰之神四十五日遷徙一次，以三辰應五行合為八，故太陰之神遷徙八次正好一年結束。此為五行與十二辰的運行盛衰規律。若以太陰觀刑德之法，太陰左前者為刑，右後者為德。此時若攻打鉤陳所在辰位對面的辰位，此辰恰在太陰之前必為刑，故每戰必勝〔註250〕。

〈天文〉在此言刑德之術的法則，若能遵守此規律行事，萬事必能順利進行，因為刑德之術與陰陽剛柔五行的生生運行是一致的，這些都是天道自然所產生的規律。

〔註249〕 本表據許匡一譯注：《淮南子》二十一卷，（臺北：臺灣古籍出版有限公司，2005年12月），上冊，頁202，附〈五行生、壯、死表〉繪製。原文詳見（漢）劉安：《淮南子》二十一卷，卷三〈天文〉，頁24。

〔註250〕 〈天文〉：「故五勝生一，壯五，終九；五九四十五，故神四十五日而一徙；以三應五，故八徙而歲終。凡用太陰，右背刑，左前德，擊鉤陳之衝辰，以戰必勝，以攻必剋。」（漢）劉安：《淮南子》二十一卷，卷三〈天文〉，頁24。

欲知天道，以日爲主，六月當心，左周而行，分而爲十二月，與日
相當，天地重襲，後必无殃。〔註251〕

若想要預知天道的變化，就必須仔細觀察天象的轉變，尤其是以太陽的
運行最爲重要。〈天文〉云太陽六月正好與心宿相對，並由右往左運行，定出
十二個月，而凡與太陽相對應之地區，必定會與天地相調和無災殃。因此〈天
文〉將十二個月份與之相對的星宿作一整理，記載二十八宿在太陽運行軌道
上的分布及星宿與當時地區分野情形。以下列表觀之。

二十八宿分野〔註252〕

分　野	日　躔	星分度	28宿
衛	正月	16°	營室
		9°	東壁
魯	二月	16°	奎
		12°	婁
魏	三月	14°	胃
趙	四月	11°	昂
		16°	畢
		2°	觜巂
		6°	參
秦	五月	33°	東井
		4°	輿鬼
周	六月	15°	柳
		7°	七星
		18°	張
楚	七月	18°	翼
		17°	軫
鄭	八月	12°	角
		9°	亢
宋		15°	氐

〔註251〕（漢）劉安：《淮南子》二十一卷，卷三〈天文〉，頁24。
〔註252〕本表據陳麗桂校注：《新編淮南子》（全二冊），上冊，頁248。附表繪製。原
　　　　文詳見（漢）劉安：《淮南子》二十一卷，卷三〈天文〉，頁24。

	九月	5°	房
		5°	心
燕	十月	18°	尾
		11 1／4°	箕
越	十一月	26°	斗
		8°	牽牛
吳	十二月	12°	須女
		10°	虛
齊		17°	危

　　以正月爲例：是月，太陽位於二十八宿的營室、東壁，此時營室在太陽所運行的軌道（365 1／4 度）中占十六度、東壁爲九度，此時所對應的區域國家爲衛。因此，此時與營室相對的國家地區若能合於天道運行之理必能與天地調和無災殃。《淮南》藉此欲表現天道所生之日月星辰與地上的國家人事間有著密切的關聯，因宇宙間的一切皆由道所生，本質同爲一氣流行。

（十四）歲星之所居，五穀豐昌；其對為衝，歲乃有殃

> 歲星之所居，五穀豐昌；其對爲衝，歲乃有殃。當居而不居，越而之他處，主死國亡。太陰治春則欲行柔惠溫涼，太陰治夏則欲布施宣明，太陰治秋則欲脩備繕兵，太陰治冬則欲猛毅剛彊。三歲而改節，六歲而易常，故三歲而一饑，六歲而一衰，十二歲而一康。〔註253〕

　　歲星是用以紀歲之星，由於歲星一年行經一辰位，十二年繞天一周，相當規律，因此若歲星運行失常，就便被視爲異象並以之斷定災義吉凶。而歲星所居之年，其運行所至的區域必能五穀豐收，反之與其相對的區域必有災殃。若歲星當居此處而未居，此地區國家會面臨「主死国亡」的災禍。而以太陰紀年斷吉凶，當太陰在寅卯辰，此時又剛好是春季（一、二、三月）時，應行多恩惠之政令；當太陰在巳午未，此時又爲夏季（四、五、六月）時，應發布調達之政令；當太陰在申酉戌，此時又爲秋季（七、八、九月）時，應修繕甲兵；當太陰在亥子丑，此時又爲多季（十、十一、十二月）時，應行嚴厲之政令。

〔註253〕（漢）劉安：《淮南子》二十一卷，卷三〈天文〉，頁 24。「十二歲而一康」本作「十二歲一康」。鄭良樹著云：「歲下疑當有而字，乃與上文『三歲而改節，六歲而易常。故三歲而一饑，六歲而一衰』句法一律。天中計六引此正有而字，是其證。各本皆脱，當據補。」鄭良樹：《淮南子斠理》，頁 54。

〈天文〉將星象運行規律與吉凶災異作結合，說明遵循天道運行法則的重要，接著，〈天文〉將其所歸納出太陰運行與地上氣候變遷的關聯的規律作整理。每隔三年，太陰就會改變一次節候，例如太陰由治春轉為治夏。每六年就會改變一次原本的規律，因此這就造成三年會出現一次饑荒，六年會出現一次衰退現象，十二年會出現一次大饑荒。可見，天道運行規律並非一成不變，有時還是會出現例外，這表現了天道自然的運行具有無限義的特色。

干支五行分野〔註254〕

天　干	五　行	地　名	地　支	五　行	地　名
甲	木	齊	子	水	周
乙	木	東夷	丑	土	翟
丙	火	楚	寅	木	楚
丁	火	南夷	卯	木	鄭
戊	土	魏	辰	土	晉
己	土	韓	巳	火	衛
庚	金	秦	午	火	秦
辛	金	西夷	未	土	宋
壬	水	衛	申	金	齊
癸	水	越	酉	金	魯
			戌	土	趙
			亥	水	燕

此外，〈天文〉在此說明各國與干支、五行之間相配的情況，並且藉由五行相生相剋的關係，說明各國之間受五行生剋影響所產生的吉凶關係。並以子母生剋關係詮釋之。以下整理觀之：

五行子母生剋〔註255〕

義日	吉日	子生母	甲子、乙亥（水生木），丙寅、丁卯（木生火），戊午、已巳（火生土），庚辰、庚戌、辛未、辛丑（土生金），壬申、癸酉（金生水）	以義行理，名立而不墮

〔註254〕原文詳見（漢）劉安：《淮南子》二十一卷，卷三〈天文〉，頁24。
〔註255〕原文詳見（漢）劉安：《淮南子》二十一卷，卷三〈天文〉，頁24。

保日	吉日	母生子	甲午、乙巳（木生火），丙辰、丙戌、丁未、丁丑（火生土），戊申、己酉（土生金），庚子、辛亥（金生水），壬寅、癸卯（水生木）	以保畜養，万物蕃昌
專日	吉日	子母相得	甲寅、乙卯（木對木），丙午、丁巳（火對火），戊辰、戊戌、己未、己丑（土對土），庚申、辛酉（金對金），壬子、癸亥（水對水）	以專從事，而有功
制日	凶日	母勝子	甲辰、甲戌、乙未、乙丑（木剋土），丙申、丁酉（火剋金），戊子、己亥（土剋水），庚寅、辛卯（金剋木），壬午、癸巳（水剋火）	以制擊殺，勝而无報
困日	凶日	子勝母	甲申、乙酉（金剋木），丙子、丁亥（水剋火），戊寅、己卯（木剋土），庚午、辛巳（火剋金）壬辰、壬戌、癸未、癸丑（土剋水）	以困舉事，破滅死亡

子母生剋法以天干表母、地支表子，再配上各國所屬的干支與五行生剋觀，進行吉凶的判斷。《淮南》主張的五行相勝觀：五行相生：水生木、木生火、火生土、土生金、金生水；五行相剋：木勝土，土勝水，水勝火，火勝金，金勝木〔註256〕。依據此理〈天文〉推衍出一套斷定吉凶的法則，以甲子為例：「子生母曰義」：義言地支的五行相生天干的五行，甲為母代表齊五行屬木；子為子代表周五行屬水，水生木為子生母故曰義，若能在義日行事合宜，便能有好的名聲，又若周能在義日向齊行義就能得到好名聲。此為吉日。

此法以五行生剋關係與母子干支相配合，形成一套判斷吉凶的規則，企圖建立無限天道間之規律法則，提供當時各區域為政者行事與否的參考。

> 北斗之神有雌雄，十一月始建於子，月徙一辰〔註257〕，雄左行，雌右行，五月合午謀刑，十一月合子謀德。雌所居辰為厭〔註258〕，厭日不可以舉百事。堪輿徐行，雄以音知雌，故為奇辰。數從甲子始，子母相求，所合之處為合。十日十二辰，周六十日，凡八合。合於歲前則死亡，合於歲後則无殃。〔註259〕

〔註256〕（漢）劉安：《淮南子》二十一卷，卷四〈地形〉，頁29。

〔註257〕「月徙一辰」本作「月從一辰」。王念孫云：「從當為徙，字之誤也。上文云：『帝張四維，運之以斗，月徙一辰，復反其所。』是其證。」（清）王念孫：《讀書雜志》（全二冊），下冊，頁803。

〔註258〕「雌所居辰為厭」本作「太陰所居辰為厭日」。王引之云：「『太陰所居辰』當作『雌所居辰』。雌，北斗之神右行者也。月徙一辰。太陰則左行而歲徙一辰。兩者各不相涉。太陰二字，因下文『太陰所居』而誤也。『為厭日』本無日字，此因下句厭日而衍也。」同註257，下冊，頁803。

〔註259〕同註256，卷三〈天文〉，頁24。

「觀北斗七星的方位，可以知四時，定節氣，從北斗的轉移，可以齊日月五星和定年月日時諸紀〔註260〕」，故曰神。北斗之神生生運轉，自十一月斗杓指向北方開始運行，每月左行遷徙一個辰位，北斗有雄雌之分，「雄北斗指歲星，它是和北斗運行相反的定歲之星，又稱『陽建』。雌北斗和『太陰』一樣，是古星占家所假設出來，與歲星運行方向相反，和北斗運行方向相同，大抵與『太陰』所在一致之北斗神名，又稱『陰建』〔註261〕」，雌雄北斗「雄左行，雌右行」，其運行會於五月合於午辰，此時陽氣極盛，陰氣發萌，故曰刑，之後分開，十一月再度合於子辰，此時陰氣極盛，陽氣發萌故曰德，刑主殺德主生，此爲陰陽刑德觀。

太陰所居之辰位稱獄日，此日百事不舉爲凶日。天地之道的運行，可藉由觀測雄北斗運行所居的辰位推測雌北斗的位置，故雄北斗稱之爲奇辰。在干支子母相配的過程中，由甲子開始，十天干配十二地支，六十日爲一週期，在相配過程中會出現「八合」的現象，所謂八合：「陰建所對之日干與陽建所對之辰如能合成一個干支，那就叫做『合』〔註262〕」，若八合之日辰在此年太歲紀年法所表當年之辰前者主凶，會死亡；若在此年太歲紀年法所表當年之辰後者主吉，無災殃。以圖表觀之〔註263〕。

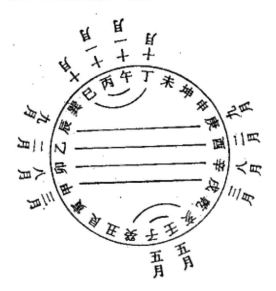

〔註260〕陳遵嬀：《中國天文學史》第二冊，頁9。
〔註261〕陳麗桂：《〈淮南子〉二十一卷中的陰陽學（一）—天文》，頁153。
〔註262〕鄭慧生：《古代天文曆法研究》，頁265。
〔註263〕此爲錢塘「八合之圖」。（清）錢塘：《淮南天文訓補注》，卷下，頁100。

前云雄北斗陽建與雌北斗陰建於十一月相合於子，與陰建相對之辰爲丙丁（丁巳與在十月，相配故不取），與陽建相對之辰爲午，丙午相合可爲一辰稱爲一合。「雄左行，雌右行」，十一月之後陰建陽建分離，十二月陰建在亥，與其相對之辰爲丙，陽建在丑，與其相合之辰爲未，丙未無法和爲一組干支，故不合。因此在六十干支當中，會出現「八合」現象，詳見下表〔註264〕。

月　份	建　別	辰　位	對　位	相　合
1 月	陰建 陽建	戌 寅	乙 申	×
2 月	陰建 陽建	酉 卯	甲乙 酉	乙 酉
3 月	陰建 陽建	申 辰	甲 戌	甲 戌
4 月	陰建 陽建	未 巳	癸 亥	癸 亥
5 月	陰建 陽建	午 午	壬癸 子	壬 子
6 月	陰建 陽建	巳 未	壬 丑	×
7 月	陰建 陽建	辰 申	辛 寅	×
8 月	陰建 陽建	卯 酉	庚辛 卯	辛 卯
9 月	陰建 陽建	寅 戌	庚 辰	庚 辰
10 月	陰建 陽建	丑 亥	丁 巳	丁 巳
11 月	陰建 陽建	子 子	丙丁 午	丙 午
12 月	陰建 陽建	亥 丑	丙 未	×

〔註264〕本表據鄭慧生：《古代天文曆法研究》，頁 265～266。附圖繪製。

　　甲戌，燕也；乙酉，齊也；丙午，越也；丁巳，楚也；庚辰〔註265〕，

秦也；辛卯，戎也；壬子，代也〔註266〕；癸亥，胡也；戊戌、己亥，

韓也；己酉、己卯，魏也；戊午、戊子，八合天下也。〔註267〕

　　根據上述八合之法，正好可與月份以及代表各區域的干支相互搭配，例
如：八合中的甲戌代表三月，亦爲代表燕地的干支。從甲戌至癸亥，以八合
配八個地區，此又稱大會。以下韓、魏等區域所用之法有別於前者，此法根
據「五行之土居於東西南北中五宮裏的中宮，它要分別的主管一年四季，中
央主戊己，於是甲、丙、庚、壬可以由戊來代替，乙、丁、辛、癸可以由己
來代替〔註268〕」。以甲戌爲例：甲可由戊替代，故變爲戊戌。此法又稱爲小會。
以下列表觀之〔註269〕。

月　份	八　合	區　域	小　會	區　域
1月	×			
2月	乙酉	齊	己酉	魏
3月	甲戌	燕	戊戌	韓
4月	癸亥	胡	己亥	
5月	壬子	代	戊子	□
6月	×		×	
7月	×		×	
8月	辛卯	戎	己卯	魏

〔註265〕「庚辰」本作「庚申」。錢塘云：「申當爲辰，字之誤也。」（清）錢塘：《淮
　　　　南天文訓補注・卷下》，頁74。
〔註266〕莊逵吉云：「代諸本皆作趙，惟藏本作代。」（漢）劉安、（漢）高誘註、（清）
　　　　莊逵吉校：《淮南子》二十一卷，頁121。
〔註267〕（漢）劉安：《淮南子》二十一卷，卷三〈天文〉，頁24～25。
〔註268〕鄭慧生著：《古代天文曆法研究》，頁266。
〔註269〕原文詳見（漢）劉安：《淮南子》二十一卷，卷三〈天文〉，頁24。

9月	庚辰	秦	戊辰	□
10月	丁巳	楚	己巳	□
11月	丙午	越	戊午	□
12月	×		×	

經由干支八合大小會的組合，天下各地皆可藉由天地之道所生的干支、五行、月份等作出巧妙之連結，形成一個氣化生生且縝密結合具有整體的世界，以此推知彼此間之吉凶禍福。

> 太陰、小歲、星、日、辰五神皆合，其日有雲氣風雨，國君當之。
> 天神之貴者，莫貴於青龍，或曰天一，或曰太陰。太陰所居，不可背而可鄉。北斗所擊，不可與敵。〔註270〕

以上〈天文〉所記載太陰紀年、小歲斗杓定月辰、太陰紀年歲星所居辰位、太陽所居星宿、當日日辰所代表之吉凶等等，皆為古曆法中以五神斷定吉凶禍福的數術〔註271〕。此五神若能相合，就算當日氣候出現災異，國君皆能與之對應。天神中最尊貴者為青龍，又稱天一、太陰。舉凡行事皆須配合太陰、北斗運行規律，處事需順太陰所居辰位與北斗所指方向之次序，不可違背與之為敵。

《淮南》藉由說明五神運轉規律，指出天道運行皆有自然之理序存在，君主百姓行事不可違反，因為天地萬物的產生皆為宇宙間陰陽二氣所生，故萬物本質同為一氣流行，其中又以人最為尊貴，人體關節、孔竅數目皆與天道運行所生的四時、十二月數目相合，天人相應，因此人之行事需遵循天道運行的準則不可違逆。

〔註270〕（漢）劉安：《淮南子》二十一卷，卷三〈天文〉，頁25。
〔註271〕陶磊云：「引文最後提到的五神太陰、小歲、星、日、辰，當就是前面討論的歲月日星辰，太陰與歲相對應，十二歲名的更替由太陰的位置決定。小歲即月建，是以小歲與月相對應。……儘管《天文》這些文字不容易讀懂，但其大概內容是清楚的，它記述的是根據五神位置并輔以分野學說判斷吉凶宜忌的數術，……筆者以為就是『五家曆』。當然，這裡記述的只是『五家曆』的綱領。」陶磊：《〈淮南子・天文〉研究：從數術史的角度》，頁143～144。

以日冬至數至來歲正月朔日，滿五十日者，民食足；不滿五十日，

日減一升〔註272〕；有餘日，日益一升。〔註273〕

〈天文〉採用太陰記歲，因此人民農事耕種亦須配合太陰運轉規律，因此古人歸納整理出太陰年農作物生長情況以及社會上會出現的災禍，企圖達到提醒國君以及人民注意太陰運行造成作物盈收狀況的變化。根據觀察若冬至到隔年正月初一，剛好滿五十天，則人民糧食充足；若不滿五十天，則每少一天收成減少一升；若超過五十天，則每超過一天增加一升。因此，〈天文〉記載觀測歲星變化與太陰歲名、災異、歲收間的詳細關係，以下整理列表觀之。

太歲歲司災異〔註274〕

太陰歲名	歲名由來	災　　異	歲收	太陰居辰	相合天干	歲陽名	歲陽名之由
攝提格	格，起。言万物承陽而起也	歲早水晚旱，稻疾，蠶不登，菽麥昌	民食四升	寅	甲	閼蓬	言万物鋒芒欲出擁遏未通故曰閼蓬也
單閼	單，盡。閼，止也。言陽氣惟萬物而起，陰氣盡止也	歲和，稻菽麥蠶昌	民食五升	卯	乙	旃蒙	在乙言蒙物遏蒙甲而出，故曰旃蒙也
執徐	執，蟄。徐，舒也。言伏蟄之物，皆散舒而出也	歲早旱晚水，小饑，蠶閉，麥熟	民食三升	辰	丙	柔兆	在丙萬物皆生枝布葉故曰柔兆也
大荒落	荒，大也。方萬物熾盛而大出霍然落落大布散	歲有小兵，蠶小登，麥昌，菽疾	民食二升	巳	丁	強圉	在丁言萬物剛盛，故曰強圉也

〔註272〕「以日冬至數至來歲正月朔日，滿五十日者，民食足；不滿五十日，日減一升」本作「以日冬至數來歲正月朔日，五十日者，民食足；不滿五十日，日減一十」。王念孫云：「太平御覽時序部十三、十四引此，數下有至字，『五十日』上有滿字，『一斗』作『一升』，皆是也。」（清）王念孫：《讀書雜志》（全二冊），下冊，頁804。又本斗誤作十，

〔註273〕（漢）劉安：《淮南子》二十一卷，卷三〈天文〉，頁25。

〔註274〕原文詳見（漢）劉安：《淮南子》二十一卷，卷三〈天文〉，頁25。

敦牂	敦，盛。牂，壯也。言萬物皆盛壯也〔註275〕	歲大旱，蠶登，稻疾，菽麥昌，禾不為	民食二升	午	戊	著雝	在戊言位在中央，萬物繁養日方，故曰著雝也
協洽	協，和也。洽，合也。言陰陽欲化，萬物和合〔註276〕	歲有小兵，蠶登，稻昌，菽麥不為	民食三升	未	己	屠維	在己言萬物，各成其性，故曰屠維。屠，別。維，離也
涒灘	涒，大。灘，循也。言萬物皆循其精氣也〔註277〕	歲和，小雨行，蠶登，菽麥昌	民食三升	申	庚	上章	在庚，言陰氣上升，万物畢生，故曰上章也
作鄂	作鄂，零落也，言万物皆陊落也〔註278〕	歲有大兵，民疾，蠶不登，菽麥不為，禾蟲	民食五升	酉	辛	重光	在辛，言萬物就成熟，其光煌煌〔註279〕，故曰重光也
掩茂	掩，蔽也。茂，冒也。言万物皆蔽冒也〔註280〕	歲小饑，有兵，蠶不登，麥不為，菽昌	民食七升	戌	壬	玄黓	在壬，言歲終包任万物，故曰玄黓也

〔註275〕「敦，盛。牂，壯也。言萬物皆盛壯也」本作「言萬物皆盛狀也，敦牂，敦，盛；牂，壯也」。于大成云：「五行大義注此注作『敦，盛。牂，壯也。言萬物皆盛壯也』，揆之上下注文例，亦當如此。」于大成：《淮南鴻烈論文集》（全二冊），上冊，頁322。

〔註276〕「協，和也。洽，合也。言陰陽欲化，萬物和合」本作「協，和。洽，合也。言陰欲化，萬物和合」。呂傳元云：「高注『陰欲化』，當有訛脫。開元占經二十三引李巡注爾雅云：『協洽，言陰陽化生，萬物和合』，當據改。」（清）呂傳元：《淮南子斠補》（影戴庵叢書，1926年），頁7。

〔註277〕「灘，循也。言萬物皆循其精氣也」本作「灘，脩也。言萬物皆脩其精氣也」。桂馥云：「兩脩字寫誤，並當爲循。高注呂氏春秋序意篇『歲在涒灘』云：『涒，大也。灘，循也。萬物皆大循其情性也。』」（清）桂馥：《札樸》（北京：中華書局，1992年），頁302。

〔註278〕「言万物皆陊落也」本作「万物皆陊落」。于大成云：「五行大義作『言萬物皆陊落也』是也。上下例文皆如此。」同註275，上冊，頁323。

〔註279〕「其光煌煌」本作「其煌煌」。吳承仕云：「文當作『其光煌煌』。郝懿行爾雅義疏引有光字，蓋依義補之。」吳承仕：《淮南子校理》，頁22。

〔註280〕「掩，蔽也。茂，冒也。言万物皆蔽冒也」本作「掩，蔽。茂，冒。言万物皆蔽冒」。于大成云：「五行大義引注文蔽下、兩冒字下竝有也字。李巡亦作『閹，蔽也。茂，冒也』。茅本、錢塘補注本兩冒字下竝有也字。」同註275，上冊，頁324。

大淵獻	淵，藏也〔註281〕。獻，迎也。言万物終在亥，大小深藏窟伏，以迎陽	歲有大兵，大饑，蠶開，菽麥不爲，禾蟲	民食三升	亥	癸	昭陽	在癸，言陽氣始萌，万物含生〔註282〕，故曰昭陽
困敦	困敦，混沌也〔註283〕。言陽氣皆混沌，万物牙孽也	歲大霧起，大水出，蠶登，稻疾，麥昌	民食三升	子			
赤奮若	奮，起也。若，順也。言陽奮物而起之〔註284〕，无不順其性也。赤，陽色	歲有小兵，早水，蠶不出，稻疾，菽不爲，麥昌	民食一升				

　　此表除了可以看出太陰歲名與歲收之間的關係外，藉由高誘注文還可發現太陰、歲陽之名的訂定，與陰陽二氣的消長有密切關係。以攝提格之歲爲例：太陰在寅曰攝提格，攝提爲星名，「它是表示時節的星座〔註285〕」，其所代表的月份爲正月，此時陰氣大盛萬物閉藏，陽氣雖潛藏未現但已萌發，萬物醞釀將起。此時歲陽在甲名曰閼蓬，此歲名之意同樣代表萬物欲出但仍被陰氣所遮掩而未出之貌。

　　太陰、歲陽名稱的產生早在《爾雅》當中就有詳細的紀錄〔註286〕，可知其由來已久，而高誘注文中以陰陽二氣消長對歲名作出詮釋，可見歲名由來

〔註281〕「淵，藏也」本作「淵，藏」。于大成：「五行大義引有也字。」于大成：《淮南鴻烈論文集》（全二冊），上冊，頁325。

〔註282〕「万物含生」本作「万物合生」。吳承仕云：「合生當作含生，字之誤也。郝懿行引正作含，亦依義正之。」吳承仕：《淮南子校理》，頁22。

〔註283〕「困敦，混沌也」本作「困，混。敦，沌也」。于大成云：「占經引孫炎爾雅注作『困敦，混沌也』，與上『作鄂，零落也』注文一例，殊勝此二字分別爲訓者。」同註281，上冊，頁325。

〔註284〕于大成云：「五行大義引作『言陽氣奮迅萬物而起』，與天中記引同。」同註281，上冊，頁325。

〔註285〕陳遵嬀：《中國天文學史》第二冊，頁11。

〔註286〕《爾雅·釋天》：「大歲在寅曰攝提格。在卯曰單閼。在辰曰執徐。在巳曰大荒落。在午曰敦牂。在未曰協洽。在申曰涒灘。在酉曰作噩。在戌曰閹茂。在亥曰大淵獻。在子曰困敦。在丑曰赤奮若。」（晉）郭璞注、（宋）邢昺疏：《爾雅注疏》十卷（臺北：藝文印書館，2001年12月，《十三經注疏》本影嘉慶二十年重刊宋本），卷六，頁95～96。

中應已蘊含有氣化生生的觀念，因此才會藉由十二個月陰陽二氣變化情況設計歲名名稱。

綜觀〈天文〉內容《淮南》皆以陰陽五行相生相勝的氣化觀，作為詮釋全篇思想內容的理論基礎。透過以上的討論與分析，可歸納出幾個重點：

第一，道無所不在：不論是在描述天文星象的移轉，或是陰陽曆法數術，《淮南》都是以陰陽五行之氣的消息作用詮釋其變化規律，而陰陽五行又皆為無限道體生生作用中所蘊含的內容。由此可知道中有氣，若道中無氣，道便只是形上虛霩，而道所生之虛霩、宇宙皆以氣為內涵，氣為道中關鍵之創生元素與作用。透過陰陽二氣交互作用創生萬物，同時透過氣的作用使無限道體具體落實存在於天地萬物之中。

第二，動態的宇宙觀：道與氣的特色都是生生流動不已的，故道透過氣化作用落實於天地萬物之中，天地萬物也蘊含了生生不息的。而〈天文〉藉由記載二十四節氣、十二月律、四時、五行時令、星象及太陰曆法觀等，皆是年復一年，周行不殆的運行。因此只要最高的道體存在，時空就會不斷輪轉，其中的氣化生生作用就會不斷地展現，形成一個流動不已動態運轉的宇宙觀。

第三，具體又無限的氣化整體觀：〈天文〉最特別的就是以陰陽五行系統所建構的天文曆法觀，例如二十四節氣、十二月律、陰陽刑德數術、五星、五行時令等，雖然這些規律看似具體而有限，但因為道有無限生生的特質，故只要道體存在，道所生之時空與其中的氣化作用便會輪轉不息，可知其目的在建構並詮釋一個具體但無限生生的氣化整體宇宙觀。

二、地之所載，六合之間，四極之內

《淮南》中對地理的記載保留了許多漢代以前先民對地理的觀察與記載，內容延續了《山海經》以來遠古的神話觀，並結合了鄒衍陰陽五行學說所推衍的大九州說，發展出一套獨特的由陰陽五行所組成的無限又具體真實的世界。以下試論之。

（一）天地之間，九州八極

地之所載，六合之間，四極之內，昭之以日月，經之以星辰，紀之以四時，要之以太歲。天地之間，九州八極，土有九山，山有九塞，

澤有九藪，風有八等，水有六品。〔註287〕

《淮南》首先就對地形所要討論之內容作一規範，它認為凡地之所承載，包含於六合與四極之中的所有事物，除了九州、八極、九山、九塞、九藪、六水之外，亦包含了八方之風。

此外，由〈地形〉所言可看出，它應是受到了鄒衍大九州說的影響，因此對地形的劃分多以九為劃分單位。除了九州以方位作出規劃，其餘內容皆是承襲自《呂氏春秋‧有始覽》〔註288〕。以下就九州之內容整理列表觀之〔註289〕。

西北 台州肥土	正北 泲州成土	東北 薄州隱土 高注：薄，猶平也。隱，氣所隱藏，故曰隱土也。
正西 弇州并土 高注：并，猶成也。八月建酉，百穀成熟，故曰并土也。	正中 冀州中土 高注：冀，大也。四方之主，故曰中土也。	正東 陽州申土 高注：申，復也。陰氣盡於北，陽復氣起東北，故曰申土。
西南 戎州滔土 高注：滔，大也。七月建申，五穀成大，故曰滔土也。	正南 次州沃土 高注：沃，盛也。五月建午，稼穡盛張，故曰沃土也。	東南 神州農土 高注：東南辰焉，農祥，后稷之所經緯也，故曰農土。

由此觀之，當時的地理觀認為大地是由九個區域所組成，這正好與〈天文〉九天的觀念呼應，透過兩者的結合，可知當時人將天地視為一個整體。此外，〈地形〉的劃分與陰陽二氣之消長變化有密切關係，以正東為例：正東陽州又名申土，高誘以此地為陰氣潛藏，陽氣復始之地，申，復也，故曰申土。可見當時地理觀深受陰陽氣化宇宙論之影響。

〔註287〕（漢）劉安：《淮南子》二十一卷，卷四〈地形〉，頁 26。「地之所載」本作「墜形之所載」。王念孫云：「此篇皆言地之所載，地下不當有形字，此因篇名而誤衍耳。」（清）王念孫：《讀書雜志》（全二冊），下冊，頁 805。

〔註288〕（周）呂不韋等撰、陳奇猷校釋：《呂氏春秋校釋》（全二冊），上冊，卷十三〈有始覽〉，頁 658。

〔註289〕原文詳見（漢）劉安：《淮南子》二十一卷，卷四〈地形〉，頁 26。

九州之大，純方千里。九州之外，乃有八殥，亦方千里：自東北方
曰無通，曰大澤〔註290〕；東方曰大渚，曰少海；東南方曰具區，曰
亢澤〔註291〕；南方曰大夢，曰浩澤；西南方曰渚資，曰丹澤；西方
曰九區，曰泉澤；西北方曰大夏，曰海澤；北方曰大冥，曰寒澤。
凡八殥八澤之雲，是雨九州。八殥之外，而有八紘，亦方千里：自
東北方曰和丘，曰荒土；東方曰棘林，曰桑野；東南方曰大窮，曰
眾女；南方曰都廣，曰反戶；西南方曰焦僥，曰炎土；西方曰金丘，
曰沃野；西北方曰一目，曰沙所；北方曰積冰，曰委羽。凡八紘之
氣，是出寒暑，以合八正，必以風雨。八紘之外，乃有八極：自東
北方曰方土之山，曰蒼門；東方曰東極之山，曰開明之門；東南方
曰波母之山，曰陽門；南方曰南極之山，曰暑門；西南方曰偏駒之
山〔註292〕，曰白門；西方曰西極之山，曰閶闔之門；西北方曰不周
之山，曰幽都之門；北方曰北極之山，曰寒門。凡八極之雲，是雨
天下：八門之風，是節寒暑；八紘、八殥、八澤之雲，以雨九州而
和中土。〔註293〕

當時根據鄒衍之說將中國稱爲赤縣神州，神州之內可分爲九州，之外亦
有如神州者九，此爲大九州說。在此〈地形〉對九州以外的世界進行說明，
它認爲九州之外爲八殥，八殥之外爲八紘，八紘之外爲八極，並分別根據推
想給了不同的名稱。而中國所在的赤縣神州位於中央，外有八殥、八紘、八
極，這應是受漢武帝時以土爲尊的觀念所影響，而表現出時人認爲中國在世
界中央，以中央土爲尊的地理觀。

〔註290〕「自東北方曰無通，曰大澤」本作「自東北方曰大澤，曰無通」。俞樾：「此
當作『自東北方曰無通，曰大澤』，方與下文『東方曰大渚，曰少海』，『東南
方曰具區，曰亢澤』，『南方曰大夢，曰浩澤』，『西南方曰渚資，曰丹澤』，『西
方曰九區，曰泉澤』，『西北方曰大夏，曰海澤』，『北方曰大冥，曰寒澤』，文
義一律。」（清）俞樾：《諸子平議》，頁936。
〔註291〕「亢澤」本作「元澤」。王念孫云：「元澤當爲亢澤，字之誤也。」（清）王念
孫：《讀書雜志》（全二冊），下冊，頁807。
〔註292〕「西南方曰偏駒之山」本作「西南方曰編駒之山」。顧廣圻云：「思玄賦李注
引編作偏。」于大成云：「偏字是也。」（漢）劉安、（漢）高誘註、（清）莊
逵吉校：《淮南子》二十一卷，頁137；于大成：《淮南鴻烈論文集》（全二冊），
上冊，頁366。
〔註293〕（漢）劉安：《淮南子》二十一卷，卷四〈地形〉，頁27～28。

（二）中央四達，風氣之所通

> 凡地形：東西爲緯，南北爲經；山爲積德，川爲積刑；高者爲生，
> 下者爲死；丘陵爲牡，谿谷爲牝；水圓折者有珠，方折者有玉；清
> 水有黃金，龍淵有玉英。〔註294〕

《淮南》以陰陽觀對地形的現象作出解釋，故云山、高者、丘陵爲陽爲德主生，川、下者、谿谷爲陰爲刑主死，明顯具有陰陽刑德觀念。此外〈地形〉還對礦物生成之理作出推想，而認爲珠生於水圓處；玉生於方折處；清水與龍淵中易產生珍貴的黃金與玉英。

> 故南方有不死之草，北方有不釋之冰，東方有君子之國，西方有形
> 殘之尸。〔註295〕

此段〈地形〉以陰陽觀描述四方物類之特色，南方陽氣極勝，故有不死之草；北方陰氣極勝，故有不釋之冰；東方爲陽氣始出之處，故有君子之國；西方陽氣消滅，故有形殘之尸。〈地形〉藉由陰陽二氣的變化，解釋其對四方物類的推測。此外〈地形〉又云：「是故白水宜玉，黑水宜砥，青水宜碧，赤水宜丹，黃水宜金，清水宜龜〔註296〕」，則是藉由陰陽五行有無限生生創造之特色，對五色特質，描繪其對水質、水所產之物作出詮釋。

> 東方川谷之所注，日月之所出，其人兌形小頭，隆鼻大口，鳶肩企
> 行，竅通於目，筋氣屬焉，蒼色主肝，長大早知而不壽；其地宜麥，
> 多虎豹。南方陽氣之所積，暑濕居之，其人修形兌上，大口決眦，
> 竅通於耳，血脈屬焉，赤色主心，早壯而夭；其地宜稻，多兕象。
> 西方高土，川谷出焉，日月入焉，其人面末僂，脩頸卬行，竅通於
> 鼻，皮革屬焉，白色主肺，勇敢不仁；其地宜黍，多旄犀。北方幽
> 晦不明，天之所閉也，寒冰之所積也〔註297〕，蟄蟲之所伏也，其人
> 翕形短頸，大肩下尻，竅通於陰，骨幹屬焉，黑色主腎，惷愚而壽
> 〔註298〕；其地宜菽，多犬馬。中央四達，風氣之所通，雨露之所會

〔註294〕（漢）劉安：《淮南子》二十一卷，卷四〈地形〉，頁31。

〔註295〕同註294，卷四〈地形〉，頁28。

〔註296〕同註294，卷四〈地形〉，頁29。

〔註297〕「寒冰之所積也」本作「寒水之所積也」。王念孫云：「寒水當爲寒冰，字之
誤也。」（清）王念孫：《讀書雜志》（全二冊），下冊，頁808。

〔註298〕「惷愚而壽」本作「其人惷愚，禽獸而壽」王念孫云：「自『翕形短頸』以下
六句，皆承上『其人』二字言之，則『惷愚』上不當更有『其人』二字。……
又按：禽獸二字，妄人所加也。」同註297，下冊，頁809。

也，其人大面短頤，美鬚惡肥，竅通於口，膚肉屬焉，黃色主胃，

慧聖而好治；其地宜禾，多牛羊及六畜。〔註299〕

此段《淮南》以五行結構描述五方受地氣影響在地貌、人民長相、物產等所造成氣類相感的現象〔註300〕。以東方為例：地東南傾，故東方為河川溪谷匯流之處，也是日月升起之處。居處東方之人長相特色為小頭、鼻高、嘴大、肩聳高似鳶鳥蹠腳行走，全身孔竅與眼相通，筋絡之氣亦與眼連。東方在五色中屬青色，五臟中屬肝。東方人身材高大，智慧早開但不長壽。東方適合長麥，且多有虎豹。以上描述可能是經過實際觀察再加上古代神話傳說的影響，最後搭配上五行特色，形成特殊的氣化地理觀。

此外，《淮南》特別重視五行的中央土的地位，因此認為中央的地形、氣候最適合人民居住，人民身形最和諧，故將位處中原的漢朝與五行中的中央土相連結，並突顯其重要性與獨特性。

（三）五行相治

木勝土，土勝水，水勝火，火勝金，金勝木，故禾春生秋死，菽夏生冬死，麥秋生夏死，薺冬生中夏死。〔註301〕

此為《淮南》的五行相勝之說，五行相勝的次序為木、土、水、火、金、木，依次不斷輪轉。根據此理，《淮南》提出物類生滅的過程說明五行相勝關係，以禾為例：高誘云：「禾者木，春王而生木，秋，金王而死〔註302〕」，禾屬木，木主春，故禾於春季生長，金勝木，金主秋，故秋季金氣勝而禾亡。

木壯水老火生金囚土死，火壯木老土生水囚金死，土壯火老金生木囚水死，金壯土老水生火囚木死，水壯金老木生土囚火死。〔註303〕

生壯次序	木　行	火　行	土　行	金　行	水　行
壯	木	火	土	金	水
老	水	木	火	土	金

〔註299〕（漢）劉安：《淮南子》二十一卷，卷四〈地形〉，頁 29。「其人大面短頤」本作「其人大面短頸」。頸今本皆作頤，當據改。
〔註300〕高麗珍云：「『氣』與『五行空間』的整合創造了中國特有環境的概念與世界意象。」高麗珍：《淮南子神話與古代地理知識的探討》（臺北：揚智文化，1993 年 4 月），頁 108。
〔註301〕同註299，卷四〈地形〉，頁 29。
〔註302〕同註299，卷四〈地形〉，頁 29。
〔註303〕同註299，卷四〈地形〉，頁 29。

生	火	土	金	水	木
囚	金	水	木	火	土
死	土	金	水	木	火

此為五行生壯死的循環過程，當五行中木行壯大時，水行衰老，火行生長，金行囚困，土行死亡。《淮南》試圖藉由整理出五行生壯死之次序，對五行所生之物類間相互的關係進行分析。

> 音有五聲，宮其主也。色有五章，黃其主也。味有五變，甘其主也。
> 位有五材，土其主也。是故鍊土生木，鍊木生火，鍊火生雲，鍊雲
> 生水，鍊水反土。鍊甘生酸，鍊酸生辛，鍊辛生苦，鍊苦生鹹，鍊
> 鹹反甘。變宮生徵，變徵生商，變商生羽，變羽生角，變角生宮。
> 是故以水和土，以土和火，以火化金，以金治木，木復反土。五行
> 相治，所以成器用。〔註304〕

五行當中以土為尊，故五音以宮為主、五色以黃為主、五味以甘為主，因為這些事物皆為土行所生。接著，《淮南》描述五行相治的次序為土（甘）、木（酸）、火（辛）、雲（苦）、水（鹹）、土（甘），故提煉土可生木，提煉甘味可得酸味，依次循環不已。接著，《淮南》言五音相變之理與五行相和之理，五音相變次序為土、火、金、水、木、土，而五行相和次序為水、土、火、金、木、土，兩者不盡相同。而《淮南》指出五行相治之理為鍛鍊器物可以為用的重要準則。

此外，〈地形〉中還有一段以五行論萬物演化過程的描繪，分別記述了人、鳥、獸、魚、龜五類生物的演進過程，以下列表觀之。〔註305〕

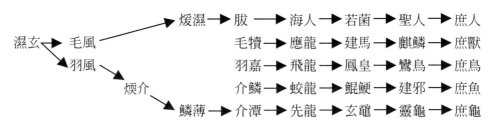

〈地形〉認為濕玄為有形生類最初的根源，濕玄生毛風（獸類），毛風生煖濕，煖濕生肢（人類）；濕玄生羽風（鳥類），羽風生煖介（魚類），煖介生

〔註304〕（漢）劉安：《淮南子》二十一卷，卷四〈地形〉，頁29。
〔註305〕原文詳見（漢）劉安：《淮南子》二十一卷，卷四〈地形〉，頁31。

鱗薄，鱗薄生介潭（龜類）。《淮南》藉由觀萬物相生之理之博雜，企圖詮釋論證道之無限生生，故陳靜云：

> 《地形訓》的分類方式傳達了了不起的觀念信息：首先，《淮南子》已經有了明確的生物分類觀念，這一觀念不見于《淮南子》同時代的其他著作；第二，各類生物都有自己的生化過程，并不是生來就如此的。這種物種生化的思想與《淮南子》的宇宙生成思想是一致的。……在《地形訓》認為作者們不乏混亂的玄想中，各類動物是具有統一來源的。這是清楚的，這一點與《淮南子》道生萬物的思想也是一致的〔註306〕。

〈地形〉中除了記載動物生化過程之外，亦試圖對植物的生化過程進行推演詮釋，以下列表觀之。〔註307〕

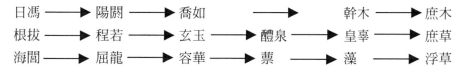

〈地形〉在此將植物分為木、草、浮草三類，並藉推想依次描述其生化過程，由此可知，如同動物的生化一般，植物間也有極為複雜的生成次序，透過此生生次序，不同的植物類別依序生成。

　　總而觀之，《淮南》認為萬物生化過程是繁複且有次序的，這正好呼應道由無形生有形之過程，同樣都是層層論述，彰顯其玄妙不可言說但仍有一次序存在的特性。此外，〈地形〉透過描繪飛禽動植的演化次序，補充了道由無形之氣凝結化生有形萬物中間的過程，同時可知陰陽二氣交互調和創生萬物是有規律次序的，陰陽二氣透過其間蘊含之生化理序創造萬殊物類。最後，藉由動植物間玄妙但有次序的生成次序可知，不同形類之物間各自擁有著不同的生化方式，充分展現有形世界間仍充滿無限的變化可能，藉此反證初始道體具有無限生生的特質。

〔註306〕陳靜：《自由與秩序的困惑——《淮南子》二十一卷研究》（昆明：雲南大學出版社，2004 年 11 月），頁 283～284。
〔註307〕原文詳見（漢）劉安：《淮南子》二十一卷，卷四〈地形〉，頁 31。

三、時則者，所以上因天時，下盡地力，據度行當，合諸人則，刑十二節

《淮南》將天地萬物變化規律以氣化生生之理詮釋，其目的在提供君王施政行事之參考，因此，《淮南》根據《呂氏春秋》十二紀的觀念，透過〈時則〉歸納十二月份陰陽五行之氣運行的規律與行事準則。以下整理列表觀之〔註308〕。

季月	天象	五方	日	盛德	蟲	音	律	數	味	臭	祀	祭先	樂	兵	畜	月官	樹
孟春	招搖指寅，昏參中，旦尾中	東	甲乙	木	鱗	角	太蔟	八	酸	羶	戶	脾	鼓琴瑟	矛	羊	正月官司空	楊
仲春	招搖指卯，昏弧中，旦建星中	東	甲乙		鱗	角	夾鍾	八	酸	羶	戶	脾	鼓琴瑟	矛	羊	二月官倉	杏
季春	招搖指辰，昏七星中，旦牽牛中	東	甲乙		鱗	角	姑洗	八	酸	羶	戶	脾	鼓琴瑟	矛	羊	三月官鄉	李
孟夏	招搖指巳，昏翼中，旦婺女中	南	丙丁	火	羽	徵	仲呂	七	苦	焦	灶	肺	吹竽笙	戟	雞	四月官田	桃
仲夏	招搖指午，昏亢中，旦危中	南	丙丁		羽	徵	蕤賓	七	苦	焦	灶	肺	吹竽笙	戟	雞	五月官相	榆
季夏	招搖指未，昏心中，旦奎中	中央	戊己	土	嬴	宮	百鐘	五	甘	香	中霤	心		劍	牛	六月官少內	梓
孟秋	招搖指申，昏斗中，旦畢中	西	庚辛	金	毛	商	夷則	九	辛	腥	門	肝	撞白鐘	戈	狗	七月官庫	楝
仲秋	招搖指酉，昏牽牛中，旦觜嶲中	西	庚辛		毛	商	南呂	九	辛	腥	門	肝	撞白鐘	戈	犬	八月官尉	柘

〔註308〕原文詳見（漢）劉安：《淮南子》二十一卷，卷五〈時則〉，頁32～38。

季秋	招搖指戌，昏虛中，旦柳中	西	庚辛		毛	商	無射	九	辛	腥	門	肝	撞白鐘	戈	犬	九月官候	槐
孟冬	招搖指亥，昏危中，旦七星中	北	壬癸	水	介	羽	應鐘	六	鹹	腐	井	腎	擊磬石	鐵	彘	十月官司馬	檀
仲冬	招搖指子，昏壁中，旦軫中	北	壬癸		介	羽	黃鐘	六	鹹	腐	井	腎	擊磬石	鐵	彘	十一月官都尉	棗
季冬	招搖指丑，昏婁中，旦氐中	北	壬癸		介	羽	大呂	六	鹹	腐	井	腎	擊磬石	鐵	彘	十二月官獄	櫟

　　根據歸納可看出幾個重點：（一）天道的運行是無限生生輪轉的，而十二月紀、二十八星宿的運行也是年復一年，周而復始的，可知此規律中蘊含天道生生不息之規律，因此君王只要遵循十二月紀之規範，自然就能順天體道。（二）〈時則〉將十二月紀與五行相生次序作緊密結合，〈時則〉將孟春、仲春、季春配木；孟夏、仲夏配火；季夏配土；孟秋、仲秋、季秋配金；孟冬、仲冬、季冬配水，彌補《呂氏春秋》中土行附在季夏之中而無配一紀的缺憾，雖有些牽強，但可看出五行中土行觀念開始提升，故將它配入一紀。（三）天道運行中蘊含陰陽五行生生循環之理，十二紀中如五方、天干日、五德、蟲、音、味、臭、祀、祭先、兵、畜等皆是根據五行相生次序安排入十二紀中，至於十二月間物候的變化，〈時則〉則以陰陽二氣的消長加以詮釋。以下舉孟春紀加以說明。

　　孟春之月，用以判斷時節的招搖星指向寅位，此時傍晚可見參宿，早晨可見尾宿，而根據五行之理，此紀天干為甲乙日、行木德、有鱗片的動物開始生長、五音屬角、十二律屬太簇、五行之數為八、味主酸、臭主羶、祭祀須先祭戶與脾。而此時陽氣始出，故可使冰解凍，蟄伏之蟲開始生長，魚浮出水面，獺始獵魚，侯鳥往北飛，此為孟春物候的變化。因此君主行事須依照孟春之理，故衣著、車乘、佩玉、建旗、宮女皆須依木行為青色，此時君主須居處東宮，明堂則須位於青陽左个。〈時則〉中並規定君王孟春時須行此時節之法令，否則會違反天道氣化之運行，天便會降下災異譴告。

　　六合：孟春與孟秋為合，仲春與仲秋為合，季春與季秋為合，孟夏與孟冬為合，仲夏與仲冬為合，季夏與季冬為合。孟春始贏，孟秋

始縮；仲春始出，仲秋始內；季春大出，季秋大內；孟夏始緩，孟
冬始急；仲夏至修，仲冬至短；季夏德畢，季冬刑畢。〔註309〕

此為十二月紀中的六合之法，《淮南》認為十二紀除了各自有應行之理，
同時也會相互配合影響，如孟春與孟秋相合，故孟春萬物開始生長，孟秋萬
物就會開始消亡。除了萬物生長的狀況之外，〈時則〉也記載若失其政令對六
合所造成的影響。

故正月失政，七月涼風不至；二月失政，八月雷不藏；三月失政，
九月不下霜；四月失政，十月不凍；五月失政，十一月蟄蟲冬出其
鄉；六月失政，十二月草木不脫；七月失政，正月大寒不解；八月
失政，二月雷不發；九月失政，三月春風不濟；十月失政，四月草
木不實；十一月失政，五月下雹霜；十二月失政，六月五穀疾狂。
春行夏令泄，行秋令水，行冬令肅。夏行春令風，行秋令蕪，行冬
令格。秋行夏令華，行春令榮，行冬令耗。冬行春令泄，行夏令旱，
行秋令霧。〔註310〕

〈時則〉舉出若正月失政，就會影響其六合相對之七月節氣及物候失衡。
且若在不對的季節施行不對之政令，就會導致節氣錯亂，影響物候的變遷。
除了十二月紀之規律外，〈時則〉還對中土之外五方之民的行事施政提出規
範，皆可看出漢人運用陰陽五行相生之法，詮釋無限生生但具體博雜之氣化
宇宙世界，並且希望了解規律次第，作為人事的規範準則。因此，〈時則〉創
作目的在提醒君王了解並遵天道倫常之理的重要，故於最後說明君王之所以
必須因循天道運行之由。

制度〔註311〕：陰陽大制有六度：天為繩，地為準，春為規，夏為衡，
秋為矩，冬為權。繩者，所以繩萬物也。準者，所以準萬物也。規
者，所以員萬物也。衡者，所以平萬物也。矩者，所以方萬物也。
權者，所以權萬物也。……明堂之制，靜而法準，動而法繩，春治
以規，秋治以矩，冬治以權，夏治以衡，是故燥溼寒暑以節至，甘
雨膏露以時降。〔註312〕

〔註309〕（漢）劉安：《淮南子》二十一卷，卷五〈時則〉，頁39。
〔註310〕同註309，卷五〈時則〉，頁39。
〔註311〕「制度」本作「製度」。製度今本皆作制度，且下云陰陽大制，當據改。
〔註312〕同註309，卷五〈時則〉，頁39～40。

　　陰陽之氣化生天地四時，並隨四時不斷輪轉生生不息，故可作爲天地間的規律準則。《淮南》將春夏秋多視爲天道運行的準繩，希望透過掌握天地四時變化，爲君王設計出十二月紀明堂制度，君王只須遵守此法，就能達到體天行道的目的。總而言之，《淮南》將天地四時的運轉次序轉變爲君王施政的政治次序，便是企圖藉由人法天，天回應祥瑞節氣變化，達到天人感應、天人是一的終極目標。

第四節　古之人，同氣于天地

　　〈本經〉云：「古之人，同氣于天地，與一世而優游〔註313〕」，天地一切萬物皆道中陰陽二氣交互作用所生。而「精氣爲人，煩氣爲蟲〔註314〕」，人是氣中最精華的部分所生，故能與天通、相互感應，如此肯定了人尊貴的地位及與動物間的差別〔註315〕。《淮南》認爲萬物與人的內在本質同爲一氣，但有精煩之殊，因此針對人的組成做了詳細的闡述，強調人的尊貴與獨特性。《淮南》認爲人是由形氣神所組成，形氣神是人內在最基本的構造與作用，以下試論之。

一、形者，生之舍

> 夫形者，生之舍也；氣者，生之元也〔註316〕；神者，生之制也。一
> 失位，則二者傷矣。〔註317〕

　　形爲形體，是生命所居處的地方，人的生命要有所寄託，一定要有形體作爲乘載的工具，否則人便無法具體的有所表現。然而天人相應，因此人之四肢、五臟、九竅、骨節、感官皆與天道運行之理相互感應，故云：「故頭之圓也象天，足之方也象地。天有四時、五行、九解、三百六十日，人亦有四支、

〔註313〕（漢）劉安：《淮南子》二十一卷，卷八，頁52。
〔註314〕同註313，卷七〈精神〉，頁45。
〔註315〕戴黍云：「在世間萬物之中，爲人得『精氣』而可獨爲一『小宇宙』，不僅人可與天相通，而且天的作用，往往要通過人而得以實現，『人』是凝聚萬物萬事的焦點。」戴黍：《淮南子治道思想研究》（廣州：中山大學出版社，2005年9月），頁44。
〔註316〕「氣者，生之元也」本作「氣者，生之充也」。王念孫云：「充本作元，此涉下文氣不當其所充而誤也。元者，本也。言氣爲生之本也。……一失位則二傷，謂此三者之中一者失位則二者皆傷也。各本二作三，因下文此三者而誤。」（清）王念孫：《讀書雜志》（全二冊），下冊，775。
〔註317〕同註313，卷一〈原道〉，頁9。

五藏、九竅、三百六十節〔註318〕。天有風雨寒暑，人亦有取與喜怒。〔註319〕」

其次，「形體以成，五藏乃形〔註320〕」，《淮南》認爲五藏是形體中最重要的器官，五臟是形體中最早形成的部分，因此在形體形成的同時，五藏也同時形成並開始作用。《淮南》所謂的五藏爲「心、膽、肺、脾、腎」，以下列表觀之〔註321〕。

五藏	心	肺	腎	脾	膽
四官		目	鼻	口	耳
高注		肺象朱雀，朱雀，火也，火外景，故主目	腎象龜，龜，水也，水所以通溝，鼻所以通氣也，故主鼻也		膽，金也，金內景，故主耳也
四候		氣	雨	風	雲
高注	心，土也，故爲四行之主也	肺，火也，故爲氣	腎，水也，因水故雨。雨或作電。腎，水也，水爲光，故爲電	脾，木也，木爲風生，故爲風	膽，金也，金石雲之所出，故爲雲

〈淮南〉認爲五藏所主感官作用皆與五行系統及其特性有關。以腎爲例：高誘認爲《淮南》將腎影響鼻的運作，是因爲腎形象龜，龜與水同類相應，水的特性在於能溝通，與鼻能通氣的特質正好相應，故曰腎主鼻主水。此外，腎主水，正與天候降雨同類相應，因此可相互影響。

其次，《淮南》主張天人相應，故人身器官可與天之器官感應，因爲兩者本質相同，都是陰陽二氣，且同爲向外表現的管道。因此，《淮南》再次點出氣的重要性，認爲血氣流通全身的特質，就如同風雨調節天候般重要，而臟器當中耳內景、目外景的特質，也正好與日月相應〔註322〕。

〔註318〕「天有四時」本作「有四時」。今本皆作天有四時，文義較全，當據補。「三百六十日」、「三百六十節」本作「三百六十六日」、「三百六十六節」。王念孫云：「『三百六十六日』、『三百六十六節』本作『三百六十日』、『三百六十節』。後人以堯典言『朞三百有六旬有六日』，故於上句加六字，因併下句而加之也。不知三百六十日，但舉大數言之。」（清）王念孫：《讀書雜志》（全二冊），下冊，頁825。

〔註319〕（漢）劉安：《淮南子》二十一卷，卷七〈精神〉，頁46。

〔註320〕同註319，卷七〈精神〉，頁45。

〔註321〕原文詳見（漢）劉安：《淮南子》二十一卷，卷七〈精神〉，頁45～46。

〔註322〕〈精神〉：「是故耳目者日月也，血氣者風雨也。」同註319，卷七〈精神〉，頁46。

二、氣者，生之元

　　「氣者，生之元也〔註 323〕」，氣是一切萬物創生的根源，氣中最精華的部分，是人之生命與身體中最基礎的元素。同時氣具有流動的特質，可充滿並流行於形體之中，使身體各部位順利運作，故云：「氣爲之充，而神爲之使也〔註 324〕」。其次，氣又稱作「氣志」，故《淮南》云：「形神氣志，各居其宜，以隨天地之所爲〔註 325〕」、「夫精神氣志者，靜而日充者以壯，躁而日耗者以老〔註 326〕」，可知「氣志」皆指充盈流行於形體之中的生生元素。

　　再者，氣也稱作「血氣」〔註 327〕，《淮南・精神》云：

　　　是故血氣者，人之華也；而五藏者，人之精也。夫血氣能專於五藏
　　　而不外越〔註 328〕，則胸腹充而嗜欲省矣。胸腹充而嗜欲省，則耳目
　　　清、聽視達矣。耳目清、聽視達，謂之明。五藏能屬於心而無乖，
　　　則教志勝而行不僻矣。教志勝而行不僻〔註 329〕，則精神盛而氣不散
　　　矣。精神盛而氣不散則理，理則均，均則通，通則神，神則以視無
　　　不見，以聽無不聞也，以爲無不成也。是故憂患不能入也，而邪氣
　　　不能襲。〔註 330〕

　　元氣是構成形體最基礎的元素，而血氣則是流動於人形體間最精華的部分，徐復觀云：「『氣』是『血氣』的簡稱，系由呼吸之氣，引申而爲生命中

〔註 323〕（漢）劉安：《淮南子》二十一卷，卷一〈原道〉，頁 9。「氣者，生之元也」本作「氣者，生之充也」。王念孫云：「充本作元，此涉下文氣不當其所充而誤也。元者，本也。言氣爲生之本也。……一失位則二傷，謂此三者之中一者失位則二者皆傷。各本二作三，因下文此三者而誤。」（清）王念孫：《讀書雜志》（全二冊），下冊，775。

〔註 324〕同註 323，卷一〈原道〉，頁 10。

〔註 325〕同註 323，卷一〈原道〉，頁 9。

〔註 326〕同註 323，卷一〈原道〉，頁 9。

〔註 327〕張運華云：「『氣』又叫『氣志』或稱爲『血氣』，是一種可以流動的物質系統，它可聚可散，可內可外，但無法看到它。」張運華：《先秦兩漢道家思想研究》，頁 221。

〔註 328〕「是故血氣者，人之華也；……夫血氣能專於五藏而不外越」本作「是故面氣者，人之華也；……夫面氣能專於五藏而不外越」。于大成：「面氣當作血氣。上文云：『血氣者，風雨也』，下文云：『則血氣滔蕩而不休矣』，是其證。」于大成：《淮南鴻烈論文集》（全二冊），下冊，頁 551。

〔註 329〕「教志勝而行不僻」本作「教志勝而行之不僻」。楊樹達云：「之字當衍。集證本去之字，是。」楊樹達：《淮南子證聞・鹽鐵論要釋》，頁 60。

〔註 330〕同註 323，卷七〈精神〉，頁 46。

所發出的綜合性的力量，或者可稱為生命力〔註331〕」，透過血氣在人身體中流動，居處在身體各部位的藏器得以順利運作，故《淮南》云：「夫孔竅者，精神之戶牖也；而氣志者，五藏之使候也〔註332〕」，血氣的功用在於溝通形體內各藏器，使其正常運行，特別是對五藏的影響，血氣只要能專一於五藏中運作，五藏便能順暢運行，能身體功能得以滿足，因此就不會有過多的欲望影響形體正常的運作，五官的作用也就能清明，思慮判斷也就能清晰，形氣神三者功能就能達到最好的展現。

三、神者，生之制

「神者，生之制也〔註333〕」，神為精神，是生命中的主宰，故神具有生生不測的作用力，因此當人在做任何思考、判斷時，都要靠精神的作用作為主宰〔註334〕，當精神清明時思慮清晰，便可主宰形體五臟與血氣流行的合宜順暢，故《淮南》云：「神者智之淵也，淵清則智明矣〔註335〕」，指出神在形氣之上，具有無形生生的作用，故〈精神〉云：「是故精神，天之有也；而骨骸者，地之有也〔註336〕」，精神是人所秉受於天的，而形體是秉受於地所完成，因此人的精神只要能回歸原本清靜聰明的狀態，形氣神就能不失其位正常發揮，進而上通於天，回歸自然天道的境界。

四、心者，五藏之主

形氣神是構成人生命最重要的三個部分，三者各司其職，人的生命才能完整。而三者要能順利發揮，就必須要靠作為主宰功能的心志作用。〔註337〕

〔註331〕徐復觀：《兩漢思想史》全三冊，第二冊，頁148。

〔註332〕（漢）劉安：《淮南子》二十一卷，卷七〈精神〉，頁46。

〔註333〕同註332，卷一〈原道〉，頁9。

〔註334〕張運華云：「『神』是一種精神活動，對人的生命活動起著支配作用。」張運華：《先秦兩漢道家思想研究》，頁221。雷健坤云：「而『神』則是人有別於他物的根本，所為煩氣為蟲，精氣為人，人之貴就在于他有精神活動，所以，神是生命的主宰。」雷健坤：《綜合與重構──《淮南子》與中國傳統文化》，頁116～117。

〔註335〕同註332，卷二〈俶真〉，頁15。

〔註336〕同註332，卷七〈精神〉，頁45。

〔註337〕張立文云：「心有思維特性，是整個身體的各種器官和思想精神活動的中樞，他不僅支配著身首四肢、五臟九竅的生理運動，而且支配著人的全部思想和行為。」張立文：《心》（臺北：七略出版社，1996年11月），頁83。

　　夫心者，五藏之主也，所以制使四支，流行血氣，馳騁于是非之境，

而出入于百事之門戶者也。是故不得於心而有經天下之氣，是猶無

耳而欲調鍾鼓，無目而欲喜文章也，亦必不勝其任矣。故天下神器，

不可爲也，爲者敗之，執者失之。〔註338〕

　　心爲人形體中主宰的作用，身體內的五藏、血氣，外在的五官、四肢之

所以能順利的運行與分辨善惡是非，都必須以心作爲標準，做出正確的判斷

〔註339〕，故《淮南》云：「故心者，形之主也；而神者，心之寶也〔註340〕」，

心爲形體的判斷標準，而生生不息的精神則爲心中最精華的部分，並且透過

氣流通於形體之中所產生的思考判斷作用，了解什麼合於道、什麼該做，若

不能讓心順著自然之道做出主宰判斷，形體便會不協調，思緒也無法清晰。

　　今人之所以眭然能視，瞥然能聽，形體能抗，而百節可屈伸，察能

分白黑、視醜美，而知能別同異、明是非者，何也？氣爲之充，而

神爲之使也。何以知其然也？凡人之志各有所在而神有所繫者，其

行也，足蹪趎埳、頭抵植木而不自知也，招之而不能見也，呼之而

不能聞也。〔註341〕

　　心最大的特色是能認知判斷一切事物，而「『心』雖有其自主作用，但它

的作用還是得自於最精之氣的『神』。換言之，即心是由神所主導〔註342〕」。

由於天地人皆爲陰陽二氣所生，天地間萬物與人的本質相同，而心爲形氣神

之主，血氣順暢流動於形體間能使五官、肢體運作，同時能使精神將生生不

測的認知判斷功能展現，經過心志的主宰整合，人便可透過學習分辨萬物的

同異，並作出正確的判斷。但若心志無法專一，形氣神三者便失其位而無法

順暢表現其用，心也就無法表現出主宰的功用。

五、性者，所受於天

　　夫萍樹根於水，木樹根於土，鳥排虛而飛，獸蹠實而走，蛟龍水居，

〔註338〕（漢）劉安：《淮南子》二十一卷，卷一〈原道〉，頁8。

〔註339〕陳麗桂云：「故精神之總樞紐宜爲心，『心』者外制形骸，內寶其『神』，發其『智』，
　　　　而使其『氣』。」陳麗桂：《淮南鴻烈思想研究》（上下冊），下冊，頁187。

〔註340〕同註338，卷七〈精神〉，頁47。

〔註341〕同註338，卷一〈原道〉，頁10。「足蹪趎埳」本作「足蹪趎埳」。今本皆作
　　　　足蹪趎埳，景宋本作埳疑形近而誤。

〔註342〕簡松興：《西漢天人思想研究——以《淮南子》、《春秋繁露》、《史記》爲中心》，
　　　　頁115。

虎豹山處，天地之性也。〔註343〕

天地間陰陽二氣相互作用，產生萬物，陰陽相生作用有各種可能性，因此所生之物殊形萬類。當萬物形體形成之後，道之自然所賦予的本質就是性。「形殊性詭〔註344〕」，水有水性，木有木性，《淮南》認為萬物因陰陽相生有不同組合而有不同可能，因此萬物自然之性就有無限多的可能性，由此可知性具有無限義，同時，這也可證明萬物初始之道同樣具有無限性。

性者，所受於天也；命者，所遭於時也。有其材，不遇其世，天也。
〔註345〕

天之精氣生人，故天與人同類相應，「人之為，天成之〔註346〕」，而天生人時所賦予的本質為本性，故《淮南》云：「率性而行謂之道，得其天性謂之德。〔註347〕」由於本性是天所賦予，因此只要秉持原本天生自然之本性而為，就能達到道的境界，而得到了天性且能在人世間表現出來者稱為德。

清淨恬愉，人之性也；儀表規矩，事之制也。知人之性，其自養不
勃；知事之制，其舉錯不惑。〔註348〕

凡人之性，樂恬而憎悶，樂佚而憎勞。心常无欲，可謂恬矣；形常
無事，可謂佚矣。〔註349〕

「人生而靜，天之性也〔註350〕」，《淮南》認為天道的本質是自然無為，故天所賦予人的本性是虛靜恬澹的，因此，本性的特色在恬與佚，心中不受欲望過度影響曰恬，形體不受外在事物影響而受到損傷曰佚，人本性最初始的狀態就是恬淡專一，若能回歸最初始清靜之本性，不需要多餘規範儀節，自然能體道並且達到與天相通的境界〔註351〕。

〔註343〕（漢）劉安：《淮南子》二十一卷，卷一〈原道〉，頁 4。
〔註344〕同註 343，卷十一〈齊俗〉，頁 75。
〔註345〕同註 343，卷十〈繆稱〉，頁 72。
〔註346〕同註 343，卷十〈繆稱〉，頁 72。
〔註347〕同註 343，卷十一〈齊俗〉，頁 75。
〔註348〕同註 343，卷十八〈人間〉，頁 134。
〔註349〕同註 343，卷十四〈詮言〉，頁 108。
〔註350〕同註 343，卷一〈原道〉，頁 4。
〔註351〕牟鍾鑒云：「所謂人性靜愉，其含義有二：從意識上說，人的本性好內靜而不喜外動，不急躁、無偏見、平和清醒乃是精神的理想狀態；從情感上說，人的本性少欲寡求，自足自得，沒有激動的情緒起伏，不沉湎於名利享樂。這是漢初道家的思想，源于《莊子》。」牟鍾鑒：《呂氏春秋與淮南子思想研究》，頁 221。

且夫身正性善，發憤而成仁，帽憑而爲義，性命可說，不待學問而合於道者，堯、舜、文王也；沉醶耽荒，不可教以道，不可喻以德，嚴父弗能正，賢師不能化者，丹朱、商均也。曼頰皓齒，形夸骨佳，不待脂粉芳澤而性可說者，西施、陽文也；嗜膐哆嚦，籧蒢戚施，雖粉白黛黑弗能爲美者，嫫母、仳催也。夫上不及堯、舜，下不及商均，美不及西施，惡不若嫫母，此教訓之所諭也，而芳澤之所施。〔註352〕

人之本性清靜自然，但不同陰陽五行之氣落實於人身便會產生不同氣性，因此《淮南》主張「性分三品」，將人性分爲上人之性、中人之性、下人之性。于大成云：「此處把人性分爲三等，也是就其天性之自然而分的。上智不必教，下愚不可教，中人可以上，可以下，教之則上躋於聖賢，不教則日趨於下流。這與孔子說的『唯上智與下愚不移』是一致的。〔註353〕」

《淮南》以古人爲例：堯、舜、文王本身就爲賢聖之人，天資聰慧且不需外人教導就能合於天道，西施、陽文不需刻意打扮本身就體態就很優美，這是不需要學習的，但如丹朱、商均本質粗劣，且沉醶耽荒，嫫母、仳催本來就醜陋難看，這是靠後天學習也無法改善的，只要順其自然即可。因此只有「上不及堯、舜，下不及商均，美不及西施，惡不若嫫母」的中人才是可以教導、學習及變化氣質的對象。

六、命者，所遭於時

吾所謂得者，性命之情處其所安也。夫性命者，與形俱出其宗，形備而性命成，性命成而好憎生矣。故士有一定之論，女有不易之行，規矩不能方圓，鉤繩不能曲直。〔註354〕

《淮南》認爲性成命定，當人的形體形成時，天所秉受之性就存在形體之中，同時，命也就形成並賦予在人的身上，故云：「命者，所遭於時也〔註355〕」，

〔註352〕（漢）劉安：《淮南子》二十一卷，卷十九〈脩務〉，頁146。
〔註353〕于大成：《中國歷代思想家（四）——劉安》，頁203。廖其發云：「《脩務訓》還提出性三品的觀點，……即有的人生來具備完善的善性，只要自己發憤積思就可以形成仁義等思想品質，而不需要接受外來的教育；有些人根本沒有接受教育的可能性；介于這兩種人之間的人能夠接受教育，也只有通過教育才能獲得知識，形成思想品質。」廖其發：《先秦兩漢人性論與教育思想研究》（重慶：重慶出版社，1999年12月），頁287～288。
〔註354〕同註352，卷一〈原道〉，頁9。
〔註355〕同註352，卷十〈繆稱〉，頁72。

命是人是無法決定的，如人生之禍福境遇，如同男女有別，但當人對於自己的境遇感到不滿時，好惡就會產生。

> 古之聖人，其和愉寧靜，性也；其志得道行，命也。是故性遭命而
> 後能行，命得性而後能明。〔註356〕

《淮南》以古之聖人為例，天生本有自然之性是和諧清靜的，而這是每個人都相同的，但所遭逢的境遇人各不同且不能選擇決定，而聖人之所以能為聖人，在於其不但能夠秉持自然之性，使其不受外在影響，同時還能在不同的環境遭遇之間，將自己的意志展現並合於道。

《淮南》主張性命是同時產生，在人形體一形成時就同時存在人的生命之中，性若沒有遇到各種不同的命就無法彰顯其重要性，命若沒有靠自然之性的引導就無法作出學習修養的功夫，使生命接近天性清靜的境界。

七、人之情，思慮聰明喜怒

> 天愛其精，地愛其平，人愛其情。天之精，日月星辰雷電風雨也；
> 地之平，水火金木土也；人之情，思慮聰明喜怒也。〔註357〕

《禮記·禮運》：「何謂人情？喜、怒、哀、懼、愛、惡、欲七者，弗學而能〔註358〕」，情為人心受到外在影響時最真實的狀態，不須學習人表現出的自然反應，簡松興云：「『情』在《淮南子》裡，可以說，就是人類本能、或基本需求之自然流露。……人的思考能力、官覺、情緒，都是人之情，也是人性之自然〔註359〕」，故《淮南》云：「夫人之所受於天者，耳目之於聲色也，口鼻之於芳臭也，肌膚之於寒燠，其情一也〔註360〕」。情感的表現是每個人都有的，因為感官知覺是天生下來就具備的自然反應，「且人之情，耳目應感動，心志知憂樂，手足之攢疾蟲、辟寒暑，所以與物接也〔註361〕」，當人對外在萬物有所認知與接觸時，感官就會與萬物產生對應，因此耳會喜歡聽好聽的音樂，目會厭惡看不好看的景象，因此喜怒哀樂等情感產生。

〔註356〕（漢）劉安：《淮南子》二十一卷，卷二〈俶真〉，頁17。
〔註357〕同註356，卷八〈本經〉，頁54～55。
〔註358〕（漢）鄭玄注、（唐）孔穎達正義：《禮記正義》，卷二十二，頁431。
〔註359〕簡松興《西漢天人思想研究——以《淮南子》、《春秋繁露》、《史記》為中心》，頁117。
〔註360〕同註356，卷二〈俶真〉，頁15。
〔註361〕同註356，卷二〈俶真〉，頁16。

凡人之性，心和欲得則樂，樂斯動，動斯蹈，蹈斯蕩，蕩斯歌，歌斯舞，舞則禽獸跳矣〔註362〕。人之性，心有憂喪則悲，悲則哀，哀斯憤，憤斯怒，怒斯動，動則手足不靜。人之性，有侵犯則怒〔註363〕，怒則血充，血充則氣激，氣激則發怒，發怒則有所釋憾矣。故鐘鼓管簫，干鏚羽旄，所以飾喜也。衰絰苴杖，哭踊有節，所以飾哀也。兵革羽旄，金鼓斧鉞，所以飾怒也。〔註364〕

　　最常影響本性的情緒爲喜、樂、憂、悲、憤、怒，這些情感的產生，主要是爲了抒發內心血氣的感動，當情感產生，血氣搖動時，若能適時的加以抒發，如在喜悅時歌唱舞蹈，在憤怒時哭泣頓足使其得以宣洩，便不會影響心性的作用與判斷。但當情感鬱結無法發洩，血氣的激盪就會影響心性平和，造成傷害。

　　另外，造成情感形成的原因，除了感官與外界接觸外，還有心的認知，當人的感官因認知與思慮受到外界影響，就容易因好憎而產生喜怒哀悲等情緒，但若心受遮蔽而無法做出正確判斷，血氣、精神就會外泄，人就容易因情感過份表現而遠離道之途〔註365〕。

八、嗜欲者，性之累

夫孔竅者，精神之戶牖也；而血氣者〔註366〕，五藏之使候也。耳目淫於聲色之樂，則五藏搖動而不定矣。五藏搖動而不定，則血氣滔蕩而不休矣。血氣滔蕩而不休，則精神馳騁於外而不守矣。精神馳騁於外而不守，則禍福之至，雖如丘山，无由識之矣。〔註367〕

〔註362〕「舞則禽獸跳矣」本作「歌舞節則禽獸跳矣」。俞樾：「本作『舞則禽獸跳矣』，與下文『動則手足不靜』、『發怒則有所釋憾矣』文義一律，歌字、節字皆衍文也。」（清）俞樾：《諸子平議》，頁945。

〔註363〕「有侵犯則怒」本作「有浸犯則怒」。景宋本侵作浸，形近而誤。當據改。

〔註364〕（漢）劉安：《淮南子》二十一卷，卷八〈本經〉，頁55～56。

〔註365〕陳靜云：「所謂『情』，是指人與外物相接而產生的不同情緒和情感，具體表現爲喜、怒、哀、樂等等。這些情緒和情感與接觸外物所形成的好憎和求取外物所產生的得失之心相對應，同樣有害于人性。」陳靜：《自由與秩序的困惑——《淮南子》研究》，頁262。

〔註366〕「而血氣者」本作「而氣志者」。王念孫云：「氣可言五藏之使候，志不可言五藏之使候。氣志當爲血氣，此涉下文氣志而誤也。」（清）王念孫：《讀書雜志》（全二冊），下冊，頁826。

〔註367〕同註364，卷七〈精神〉，頁46。

　　恬澹安靜是天性最好的狀態，透過精神清明的心表現出來，人的感官表現就能平順，生命就能和諧，氣化常道也得以充分發揮體現。感官的孔竅是形體表達心志、精神的門戶，而血氣是調節臟器管道，但若形體中元氣無法聚集在形體中而外洩，精神搖蕩無法集中，五藏、五官便不能安定，血氣因感物而動盪不順，便易使感官功能不滿足，清靜之性遮蔽而無法展現，於是欲望產生。

　　　夫喜怒者，道之邪也；憂悲者，德之失也；好憎者，心之過也；嗜

　　　欲者，性之累也。人大怒破陰，大喜墜陽；薄氣發瘖，驚怖爲狂；

　　　憂悲多恚，病乃成積；好憎繁多，禍乃相隨。〔註368〕

　　造成人的行爲違背自然最主要的因素，在於情緒與慾望過度的表現。當感官被聲色過度影響，就會讓心性勞累，好惡、嗜欲因此產生；當情感產生卻過度執著，就會遠離平和清靜的道德，喜怒、憂悲因此產生。故陳麗桂云：「這『陰』、『陽』都是指流衍於我們身內不同性質的血氣。換言之，心理情緒的強烈反應，也會大大流泄體內的血氣，血氣流泄過多，精神無氣可充集，可撐持，當然要錯亂了。〔註369〕」

　　　內便於性，外合於義，循理而動，不繫於物者，正氣也。重於滋味，

　　　淫於聲色，發於喜怒，不顧後患者，邪氣也。〔註370〕

　　《淮南》認爲合於自然天性，依循道之理行事，不易受外物干擾者正氣盛，反之重感官享受，使情感不平靜而表現出喜怒者邪氣盛。因此，所謂正氣爲氣化作用正常的表現，邪氣爲氣化正常作用被欲望遮蔽掩蓋的狀態。當欲望影響形氣，使元氣外洩精氣不能保養在心中，血氣激盪不順時，邪氣便會使本性被遮蔽，造成病痛、災禍，心也會因欲望產生好憎而不平靜。

　　　是故五色亂目，使目不明；五聲譁耳，使耳不聰；五味亂口，使口

　　　厲爽〔註371〕；趣舍滑心，使行飛揚。此四者，天下之所養性也，然

〔註368〕（漢）劉安：《淮南子》二十一卷，卷一〈原道〉，頁7。

〔註369〕陳麗桂：《秦漢時期的黃老思想》，頁81。

〔註370〕同註368，卷十四〈詮言〉，頁106。

〔註371〕「使口厲爽」本作「使口爽傷」。王念孫：「使口爽傷本作使口厲爽。……而莊子天地篇『五色亂目，使目不明；五聲亂耳，使耳不聰；五味濁口，使口厲爽；趣舍滑心，使性飛揚』，即淮南所本。」（清）王念孫：《讀書雜志》（全二冊），下冊，頁826。

皆人累也。故曰：嗜欲者使人之氣越，而好憎者使人之心勞，弗疾

去，則志氣日耗。〔註372〕

　　而引發欲望的最主要原因在於外在誘惑使感官不能滿足，其中目耳口四官作用不平和為最大的關鍵，若目執著於觀看更好看的景色，耳執著聽更好聽的音樂，口執著吃更好吃的味道，形體中精神便無法專一，導致血氣動盪，心便會受其影響無法安靜的作出判斷，最後使形體不得安寧，遠離清靜之性，故《淮南》云：「目好色，耳好聲，口好味，接而說之。不知利害嗜慾也，食之不寧於體，聽之不合於道，視之不便於性。〔註373〕」

今目悅五色，口嚼滋味，耳淫五聲，七竅交爭以害其性，日引邪欲

而澆其身夫調，身弗能治，奈天下何！〔註374〕

　　因此，欲望產生之後，會對心性與形體造成損傷，「夫聲色五味，遠國珍怪，環異奇物，足以變心易志，搖蕩精神，感動血氣者，不可勝計也〔註375〕」，當人受欲望影響，過度追求感官聲色享樂時，內在血氣、精神便無法專一，導致天性受到傷害，失去原本最初的平靜。藉此《淮南》強調欲望對人體之傷害影響是非常深遠的，但更進一步，也點出人的可貴之處，在於能夠透過修養的功夫，變化氣質，使原本受欲望矇蔽的心性回到原本自然無為之道的境界。

第五節　以恬養性，以漠處神，則入於天門

　　在確立氣化身體觀之後，《淮南》認為人身修養最佳的狀態便是復歸初始道體清靜無為的狀態，因此人若要達到與初始道體相通的境界，就須要反性於初、恬愉虛靜、養形氣神，便可達到虛靜專一、清靜無為之自然道境。

一、原心反性

人生而靜，天之性也。感物而動，性之害也。物至而神應，知之動

〔註372〕（漢）劉安：《淮南子》二十一卷，卷七〈精神〉，頁46。
〔註373〕同註372，卷十四〈詮言〉，頁106。
〔註374〕同註372，卷二十〈泰族〉，頁157。「今目悅五色」本作「令自悅五色」。今本皆作今目悅五色，景宋本作令自，形近而誤。當據改。
〔註375〕同註372，卷八〈本經〉，頁55。

也。知與物接而好憎生焉。好憎成形而知誘於外，不能反己，而天理滅矣。〔註376〕

《淮南》認爲當形體中血氣便能流動通暢，五藏中也不會受雜亂之氣阻礙其運行，形體就不會受外在禍福境遇的引誘影響，這就是虛一清靜的天性最自然的表現。然而人之所以會有善惡、好憎等表現，在於後天學習判斷與外在欲望影響所造成。「人性安靜而嗜欲亂之〔註377〕」，當外在形體以及內在感官受到過多欲望引誘，使得心中作爲主宰作用之精神營亂，失去原本的清靜而無法做出適宜的判斷，好惡就會產生。若人無法藉由學習修養的功夫，使流洩在外的元氣重新回到充滿於形體的狀態，使精神由營亂回到原本恬靜自然的狀態，就會導致原本清靜的天性受到遮蔽而心也就無法失去正確判斷能力，最後導致形體也受到損傷。

故心不憂樂，德之至也；通而不變，靜之至也；嗜欲不載，虛之至也；無所好憎，平之至也；不與物殽，粹之至也。能此五者，則通於神明。通於神明者，得其內者也。〔註378〕

人的本性易受外物遮蔽而使形氣神受到損傷，因此《淮南》點出反性於初的重要性，故云：「原心反性則貴矣〔註379〕」、「節欲之本，在於反性〔註380〕」，只要人能透過後天的學習與修養功夫變化氣質，使血氣平順、形體安定、精神飽滿、心虛靜專一，就能回到本性最初始「德、靜、虛、平、粹」趨近於道的狀態。

二、虛靜恬愉

三官交爭，以義爲制者，心也。割痤疽非不痛也，飲毒藥非不苦也，然而爲之者，便於身也。渴而飲水非不快也，飢而大餐非不

〔註376〕（漢）劉安：《淮南子》二十一卷，卷一〈原道〉，頁4。「感物而動」本作「感而後動」。王叔岷云：「感下當有物字，文意乃明。禮記樂紀、史記樂書並作『感於物而動』，文子道原篇作『感物而動』，皆有物字，當據補。」王叔岷：《諸子斠證》，頁329。

〔註377〕同註376，卷二〈俶眞〉，頁15。

〔註378〕同註376，卷一〈原道〉，頁7～8。「不與物殽」本作「不與物散」。王引之云：「諸書無訓散爲雜亂者，散皆當爲殽。」（清）王念孫：《讀書雜志》（全二冊），下冊，頁773。

〔註379〕同註376，卷十〈繆稱〉，頁74。

〔註380〕同註376，卷十四〈詮言〉，頁104。

澹也〔註381〕，然而弗爲者，害於性也。此四者，耳目鼻口不知所
取去，心爲之制，各得其所。由是觀之，欲之不可勝，明矣。凡
治身養性，節寢處，適飲食，和喜怒，便動靜，内在己者得〔註382〕，
而邪氣自不生，豈若憂痕疵之興痤疽之發，而豫備之哉！〔註383〕

　　當形體因感官嗜欲的過度追求而不協調時，最重要的就是反性於初始清
靜之貌。因此，首先必須由心開始，因爲心爲形之主，是形體與器官的主宰，
故《淮南》強調如何使心回到虛靜專一的狀態，則必須去除過多的嗜欲，才
能使身體回歸平靜，「使耳目精明玄達而無誘慕，氣志虛靜恬愉而省嗜慾，五
藏定寧充盈而不泄，精神内守形骸而不外越〔註384〕」，如此心中精神便能安
靜，形體中血氣也能條暢，心就不易受到情感的影響而波動，邪氣就不會產
生。〔註385〕若能明瞭此理使生命得到修養，必能體道終其天年。

原天命，治心術，理好憎，適情性，則治道通矣。原天命則不惑禍
福，治心術則不妄喜怒〔註386〕，理好憎則不貪無用，適情性則欲不
過節。不惑禍福則動靜循理，不妄喜怒則賞罰不阿，不貪無用則不

〔註381〕「三官交爭」本作「三宮交爭」。今本皆作官，指人之官能，宮形近而誤。當
　　　　據改。又「飢而大餐非不澹也」本作「飢而大飧非不澹也」。楊樹達云：「『飧』
　　　　字誤，當作『餐』。說文云：『餐，吞也。』」楊樹達：《淮南子證聞・鹽鐵論
　　　　要釋》，頁144。
〔註382〕「内在己者得」本作「使在己者得」。何寧云：「『使在己者得』，『使』當爲『内』。
　　　　上文云：『耳目鼻口不知所取去，心爲之制，各得其所。』所謂『内』即指心
　　　　言之。……道藏本、中立本『使』正作『内』。」何寧：《淮南子集釋》（全三
　　　　冊），中冊，頁1016。
〔註383〕（漢）劉安：《淮南子》二十一卷，卷十四〈詮言〉，頁106。「而邪氣自不
　　　　生，豈若憂痕疵之興痤疽之發」本作「而邪氣因而不生，豈若憂痕疵之與
　　　　痤疽之發」。王念孫云：「『邪氣因而不生』本作『邪氣自不生』，言治身養
　　　　性皆得其道，則邪氣自然不生，非常恐其生而豫備之也。今本作『邪氣因
　　　　而不生』者，『自』誤爲『因』，……又案：『興』與『發』同義，各本『興』
　　　　誤作『與』，今據太平御覽引改。」（清）王念孫：《讀書雜志》（全二冊），
　　　　下冊，頁896。
〔註384〕同註383，卷七〈精神〉，頁46。
〔註385〕陳麗桂云：「是以養生首當養心，詮言曰：『聖人勝心。』心得其養，則形、
　　　　神皆得其養。養之以何？曰：養之以專一。」陳麗桂：《淮南鴻烈思想研究》
　　　　（上下冊），下冊，頁187。張立文云：「心和，是道的性質的體現。道作爲
　　　　萬物本體，其本質就是虛靜無爲，調和陰陽，生長萬物。由道產生的人心，
　　　　亦要求清靜和平，以應萬變。」張立文：《心》，頁85。
〔註386〕「治心術則不妄喜怒」本作「治心術則不忘喜怒」。妄作忘，形近而誤，下文
　　　　正作不妄喜怒則賞罰不阿，當據改。

害物性〔註387〕，欲不過節則養性知足。〔註388〕

因此，《淮南》認為心的主宰作用是能否反性於初的關鍵，只要心能認知清靜之性的重要，「通洞條達，恬漠無事，無所凝滯，虛寂以待〔註389〕」，使精神存養盈滿於形體間，不被欲望、情感、禍福等外在因素遮掩，那麼一切勢利、巧辯、聲色、美惡等就不會動搖心志，喜怒就不會妄增，分別好憎就能不生貪婪之心，調適情性就不會被欲望牽引。如此一來，自然天命就能如理流行，賞罰也不會混亂，嗜欲也不會損害本性，身心便能得以因修養而知足，達到天人合一「天地之間，宇宙之內，莫能夭遏〔註390〕」的境界。

三、養其神，和弱其氣，平夷其形

是故聖人使人各處其位，守其職，而不得相干也。故夫形者非其所安也而處之則廢，氣不當其所充而用之則泄，神非其所宜而行之則昧。此三者，不可不慎守也。〔註391〕

形氣神是人最基礎的組成構造，三者缺一不可。形體為形下具體部分，精神為形上生生創造作用，而元氣不只是生命最基本的元素，元氣無形且流動的特性，更是溝通形神的重要關鍵，因此《淮南》云：「一失位，則二者傷矣〔註392〕」，若形體無元氣做基石，便無法順暢溝通精神，就不能使形體正常運作而受到損傷。若只有元氣，而無形體使其充滿，精神也就無法發揮作用，那麼元氣就只是流動的氣體而已。若精神無形體承載，元氣就無法溝通使其作出思考判斷。故在人生命中三者一也，缺少任一部分其他二者之運作就會不協調，生命也就不能保持圓滿和諧的狀態。因此便需要透過修養功夫使三者回到最初清靜美好的狀態。

故閉四關，止五遁，則與道淪。是故神明藏於無形，精神反於至真，則目明而不以視，耳聰而不以聽，心條達而不以思慮，委而弗為，

〔註387〕「不貪無用則不害物性」本作「不貪無用則不以欲用害性」。王念孫云：「劉本無下『用』字，是也。此因上『用』字而衍。」（清）王念孫：《讀書雜志》（全二冊），下冊，頁893。

〔註388〕（漢）劉安：《淮南子》二十一卷，卷十四〈詮言〉，頁104。

〔註389〕同註388，卷二〈俶真〉，頁16。

〔註390〕同註388，卷二〈俶真〉，頁16。

〔註391〕同註388，卷一〈原道〉，頁9。

〔註392〕同註388，卷一〈原道〉，頁9。

和而弗矜，冥性命之情〔註393〕，而智故不得雜焉。精泄於目則其視
明，在於耳則其聽聰，留於口則其言當，集於心則其慮通。故閉四
關則身無患，百節莫苑，莫死莫生，莫虛莫盈，是謂真人。〔註394〕

如何修養形氣神達到節欲，《淮南》認爲感官功能的調節爲首要課題。《淮
南》認爲目明、耳聰、心條達、口言當爲四官最自然的表現，但若感官經驗
不滿足或受到外在環境影響時，心就會作出不合常道的決定，欲望就會產生，
使形氣神失其位且無法順暢表現，進而使人之情過度表現，失去清靜的本性，
最後導致人的行爲偏差，身心受到損傷。因此《淮南》指出人若能學習靠修
養功夫關閉四官使其不受外在欲望影響，就能保養精氣於形體間，使形體不
受損傷，精神清明而判斷思慮清晰，達到真人的境界〔註395〕。

夫精神氣志者，靜而日充者以壯，躁而日耗者以老。是故聖人將養
其神，和弱其氣，平夷其形，而與道沈浮俛仰。〔註396〕

正因形氣神爲人生命之基本內涵，因此三者的修養功夫就非常重要，而
形氣神又以神最爲重要〔註397〕，若精神氣志充盈流暢，形體便能安定強壯，
反之精氣外泄無法保養形體，形體便容易損傷。故〈詮言〉云：「神貴於形也。
故神制則形從，形勝則神窮〔註398〕」，故聖人亦以養神爲先，心神若能清靜，

〔註393〕「和而弗矜，冥性命之情」本作「和而弗矜，真性命之情」。于大成云：「説
文十四上矛部：『矜，矛柄也。从矛，令聲』，段注曰：『各本篆作矜，解云：
今聲，今依漢石經論語、溧水校官碑、魏受禪表皆作矜。正之毛詩與天、臻、
民、旬、填等字韻，讀如鄰，古音也』，則矜字古作矜。……唯景宋本作矜，
高注，尚存古書之舊。氾論篇『無矜伐之色』，景宋本亦作矜。」于大成：《淮
南鴻烈論文集》（全二冊），上冊，頁 102。又景宋本冥作真，形近而誤。當
據改。
〔註394〕（漢）劉安：《淮南子》二十一卷，卷八〈本經〉，頁 54～55。
〔註395〕張運華云：「《淮南子》認爲保養精神，最根本的方法就是使精神内守形骸而
不外越，要做到這一點就必須排除外界的一切誘惑，『閉四關止五遁』，『四關』
即耳、目、心、口，『五遁』即指滯遁於五種物質享受，也就是滯遁于金、木、
水、火、土五種物質享受，只有這樣，才能使精神處於一種虛靜的狀態，保
持精神的清明。」張運華：《先秦兩漢道家思想研究》，頁 221～222。
〔註396〕同註394，卷一〈原道〉，頁 10。
〔註397〕曾春海云：「形體會因行爲的張狂和自身的貪墮而淪於不保，蓋養形重於養
神，則神明日喪，心思不能充分伸張其生命力，以致行爲舉措不得當。〈原道
訓〉主張『故以神爲主者，形從而利；以形爲制者，神從而害之。』雖然，
形神應交養，神爲主形爲從，以神導形；然而，神明之修養必須扣緊形體，
養神不能離開養形。」曾春海：《兩漢魏晉哲學史（修訂版）》，頁 40。
〔註398〕同註394，卷十四〈詮言〉，頁 109。

形體便能安定、血氣和順，三者各司其位，生命就能經由修養功夫得到平和虛靜，近於道的境界〔註399〕。而養形次之，《淮南》：「若吹呴呼吸，吐故內新，熊經鳥伸，鳧浴蝯躩，鴟視虎顧，是養形之人也，不以滑心。使神滔蕩而不失其充，日夜無傷而與物爲春，則是合而生時於心也〔註400〕」，心神是否清靜才是關鍵所在，因此若能透過養神保養血氣，五臟自能順暢作用，使心虛靜專一，恬愉無爲，不受外在嗜欲影響，自然能復歸本性於初始清靜道境。

綜上所述，《淮南》延續漢初黃老道家思想，主張反性於初、虛靜恬愉本心以及養神和氣，才能使精神清明，血氣調和，心性安靜不受外在嗜欲影響而與道相。因此，《淮南》在氣化修養觀上繼承發揮《管子》精氣之說，以氣釋之，影響到後來的道氣論修養觀的發展以及東漢道教道氣神是一的氣化修養論的建立。

〔註399〕徐復觀云：「心雖爲形之主，但形、神、氣應各得其位，這才可稱爲『全其身』。『全其身則與道爲一矣。』」徐復觀：《兩漢思想史》（全三冊），第二冊，頁148。

〔註400〕（漢）劉安：《淮南子》二十一卷，卷七〈精神〉，頁48。

第四章 《老子指歸》道氣論思想

　　《老子指歸》〔註1〕爲西漢中葉黃老思想重要著作，其內容以道德爲本，以氣爲內涵，並以虛玄觀念辭彙對《老子》初始無形道體進行詮釋，對魏晉玄學的發生具有深遠影響，而其以氣所建構的宇宙觀、身體觀，以及重神愛氣的修養觀，也成爲了道教修養觀的理論根源之一，以下試論之。

第一節　道爲元始

一、無爲之爲，萬物之根

　　　道德之化，變動虛玄。蕩蕩默默，汎汎無形，橫漭慌忽，渾沌無端。
　　　視之不見，聽之不聞，開導稟授，無所不存。功成遂事，無所不然。
　　　無爲之爲，萬物之根。〔註2〕

　　道爲萬物初始，《老子指歸》認爲道具有形上超越義，開始於時間之先，超越空間的限制，故言道虛玄、無形、無名、恍惚、渾沌，但其中蘊含「道德之化」，道中玄妙變動生生之理，透過無爲而無不爲的生化原則，成爲萬物的根本，因此，《指歸》云：「無無無之無，始未始之始，萬物所由，性命所以，無有所名者謂之道〔註3〕」，爲強調道之虛無超越，《指歸》言道是超越在無無無之上的虛無狀態，是開始於未初始之始，《指歸》以富含虛玄

〔註1〕以下簡稱《指歸》。
〔註2〕（漢）嚴遵撰、（唐）谷神子註：《道德眞經指歸》，卷三，〈爲學日益篇〉，頁173。
〔註3〕同註1，卷二，〈道生一篇〉，頁134～135。

觀念的文字反覆論證，說明道的形上超越特質，點出道爲萬物初始共同宗祖，具有創生萬物的能力，爲一切事物的根源，因此具有初始本體義〔註4〕。

> 道德變化，陶冶元首，稟授性命乎太虛之域、玄冥之中，而萬物混沌始焉。神明交，清濁分，太和行乎蕩蕩之野、纖妙之中，而萬物生焉。天圓地方，人縱獸橫，草木種根，魚沉鳥翔，物以族別，類以羣分，尊卑定矣，而吉凶生焉。由此觀之，天地人物，皆同元始，共一宗祖。〔註5〕

道爲萬物元始之本體，爲說明道的本體義，《指歸》從道生萬物的過程言之。《指歸》言道體虛玄，無形超越，爲萬物元首，而無形道體之所以能化生萬物，因其中蘊含生生變動之理，《指歸》稱爲「德」，德爲道中創生作用之始，恍惚渾沌，其中透過陰陽二氣交互作用，化生清濁和三氣，太和之氣落實於有形世界，天地人、日月星、四時節氣及蟲魚、草木等萬事萬物應運而生〔註6〕。《指歸》透過道生萬物過程的論述，指出道至高無上的本體義，萬物皆依道之本體，與道中生生條理次序自然化生。

> 萬物之生也，皆元於虛始於無。……是故，虛無無形微寡柔弱者，天地之所由興，而萬物之所因生也；眾人之所惡，而侯王之所以自名也；萬物之原泉，成功之本根也。〔註7〕

《老子》云：「天下之物生於有，有生於無〔註8〕」，《老子》言有形萬物皆生於無形之道。《指歸》在論述道的本體義時，也從有生於無的觀念說明之。

〔註4〕陳慧娟云：「雖然在語言上嚴遵透過層層疊累的方式來敘述，但『道』終究不離最初的空無。因此，就稱謂上來看，『道』是萬物之來源。」陳慧娟：《兩漢三家《老子》注養生思想研究》（高雄：高雄師範大學國文學系博士論文，2010年），頁144。

〔註5〕（漢）嚴遵撰、（唐）谷神子註：《道德眞經指歸》，卷二，〈不出戶篇〉，頁165。

〔註6〕《指歸》：「當此之時，道爲之元，德爲之始，神明爲經，太和爲紀。清濁爲家，萬物爲子，三光爲佐，四時爲輔。」同註5，卷五，〈天下謂我篇〉，頁293。「道爲之元」本作「道爲之無」。明刊本作「道爲之無」，道藏本作「道爲之无」，王德有本作「道爲之元」。（漢）嚴遵著、王德有點校：《老子指歸》，頁90。〈上德不德篇〉：「天地所由，物類所以：道爲之元，德爲之始，神明爲宗，太和爲祖。」故「道爲之無」疑爲「道爲之元」。

〔註7〕同註5，卷二，〈道生一篇〉，頁137。

〔註8〕此據《簡帛書法選》編輯組編：《郭店楚墓竹簡・老子・甲本》，頁37。陳錫勇先生云：「『天下之物生於有』據下奪一『有』字重號，據帛書乙本補。」陳錫勇：《老子釋疑》，頁153。

《指歸》言萬物之生，皆源自於太虛、玄冥之中，透過虛無玄冥之道中陰陽、剛柔等作用交互相生，天地萬物自然生成。而正因道體「含和柔弱」，故能包羅萬有，變化萬殊，才能成為萬物根源，以及之所由興的規律次序，具有本體義、生生次序之義。

二、無無無之無，始未始之始

> 有虛之虛者開導稟受，無然然者而然不能然也；有虛者陶冶變化，始生生者而不能生也；有無之無者而神明不能改，造存存者而存不能存也；有無者纖微玄妙，動成成者而成不能成也。故，虛之虛者生虛者〔註9〕，無之無者生無者〔註10〕，無者生有形者。……是故，無無無始，不可存在，無形無聲，不可視聽，稟無授有，不可言道，無無無之無，始未始之始，萬物所由，性命所以，無有所名者謂之道。〔註11〕

道體虛無，《指歸》以「虛之虛」、「無之無」、「無無無之無」、「始未始之始」言之，運用具有虛玄抽象概念的詞彙，反覆論證，企圖表現出道體虛無無形的特質。《指歸》言「無無無之無」，強調道超越無的概念之上，無法以文字、言語表達其無形、無限的特質，言「始未始之始」，強調道超越時間的限制，始於時間概念之先，為無形觀念與有形萬物初始，具有超越性與本體性。而道正因擁有虛無無限的特質，才能為萬物初始本體，化生萬物，也才能包羅萬有，變化萬殊〔註12〕。

《指歸》為說明道的虛無特質，除運用「無無無之無」、「始未始之始」等虛玄觀念的文字詞彙之外，《指歸》也藉由有形、有限的詞句、具體相對的觀念與自然界的事物，反覆論證，企圖強調道與有形形物的區別，強調其虛無無形的特質。

〔註9〕「虛之虛者生虛者」本作「虛之虛者生虛虛者」。王德有云：「『虛』字衍。上文言『有虛者』，此處應是『虛之虛者生虛者』。」（漢）嚴遵著、王德有點校：《老子指歸》，頁19。

〔註10〕「無之無者生無者」本作「無之無者生無無者」。王德有云：「『無』字衍。上文言『有無者』，下文言『無者生有形者』，此處應是『無之無者生無者』。」同註9，頁20。

〔註11〕（漢）嚴遵撰、（唐）谷神子註：《道德真經指歸》，卷二，〈道生一篇〉，頁133～135。

〔註12〕陳慧娟云：「在這裏，嚴君平已經完全拋棄了事物的物質形態，而是運用概念來層層逆推，以否定的方逆向推出：『道』為萬物本原，而作為本原的『道』即是虛之虛者。」陳慧娟：《兩漢三家《老子》注養生思想研究》，頁148。

道無不有而不施與，故萬物以存，無所不能而無所不爲〔註13〕，故
萬物以然。何以明之？夫道體虛無而萬物有形，無有狀貌而萬物方
圓，寂然無音而萬物有聲。由此觀之，道不施不與而萬物以存，不
爲不宰而萬物以然。然生於不然，存生於不存，亦明矣！〔註14〕

在具體觀念方面，《指歸》從有無相對觀念論道之虛無，故言道體虛無無
形相對於萬物具體有形，道體無有形貌相對於萬物受形貌限制，道體寂然無
音相對於萬物皆有聲響。《指歸》云：「道德包萬天也。莊子曰：夫天地有類
而道德無形。有類之徒，莫不有數；無形之物，無有窮極〔註15〕」，《指歸》
從相對觀念的角度，反覆論證道之虛無與萬物之有限相互對比，企圖藉由萬
物的有形有限反證道體虛無。而正因道體虛無才能無所不有、化生萬物。

道德虛無，神明寂泊，清濁深微，太和滑淖。聽之寂寞，視之虛易，
上下不窮，東西無極。天不能裏，地不能囊，規不能圓，矩不能方，
度不能度，而量不能量。金玉不能障蔽，水火不能壅落，萬物莫之
能領，患禍莫之能作。沉浮翱翔，渾沌磅礴，心無所棲，形無區宅。
陶冶稟授，萬天以作，羣物得之，滋滋啞啞。知慮不能得，有爲不
能獲，思之逾遠，爲之益薄。執之不我擒，縱之不我釋。唯無欲者，
身爲之宅，藏之於心，故曰「含德」。〔註16〕

在有限形物方面，《指歸》透過具體形物有形象限制的角度，反證道體虛
無無形，故無法被形物、規範所限制的特質。《指歸》云道體虛無，無形恍惚，
是視聽、上下、東西、天地、規矩、度量等感官、方位、空間、度量等有形
概念、單位所無法約束。而且，道也不受金玉等礦物堅硬特質限制，不受水
火等物質變化所影響，超越所有物種形類，更是人之心思、形軀、行爲所無
法侷限，更不會因外在禍患有所變更。《指歸》云：「是故宇宙之外，營域之
內，拘以無禁，束以無制，安危消息，無有中外。同風共指，和順仰制，全

〔註13〕「無所不能而無所不爲」本作「無所不能而無所爲」。道藏本作「無所不能而
無所不爲」，後文云：「道不施不與而萬物以存，不爲不宰而萬物以然。」故
今從之補。（漢）嚴遵撰、（唐）谷神子註：《道德眞經指歸》（臺北：藝文印
書館，1962 年 4 月，影明《正統道藏》本），卷十，頁 15。

〔註14〕（漢）嚴遵撰、（唐）谷神子註：《道德眞經指歸》，卷四，〈方而不割篇〉，頁
239。

〔註15〕同註 14，卷三，〈道生篇〉，頁 198。

〔註16〕同註 14，卷四，〈含德之厚篇〉，頁 215～216。

活姣好，靡有傷敗。百祥萬福，道爲之蓋。功玄事冥，不聞於世，天下莫見，爲而不廢〔註17〕」，正因道是虛無無形，超越無限的，故能包羅萬有，《指歸》透過世界上萬殊事物的論述，突顯道不受所有相對、有形、有限，甚至無形觀念、思慮、感官所約制，反證道體虛無、超越之無限性〔註18〕。

三、無爲者，道之身體而天地之始也

> 夫道之爲物，無形無狀，無心無意，不忘不念，無知無識，無首無向，無爲無事，虛無澹泊，恍惚清靜。其爲化也，變於不變，動於不動，反以生覆，覆以生反，有以生無，無以生有，反覆相因，自然是守。無爲爲之，萬物興矣；無事事之，萬物遂矣。是故，無爲者，道之身體而天地之始也。〔註19〕

　　道爲萬物本體，其中蘊含生生次序，而道生萬物的過程，《老子》言「有生於無」、「道生一，一生二，二生三，三生萬物」。《指歸》則更進一步的指出道生萬物的次序爲道德、神明、太和、氣最後化生天地人萬物，而這過程秉持著自然無爲的原則，隨順著道生生之理必然如此之規律次序而生成，故《指歸》云：「無爲爲之，萬物興矣」。

　　《指歸》認爲萬物依循著道本體中所蘊含之陶冶變化之理生成，其中的關鍵在於「自然無爲」，所謂「自然」指萬物生成自有其自然而然、必然如此之理序，道生萬物是隨順萬物自然生成之理而完成的，故《指歸》云：「道德因於自然：萬物以存〔註20〕」。〔註21〕所謂「無爲」指道並不會有心有爲主動

〔註17〕（漢）嚴遵撰、（唐）谷神子註：《道德眞經指歸》，卷三，〈道生篇〉，頁199。

〔註18〕鄭萬耕云：「他之所以強調『道體虛無』，『道德無形』，似乎就是要說明『道德』這類實體的不確定性。只有這種不確定的無限的東西，才足以說明具體的有限的物類的產生這就是所謂『有生於無，實生於虛亦明矣』（卷八）。」鄭萬耕：〈嚴君平哲學思想述略〉，《北京師範大學學報（社會科學版）》第3期，（1984年），頁50。

〔註19〕同註17，卷三，〈天下有始篇〉，頁199～200。

〔註20〕同註17，卷二，〈道生一篇〉，頁134。

〔註21〕陳慧娟云：「而『道德因於自然』，是自己不需他物來作爲自己存在的原因與依據，而是自己就能是自己存在的原因與依據，這是一種『自因性』。」陳慧娟：《兩漢三家《老子》注養生思想研究》，頁151；陳福濱云：「《指歸》認爲：『自然』就是『道』，他是精神的實體，是『生而不有，爲而不恃，長而不宰』的；宇宙萬有由『道』產生，『道』生萬物之後，又內在於萬物，成爲萬物各自的本性，而萬物一各自之本性發展，『道』則順任各物自我化育與完成而不加干預，在整個『道』的創造過程中，完全是自然的。」陳福濱：〈「老子指

干預萬物創生之規律次序，而是客觀賦予殊形萬類各自必然如此之創生作用，順其應然如此之理序化育生成，自然無爲。〔註 22〕

爲說明道自然無爲的特質，《指歸》從現象界的萬物變化、道生萬物的次序與有無相對觀念的角度論證，企圖透過自然之驗與觀念、辭語辯證方式闡釋之。

> 道德不生萬物，而萬物自生焉；天地不含羣類，而羣類自託焉；自然之物不求爲王，而物自王焉。故天地億萬，而道王之；眾陽赫赫，而天王之；陰氣漻漻，而地王之；倮者穴處，而聖人王之；羽者翔虛，而神鳳王之；毛者蹠實，而麒麟王之；鱗者水居，而神龍王之；介者澤處，而靈龜王之；百川並流，而江海王之。凡此九王，不爲物主，而物自歸焉；無有法式，而物自治焉；不爲仁義，而物自附焉；不任智力，而物自畏焉。夫何故哉？體道合和，無以物爲，而物自爲之化。〔註 23〕

在萬物變化方面，《指歸》指出道德不主動創生萬物，而是順其自然而然之理創造完成，如同天地間殊形萬類，而各群類之物自然而然就會產生其中的精華、領袖，《指歸》以九王言之：天地萬物以道爲其主宰，天、地以陽氣、陰氣爲其間精華作用，人以聖人爲菁英、領袖，而飛禽、走獸、魚類、爬蟲類、百川各自以神鳳、麒麟、神龍、靈龜、江海爲其精華、主宰。而這是萬物群類間自然而然產生的規律次序，非道有心有爲。《指歸》從萬物自王之之理，論證萬物本體之道之生生之理亦然，亦是以自然爲其生生之理中重要內涵。

> 或無根而生，或無足而走，或無耳而聽，或無口而鳴，殊類異倫，皆與之市。母愛其子，子愛其母，男女相兼，物尊其主。巢生而喙，胎生而乳，鳥驚而散，獸驚而聚。陰物穴居，陽物巢處，火動炎上，水動潤下。萬物青青，春生夏長，秋成冬熟，皆歸於土。非有政教，物自然也。〔註 24〕

歸」中「道」思想之探究〉（《哲學與文化》第 352 期（第 30 卷第 9 期）（臺北：哲學與文化月刊雜誌社，2003 年 9 月），頁 85～86。

〔註 22〕趙中偉云：「無爲與自然，是一體兩面的屬性。依於自然的法則，必須是不挾雜任何人爲的因素，所以一定是無爲；反之，根據無爲的規律，必須是自自然然，無任何目的因在其中，所以一定是自然的。」趙中偉：《道者，萬物之宗：兩漢道家形上思維研究》，頁 155。

〔註 23〕（漢）嚴遵撰、（唐）谷神子註：《道德眞經指歸》，卷五，〈江海篇〉，頁 283～284。

〔註 24〕同註 23，卷二，〈大成若缺篇〉，頁 153。

除了從「萬物自王之」的角度論之，《指歸》也從萬物殊類各異之天性言
之。《指歸》指出不論是植物中有無根卻能生者，或動物中卵生、胎生物類之
別與禽鳥、走獸遇到驚嚇時聚散的現象，以及受到陰陽二氣比例不同產生穴
居、巢居之別，或火炎就上、水流就下等物類不同的特性，以至於節氣、四
季的輪轉次第與其感應之萬物生成次序等，《指歸》透過自然之驗中殊類各異
的天性，論述萬物間各自有其生長收藏的生生理序，道生萬物只須依循其自
然生成理序無爲爲之，非刻意造作，萬物自能生生不息。

　　道德無爲而神明然矣，神明無爲而太和自起，太和無爲而萬物自理。
〔註25〕

在道生萬物次序方面，《指歸》認爲道德變化生陰陽神明，陰陽神明生清
濁和之氣，清濁和三氣調和化生萬物，道依此規律次序化生萬物，但道並不
會干預其中各自的生生理序，而是無爲順其自起、自理，物自然而然生發完
成。

從「天地之數」的角度論之，《指歸》認爲道德變化生陰陽二氣，陰陽二氣
交互作用，四時節氣與五行之氣應運而生，透過天地四時間的二氣五行之氣交
互作用，殊形萬類之物產生，萬物造化依循道自然生生之理，公正不相干涉〔註
26〕。因此，杜保瑞認爲「他在道概念無爲性徵的義涵上亦藉由宇宙發展歷程的
階段性界定而更充分地展示道概念作爲存在始源義的義理內涵〔註27〕」。

在有無正反相對觀念方面，《指歸》從正反兩面討論道的自然無爲。《指
歸》指出道生萬物的作用「無形無狀，無心無意，不忘不念，無知無識，無
首無向〔註28〕」，無法以具體形貌、心知判斷、感官經驗與任何規範標準所描
述、限制，而是「無爲無事，虛無澹泊，恍惚清靜〔註29〕」，在道無限虛無的

〔註25〕（漢）嚴遵撰、（唐）谷神子註：《道德眞經指歸》，卷二，〈大成若缺篇〉，頁152～153。
〔註26〕《指歸》：「道德之化，天地之數，一陰一陽，分爲四時，離爲五行，綸爲羅網，設爲無間，萬物之性，各有分度，不得相干。造化之心，和正以公，自然一槩，正直平均，無所愛惡，與物通同。」同註25，卷二，〈名身孰親篇〉，頁149。
〔註27〕杜保瑞：〈嚴君平《老子指歸》哲學體系的方法論檢討〉，《哲學與文化》第341期（第29卷第10期）（臺北：哲學與文化月刊雜誌社，2002年10月），頁910～911。
〔註28〕同註25，卷三，〈天下有始篇〉，頁199。
〔註29〕同註25，卷三，〈天下有始篇〉，頁199～200。

本體當中，蘊含的生化之理雖無形不可視，但真實存在且恍惚流動宇宙天地間，自然造化，看似任何無作為但實際上卻是透過陰陽、有無反覆相生，而萬物遂成矣。

> 是故昔之得一者，天之性得一之清，而天之所為非清也。無心無意，無為無事，以順其性；玄玄默默，無容無式，以保其命。是以陰陽自起，變化自正。故能剛健運動以致其高，清明大通，皓白和正，純粹真茂，不與物糅。確然大易〔註30〕，乾乾光耀，萬物資始，雲蒸雨施，品部流形，元首性命，玄玄蒼蒼，無不盡覆。地之性得一之寧，而地之所為非寧也。無知無識，無為無事，以順其性。無度無數，無愛無利，以保其命。是以山川自起，剛柔自正。故能信順柔弱，直方和正，廣大無疆，深厚清靜，萬物資生，無不成載。神之性得一之靈，而神之所為非靈也。不思不慮，無為無事，以順其性。無計無謀，無嚮無首，以保其命。是以消息自起，存亡自正。故老能復壯，死能復生，困能復達，廢能復榮。變化不極，反覆不窮，物類託之，不失其中。谷之性得一以盈，而谷之所為非盈也。不欲不求，無為無事，以順其性。不仁不義，不與不施，以保其命。是以虛實自起，盛衰自正。故能蒸山流澤，以為通德。涓涓不息，綿綿不絕，皓皓洋洋，修遠無極，以盈江海，深大不測。侯王之性得一之正，而侯王之所為非正也。去心去志，無為無事，以順其性。去聰去明，虛無自應，以保其命。是以和平自起，萬物自正。故能體道合德，與天同則。抱神履和，包裹萬物，聲飛化物，盈溢六合。得導天地，明照日月，制世御俗，宇內為一。〔註31〕

《指歸》亦從橫向角度，發揮《老子‧三十九章》〔註32〕內容，透過宇宙間天、地、神、谷、侯王變化生成經過，說明萬物只須隨順道德變化「一」，

〔註30〕「確然大易」本作「矐然大易」。王德有云：「據津逮本改。」（漢）嚴遵著、王德有點校：《老子指歸》，頁12。

〔註31〕（漢）嚴遵撰、（唐）谷神子註：《道德真經指歸》，卷一，〈得一篇〉，頁116～119。

〔註32〕《老子‧三十九章》：「昔之得一者，天得一以清，地得一以寧，神得一以靈，谷得一以盈，侯王得一以為天下正。」此據《馬王堆漢墓帛書‧老子乙本》，缺文據甲本補。國家文物局古文獻研究室編：《馬王堆漢墓帛書【壹】》，乙本釋文，頁89；甲本釋文，頁3。

自然而然便能順其各自蘊含之生生之理化育施作，生長完成。《指歸》強調天、地、神、谷、侯王變化作用以清、寧、靈、盈、正爲原則，天、地、神、谷、侯王皆須依循清、寧、靈、盈、正等各自的變化次序才能變化生長完成，而其各自之生長次序「無心無意、無爲無事」、「無知無識」、「不思不慮」、「不欲不求」、「去心去志」，皆只是「以順其性」，得「一」順其生生之理而已，則天自能順陰陽二氣交互作用化生雲雨等天象使其變化流行，覆蓋天地。地自能順剛柔作用化生山川，承載萬物。神自能順其變化之理周而復始，生生不息，創生殊形物類。谷自能順「蒸山流澤」盈虛變化之理源源不絕，充盈江海。侯王自能順天地之正道無爲而治，養生保命。

　　《指歸》透過反覆層層說明，論證天地化生萬物過程，與萬物自生之理，皆是自然無爲，順其天生本性，自能順利生化完成，透過萬殊形物皆順此理，應證道生生之理以自然無爲爲其基本規律原則〔註33〕。故《指歸》云：「無爲者，道之身體而天地之始也」，正因萬物自能順道生成，故能體道合德，道氣是一，達到「自然之變，感而應之，天地人物，莫之能敗〔註34〕」的境界。

　　　　性命自然，動而由一也。是故，使天有爲，動不順一，爲高者卑，爲清得裂。陰陽謬戾，綱弛紀絕。和氣隔塞，三光消滅。雷霆妄作，萬物皆失。使地有爲，動不順一，爲直得枉，爲寧得發。山川崩絕，剛柔卷折。氣化不通，五行毀缺。百穀枯槁，羣生疾疫。使神有爲，動不順一，爲達得困，爲靈得歇。變化失序，締滯消竭。盛衰者亡，弛張者歿。使谷有爲，動不順一，爲有得亡，爲盈得竭。虛實反覆，流澤不入。使侯王有爲，動不順一，爲貴得賤，爲正得屬。亂擾迷惑，事由己出。百官失中，喪其名實。萬民不歸，天地是絕。〔註35〕

〔註33〕　鄭萬耕云：「嚴君平企圖從自然界本身說明紛繁複雜、豐富多彩的自然現象認爲萬物的生成和變化有其自身的內在原因，排斥了『天神』、『上帝』和任何超物質的力量，打擊董仲舒以來的神學目的論。這在讖緯迷信流行的西漢末年來說，具有重要的現實意義。這些思想，後來爲唯物主義無神論者揚雄、王充所繼承和發展。」鄭萬耕：〈嚴君平哲學思想述略〉，《北京師範大學學報（社會科學版）》第 3 期，（1984 年），頁 51；王德有云：「關於『道』，《指歸》採納了《淮南子》的觀點，認爲它是引導天地萬物生化的軌道，是天地萬物普遍遵循的法則。不同的是，《淮南子》沒有具體表明這一法則的內容，《指歸》卻認爲它是『自然』、『無爲』。」（漢）嚴遵著、王德有點校：《老子指歸》，頁 7。
〔註34〕　（漢）嚴遵撰、（唐）谷神子註：《道德眞經指歸》，卷三，〈出生入死篇〉，頁 191。
〔註35〕　同註 34，卷一，〈得一篇〉，頁 119～120。

　　除了從正面觀點論述，《指歸》亦從反面角度切入討論。《指歸》認為若萬物無法順道自然無為之理，有心有為刻意造作干預萬物生成的話，就會產生災異現象。在自然界現象方面，《指歸》從天、地、神、谷論之，若天有心有為刻意追求陽氣清揚上升，反會造成陽氣卑下散裂以至於清濁和氣無法順利生成，日月星等星辰運行失序，雷電等天象異常，最終影響萬物生長次序。若地有心有為刻意追求陰氣靜定下沉，反會造成陰氣曲折散發以至於陰陽五行之氣凝滯不通而無法順利化育，造成山川崩壞、百穀枯槁、動植生物染上疫病。若神有心有為刻意加強清明通達的創生能力，反會破壞生生變化次序，導致盛衰弛張等相對變化現象消失。若谷有心有為刻意欲使泉水充實，反會破壞泉水自然盈竭變化。而從人世間來看，若侯王有心有為刻意強調自身尊貴正直，反會導致百官諂佞欲擾亂侯王，最終造成侯王遭受迷惑而名實喪亡，民心全失。因此，杜保瑞認為「人性現象才是無為本體義涵的真正觀念來源，……嚴君平一如老子之所為，從人性好勝貪利的現象說明人生失敗的原因，也從去除好勝貪利的私欲心的意義上說出無為之可貴，所以無為的真實義涵即是無私欲〔註36〕」。

　　《指歸》從正反兩面分別討論道無為自然與有心有為對天地自然與人事的影響，點出道無為自然的特質及其對化生萬物的重要性，與違道有心有為刻意造作對萬物生成的影響，透過正反兩相對比突顯出隨順自然的重要性，同時落實人事，提醒侯王為政應依循道自然無為之理行事，否則便會導致「百官失中，喪其名實。萬民不歸，天地是絕」。

　　其次，從《指歸》的論述也可發現，道德變化生生次序若有心有為，刻意造化萬物時，天地間陰陽五行之氣便會失衡，太和之氣便無法順利化生萬物以至於災異禍患的產生，因此，《指歸》認為透過物類相感、氣化連通的現象，觀察自然界與人事中的變異與災禍，便可得知天地間出現道德變化生生

〔註36〕杜保瑞：〈嚴君平《老子指歸》哲學體系的方法論檢討〉，《哲學與文化》第341期（第29卷第10期），頁914～915；趙中偉云：「無為性不只是形上價值的意義，也是萬物的本能之一，已具有『道』寓於器之中，由器以証『道』的天人相合的實踐性價值和意義。」趙中偉：《道者，萬物之宗：兩漢道家形上思維研究》，頁156；陳慧娟云：「就現實面來說，世事變化無窮，並非人力所能致，所能為。若是硬要憑一己微薄之利以『為』之，勢必在『為』的同時，遭遇阻力，而落得危殆的下場。」陳慧娟：《兩漢三家《老子》注養生思想研究》，頁153。

作用失調，與人世間爲政者的行爲失序的現象，以此作爲提醒爲政者施政得失的重要依據〔註37〕。

四、一者，道之子

> 一者，道之子，神明之母，太和之宗，天地之祖。……一，其名也；
> 德，其號也；無有，其舍也；無爲，其事也；無形，其度也；反，
> 其大數也；和，其歸也；弱，其用也。〔註38〕

道爲萬物初始，其中蘊含生化萬物的作用，《指歸》稱爲「一」，「一者，道之子」，由於道是無無無之無，是虛之虛，是不可名言之超越本體，因此，爲詮釋道生萬物的過程，《指歸》以「一」言之，「一」爲道所初生，以道爲本體〔註39〕，而「一」的特質爲「無有」、「無形」，故得以包羅萬有，化生萬物，「一」的內容爲「有物混沌，恍惚居起〔註40〕」之陰陽作用，透過陰陽相生相剋，化生陰陽二氣，變化太和之氣，生成天地萬物，故《指歸》稱「一」爲「神明之母」，而「一」的作用爲「無爲」、「反」、「和」、「弱」，透過無爲而無不爲的原則，與陰陽正反相生的過程，使道得以透過「一」生成具體形物。「一，其名也；德，其號也」，又由於「一」爲道所化生之創生萬物的作用，其作用具體落實於天地萬物之間，成爲天地萬物的規律、準則，故《指歸》稱之爲「德」。

> 道德神明，清濁太和，天地人物，若末若根。〔註41〕

「一」爲道所化生最初始關鍵的創生作用，爲形上超越之道在天地人物間之展現，故《指歸》稱之爲「德」，而「一」生化萬物的過程透過「神明」

〔註37〕鄭萬耕云：「事物的存在和變化有其固有的法則和規律，必須遵循規律辦事，不能隨心所欲，妄然動作。這就是『無爲』。如果違背了這種自然法則，專憑主觀意志，任意妄爲，必然失敗。……這是對老莊消極無爲思想的改造，也是對《淮南子》『循理以舉事』、『因資而立功』（修務訓）思想的繼承和發揮。」鄭萬耕：〈嚴君平哲學思想述略〉，《北京師範大學學報（社會科學版）》第 3 期，（1984 年），頁 52。

〔註38〕（漢）嚴遵撰、（唐）谷神子註：《道德眞經指歸》，卷一，〈得一篇〉，頁 114 ～116。

〔註39〕《指歸》云：「道虛之虛，故能生一。有物混沌，恍惚居起。……潢然大同，無終無始，萬物之廬，爲太初首者，故謂之一。」同註38，卷二，〈道生一篇〉，頁 135。

〔註40〕同註38，卷二，〈道生一篇〉，頁 135。

〔註41〕同註38，卷五，〈善爲道者篇〉，頁 277。

陰陽二氣的正反生剋變化，與「太和」清濁和氣之具體化生，生成天地萬物〔註42〕，由此可知，《指歸》所述「有物混沌，恍惚居起」之「一」即是「初始之氣」，而透過氣化連通、氣化分離的過程生成天地萬物。綜上所述，《指歸》的本體思想是以道爲形上初始超越本體，而以「氣」爲道中貫通有無、化生萬物的初始作用，故「氣」即「一」、「德」，三者是一〔註43〕。

第二節　道爲之元，德爲之始，神明爲經，太和爲紀

　　《指歸》的氣化宇宙生成論，發揮《老子》有無相生與道生萬物的過程，以及《莊子・齊物論》當中對無到有過程的詮釋，並且站在《淮南》氣化宇宙論的基礎之上，同時以虛玄辭彙著重強調無到有過程的玄妙無法被有限語言侷限的特質，對氣化宇宙生化過程進行發揮。以下試論之。

一、有生於無，實生於虛

（一）虛之虛者開導稟受

　　有虛之虛者開導稟受，無然然者而然不能然也；有虛者陶冶變化，始生生者而不能生也；有無之無者而神明不能改，造存存者而存不能存也；有無者纖微玄妙，動成成者而成不能成也。故，虛之虛者生虛者〔註44〕，無之無者生無者〔註45〕，無者生有形者。〔註46〕

〔註42〕《指歸》：「夫天人之生也，形因於氣，氣因於和，和因於神明，神明因於道德，道德因於自然：萬物以存。」（漢）嚴遵撰、（唐）谷神子註：《道德眞經指歸》，卷二，〈道生一篇〉，頁133～134。

〔註43〕鄭萬耕云：「所謂『道德』，是『道』與『一』的合稱。『一其名也；德其號也。』（卷七）所以，『一』又稱爲『德』。『一』的內容是指混沌未分的氣，……關於道與德的關係，……道指老根，德指開端。就氣說，道指實體，德指作用。」鄭萬耕：〈嚴君平哲學思想述略〉，頁49；陳慧娟云：「在這裏，《指歸》借用了《老子》對道描述的若干辭彙來描述『一』，這種描述與漢代道家對氣的特點的描述如出一轍，於是更可證明『一』所指爲氣的原始狀態。」陳慧娟：《兩漢三家《老子》注養生思想研究》，頁193。

〔註44〕「虛之虛者生虛者」本作「虛之虛者生虛虛者」。王德有云：「『虛』字衍。上文言『有虛者』，此處應是『虛之虛者生虛者』。」（漢）嚴遵著、王德有點校：《老子指歸》，頁19。

〔註45〕「無之無者生無者」本作「無之無者生無無者」。王德有云：「『無』字衍。上文言『有無者』，下文言『無者生有形者』，此處應是『無之無者生無者』。」同註44，頁20。

〔註46〕同註42，卷二，〈道生一篇〉，頁133。

　　道體虛無初始，《指歸》以「無無無之無〔註47〕」、「始未始之始〔註48〕」
與「虛之虛」「無無無始〔註49〕」言之，「無無無之無」、「虛之虛」者，是非
文字、概念所能掌握之無，是超越時空、超越虛無之上的虛無，具有無形、
無限、超越特質，爲一切無形作用與有形事物的初始本體。「始未始之始」、「無
無無始」者，表現出道是在初始觀念之前，是無形創生作用之初，一切虛無
作用觀念皆由此開始，而創生之始的道是「無然然者而然不能然也」，其特質
是自然無爲，不干預造作隨順自然而然，而無形創生作用自然產生，自然能
賦予萬物各自創生能力，萬物自生自成。故《指歸》云：「萬物所由，性命所
以，無有所名者謂之道。〔註50〕」

（二）道虛之虛，故能生一

　　道虛之虛，故能生一。有物混沌，恍惚居起。輕而不發，重而不止，
　　陽而無表，陰而無裏。既無上下，又無左右，通達無境，爲道綱紀。
　　懷壤空虛，包裹未有，無形無名，芒芒滇滇，混混沌沌，冥冥不可稽
　　之，亡於聲色，莫之與比。指之無嚮，搏之無有，浩洋無窮，不可論
　　諭。潢然大同，無終無始，萬物之廬，爲太初首者，故謂之一。〔註51〕

　　道體虛無，其中蘊含自然無爲的生生作用，《指歸》稱之爲「一」、「德」、
「道德」、「無無之無，始始之始〔註52〕」、「虛」。「一者，道之子〔註53〕」，道
虛無超越，無名不可言，如何說明無形之道創生有形之物，《指歸》言道生一，
一是道最初始所產生的狀態，強調其在萬物創生作用當中具有初始關鍵唯一
的地位，具有承上啓下的功用，故一能變化陰陽神明二氣，化生太和之氣，
創生天地萬物。

　　一，其名也；德，其號也；無有，其舍也；無爲，其事也；無形，
　　其度也；反，其大數也；和，其歸也；弱，其用也。〔註54〕

〔註47〕　（漢）嚴遵撰、（唐）谷神子註：《道德眞經指歸》，卷二，〈道生一篇〉，頁134。
〔註48〕　同註47，卷二，〈道生一篇〉，頁134。
〔註49〕　同註47，卷二，〈道生一篇〉，頁134。
〔註50〕　同註47，卷二，〈道生一篇〉，頁134～135。
〔註51〕　同註47，卷二，〈道生一篇〉，頁135。
〔註52〕　同註47，卷一，〈得一篇〉，頁114。
〔註53〕　同註47，卷一，〈得一篇〉，頁114。
〔註54〕　同註47，卷一，〈得一篇〉，頁116。

　　其次，《指歸》云：「一，其名也；德，其號也」。《指歸》認爲道初始之創造作用無形無名，但比道稍微具體，已初具創造作用，爲強調其爲「太初首」的特質故稱之爲「一」，同時，爲強調「一」爲道落實在宇宙間初始的創造作用，故稱之爲「德」。

　　此外，在論述道生萬物的過程時，《指歸》亦將道之創造作用稱爲「道德〔註55〕」「道德之化〔註56〕」，《指歸》認爲道爲萬物本體，德爲創生作用，在論述時雖尊道體超越虛無，無形無名，但道透過德化生萬物，具體存在於萬物之中，故在討論無形恍惚、陶冶元首之創生作用時，《指歸》亦以「道德」論之，強調體用是一的觀念〔註57〕。

　　再者，《指歸》云：「無無之無，始始之始〔註58〕」、「有虛者陶冶變化，始生生者而不能生也〔註59〕」，言一的狀態，是混沌恍惚，無有形兆，無先無後，無端無緒，尙無時間義，無上下、左右、內外，亦無空間義，且無聲、色等感官經驗存在，仍是無形無名的狀態，但初有輕、重、陰、陽等相對觀念，初具規、矩等規律次序，是「太初之首」、「有虛者」、「始生生者」，是道最初始的創生作用，因此天地萬物得一以生。《指歸》強調「一」已稍具作用、觀念，但仍爲所有無形作用、有形事物的根源，具有無形超越之創生義。

　　總結論之，《指歸》言「一」的特質與道不同的是已始有名號曰「德」，但與道相同的是其仍超越時空，不受限制，故曰「無有」，作用自然而然，故曰「無爲」，形體虛無無法度量，故曰「無形」，其始具正反相對生生作用，故曰「反」，透過一的創造作用下生陰陽、清濁和氣，化生萬物，爲萬物歸趨，故曰「和」，但其作用仍屬無形層次，混沌恍惚，故曰「弱」。《指歸》

〔註55〕《指歸》：「道德變化，陶冶元首，稟授性命乎太虛之域、玄冥之中，而萬物混沌始焉」；「夫天人之生也，形因於氣，氣因於和，和因於神明，神明因於道德，道德因於自然：萬物以存。」（漢）嚴遵撰、（唐）谷神子註：《道德眞經指歸》，卷二，〈不出戶篇〉，頁165；卷二，〈道生一篇〉，頁133～134。

〔註56〕《指歸》：「道德之化，變動虛玄。蕩蕩默默，汎汎無形，橫浩慌忽，渾沌無端。視之不見，聽之不聞，開導稟授，無所不存。功成遂事，無所不然。無爲之爲，萬物之根。」同註55，卷三，〈爲學日益篇〉，頁173。

〔註57〕陳福濱云：「無形無迹的『道』顯現於萬物或作用於萬物就是『德』，道是『體』，『德』是用。」陳福濱：〈「老子指歸」中「道」思想之探究〉，頁82。

〔註58〕同註55，卷一，〈得一篇〉，頁114。

〔註59〕同註55，卷二，〈道生一篇〉，頁133。

總論「一」之特性，並強調其在道生萬物的過程當中具有初始且關鍵的地位，「天地之外，毫釐之內，稟氣不同，殊形異類，皆得一之一以生，盡得一之化以成〔註60〕」，同時，也點出作爲創造作用之始的「一」，其中蘊含正反相對氣化作用，透過無形無限之氣化生生作用，天地間不同稟氣之殊形萬類皆得以化育生成，具有普遍性〔註61〕。

（三）一以虛，故能生二

一以虛，故能生二。二物並與，妙妙纖微；生生存存。因物變化，滑淖無形。生息不衰；光耀玄冥。無嚮無存，包裹天地，莫觀其元；不可逐以聲，不可逃以形：謂之神明。存物物存，去物物亡，智力不能接而威德不能運者，謂之二。〔註62〕

道德之情，正信爲常。變化動靜，一有一亡。覆載天地，經緯陰陽。紀綱日月，育養羣生，逆之者死，順之者昌。故天地之道，一陰一陽。陽氣主德，陰氣主刑，刑德相反，和在中央。春生夏長，秋收冬藏，終而復始，廢而又興。陽終反陰，陰終反陽，陰陽相反，以至無窮。〔註63〕

自然無爲生生創造作用「一」產生後，下生陰陽二氣，《指歸》稱之爲「二」、「神明」、「有虛者」、「始生生者」。「一以虛，故能生二」，《指歸》認爲自然無爲生生作用屬虛無無形層次，故能成爲萬物創生之始，而此作用當中蘊含正反相對的創生力量，《指歸》稱之爲「二」，透過「二物並與」，一動一靜、一有一無、一順一逆、一刑一德的作用相互激盪，無形微妙但具備成爲萬物生存之理的生生和氣產生，由此可知，《指歸》所謂「二」即陰陽二氣〔註64〕。站在兩漢氣化論的立場上，《指歸》以陰陽二氣對正反相對的創生作用「二物」作出詮釋，認爲透過陰陽二氣正反不同比例的生剋變化，殊形萬類之物得以

〔註60〕（漢）嚴遵撰、（唐）谷神子註：《道德眞經指歸》，卷一，〈得一篇〉，頁115。
〔註61〕陳福濱云：「《指歸》將天間一切事物『指歸』於『道德』，又爲『道德』之『指歸』多所論述，正顯示道之形上本體的恍惚虛無，又見道德由虛無落實，作爲天地萬物生成發展共同根據之本體所具有的普遍性。」同註57，頁82。
〔註62〕同註60，卷二，〈道生一篇〉，頁135～136。
〔註63〕同註60，卷四，〈以正治國篇〉，頁226～227。
〔註64〕陳慧娟云：「二物所指爲清濁二物，當然也指陰陽二物，……意指神明之中有清濁二氣合而未分，有陰陽二氣隱而未顯。」陳慧娟：《兩漢三家《老子》注養生思想研究》，頁195。

化生，因此陰陽二氣與創生之始之一相比，其作用更爲具體，已具相對概念，而這也是萬物之所以生存與消息的重要關鍵〔註65〕。

其次，《指歸》云：「有虛者陶冶變化，始生生者而不能生也〔註66〕」，《指歸》認爲「二」是「妙妙纖微」、「滑淖無形」、「無嚮無存，包裹天地，莫覩其元；不可逐以聲，不可逃以形」，具體存在於天地之間，但虛無無形，故云「有虛者」，同時，二是「二物並與」、「一陰一陽」，具有相對觀念，且陽氣主德是生生作用，陰氣主刑是消亡力量，陰陽相生相剋，創生群類，「逆之者死，順之者昌」，具陶冶變化具體創生形物的力量，爲萬物之所以生存與滅亡的關鍵作用。此外，「二」能「覆載天地，經緯陰陽」，已具空間觀念，故能成爲天地之道，「春生夏長，秋收冬藏」、「紀綱日月」，已有四時節氣等時間觀念，「終而復始，廢而又興」，是天地間生生不息之創生作用，具有無限義，此作用陶冶變化、「陰陽相反，以至無窮」、生生不息，因此《指歸》稱之爲「神明」〔註67〕。

（四）二以無之無，故能生三

二以無之無〔註68〕，故能生三。三物俱生，渾渾茫茫，視之不見其形，聽之不聞其聲，搏之不得其緒，望之不覩其門。不可揆度，不可測量，冥冥窅窅，潢洋堂堂。一清一濁，與和俱行，天人所始，未有形朕圻堮，根繫於一，受命於神者，謂之三。〔註69〕

天地未始，陰陽未萌，寒暑未兆，明晦未形，有物三立，一濁一清，清上濁下，和在中央。三者俱起，天地以成，陰陽以交，而萬物以

〔註65〕陳德興云：「按此處《指歸》所繼承者應是〈繫辭上〉：『陰陽不測之謂神』的說法。……以其無法測度，『莫覩其元』、『變化無方』、『無以名之』，故謂之『神妙』。按《老子・十六章》云：『知常曰明』，《管子・內業》云：『神明之極，照乎知萬物』；從《指歸》所提點之默契的進路觀之，『神明』就語意言固指對陰陽二物運作化生之最清澈澄明的認知狀態，亦指出天地萬物藉其化生的歷程中所展現之精神屬性與靈妙。」陳德興：《兩漢氣化宇宙論之研究》（臺北：輔仁大學哲學系博士論文，2005年），頁196。

〔註66〕（漢）嚴遵撰、（唐）谷神子註：《道德眞經指歸》，卷二，〈道生一篇〉，頁133。

〔註67〕陳慧娟云：「『神明』之所以稱作神明，意指它具有變化莫測之性質。」陳慧娟：《兩漢三家《老子》注養生思想研究》，頁194。

〔註68〕「二以無之無」本作「二以元之無」。王德有云：「據怡蘭本、津逮本、學津本改。」（漢）嚴遵著、王德有點校：《老子指歸》，頁20。

〔註69〕同註66，卷二，〈道生一篇〉，頁136。

生。失之者敗，得之者榮。夫和之於物也，剛而不折，柔而不卷，在天爲繩，在地爲準，在陽爲規，在陰爲矩。不行不止，不與不取，物以柔弱，氣以堅強，動無不制，靜無不與。故，和者，道德之用，神明之輔，天地之制，羣生所處，萬方之要，自然之府，百祥之門，萬福之戶也。故智者見之謂之智，仁者見之謂之仁，天下以之，日夜不釋，莫之能覩。夫何故哉？以其生物微而成事妙也。〔註70〕

陰陽二氣下生清、濁、和三氣，《指歸》稱之爲「三」、「無之無」、「有無者」、「太和」。《指歸》云：「天地未始，陰陽未萌，寒暑未兆，明晦未形，有物三立，一濁一清，清上濁下，和在中央。三者俱起，天地以成，陰陽以交，而萬物以生」，陰陽二氣虛無無形，相互激盪，其作用產生清、濁、和三氣，清氣清陽上升，濁氣重濁下沉，清濁上下，太和之氣生於中央，太和之氣具備陰陽、清濁和之氣化生生能力，已具有形質力量，三氣交互作用之下，具體萬物得以創生〔註71〕。

其次，《指歸》云：「有無者纖微玄妙，動成成者而成不能成也〔註72〕」，《指歸》認爲清濁和三氣「纖維玄妙」、「渾渾茫茫，視之不見其形，聽之不聞其聲，搏之不得其緒，望之不覩其門。不可揆度，不可測量，冥冥窅窅，潢洋堂堂」，雖已具成物之形質義，但仍屬無形階段，「夫和之於物也，剛而不折，柔而不卷，在天爲繩，在地爲准，在陽爲規，在陰爲矩。不行不止，不與不取，物以柔弱，氣以堅強，動無不制，靜無不與」太和之氣雖仍無形不具視覺、聽覺、觸覺等感官經驗，但已有剛柔、動靜、繩準、規矩，已具規律次序，「和者，道德之用，神明之輔，天地之制，群生所處，萬方之要，自然之府，百祥之門，萬福之户也」，太和之氣落實於天地之間，是萬物群生始具「形朕圻堮」，之所以具體生成的重要力量，太和之氣是形上道體透過創生作用一，下生陰陽神明二氣後，到萬物具體完成間的重要生成作用，是無

〔註70〕（漢）嚴遵撰、（唐）谷神子註：《道德眞經指歸》，卷七，〈天之道篇〉，頁344～345。

〔註71〕陳慧娟云：「『太和』即是由清濁合和而成的和諧之氣，是『陰陽交通』之下，陰陽和合所形成的『和氣流行』，是一種『妙物若神，空虛爲家，寂泊無常，出入無竅，往來無間，動無不遂，靜無不成，化化而不化，生生而不生也』(〈卷七·谷神不死〉)的『妙氣』。」陳慧娟：《兩漢三家《老子》注養生思想研究》，頁196。

〔註72〕同註70，卷二，〈道生一篇〉，頁133。

形生有形、有生於無的關鍵力量。〔註73〕

（五）三以無，故能生萬物

> 三以無，故能生萬物。清濁以分，高卑以陳，陰陽始別，和氣流行，
> 三光運，羣類生。有形兆可因循者，有聲色可見聞者，謂之萬物。萬
> 物之生也，皆元於虛始於無。背陰向陽，歸柔去剛，清靜不動，心意
> 不作，而形容脩廣、性命通達者，以含和柔弱而道無形也。是故，虛
> 無無形微寡柔弱者，天地之所由興，而萬物之所因生也；眾人之所惡，
> 而侯王之所以自名也；萬物之原泉，成功之本根也。〔註74〕

　　清濁和三氣交互激盪相生之下，萬物產生，《指歸》云此階段為無生有。
在有形萬物層次，在清濁和三氣交互作用之下，「有形兆可因循者，有聲色可
見聞者」，視覺、聽覺、嗅覺等感官經驗產生，具體形質始具，一切清濁、高
卑、陰陽、剛柔等規律次序作用於天地萬物間，透過太和之氣的流行溝通，
天地間日月星辰與草木鳥獸群類生生不息〔註75〕，因此，《指歸》言有生於無，
虛無無形為天地初始，萬物皆因循虛無道體中生生之理變化生成。

> 當此之時，道為之元〔註76〕，德為之始，神明為經，太和為紀。清
> 濁為家，萬物為子，三光為佐，四時為輔。靜為物根，動為化首。
> 物類託之，無有患咎。德與天齊，久而不殆。自今及古，聖智之道，
> 變化終始，自天而王，皆由此矣。〔註77〕

〔註73〕 趙中偉云：「在這段說明當中，除了對虛無的一種超越的描述外，最特別的是
　　　　提出『一清一濁，與和俱行』，就是『道』在化生萬物的過程中，在自然律的
　　　　必然性及偶然性之下，已有清、濁、和等三種不同狀態的差異性，致間接造
　　　　成萬物的不同差異，是其來有自的。」趙中偉：《道者，萬物之宗：兩漢道家
　　　　形上思維研究》，頁149。

〔註74〕 （漢）嚴遵撰、（唐）谷神子註：《道德真經指歸》，卷二，〈道生一篇〉，頁136
　　　　～137。

〔註75〕 陳德興云：「『太和』歷程再進一步進行，有形的物類之化生便落實道形器世
　　　　界，『有形兆可因循者，有聲色可見聞者』，是宇宙發展歷程的『實有』階段。
　　　　此階段總其要為『氣化分離』的萬物生成歷程。」陳德興：《兩漢氣化宇宙論
　　　　之研究》，頁197。

〔註76〕 「道為之元」本作「道為之無」。明刊本作「道為之無」，道藏本作「道為之
　　　　无」，王德有本作「道為之元」。（漢）嚴遵著、王德有點校：《老子指歸》，頁
　　　　90。〈上德不德篇〉：「天地所由，物類所以：道為之元，德為之始，神明為宗，
　　　　太和為祖。」故「道為之無」疑為「道為之元」。

〔註77〕 同註74，卷五，〈天下謂我篇〉，頁293。

　　《指歸》發揮《老子》無生有與道生萬物的次序，與《莊子》有無者、有始者對萬物自無到有的生化次序，加上《淮南》以降漢代氣化宇宙論中陰陽氣論思想，完成《指歸》的道生萬物的詮釋系統，並且透過虛之虛—虛—無之無—無—有與道德—神明—太和—萬物兩種的次序交互論述說明道生物由無到有的變化，強調道生一，一生二，二生三皆屬無形層面，三生萬物，始從無進入有的階段，對道生萬物之過程重新作出詮釋〔註78〕。

道生萬物的過程

無				有
道	一	二	三	萬物
虛之虛	虛	無之無	無	有
無無無之無	無無無之無	無之無	無	有
始未始之始	始始之始			
	德	神明	太和	萬物
	道德	陰陽	清濁和	

　　透過《指歸》對道生物過程的詮釋，可看出《指歸》仍尊道為形上至尊不可言說定義之初始本體，萬物的元始、宗祖皆為唯一之道。道生萬物，因此《指歸》在論述無生有、道生物的過程時，以德、道德、一言生生創造能力，一中蘊含化生陰陽二氣的能力，透過陰陽二氣產生能具體生成萬物的清濁太和之氣，萬物得以產生，因此不論是上下四方宇宙等時空觀念，或天地人物等物類群生，皆是由陰陽氣化分離的過程完成，由此可知《指歸》將氣視為宇宙生成論中重要的內涵與作用能力〔註79〕。

〔註78〕鄭萬耕云：「這是對漢初黃老之學以道為氣，以氣為天地萬物之源，認為宇宙的發生有一個過程的思想的繼承與發揮。」鄭萬耕：〈嚴君平哲學思想述略〉，頁 49；陳慧娟云：「在漢代『氣』論學術氛圍下，《指歸》透過『氣』的仲介物質來說明『虛而實，無而有』這個過程的開端：……總之，《指歸》藉重『氣』的屬性來談論『道』在現象層次的開展，往一個更能夠具象化的方向移動，『氣』無疑是從天地到人的重要仲介物質。」陳慧娟：《兩漢三家《老子》注養生思想研究》，頁 196。
〔註79〕王德有云：「嚴君平的《指歸》把《淮南子》物質分化的思想裝入了《老子》道生一、無生有的框架之中，構造了一個以虛無為源，以氣化為流的宇宙演化體系。」（漢）嚴遵著、王德有點校：《老子指歸》，頁 5。陳福濱云：「《指歸》道論將《老子》『道生一，一生二，二生三，三生萬物』、『有生於無』的思想更加深化，並以『氣化分離』來解析萬物的『自生自化』，以『自然無為』

二、道德之化，天地之數，一陰一陽，分爲四時，離爲五行

　　莊子曰：昔者《老子》之作也，變化所由，道德爲母，劾經列首，天地爲象。上經配天，下經配地。陰道八，陽道九，以陰行陽，故七十有二首。以陽行陰，故分爲上下。以五行八，故上經四十而更始。以四行八，故下經三十有二而終矣。陽道奇，陰道偶，故上經先而下經後。陽道大，陰道小，故上經眾而下經寡。陽道左，陰道右，故上經覆來，下經反往。反覆相過，淪爲一形，冥冥混沌，道爲中主。重符列驗，以見端緒。下經爲門，上經爲戶。智者見其經劾，則通乎天地之數、陰陽之紀、夫婦之配、父子之親、君臣之儀，萬物敷矣。〔註 80〕

　　《指歸》在詮釋萬物生成論時，除了以老莊學說爲基礎發揮之外，亦從兩漢陰陽氣化消息論的角度提出自己的見解。〔註 81〕在〈君平說二經目〉當中，《指歸》特別強調陰陽、正反、相對作用的關鍵性，並指出宇宙天地生成皆是透過陰陽二氣正反相對力量反覆作用而成。「上經配天，下經配地」，《指歸》以「天地爲象」，詮釋《老子》分上經、下經。依據《周易・繫辭上》：「天一，地二，天三，地四，天五，地六，天七，地八，天九，地十〔註 82〕」、「天尊地卑，乾坤定矣〔註 83〕」，因此上經配天爲奇數，下經配地爲偶數。「陽道奇，陰道偶，故上經先而下經後；陽道大，陰道小，故上經眾而下經寡；陽道左，陰道右，故上經覆來，下經反往」，《指歸》認爲陽道數奇、大、左，陰道數偶、小、右，可知陽道配上經，其數爲九，陰道配地，其數爲八。透過上下經、陰陽道反覆相生作用，天地萬物創生完成，故云：「陰道八，陽道九，以陰行陽，故七十有二」，「『以陰行陽』，即以陰爲行，以陽爲列，編爲

　　爲法則，以致『人道相入』契合於道，正是漢代道家思想的轉折以及對魏晉玄學之啓迪。」陳福濱：〈「老子指歸」中「道」思想之探究〉，頁 90。

〔註 80〕 （漢）嚴遵撰、（唐）谷神子註：《道德眞經指歸》，卷一，〈君平說二經目〉，頁 99～100。

〔註 81〕 朱伯崑云：「以道家黃老之學解釋《周易》，或者說，將易學同黃老學說結合起來，講陰陽變易學說。如《淮南子・人間訓》解釋乾卦九三爻辭說：……這種解易的風氣，到西漢後期被嚴君平繼承下來。他著有《道德經指歸》，引《周易》經傳文意，解釋老子的《道德經》。」朱伯崑：《易學哲學史》全四卷，第一卷，頁 128。

〔註 82〕 （魏）王弼、（晉）韓康伯注、（唐）孔穎達等正義：《周易正義》十卷，卷七，〈繫辭上〉，頁 155。

〔註 83〕 同註 82，卷七，〈繫辭上〉，頁 143。

行列〔註84〕」，相互搭配，以上經數九配下經數八，故《老子》上下經分七十二章。「首以陽行陰，故分為上下。以五行八，故上經四十而更始；以四行八，故下經三十有二而終矣」，《指歸》認為上下經分章之數亦為陰陽相生結果，由於陽九不可中分，故分為五、四，又上經眾，陽道大，數奇；下經寡，陰道小，數偶，數八，以陽行陰，以陽為行，以陰為列，故上經以五配八得四十，下經以四配八得三十二。〔註85〕

　　由此可知，《指歸》尊道為中主初始本體，強調透過陰陽之數不同比例相互搭配，可得《老子》上下經之數，透過演算符驗相互驗證，便可「通乎天地之數、陰陽之紀、夫婦之配、父子之親、君臣之儀」等天地萬物生成之道。

　　　道德之化，天地之數，一陰一陽，分為四時，離為五行，綸為羅網，
　　　設為無間，萬物之性，各有分度，不得相干。造化之心，和正以公，
　　　自然一槩，正直平均，無所愛惡，與物通同。〔註86〕

　　　華實生於有氣，有氣生於四時，四時生於陰陽，陰陽生於天地，天
　　　地受之於無形。〔註87〕

　　道生萬物的生化次序，《指歸》從陰陽消息角度論之，強調無形之道化生有形之物，必須透過陰陽兩種相反、相對的作用力量，眾陽之氣，清揚上升為天，眾陰之氣，重濁下沉為地〔註88〕，於是天地空間觀念產生。陰陽二氣相摩相蕩，相互消長，作用於天地之間，於是四時、五行等節氣時間觀念與具體形質類別應運而生，二氣化生四時、五行〔註89〕，因此四時、五行之數正是從陽九天道之數分化而成。於是，透過四時、五行間陰陽二氣不同比例相互配合，殊形異類產生。由此可知，無形之道生有形之物，陰陽氣化扮演著關鍵角色，「虛實相歸，有無相生。寒暑相反，明晦相隨。陰消而陽息，

〔註84〕　（漢）嚴遵著、王德有點校：《老子指歸》，注三，頁2。
〔註85〕　王德有云：「縱云行，橫為列，以陽九為行不可中分，只可以五、四相分，別為上下，故曰『以陽行陰，故分為上下』，即分為上下經：上經眾，以五為行，以八為列，『故上經四十而更始』；下經寡，以四為行，以八為列，『故下經三十有二而終矣』。」同註84，注三，頁2。
〔註86〕　（漢）嚴遵撰、（唐）谷神子註：《道德真經指歸》，卷二，〈名身孰親篇〉，頁149。
〔註87〕　同註86，卷五，〈萬物之奧篇〉，頁259。
〔註88〕　《指歸》：「眾陽赫赫，而天王之；陰氣澄澄，而地王之」。同註86，卷五，〈江海篇〉，頁283。
〔註89〕　《指歸》：「氣化分離，縱橫上下，剖而為二，判而為五。」同註86，卷二，〈不出戶篇〉，頁166。

陽息而陰消。本盛則末毀，末毀則本衰。天地之道，變化之機也〔註90〕」，
透過陰陽二氣不同比例消息作用相生相成，天地之道，萬物變化之機生生不
息。

> 天地之道，一進一退而萬物成遂，變化不可閉塞，屈伸不可障蔽。
> 故陰之至也，地裂而冰凝，清風飂冽，霜雪嚴嚴，魚鱉蟄伏，萬
> 物宛拳。當此之時，處溫室，臨爐火，重孤貉，裹藋綿，猶不能
> 禦也。及至定神安精，動體勞形，則是理洩汗流，捐衣出室，暖
> 有餘身矣。陽之至也，煎砂爛石，飛鳥絕，水蟲疾，萬物枯槁，
> 江河消竭。當此之時，入沉清泉，出衣絺綌，燕高臺，服寒石，
> 猶不能任也。〔註91〕

天地生化之道，在於陰陽二氣的消息作用，而陰陽二氣的特質與作用，《指
歸》言陽氣主生、主德，陰氣主殺、主刑，透過一陰一陽、一進一退、一消
一息的交互作用，萬物遂成〔註92〕。凡陰陽消息比例中陽氣較多者物清揚生
發，陰氣較多者物則重濁消亡，萬物生成皆是陰陽二氣不同比例相互調和完
成，在陰陽二氣消息交互輪轉之下，萬物如四季遞嬗般生生不息、終而復始。
因此，《指歸》認為孤陽不生、故陰不成，陽極與陰極為天地變化之道中陰陽
無法調和的狀態，勢必會造成「地裂而冰凝」或是「煎砂爛石」等萬物閉藏
或枯槁之災異產生，故陽極必復，陰極必反，「陽終反陰，陰終反陽，陰陽相
反，以至無窮〔註93〕」。

綜上所述，《指歸》的氣化宇宙論，除了以氣化生成的角度論述之外，同
時也本於《周易‧繫辭上》：「一陰一陽之謂道〔註94〕」、「易有太極，是生兩
儀。兩儀生四象，四象生八卦〔註95〕」、「是故剛柔相摩，八卦相盪。鼓之以
雷霆，潤之以風雨。日月運行，一寒一暑〔註96〕」的架構，以陰陽消息、陰

〔註90〕 （漢）嚴遵撰、（唐）谷神子註：《道德真經指歸》，卷七，〈信言不美篇〉，頁
363。
〔註91〕 同註90，卷二，〈大成若缺篇〉，頁156～157。
〔註92〕 《指歸》：「故天地之道，一陰一陽。陽氣主德，陰氣主刑，刑德相反，和在
中央。」同註90，卷四，〈以正治國篇〉，頁226。
〔註93〕 同註90，卷四，〈以正治國篇〉，頁227。
〔註94〕 （魏）王弼、（晉）韓康伯注、（唐）孔穎達等正義：《周易正義》十卷，卷七，
〈繫辭上〉，頁148。
〔註95〕 同註94，卷七，〈繫辭上〉，頁156～157。
〔註96〕 同註94，卷七，〈繫辭上〉，頁144。

陽變易之說詮釋道生萬物的過程，由此可看出《指歸》對於《周易》的繼承
與演化〔註97〕。

三、氣化分離，縱橫上下

　　天地人物，皆同元始，共一宗祖。六合之內，宇宙之表，連屬一體。

　　氣化分離，縱橫上下，剖而為二，判而為五。〔註98〕

　　《指歸》在氣化宇宙論的建構之下，認為萬物生化皆是由無形本體之
道而來，透過無形之道德、神明、太和之「氣化分離」過程，最終落入有
形萬物世界。而其中最關鍵便是陰陽五行氣化作用，「數者相隨，氣化連通
〔註99〕」，天地萬物本質皆是一氣流行，道透過一中所蘊含之陰陽氣化作用
生成天地萬物，天地萬物便可以氣作為溝通相連的橋樑，絪合為一〔註
100〕，故《指歸》云：「天地之間，虛廓之中，遼遠廣大，物類相應，不失
亳釐者，同體故也〔註101〕」。因此，《指歸》針對陰陽氣化相感、物類相應
與天人間氣化感應的現象作出討論，以下分述之。

（一）陽氣主德，陰氣主刑

　　故天地之道，一陰一陽。陽氣主德，陰氣主刑，刑德相反，和在中
　　央。〔註102〕

　　陰陽二氣是萬物生成最基本的創生作用，陽氣清揚發動上升、主德、主
生；陰氣重濁靜定下沉，主刑、主殺，透過陰陽二氣相對力量的消長，相生

〔註97〕陳福濱云：「嚴遵吸收《易》學中視『道』為一陰一陽之相互轉化，相互推移
　　　之規律，將之運用於詮釋萬物與道係蘊含關係。」陳福濱：〈「老子指歸」中
　　　「道」思想之探究〉，頁82。
〔註98〕（漢）嚴遵撰、（唐）谷神子註：《道德真經指歸》，卷二，〈不出戶篇〉，頁165
　　　～166。
〔註99〕同註98，卷五，〈善為道者篇〉，頁277。
〔註100〕陳慧娟云：「由生成序列觀之，道物之間無非是氣，氣生萬物之後，又內在於
　　　萬物之間，於是『氣』成為宇宙間最大的介質，再加上『氣』具備滲透性、
　　　廣袤性、包容性，可以在宇宙間來去自如，於是宇宙間萬事萬物得以通過『氣』
　　　而相互影響感應。」陳慧娟：《兩漢三家《老子》注養生思想研究》，頁199。
　　　鄭萬耕云：「嚴君平是認為，萬物皆是由道德演化、分化而來。……都是一氣
　　　之化的不同階段。分化之後的事物雖不相同，但又是相互聯繫的，都被『氣』
　　　貫通起來（『氣化連通』），形成一個統一的整體。」鄭萬耕：〈嚴君平哲學思
　　　想述略〉，頁49。
〔註101〕同註98，卷二，〈不出戶篇〉，頁167。
〔註102〕同註98，卷四，〈以正治國篇〉，頁226。

相剋，萬物化育生成。因此，萬物皆受形體本質間陰陽二氣比例不同產生不同的變化與影響。「清者爲天，濁者爲地，陽者爲男，陰者爲女〔註103〕」、「清以上積，濁以下凝。天以之圓，地以之方〔註104〕」、「衆陽赫赫，而天王之；陰氣瀏瀏，而地王之〔註105〕」，陽氣清揚者上升爲天，陰氣重濁者下沉爲地；男子具有生發創造力量，女子具有靜定完成力量，故天與男子者屬陽，地與女子屬陰，「刑德相反，和在中央」，由此可知，相同陰陽屬性者具有相同的特質，故可「同氣相動」相互感應、相互影響。

> 陽氣之所居，木可卷而草可結也；陽氣之所去，氣可凝而冰可折也。
>
> 故神明、陽氣，生物之根也；而柔弱，物之藥也。柔弱和順，長生之具而神明、陽氣之所託也。萬物隨陽以和弱也。故堅強實滿，死之形象也；柔弱滑潤，生之區宅也。〔註106〕
>
> 陽氣安於潛龍，故能鑠金；陰氣寧於履霜，故能凝冰；……是以聖人，智達無窮，能與天連，變化運動，洞於大常，猶以積德重厚，釋心意，隱聰明，憂於涸轅，畏於無形。〔註107〕

陽氣主生、柔弱、性熱；陰氣主殺、堅強、性寒，《指歸》認爲氣類相感，因此，萬物化育生成亦會受陰陽二氣影響。故當陽氣強盛時，陽氣生生，故草木得以生長結實，潛龍屬陽，故陽氣盛則現，陽氣性熱，故能鑠金；反之陰氣強盛時，陰氣主殺，故草木閉藏死亡，陰氣性寒，故能履霜凝冰〔註108〕。

《指歸》認爲天地萬物間陰陽二氣比例消長變化，是氣類相動、物類相應的關鍵，具有相同陰陽氣性之物體之間，必然會存在相互感應的現象，此爲「物自爲之化」，因此，聖人應觀察明瞭天地間萬物變化運動之理，才能達到「體道合和」，天人是一的境界。此外，透過觀察天地萬物變化之理，知陰陽氣化物類相應之規律，聖人從中得知陰陽氣化相生之理與其氣類屬性，「神

〔註103〕（漢）嚴遵撰、（唐）谷神子註：《道德眞經指歸》，卷一，〈上德不德篇〉，頁100～101。

〔註104〕同註103，卷三，〈道生篇〉，頁197。

〔註105〕同註103，卷五，〈江海篇〉，頁283。

〔註106〕同註103，卷七，〈生也柔弱篇〉，頁339。

〔註107〕同註103，卷六，〈民不畏威篇〉，頁316。

〔註108〕陳慧娟云：「天地除了以陰陽刑德配合自然之運行外，若萬物不尊『自然無爲』之大道，天地復以其陰陽之氣，連通諸氣，以行其刑德，並落實於現象界的盛衰消長。」陳慧娟：《兩漢三家《老子》注養生思想研究》，頁200。

明、陽氣，生物之根也」、「堅強實滿，死之形象也」，陽氣主生具柔弱和順特質，陰氣主殺具堅強實滿特質，萬物存養陽氣便得以使形體柔弱，達到長生的修養目標，由此可知，《指歸》的物類相應之說是其修養論的理論基礎。

（二）數者相隨，氣化連通

> 天人相感是一個宇宙論的命題，述說著人與天地萬物在氣化世界觀
> 的結構論的基礎上是一個整體互動全體齊存彼此影響的一個整體。
> 〔註109〕

在確立天地萬物本質皆氣，具有同樣氣類之物可相互感通影響之後，《指歸》云：「天地，物之大者，人次之矣〔註110〕」，天地間陰陽神明並興，消長作用之下，清、濁、和氣和合化生萬物，《指歸》認爲道生萬物，其中又以人爲尊，爲萬物之靈，故曰「物之大者」。因此，除物類之間會有同氣類之物相互影響之外，天人之間亦存在著相互感應的現象。

> 道德神明，清濁太和，天地人物，若末若根。數者相隨，氣化連通，
> 逆順昌衰，同於吉凶。〔註111〕

天地人物與順逆昌衰皆陰陽氣化所生，彼此間因氣類相通相互感應，因此，當人世間產生「縱橫擊搏，謀圖不祥，大國驚怖，小國奔怖，老弱離散，啼哭而行，天下憤怨，萬民思兵〔註112〕」、「宗廟崩弛，國爲丘墟，族類離散，長無所依，鬼神孤魂，無所棲息〔註113〕」等戰爭、災禍時，便會造成陰陽二氣失調，「神氣煩促〔註114〕」、「和氣潰濁〔註115〕，變化不通〔註116〕」，此時天地間便會產生「冬雷夏霜，萬物夭傷〔註117〕」、「日以消息，月以陵遲〔註118〕」、「天地鈐結，陰陽隔閉，星辰散亂，日月鬭蝕，詐

〔註109〕杜保瑞：〈嚴君平《老子指歸》哲學體系的方法論檢討〉，頁918。
〔註110〕（漢）嚴遵撰、（唐）谷神子註：《道德眞經指歸》，卷二，〈道生一篇〉，頁134。
〔註111〕同註110，卷五，〈善爲道者篇〉，頁277。
〔註112〕同註110，卷六，〈用兵篇〉，頁297。
〔註113〕同註110，卷六，〈用兵篇〉，頁298。
〔註114〕同註110，卷五，〈萬物之奧篇〉，頁261。
〔註115〕「和氣潰濁」本作「和順潰濁」。道藏本作「和氣潰濁」，今從校改。（漢）嚴遵撰、（唐）谷神子註：《道德眞經指歸》（臺北：藝文印書館，1962年4月，影明《正統道藏》本），卷十二，頁第一。
〔註116〕同註110，卷六，〈用兵篇〉，頁297。
〔註117〕同註110，卷六，〈用兵篇〉，頁297。
〔註118〕同註110，卷六，〈用兵篇〉，頁298。

逆萌生，災變并發〔註119〕」等自然災異現象，提醒警告在上位者社會失序、
天下失常。

> 主者，天下之心也，氣感而体應，心動而身隨，聲響相應，形影相
> 隨，不足以爲喻。〔註120〕

《指歸》認爲當人世間出現災禍時，作爲國家統治者的人主，具有關鍵
的影響力，因爲「人主者，國之腹心也〔註121〕」，人主具有領導、主宰天下國
家施政的重要責任，因此人主若能體道合德，順天道運行規律，行自然無爲
之政，使天下萬民自能自給自足、自化自正，天人相應、氣類相感，陰陽神
明之氣條暢，天地自能風調雨順，吉順無災，天下太平。反之，若人主違背
自然天道，勞民傷財，貪欲財利，使陰陽神明之氣失衡，天地自會降下災害，
給予懲戒警告。

> 是以聖人，虛心以原道德，靜氣以存神明，損聰以聽無音，棄明以
> 視無形。覽天地之變動，觀萬物之自然，以觀有爲亂世之首也，無
> 爲治之元也，言者禍之戶也，不言者，福之門也。〔註122〕

> 是以聖人，智達無窮，能與天連，變化運動，洞於大常，猶以積德
> 重厚，釋心意，隱聰明，憂於潤輭，畏於無形。竄端匿迹，遁貌逃
> 情。反於虛無，歸於玄冥。〔註123〕

《指歸》云：「倮者穴處，而聖人王之〔註124〕」，《指歸》認爲在眾人之
中，又以聖人最具領導、統御的能力，因爲聖人能觀天道變化運動，明自然
虛靜之理，「化之以道，教之以身，爲之未有，治之未然。不置而物自安，不
養而物自全。動與福同室，靜與禍異天〔註125〕」，故能使萬物自化，天下無爲
無災。由此可知，聖人爲人之王者，「被道含德〔註126〕」、「體道合和〔註127〕」，
「上原道德之意，下揆天地之心〔註128〕」，知爲政行事應依循道自然無爲之

〔註119〕（漢）嚴遵撰、（唐）谷神子註：《道德眞經指歸》，卷二，〈天下有道篇〉，頁162。
〔註120〕同註119，卷四，〈以正治國篇〉，頁236～237。
〔註121〕同註119，卷六，〈用兵篇〉，頁296。
〔註122〕同註119，卷二，〈至柔篇〉，頁144。
〔註123〕同註119，卷六，〈民不畏威篇〉，頁316。
〔註124〕同註119，卷五，〈江海篇〉，頁383。
〔註125〕同註119，卷五，〈其安易持篇〉，頁273。
〔註126〕同註119，卷四，〈以正治國篇〉，頁237。
〔註127〕同註119，卷五，〈江海篇〉，頁283～284。
〔註128〕同註119，卷二，〈名身孰親篇〉，頁147。

理，明禍患滋生之因在於有心追求功名嗜欲，使心性復歸清靜，反回道體虛無玄冥清靜，才能達到與自然萬物推移，百姓和樂，天下太平。

> 道德之意，天地之心，安生樂息，憎惡殺傷，故命聖人，爲萬物王。
>
> 利物，受其福；不利，則獲其恐。聖人大懼，死後有患，深原所由，
>
> 莫善自然。自然之路，要在無形。〔註129〕

《指歸》認爲聖人是最能體現道體自然，與天道相通，能順暢表現天人感應的關鍵角色。因此，當人世間出現行爲乖戾，「縱橫擊搏，謀圖不祥，大國驚怖，小國奔怖，老弱離散，啼哭而行，天下憤怨，萬民思兵，相率而起，我爲後行〔註130〕」等禍患時，天地間氣類相感、天人相應，天地間就會出現「反逆天地，刑戮陰陽，黥劓道德，破碎神明，和氣潰濁，變化不通；冬雷夏霜，萬物夭傷〔註131〕」等災異警告爲政之人。此時，《指歸》認爲能明白天地之心、道德之意的聖人扮演重要的關鍵，聖人深知自然無爲之理，與利天地萬物之法，若能由聖人統御治理，聖人心性專一，行無爲之政，必能使太和之氣順暢，陰陽二氣清明，通道德玄冥之理，達到精誠感通，天人相感，復歸自然無爲天道次序，合和道德之意，使萬物皆得其利自然生發收藏，萬事趨吉避凶，百姓昌順和樂，天下太平。

《指歸》的天人感應之理，扣緊其道體自然清靜無爲之說，加上漢代災異讖緯盛行，《指歸》亦從人事災禍、戰爭等角度出發，討論天地人世間異象產生，皆是氣類相感所造成的結果，而萬物之靈的人類，以聖人王之，《指歸》認爲聖人具有明白自然無爲道理，通天地萬物一氣，精誠感通的能力。因此在政治上尊聖人賢君，希望聖人之治能「發道之心，揚德之意。順神養和，任天事地。陰陽奉職，四時馳騖，亂原以絕，物安其處。……和氣洋溢，太平滋生〔註132〕」，發揮氣類相感、天人相應之理，使亂世復歸清明初始自然無爲之道境。〔註133〕

〔註129〕（漢）嚴遵撰、（唐）谷神子註：《道德眞經指歸》，卷五，〈善爲道者篇〉，頁277。

〔註130〕同註129，卷六，〈用兵篇〉，頁297。

〔註131〕同註129，卷六，〈用兵篇〉，頁297。

〔註132〕同註129，卷二，〈至柔篇〉，頁144～145。

〔註133〕鄭萬耕云：「這是對《淮南子》『陰陽同氣相動』說的發揮。這種感應說，反對了目的論的觀點，意識到了自然現象之間以及人與自然環境之間存在著一定的聯繫，因而含有合理的因素。但是它並沒有正確地把握客觀世界的內在聯繫，認識人與自然關係，還沒有擺脫神秘主義的『天人感應』論。」鄭萬耕：〈嚴君平哲學思想述略〉，頁52～53。

第三節 天地人物，皆同元始

> 天地並起，陰陽俱生，四時共本，五行同根，憂喜共戶，禍福同門。
> 〔註134〕

天地人物，皆以道爲本體，道始生一，道藉由太初一中混沌恍惚之創生作用德，下生陰陽神明之氣，透過其中清、濁、和三氣交互作用，萬物群類產生。「天地人物，皆同元始，共一宗祖。六合之內，宇宙之表，連屬一體〔註135〕」，天地人物、四時五行、憂喜福禍，皆以道所生，天地萬物，吉凶禍福之所以可以與道相通，其關鍵便在於氣化連通、氣類相感，萬物皆以氣作爲共通且相互聯繫的本質〔註136〕。因此，《指歸》在論述人體的形成與各種感官、認知、判斷時，皆以氣論思想加以闡釋。

一、精神所由，血氣所始，身體所基

（一）形因於氣

> 夫生之於形也，神爲之蒂，精爲之根，營爽爲宮室，九竅爲戶門。聰明爲侯使，情意爲乘輿，魂魄爲左右，血氣爲卒徒。進與道推移，退與德卷舒。翱翔柔弱，栖息虛無。屈伸俯仰，與時和俱。輕死與之反，欲生與之仇。無以爲利則不可去，有以爲用則不可留。故無爲，生之宅；有爲，死之家也。〔註137〕

《指歸》云：「夫天人之生也〔註138〕，形因於氣，氣因於和，和因於神明，神明因於道德，道德因於自然：萬物以存〔註139〕」，凡有形之類，皆以氣爲本質，人身的組成、構造皆隨順道生萬物自然無爲次序，透過陰陽、清濁和氣凝結而成。針對人身形體構造的論述，《指歸》認爲人身基本上是由精、神、營爽、四肢九竅、五臟六腑、聰明、情意、魂魄、血氣等所組成，其中

〔註134〕（漢）嚴遵撰、（唐）谷神子註：《道德眞經指歸》，卷四，〈大國篇〉，頁250～251。

〔註135〕同註134，卷二，〈不出戶篇〉，頁165～166。

〔註136〕《指歸》云：「道德神明，清濁太和，天地人物，若末若根。數者相隨，氣化連通，逆順昌衰，同於吉凶。」同註134，卷五，〈善爲道者篇〉，頁277。

〔註137〕同註134，卷三，〈出生入死篇〉，頁185～186。

〔註138〕「夫天人之生也」本作「夫天之生人也」。王德有云：「津逮本、學津本作『夫天之生人也』，誤。」（漢）嚴遵著、王德有點校：《老子指歸》，頁20。

〔註139〕同註134，卷二，〈道生一篇〉，頁134。

四肢九竅、五臟六腑屬於有形部分；精、神、營爽、聰明、情意、魂魄屬於無形層面，有形與無形之間透過心知主宰，加上血氣溝通於形體、臟腑之間，使四肢九竅、精神魂魄等皆能順人身自然而然之構造規律活動〔註140〕。

在有形形體構造部分，首先，《指歸》認為形體為重要乘載工具，若無有形形體，精神、臟腑則無依附、居處之所，故云：「家者，知人之本根也；身者，知天之淵泉也。觀天不由身，觀人不由家，小近大遠，小知大迷。去家出戶，不見天下；去身窺牖，不知天道〔註141〕」，《指歸》以家為喻，說明人身為人之精神、肢體、腑臟、感官之淵源，如同家為人所居處的本根一般，若無家的承載人便會分崩離析，而人之精神、肢體、腑臟、感官若無形體承載，便無法發揮作用，感知天道運行之理，藉此指出形體對於人身有著本根一般的重要性，若無形體人便無法生存於世。

> 莊子曰：一人之身，俱生父母，四支九竅，其職不同〔註142〕，五臟六腑，各有所受。上下不相知，中外不相覩。頭足為天地，肘膝為四海，肝膽為胡越，眉目為齊楚。若不同生，異軀殊體，動不相因，靜不相待，九天之上，黃泉之下，未足以喻之。然而頭有疾則足不能行，胸中有病則口不能言，心得則耳目聰明、屈伸調利、百節輕便者，以同形也。人主動於邇，則人物應於遠；人物動於此，則天地應於彼。彼我相應，出入無門，往來無戶。天地之間，虛廓之中，遼遠廣大，物類相應，不失毫釐者，同體故也。〔註143〕

其次，討論到人身中重要的構造，《指歸》主要討論四肢九竅與五臟六腑。在四肢九竅方面，《指歸》云：「九竅為戶門」，《指歸》認為四肢為人心志作出判斷後對外表現的工具，九竅為人對外在事物認知後向內傳達的管道，故曰門戶也。四肢九竅各司其職，隨順心之主宰自然運行，便能使形體「耳目

〔註140〕鍾肇鵬云：「以『神』為主體的。西漢末嚴遵著《老子指歸》說：『夫生之于形也，神為之蒂，精為之根，……血氣為之卒徒。』這是以精、神為根蒂，血、氣為卒徒，則精、神為主帥。《太平經鈔》云：『以氣為輿馬，精神為長吏。』（《太平經合校》699 頁）與嚴遵之說一致。」鍾肇鵬：〈論精氣神〉，收入陳鼓應主編《道家文化研究》第九輯：道家與道教學術研討會論文專號（上海：上海古籍出版社，1996 年 6 月），頁 213～214。

〔註141〕（漢）嚴遵撰、（唐）谷神子註：《道德真經指歸》，卷二，〈不出戶篇〉，頁 170。

〔註142〕「其職不同」本作「員職不同」。王德有云：「據津逮本、學津本改。」（漢）嚴遵著、王德有點校：《老子指歸》，頁 34。

〔註143〕同註141 卷二，〈不出戶篇〉，頁 166～167。

聰明、屈伸調利、百節輕便」。在五臟六腑方面，《指歸》云：「肝膽爲胡越」，《指歸》認爲肝膽爲五臟中重要臟器，故特別指出，且云：「肝膽氣志，摧折於內〔註144〕」，若血氣無法順利溝通，心志無法循自然之理主宰，便會造成肝膽無法正常運作，形體之內便會因無法調和失序而受到損傷。

因此，《指歸》認爲四肢九竅、頭足、肘膝，肝膽、眉目等形骸、感官、臟器雖各司其職，各有所受，但天地人物，同一宗祖，本質是一，故能相互感通，互相影響。若「頭有疾則足不能行，胸中有病則口不能言」，擴而大之，天人相應，「人物動於此，則天地應於彼」，由於天地人物皆以道爲本體，以氣爲本質，相互聯通，故天人之間便可透過相同陰陽氣類相互感應。《指歸》的身體觀便是在氣類相感、天人相應的宇宙觀下建構而成〔註145〕。

（二）血氣流行

> 夫原我未兆之時，性命所以，精神所由，血氣所始，身體所基，以
> 知實生於虛，有生於無，小無不入，大無不包也。本我之生，在於
> 道德。〔註146〕

氣爲溝通萬物間共通的物質，道生一，一中蘊含陰陽二氣，透過陰陽二氣創生作用分爲清濁和氣，三氣調和化生，萬物始生。而氣進入人身作用於形體間則稱之爲血氣。徐復觀云：「『氣』是『血氣』的簡稱，係由呼吸之氣，引申爲生命中所發出的綜合性的力量，或者可稱爲生命力〔註147〕」，透過血氣在人身中流動，溝通各臟器間，使臟器能自然發揮其作用正常運行，故《指歸》云：「血氣所始，身體所基」、「血氣爲卒徒〔註148〕」，知血氣具有生生流動義，爲形體運行的基礎，血氣流行是否順暢成爲性命、精神是否隨順自然如理流行，溝通於四肢九竅、五臟六腑間，使其正常運行屈伸的關鍵所在〔註149〕。

〔註144〕（漢）嚴遵撰、（唐）谷神子註：《道德眞經指歸》，卷二，〈天下有道篇〉，頁161。

〔註145〕陳慧娟云：「《指歸》以爲這些形體結構，基於『同形』、『同體』、『同源』，故能相互影響，彼此相應，一處有了病兆，其他各處也會受其影響，產生疾病。這固然是漢代流行的『物類相應』、『同體相感』的思維。」陳慧娟：《兩漢三家《老子》注養生思想研究》，頁235。

〔註146〕同註144，卷二，〈不出戶篇〉，頁168。

〔註147〕徐復觀：《兩漢思想史》全三冊，第二冊，頁148。

〔註148〕同註144，卷三，〈出生入死篇〉，頁185。

〔註149〕陳慧娟云：「血氣源之於空虛的道德神明，血氣稟道德神明之後，於體內的五臟六腑之間，流行不已，不但構成腑臟間連絡的機制，而成爲人體內外、上下聯絡的機制。」同註145，頁238。

因此，《指歸》云：「稟受性命，陶冶羣形。開導心意，已得以生。藏府相承，血氣流行。表裏相應，上下相任。屈伸便利，視聽聰明。道德之所以分人也〔註150〕」，《指歸》認為人稟受天道自然之性，化育陶冶萬殊形體，神明之氣充盈精神，使心志虛靜專一，而五臟六腑則透過血氣流行，使臟器、經脈得以相互調和感應，當形體內在神明、血氣調和，展現於外的四肢九竅便可屈伸合宜，耳目感官視聽聰明。《指歸》認為這一切都是道賦予人自己而然之理序，人之始生皆依循道自然無為生生規律便得以長生久視。而形體間肢體、臟腑、經脈、感官要能「表裏相應，上下相任」，關鍵就在血氣流行，故人身中精神和順，血氣自能生生流行，溝通五臟、四肢，使心之主宰合宜，形體自然平安無災〔註151〕，反之，若精神損傷外洩，原本應含養於身中之血氣便會衰敗消亡，溝通五臟、四肢運行之魂魄之作用離散，形體性命自然會遭受災禍損傷〔註152〕。

（三）精為之根

　　是以，精藏而不拔，神固而不脫，魁如天地，照如日月。既精且神，
　　以保其身。知足而止，故能長存。〔註153〕

「夫生之於形也，神為之蒂，精為之根〔註154〕」、「神微之始，精妙之宗，生無根蒂，出入無門〔註155〕」，精為道化生人最初始的根本，為無形精妙之氣，是能具體凝結為形體的作用，具有形質義，《指歸》認為道生萬物的過程為道中神明陰陽二氣相生，變化清濁和三氣，三氣和合故稱太和之氣，太和之氣相生變化，萬物應運而生。因此，太和之氣雖為無形之氣但其中蘊含具體凝結形質的精妙作用，故和氣流行，群物始生，故《指歸》云：「和者，道德之用，神明之輔，天地之制，羣生所處，萬方之要，自然之府，百祥之門，萬福之戶也〔註156〕」。由此可知，《指歸》當中所為之精應為太和之氣，是無形之道具體落實為具體人身的精妙之氣，故稱為人身形體之根本。

〔註150〕（漢）嚴遵撰、（唐）谷神子註：《道德真經指歸》，卷七，〈人之飢篇〉，頁329～330。

〔註151〕《指歸》云：「精神和順，血氣生息，心得所安，身無百疾。」同註150，卷三，〈聖人無常心篇〉，頁181。

〔註152〕《指歸》云：「精神為之損，血氣為之敗，魂魄離散，大命傷夭。」同註150，卷三，〈聖人無常心篇〉，頁181。

〔註153〕同註150，卷二，〈名身孰親篇〉，頁152。

〔註154〕同註150，卷三，〈出生入死篇〉，頁185。

〔註155〕同註150，卷二，〈至柔篇〉，頁146。

〔註156〕同註150，卷七，〈天之道篇〉，頁344～345。

因此，「精深而不拔，神固而不脫」，當太和之精氣固守於形體當中，神明生生不息涵養於形體當中不外洩，便可合於自然之道，當精與神保存形體使之達到虛靜專一之境，便可長生久視。

（四）道德神明

> 我性之所稟而爲我者，道德也；其所假而生者，神明也；其所因而成者，太和也；其所託而形者，天地也。凡此數者，然我而我不能然也。故法象莫崇乎道德，稽式莫高乎神明，表儀莫廣乎太和，著明莫大乎天地。道德神明，長生不死；清濁太和，變化無窮。〔註157〕

> 有物俱生，無有形聲，既無色味，又不臭香。出入無門，上無所蒂，下無所根。清靜不改，以存其常，和淖纖微，變化無方。與物糅和，而生乎三，爲天地始，陰陽祖宗。在物物存，去物物亡，無以名之，號曰神明。〔註158〕

神爲人身中生生不息的創造作用，又稱「神明」，道透過太初之首——德中陰陽神明創生力量化生具有凝結作用的清濁和三氣，生成天地人物，知神明爲創生萬物的初始力量，是無形生生不已之變化作用。因此，當神明作用於人身之中，便成爲形體間無形生生之創造作用，爲人之所以存在與認知判斷創造作用的根源，因此，《指歸》將作用於人身之神明稱爲「精神」，故云：「生之以道，養之以德。導之以精神，和之以法式〔註159〕」、「夫原我未兆之時，性命所以，精神所由，血氣所始，身體所基〔註160〕」。綜上可知，《指歸》中稱「神」、「神明」者，指道生物的過程中生生之氣的狀態，而稱「精神」則專指道中生生神明之氣落實於人身中，成爲人身中認知判斷作用之所由。

> 人始生也，骨弱筋柔，血氣流行，心意專一，神氣和平。面有榮華，身體潤光，動作和悅，百節堅精。時日生息，旬月聰明。何則？神居之也。〔註161〕

〔註157〕（漢）嚴遵撰、（唐）谷神子註：《道德真經指歸》，卷二，〈名身孰親篇〉，頁147。
〔註158〕同註157，卷七，〈生也柔弱篇〉，頁336。
〔註159〕同註157，卷一，〈上士聞道篇〉，頁130。
〔註160〕同註157，卷二，〈不出戶篇〉，頁168。
〔註161〕同註157，卷七，〈生也柔弱篇〉，頁338。

及其老也，骨枯筋急，發白肌羸，食飲無味，聽視不聰。氣力日消，

動作月衰，思慮迷惑，取舍相違。及其死也，形槁容枯，舌縮體伸。

何則？神去之也。〔註162〕

神既爲道之生生作用，因此落實於人身，便成爲人之所以存在的重要關鍵，「而我之所以爲我者，以有神也〔註163〕」，當神明存留於人身則人得以生，神明消散離開人身則人必死亡，因此只要神明之氣保存充盈於人身之中，便會使得容貌肌膚潤澤，形體四肢運動屈伸柔弱，體內血氣流行順暢，心知判斷虛靜專一，宛如初生赤子般與道相通的狀態。反之，若人無法使生生不已之神明之氣存留人身，則會造成筋骨堅強，血氣消散，面容肌膚失去顏色，五臟、九竅、感官無法正常運行，以至心意精神迷惑，性命損傷。由此可知其關鍵皆在於神明之氣是否清靜專一，存養全身，足可見神明之氣的重要性。

神明之氣源自於道，故能與道相通，成爲道作用於人身中最清靜靈明的狀態，「神之所以留我者，道使然也。託道之術，留神之方，清靜爲本，虛無爲常〔註164〕」。因此，神明賦予人之本性「柔弱和順」、「柔弱以和」，與道虛靜無爲之性相同，故《指歸》云：「柔弱虛靜者，神明之府也〔註165〕」。而神明初始虛靜的狀態也成爲《指歸》修養論所要存養的重要對象，「道德神明，長生不死；清濁太和，變化無窮」，能將神明存養充盈人身進而達到「長生不死」、「變化無窮」便成爲《指歸》修養論的境界與目標，同時這也成爲了道教修養論的理論基礎。

（五）魂魄浮遊

一喜一憂，魂魄浮遊；一憂一喜，神明去矣。〔註166〕

精神不耗，魂魄不毀。性命全完，意欲窮盡〔註167〕。〔註168〕

若然，則精神爲之損，血氣爲之敗，魂魄離散，大命傷夭。〔註169〕

〔註162〕 （漢）嚴遵撰、（唐）谷神子註：《道德眞經指歸》，卷七，〈生也柔弱篇〉，頁338。
〔註163〕 同註162，卷三，〈聖人無常心篇〉，頁180。
〔註164〕 同註162，卷三，〈聖人無常心篇〉，頁180。
〔註165〕 同註162，卷七，〈生也柔弱篇〉，頁337。
〔註166〕 同註162，卷二，〈名身孰親篇〉，頁150。
〔註167〕 「意欲窮盡」本作「意欲窮理盡」。道藏本作「意欲窮盡」，今從校改。（漢）嚴遵撰、（唐）谷神子註：《道德眞經指歸》，卷十三，頁第十七。
〔註168〕 同註162，卷七，〈小國寡民篇〉，頁362。
〔註169〕 同註162，卷三，〈聖人無常心篇〉，頁181。

　　在《指歸》中神明與魂魄常對舉並列討論，《指歸》認爲最能體現道的狀態的是初生的赤子，因爲赤子自然天眞，不受外在情識影響，不會刻意追求心意志向與聰明智巧，也不會有心追求養神練形，而是無心無爲，隨順天道運行應然如此之理，自然而然便能使神明之氣生生不已，蘊含於形體之中，精神心意自能無所不識，肢體自能柔弱和順，魂魄自能於形體間生生流行，使形體運行順暢，無所不爲，虛靜安定〔註170〕。反之，若是違反虛靜自然之道，有心有爲，使心意受喜憂等情緒影響，便會使魂魄無法保養於形體內而神明之氣也就會離散消亡。

　　由此可知，魂魄與神明之氣皆以清靜無爲之道爲依歸，皆會受喜怒哀樂等外在情識影響，使血氣衰敗而消散離去，造成形體性命損傷。然而，魂魄的定義《指歸》中並無詳細論述，今觀漢代對魂魄的討論，《淮南・主術》云：「天氣爲魂，地氣爲魄〔註171〕」、高誘於〈精神〉：「其魂不抑，其魄不騰」下注云：「魄，陰神；魂，陽神〔註172〕」，而其後之《說文解字》與《河上公章句》對魂魄的討論也大致相同。《說文解字》云：「魂，陽气也，從鬼云聲〔註173〕」、「魄，陰神也，從鬼白聲〔註174〕」，《河上公章句》云：「道唯窈冥無形，其中有精實，神明相薄，陰陽交會也〔註175〕」，《河上公章句》謂精爲精氣，指道中精妙作用，具有凝結完成的能力，神明指道中無形生生作用，以陰陽二氣爲其內涵，具有生生創造力量。《河上公章句》又云：「天食人以五氣，從鼻入藏於心。五氣清微，爲精神聰明，音聲五性。其鬼曰魂，魂者雄也，主出入人鼻，與天通，故鼻爲玄也。地食人以五味，從口入藏於胃。五味濁辱〔註176〕，爲形骸骨肉，血脈六情。其鬼曰魄，魄者雌也，主出入於口，與天地通，故口爲牝也〔註177〕」，知魂爲清微天氣進入人身，產生精神聰明，「魂者雄也」，雄指陽氣，有生生之義，魄者爲濁辱天地相生之氣，

〔註170〕《指歸》云：「神氣不作，聰明無識。柔弱虛靜，魂魄無事。」（漢）嚴遵撰、（唐）谷神子註：《道德眞經指歸》，卷四，〈含德之厚篇〉，頁219。
〔註171〕（漢）劉安撰：《淮南子》二十一卷，卷九，頁57。
〔註172〕同註171，卷七，頁48。
〔註173〕（漢）許慎撰、（清）段玉裁注：《說文解字注》，鬼部，頁439。
〔註174〕同註173，鬼部，頁439。
〔註175〕（漢）河上公章句：《老子道德經》二卷，卷上，〈虛心第二十一〉，頁8。
〔註176〕「五味濁辱」本作「五性濁辱」。王卡云：「影宋本『五味』原誤作『五性』，據Ｓ四七七、強本、道藏本、延命錄及陳景元本改作『味』。」王卡點校：《老子道德經河上公章句》，頁24。
〔註177〕同註175，卷上，〈成象第六〉，頁5。

產生形骸骨肉、血脈六情，「魄者雌也」，雌指陰氣，有完成之義。由此可知，《指歸》的魂魄觀延續漢代對魂魄的論述，將其與陰陽二氣之神明作用相對，說明神明落實在形體間的表現〔註178〕。

綜上所述，《指歸》中關於精神魂魄的詮釋，神魂爲無形創生義，神爲道中無形創生作用，魂爲神明作用落實於形體間的表現，精魄雖無形但具形質完成義，精爲無形精妙之氣，其中蘊含凝結力量，魄爲道之精氣落實於形體間具體構成形骸血脈的作用。因此，《指歸》將神與精並舉，視爲道生人之初始創生作用，故曰「蒂」、「根」，而魂魄與血氣並列，視爲形之「左右」、「卒徒」〔註179〕。由此可知，《指歸》對魂魄之論述與漢代精神魂魄觀相近，皆視魂魄爲神明之氣落實於人身中的表現，故當神氣離去，形體間的魂魄也會隨之散亡，人之性命必將損傷死亡。

二、心爲身主

　　心爲身主，身爲國心，天下應之，若性自然。〔註180〕

　　夫萬物之有君，猶形體之有心也。心之於身，何後何先？流行血脈，無所不存；上下表裏，無所不然。動與異事，虛以含神，中和名否，故能俱全。〔註181〕

心爲身之主，《指歸》言心爲人身之主宰作用，身體內的血脈流行，身體外四肢九竅的屈伸運行，以及精神是否清靜靈明，思慮判斷是否正確合宜，皆統受於心之主宰〔註182〕。故《指歸》云：「夫萬物之有君，猶形體之有心也」，

〔註178〕陳慧娟云：「《指歸》將『魂魄』與『神明』放在對等的位置，從這樣的安排看來，魂魄應該是神明，其說應接近於《淮南子》之說。……而此種將『魂魄』視爲神明的觀點，在《河上公注》中更是顯而易見，《河上公注》以爲五臟之中藏有五臟神，五臟神分別是魂、魄、神、精、志，如此觀之，《河上公注》是將魂魄都視爲『神』了。相較之下，《指歸》的魂魄觀看起來是較近似於《河上公注》的魂魄觀，以爲『魂魄』皆屬『神』的範疇。」陳慧娟：《兩漢三家《老子》注養生思想研究》，頁244～245。
〔註179〕《指歸》云：「夫生之於形也，神爲之蒂，精爲之根，營爽爲宮室，九竅爲戶門。聰明爲侯使，情意爲乘輿，魂魄爲左右，血氣爲卒徒。進與道推移，退與德卷舒。」（漢）嚴遵撰、（唐）谷神子註：《道德眞經指歸》，卷三，〈出生入死篇〉，頁185～186。
〔註180〕同註179，卷一，〈上士聞道篇〉，頁128。
〔註181〕同註179，卷五，〈善爲道者篇〉，頁278。
〔註182〕陳慧娟云：「精神，主要是指人的思想意識、思維、情緒、感知等心理活動，

心如身之君主，是形體行為的判斷標準，透過體內清靜神明之氣，通曉自然無為之道理，後順應自然之道做出主宰判斷，進而調和體內血氣流行與臟腑、五官、四肢九竅的活動，使精神達到虛靜清明的境界，便可與道相通〔註183〕。由此可知，其關鍵重點在於主宰全身之心。而心之主宰判斷作用秉持道自然無為的特性，「無心之心，心之主也；不用之用，用之母也〔註184〕」，不刻意有心有為造作指揮判斷，而是無心無為隨順萬物生生運行之理，「虛心專氣，清靜因應〔註185〕」、「心意專一，神氣和平〔註186〕」，自然而然能做出合宜判斷，使得思慮清晰安定，精神清明和諧，血氣生生流行，形體不受災禍損傷，達到體道合德，天人是一如赤子般的狀態。反之，則「動失所欲，靜得所傷。心憂志削，乃反正常。神氣煩促，趨歙去張〔註187〕」，終致血氣敗散、耳目閉塞、形體堅強而損傷死亡。

其次，《指歸》言「營爽為宮室〔註188〕」，營爽者，《指歸》言其之於形體為宮室，具有容受乘載作用，在精神根蒂基礎之上，使心志聰明，情意展現，透過精神落實於形體的魂魄作用，透過血氣溝通，經過九竅門戶的認知判斷，促使形體順暢合道自然運動生活〔註189〕。其中「營爽」之意，《指歸》中並無詳細說明，王德有以為「營」與「精」相近，疑此處「營爽」當為「精爽」，指精神，並引《管子・內業》：「定心在中，耳目聰明，四肢堅固，可以為精舍〔註190〕」，以「心」為精舍。〔註191〕

及魂、神、魄、意、志的綜合反應，這些神志活動雖各有區別，但總的主宰是心。」陳慧娟：《兩漢三家《老子》注養生思想研究》，頁238。

〔註183〕《指歸》云：「靜為虛戶，虛為道門，泊為神本，寂為和根，嗇為氣容，微為事功。居無之後，在有之前，棄捐天下，先有其身，養神積和，以治其心。」（漢）嚴遵撰、（唐）谷神子註：《道德真經指歸》，卷一，〈上士聞道篇〉，頁128。

〔註184〕同註183，卷三，〈聖人無常心篇〉，頁180。

〔註185〕同註183，卷二，〈大成若缺篇〉，頁158。

〔註186〕同註183，卷七，〈生也柔弱篇〉，頁338。

〔註187〕同註183，卷五，〈萬物之奧篇〉，頁260～261。

〔註188〕同註183，卷三，〈出生入死篇〉，頁185。

〔註189〕《指歸》：「夫生之於形也，神為之蒂，精為之根，營爽為宮室，九竅為戶門。聰明為侯使，情意為乘輿，魂魄為左右，血氣為卒徒。」同註183，卷三，〈出生入死篇〉，頁185。

〔註190〕黎翔鳳撰：《管子校注》全三冊，冊中，頁937。

〔註191〕王德有譯注：《老子指歸譯注》（北京：商務印書館，2004年12月），頁120。

> 四肢九竅，趨務奔馳，異能殊形，皆元一心，以知百方萬物利害之
> 變皆生於主。稽之天地，驗之古今，動不相違，以知天地之道畢於
> 我也。〔註192〕

由此可知，心爲身之主，而其中最重要的特色就是認知判斷能力。《指歸》認爲心具統御主宰作用，形體間四肢九竅、五臟六腑，以及血氣流行等便能各司其職，「趨務奔馳」，順暢發揮，並且對外產生「異能殊形」認知判斷作用，更進一步，「以知百方萬物利害之變皆生於主」，從認知萬事萬物的過程當中，體萬物利害之變，與是非善惡之辨，皆是透過一心之認知判斷功能完成，而當心能清靜專一完成認知判斷作用，便可知古今朝代更迭之理，明天地萬物生生之序皆是依循道之自然無爲，而這全都是心認知判斷之功。故《指歸》云：「身者，知天之淵泉也〔註193〕」，《指歸》認爲認知判斷作用由一心、全身擴而大之，便可知天地萬物之變皆源自於道。

> 心識萬端，目閱人事，無所窮極，眾臣分散，謂之博聞。博聞故不
> 知。何謂不知？嫌於天道，疑於人事，之謂不知。不知之徒，安樂
> 萬事。內多思慮，外多喜欲。既有所憎，又多所惡。易誘以生，可
> 脅以死。故見奇而動，臨危而畏，眩耀物類，詭詐時變，違通背達，
> 歸於窮困，動與患鄰，靜與禍比，宗廟危殆，萬民散離者，博聞也。
> 〔註194〕

反之，當心有心有爲，刻意認識萬端，企圖無所窮極，對萬事萬物作出認知判斷時，便違反自然無爲之道理，使心意無法清靜專一，如此便會造成「博聞故不知」，看似博識多聞，反而被外在事物萬殊變化所牽引、干擾、影響，以至於心意憂慮畏懼，神氣煩促散亡，以致認知判斷失常，在修養上反而造成「內多思慮，外多喜欲」，憎惡產生，便容易招致禍害使形體受到損傷，在政治上則會因違背天道導致人事紛擾，政治動盪不安，《指歸》稱爲不知。

由此可知，使心回復虛靜專一，去除過度知慮，順應天道自然，心便能依循清靜無爲之道引領四肢九竅、血氣流行，以致無所不爲、無所不事之境，而這便成爲《指歸》修養論的重要課題之一。

〔註192〕（漢）嚴遵撰、（唐）谷神子註：《道德眞經指歸》，卷二，〈不出戶篇〉，頁
169～170。
〔註193〕同註192，卷二，〈不出戶篇〉，頁170。
〔註194〕同註192，卷七，〈信言不美篇〉，頁366～367。

三、性命自然

（一）性有精粗

天下無爲，性命自然。〔註195〕

性命自然，動而由一也。〔註196〕

道生天地人物，透過陰陽二氣相生，化爲四時、五行，作用於天地間，在陰陽、五行之氣相互作用之下，萬物產生。而陰陽五行之氣相生會產生各種不同的可能性，因此所生之物便會產生殊形萬類，而萬物產生時道透過氣化作用所賦予之各殊本質便稱爲性〔註197〕，故《指歸》云：「萬物之性，各有分度，不得相干〔註198〕」。不同陰陽五行之氣的比例，所生萬物各殊之性，雖各不相同、互不相干，但皆爲道之自然所生，本體是一，故能氣類相感，物類相通，《指歸》云：「夫天人之生也〔註199〕，形因於氣，氣因於和，和因於神明，神明因於道德，道德因於自然：萬物以存〔註200〕」，萬物之性既源於道，其特質亦與道相同，皆以清靜自然爲其內涵。

所稟於道，而成形體，萬芳殊類，人物男女，聖智勇怯，小大脩短，

仁廉貪酷，強弱輕重，聲色狀貌，精粗高下，謂之性。〔註201〕

《禮記・中庸》云：「天命之謂性，率性之謂道〔註202〕」，當道生人時所賦予之初始本質稱之爲性，《指歸》認爲舉凡人之品德精粗高下以至於賢聖愚智、勇敢怯懦與仁廉貪酷，性別之男女、壽命之小大脩短、形體之強弱輕重、聲色狀貌等，皆爲人性之內容，道透過太初首德中陰陽神明力量，使清濁太和之氣化生天地人物，不同陰陽清濁和氣相生比例構成「萬芳殊類」之人物男女，其稟受於道的各殊特質便謂之性。

〔註195〕（漢）嚴遵撰、（唐）谷神子註：《道德眞經指歸》，卷五，〈其安易持篇〉，頁273。

〔註196〕同註195，卷一，〈得一篇〉，頁119。

〔註197〕陳慧娟云：「《指歸》以爲人與生俱來的千差萬別，是因其稟性各不相同之故。」陳慧娟：《兩漢三家《老子》注養生思想研究》，頁239。

〔註198〕同註195，卷二，〈名身孰親篇〉，頁149。

〔註199〕「夫天人之生也」本作「夫天之生人也」。王德有云：「津逮本、學津本作『夫天之生人也』，誤。」（漢）嚴遵著、王德有點校：《老子指歸》，頁20。

〔註200〕同註195，卷二，〈道生一篇〉，頁134。

〔註201〕同註195，卷三，〈道生篇〉，頁193。

〔註202〕（漢）鄭玄注、（唐）孔穎達正義：《禮記正義》六十三卷，頁879。

> 天地所由，物類所以：道爲之元，德爲之始，神明爲宗，太和爲祖。
> 道有深微，德有厚薄，神有清濁，和有高下。清者爲天，濁著爲地，
> 陽者爲男，陰者爲女。人物稟假，受有多少，性有精粗，命有長短，
> 情有美惡，意有大小。或爲小人，或爲君子，變化分離，剖判爲數
> 等。〔註203〕

《指歸》認爲道生人時，受到「道有深微，德有厚薄」的影響，陰陽二氣會出現不同的清濁比例，使得太和之氣便會出現高下之分，因此，陰陽二氣相生陽氣極清上升爲天，陰氣極濁下沉爲地，天地間之人陽氣盛者爲男性，陰氣盛者爲女性，而太和之氣精者人之稟性較高，或爲賢聖，太和之氣粗者人之稟性爲下，或生貪怯，此皆爲萬殊稟性之內涵，自然而然由客觀機率決定，依循無爲自然之道變化生成，《指歸》用來詮釋天地間會出現殊形萬類人物之因。

> 性精命高，可變可易；性麤命下，可損可益；若得根本，不滯有無。
> 〔註204〕

在漢代有性分三品之說，認爲惟上智與下愚不移，中人之性則可以變化氣質，使其復歸清靜道性。而《指歸》對人性的分類則更加細緻，針對各殊之性甚至舉出「虛無無爲，開導萬物，謂之道人。清靜因應，無所不爲，謂之德人。兼愛萬物，博施無窮，謂之仁人。理名正實，處事之義，謂之義人。謙退辭讓，敬以守和，謂之禮人〔註205〕」、「吉人以善足，兇人以惡傳，誠人以信顯，邪人以僞容〔註206〕」等差別，知《指歸》之性並不局限於簡單三分，而是詳舉各殊性質加以說明解釋。

其次，「性精命高，可變可易；性麤命下，可損可益」，《指歸》主張天命賦予之男女、強弱、聖愚、形貌聲色等不可改變，但性之精粗可透過修養功夫使氣質變化，進而改變品性之善惡，故《指歸》云：「善者至於大善，日深以明；惡者性變，浸以平和；信者大信，至於無私；僞者情變，日以至誠，殘賊反善，邪僞反眞，善惡信否，皆歸自然〔註207〕」，《指歸》認爲性善者透

〔註203〕（漢）嚴遵撰、（唐）谷神子註：《道德眞經指歸》，卷一，〈上德不德篇〉，頁100〜101。
〔註204〕同註203，卷三，〈道生篇〉，頁195。
〔註205〕同註203，卷一，〈上德不德篇〉，頁101。
〔註206〕同註203，卷四，〈以正治國篇〉，頁234。
〔註207〕同註203，卷三，〈聖人無常心篇〉，頁183。

過日常修養功夫便能使性趨近大善，性惡者透過修養功夫便能使性趨向平和，性信者透過無私修養功夫便能使性趨近大信，性偽者透過修養功夫便能使性日趨至誠。因此，透過修養功夫，性善者能維持原本之善性，性惡者則能變化氣質，使性之精粗產生變化，趨近自然無為之道，故《指歸》認為人身修養功夫只要使性情清靜，回復到如初始赤子般與道相通的境界，便可使血氣調和，筋骨柔弱，耳目感官聰明，形體強健，而心神不受外在情識迷惑，便可使氣化連通，體道同德，長生久視〔註 208〕。由此可知，《指歸》認為道所賦予之本性部分雖不可變更，但氣性精粗則可透過修養功夫使之更趨近於道，肯定了修養功夫的重要性。

（二）命有長短

所謂命，泛指生命與命運，主要指人生於世所遇不同的境遇與壽命。漢代學者對命也多有討論，《春秋繁露》有大命、變命之說，所謂大命為天所賦予之命運，而變命分隨、遭者，根據時遇、遭遇皆會對命運造成影響〔註 209〕。東漢王充《論衡》中提到漢人有三命說：「傳曰：『說命有三：一曰正命，二曰隨命，三曰遭命。』〔註 210〕」正命即稟受天道之命，求福而吉自至。隨命則行善得善，縱情得凶之命，遭命為行善得惡，遭逢於外，無法決定之命〔註 211〕。東漢班固《白虎通德論》亦云命有三科：一曰天命、上命，為天所賦予之壽命，二曰隨命，隨行為而影響壽命，三曰遭命，為遭逢時變，夭絕人命〔註 212〕。《指歸》在漢人論命的風氣當中，提出「天命」、「遭命」、「隨

〔註 208〕《指歸》云：「故治之於身，則性簡情易，心達志通，遠所不遠，明所不明。重神愛氣，輕物細名，思慮不惑，血氣和平。筋骨便利，耳目聰明，肌膚潤澤，面理有光。精神專固，生生青青，身體輕勁，美好難終。」（漢）嚴遵撰、（唐）谷神子註：《道德真經指歸》，卷三，〈善建篇〉，頁 210～211。

〔註 209〕《春秋繁露‧重政》云：「人始生有大命，是其體也。有變命存其間者，其政也。政不齊則人有忿怨之志，若將施危難之中，而時有隨、遭者，神明之所接，絕續之符也。」（清）蘇輿撰：《春秋繁露義證》，頁 149。

〔註 210〕黃暉撰：《論衡校釋》（全四冊），冊一，卷二，頁 49。

〔註 211〕《論衡‧命義第六》云：「正命，謂本稟之自得吉也。性然骨善，故不假操行以求福而吉自至，故曰正命。隨命者，戮力操行而吉福至，縱情施欲而凶禍到，故曰隨命。遭命者，行善得惡，非所冀望，逢遭於外而得凶禍，故曰遭命。」同註 210，冊一，卷二，頁 49～50。

〔註 212〕《白虎通德論‧壽命》云：「命者，何謂也？人之壽也，天命己使生者也。命有三科，以記驗。有壽命以保度，有遭命以遇暴，有隨命以應行。壽命者，上命也，若言文王受命唯中身，享國五十年。隨命者，隨行為命，若言恣棄

命」觀，詮釋人世中不同境遇產生之因，以下分述之。

> 所授於德，富貴貧賤，夭壽苦樂，有宜不宜，謂之天命。〔註213〕

所謂「天命」，指道透過生生之德，陰陽神明與清濁太和之氣相生變化的過程當中，所產生如出生之富貴貧賤、生命夭壽、生活苦樂，有合宜也有不合宜的命運與境遇，這落實於人身不同的命運境遇，皆在道生人時便已確定，是陰陽清濁太和之客觀機率所決定，是人所無法選擇上天所賦予之命運。

> 遭遇君父，天地之動，逆順昌衰，存亡及我，謂之遭命。〔註214〕

所謂「遭命」，指人出生的家庭、環境順逆，與時代、社會昌衰等遭遇。這都會影響人的命運與存亡與否，對人的成長有重要的影響，而這也是在人出生時便已確定，皆非人所能掌控與改變的。

> 萬物陳列，吾將有事，舉錯廢置，取舍去就，吉兇來，禍福至，謂
> 之隨命。〔註215〕

所謂「隨命」，指人在成長過程中，對事物的安排、取捨，這些過程皆會對人生命運造成影響，於是吉凶、福禍產生。因此，隨命是自我造作所對人生所產生的變化與影響，是自我可以掌握改變的命運。

如何改變先天夭苦衰逆之天命與遭命，使人能趨吉避凶，性命保全，《指歸》認為重點在於回復清靜虛無道境。《指歸》云：「萬物之生也，皆元於虛始於無。背陰向陽，歸柔去剛，清靜不動，心意不作，而形容脩廣、性命通達者，以含和柔弱而道無形也〔註216〕」。道為萬物初始根源，清靜虛無，無為無不為，因此，若能透過修養功夫，「神休精息，性命自全，萬物相襲，與道德鄰〔註217〕」，便可返回如赤子般清靜之道境，達到性命自然而然保全長生，與道德相通。反之，若刻意使耳目心意清明，刻意調節飲食，不捨晝夜，用心思慮策畫，反而違背清靜無為之道，如此，便會造成精神損傷，血氣敗亡，

三正，天用剿絕其命矣。又欲使民務仁立義，無淊天。淊天則司命舉過，言則用以弊之。遭命者逢世殘賊，若上逢亂君，下必災變暴至，天絕人命，沙鹿崩于受邑是也。」（清）陳立撰、吳則虞點校：《白虎通疏證》（全二冊）（北京：中華書局，1994年8月），冊一，卷八，頁391～392。

〔註213〕（漢）嚴遵撰、（唐）谷神子註：《道德真經指歸》，卷三，〈道生篇〉，頁193～194。
〔註214〕同註213，卷三，〈道生篇〉，頁170。
〔註215〕同註213，卷三，〈道生篇〉，頁170。
〔註216〕同註213，卷二，〈道生一篇〉，頁137。
〔註217〕同註213，卷三，〈為學日益篇〉，頁178。

魂魄離散〔註218〕，終致「道德不居，神明不留，大命以絕，天不能救〔註219〕」。

由此可知，《指歸》認為透過治身返回清靜之道，便可「和道德，導神明，含萬國，總無方；六合之外；毫釐之內，靡不被德蒙仁，以存性命，命終天年，保自然哉〔註220〕」，治身如此，治國亦然，《指歸》認為人主治國重點亦在發揚道德之意，道德虛無清靜，因此人主須恬淡無為，隨順神明之氣，使和氣流行，天人相應，天地必「陰陽奉職，四時馳騖，亂原以絕，物安其處〔註221〕」，治理萬民則須以無為為之，使人民百姓自然而然順天道運行應然如此之理為之，同時教導百姓回復清靜之道，「奄民情欲，順其性命，使民無知，長生久視〔註222〕」。

綜上所述，《指歸》在漢人論命的基礎上，承襲自《春秋繁露》以降對命的論述，開啟後來王充與班固對命的討論。其中，《指歸》將命分三類討論，其中遭命指父母君王等外在境遇，為道生人時便已注定，是人所無法選擇與掌握之命限，而隨命指人生之吉凶禍福則與自我決定判斷有關，會隨著不同的決定出現不同的境遇。因此，《指歸》雖指出人生命中的侷限，但也認為透過人為的力量，人是有機會改變自己的命運，具有積極義〔註223〕。此二者之說與漢人說同。

而天命之說，《指歸》認為是指道賦予人之貧貴夭壽，有宜有不宜，與漢人純善之正命與大命之說不同，漢人之正命說指稟受天道本然之善自得吉，而《指歸》認為道中稟氣不同，便會出現貧富夭壽苦樂等不同遭遇，非人所能決定，因此便會有性善之人雖無遭遇災禍，卻因稟氣薄弱，使形體虛劣而

〔註218〕《指歸》：「託道之術，留神之方，清靜為本，虛無為常，非心意之所能致，非思慮之所能然也。故知者之居也，耳目視聽，心意思慮，飲食時節，窮適志欲，聰明並作，不釋晝夜，經歷百方，籌策萬事，定安危之始，明去就之路，將以全身體而延大命也。若然，則精神為之損，血氣為之敗，魂魄離散，大命傷夭。」（漢）嚴遵撰、（唐）谷神子註：《道德真經指歸》，卷三，〈聖人無常心篇〉，頁180～181。

〔註219〕同註218，卷二，〈名身孰親篇〉，頁148。

〔註220〕同註218，卷五，〈善為道者篇〉，頁282。

〔註221〕同註218，卷二，〈至柔篇〉，頁144。

〔註222〕同註218，卷二，〈至柔篇〉，頁144。

〔註223〕杜保瑞云：「嚴君平在指歸中亦簡單地敘述了人存有者的氣性生命的宇宙知識根源，道體是無為的，但人是有命定的，那麼人可以通過功夫提昇境界而改變命運嗎？嚴君平的答案是肯定的。」杜保瑞：〈嚴君平《老子指歸》哲學體系的方法論檢討〉，頁917。

無法長壽夭折的情況產生，而《指歸》之說則更能反映真實世界之人生百態。而此說也影響到後來王充「彊弱壽夭之命〔註224〕」的提出。

四、情意志欲

道透過稟氣不同，產生萬殊性命，並將其賦予在人身上，產生人世間殊形各類人物，而當人之稟性、命運決定之後，在人生中面對外在事物時，便會因不同性命作出不同的反應與判斷。在《指歸》當中分別列舉情、意、志、欲作出討論，以下分述之。

（一）因性而動，謂之情

> 因性而動，接物感寤，愛惡好憎，驚恐喜怒，悲樂憂患，進退取與，謂之情。〔註225〕

情為人天生本性受到外在事物影響時所呈現最真實的表現，是不須學習自然流露的情緒反應，「因性而動，接物感寤」，當人四肢九竅、耳目感官面對外在事物時，心會作出認知判斷，而使原本清靜的本性產生變動，因而出現如愛好、憎惡、驚恐、歡喜、憤怒、悲傷、快樂、憂慮、恚恨等感覺，此稱之為情〔註226〕。

情的產生是本性與外物接觸所產生自然的反應，因此本無好壞之分，但「進退取與」若過與不及則會產生美惡之別，《指歸》云：「情有美惡〔註227〕」，《指歸》認為「性變情易，深惑遠迷，精濁神擾，外實內虛〔註228〕」，當性受到外物影響使情緒變動而太過時，便會擾亂體內神氣流行，以至精神混沌失去原來的清明，感官因此受到迷惑而使心無法做出正確判斷。其次，「反情縱

〔註224〕《論衡・氣壽第四》：「凡人稟命有二品，一曰所當觸值之命，二曰彊弱壽夭之命。所當觸值，謂兵燒壓溺也；彊壽弱夭，謂稟氣渥薄也。兵燒壓溺，遭以所稟為命，未必有審期也。若夫彊弱夭壽，以百為數；不至百者，氣自不足也。夫稟氣渥則其體彊，體彊則其命長；氣薄則其體弱，體弱則命短，命短則多病壽短。……人之稟氣，或充實而堅強，或虛劣而軟弱，充實堅強，其年壽；虛劣軟弱，失棄其身。」黃暉撰：《論衡校釋》（全四冊），冊一，卷一，頁28～29。
〔註225〕（漢）嚴遵撰、（唐）谷神子註：《道德真經指歸》，卷三，〈道生篇〉，頁194。
〔註226〕陳慧娟云：「人因其本性之不同，猝然接於外物，因而產生喜怒哀樂驚恐取捨種種情緒，謂之『情』。」陳慧娟：《兩漢三家《老子》注養生思想研究》，頁247。
〔註227〕同註225，卷一，〈上德不德篇〉，頁101。
〔註228〕同註225，卷六，〈言甚易知篇〉，頁303。

欲，違道去天，飾知創作以順其心也〔註229〕」，當情感太過以致過於放縱欲望時，體內神氣便會失去調和，使清靜本性違反自然天道規律，進而使外在行為矯飾心知的正確判斷。再者，「甚愛其身，至建榮名，為之行之，力之勞之，強迫情性，以損其神〔註230〕」，《指歸》認為過度的愛養其身、追求名利，都會使行為對體內神氣流行造成損傷，進而使情緒變動以致本性遠離清靜。這些都是情感進退取與過與不及，違反道德自然的表現。

（二）因命而動，謂之意

> 因命而動，生思慮，定計謀，決安危，通萬事，明是非，別同異，
> 謂之意。〔註231〕

意為意念、思慮，《指歸》認為當人處在不同境遇當中時，心便會產生思慮、想法，對外在事物做出決定、訂定計謀、判斷是非、分別異同，此便為意念的產生。因此，意為心知主宰對外所發之作用，故當心意專一，虛靜無為，自然能使血氣流行、神明清靜，意念發動便能清明。《指歸》云：「是以捐聰明，棄智慮，反歸真樸。游於太素，輕物傲世，卓爾不污。喜怒不嬰於心，利害不接於意，貴尖同域，存亡一度〔註232〕」，只要自然無為，反璞歸真，捨棄過度耳目聰明、心思智慮，心便能清明不受情緒變動影響，思慮也就不會受到外在利益干擾而失去是非判斷能力。反之，若「擾心猾意，用情事神〔註233〕」，心意執著有為，心知主宰失序，導致血氣滯礙不通，神明離散敗亡，意念便無法正確的決定與判斷，便容易出現追逐榮名，勞神傷形，以致禍患自來。因此，「損心棄意〔註234〕」，使心思意念回到清靜無為的狀態便是《指歸》所追求的境界。

（三）因於情意，動而之外，謂之志

> 因於情意，動而之外，與物相連，常有所悅，招麾福禍，功名所遂，
> 謂之志。〔註235〕

〔註229〕（漢）嚴遵撰、（唐）谷神子註：《道德真經指歸》，卷七，〈人之飢篇〉，頁333。
〔註230〕同註229，卷二，〈名身孰親篇〉，頁149。
〔註231〕同註229，卷三，〈道生篇〉，頁194。
〔註232〕同註229，卷一，〈上士聞道篇〉，頁125～126。
〔註233〕同註229，卷二，〈名身孰親篇〉，頁150。
〔註234〕同註229，卷一，〈上德不德篇〉，頁113。
〔註235〕同註229，卷三，〈道生篇〉，頁194。

志指心志、志向，爲人因與外在事物接觸，情感、思慮發動時所作出的決定，而此決定表現在外在行爲之上，便會產生功名，招致禍福。因此，志可說是內在心知主宰與意念思慮發動之後，對外實踐的過程的表現〔註236〕。

> 無爲無事，無意無心，不求道德，不積精神。既不思慮，又無障截，神氣不作，聰明無識。柔弱虛靜，魂魄無事。樂無樂之樂，安無欲之欲。生不枉神，死不幽志。故能被道含德與天地同則，蜂蠆虫蛇無心施其毒螫，攫鳥猛獸無意加其攫搏。骨弱筋柔，握持堅固。不睹牝牡，陰陽以化。精神充實，人物並歸。啼號不嗄，可謂志和。〔註237〕

志產生於心，發於情意，進而對人精神肢體行爲產生影響，因此，《指歸》認爲心若能專一，循道自然無爲，神氣自能生生流行於形體之內，四肢便可如赤子般筋骨柔軟，身體強健，思慮判斷清明，情感表現適宜，表現於外的志向便可達到與天地運行之道相通的境界。如此人自能免於外在毒蟲猛獸等一切外在危險與災禍的影響。因此，去除過度心思志慮，順天道自然之本性行事，對內不執著心志聰明智巧，思慮自然清晰明朗，對外心志回到初始本性般清明，便可與道相連通，治身能保命長生，治國則能無爲而無不爲，天下百姓歸之，這便是志的最佳表現，《指歸》稱爲「志和」。

反之，若「心狐志疑，情與物連〔註238〕」，心執著內在思慮，耳目感官執著外在情識，以致「陽泄神越〔註239〕」，神氣散亡，精神去之，判斷失序，「以僞爲眞，若是若非〔註240〕」，表現於外的行爲「言之益疾而己愈不見，造之益眾而己愈不知〔註241〕」，而遠離清靜無爲之自然之道。因此，「損心挫志〔註242〕」、「去志無身〔註243〕」是《指歸》所追求的心志作用合於道的

〔註236〕陳慧娟云：「當人接觸外物之時，隨物引發喜怒哀樂之情，且隨著事情的發展，在內心產生思慮、是非、同異、安危等價值判斷，甚至隨著情意這些內在精神變化，與日俱增，意識漸趨清楚，於是漸漸的影響外在行爲，而發爲行動，而有所爲，謂之『志』。」陳慧娟：《兩漢三家《老子》注養生思想研究》，頁246。

〔註237〕（漢）嚴遵撰、（唐）谷神子註：《道德眞經指歸》，卷四，〈含德之厚篇〉，頁219。

〔註238〕同註237，卷四，〈知者不言篇〉，頁223。

〔註239〕同註237，卷四，〈知者不言篇〉，頁223。

〔註240〕同註237，卷四，〈知者不言篇〉，頁223。

〔註241〕同註237，卷四，〈知者不言篇〉，頁224。

〔註242〕同註237，卷一，〈得一篇〉，頁121。

〔註243〕同註237，卷五，〈江海篇〉，頁286。

表現，心志因循道德自然，才能達到「心如橐籥，志如江海〔註244〕」、「心達志通〔註245〕」、「神與化游，志與德運〔註246〕」之境，使志向自然順利完成。

（四）順性命，適情意，謂之欲

　　順性命，適情意，牽於殊類，繫於萬事，結而難解，謂之欲。〔註247〕

　　欲為欲望，指隨順本性、命運的境遇，與情感、思慮的表達、判斷時，對外在事物所產生的執著。也就是人過度追求外在事物時，使感官知覺無法滿足，所產生在情感、思慮上的表現。《指歸》云：「過分取大，身受不祥。重累相繼，後世有殃。此古人之所以棄損形骸、飢寒困窮者，以其動靜不和，耕織不時，適情順性，嗜欲不厭，食窮五味，衣重文綵，麗靡奢淫，不知畏天，功勞德厚，不剋其分，衣食之費，倍取兼人也〔註248〕」，當人如口欲吃山珍海味，衣欲穿華麗錦緞，心意欲追求智巧、功勞、名利，便會導致心意紛擾失去清靜專一，神明之氣無法保養四肢、五臟，「擾濁精神，使心多欲〔註249〕」，最終情感放縱，嗜欲無窮，災禍並起，違背天道自然，故《指歸》云：「無欲為寶，不知為要，能行以道，無不開導〔註250〕」。

　　綜上所述，《指歸》以陰陽氣論闡述形氣神三者關係，建構其氣化身體觀，認為神明之氣為形體、臟器間重要關鍵的作用，具備生生創造溝通能力，並點出心作為認知判斷的重要性，是形氣神能調和流行的主宰作用。除此之外，《指歸》也闡述了性命情意志欲間的關係，帶出其修養論的理論基礎，強調這些影響人心平靜，使形氣神失調的情意志欲如何生成，與《指歸》修養論思想主旨：回復至自然無為如赤子般的虛靜道境。

第四節　體道合德，與天同則

　　道德神明，長生不死；清濁太和，變化無窮。天地之道，存而難亡；陰陽之事，動而難終。由此觀之，禍極於死，福極於生。〔註251〕

〔註244〕（漢）嚴遵撰、（唐）谷神子註：《道德真經指歸》，卷三，〈聖人無常心篇〉，頁183～184。
〔註245〕同註244，卷三，〈善建篇〉，頁210。
〔註246〕同註244，卷四，〈知者不言篇〉，頁222。
〔註247〕同註244，卷三，〈道生篇〉，頁194～195。
〔註248〕同註244，卷七，〈人之飢篇〉，頁332。
〔註249〕同註244，卷二，〈名身孰親篇〉，頁148。
〔註250〕同註244，卷三，〈為學日益篇〉，頁178。
〔註251〕同註244，卷二，〈名身孰親篇〉，頁147。

　　《指歸》認爲人稟受道德神明太和之氣而生，且各自稟性受命皆不盡相
同，因此會遭受災禍變異，由於氣類相感、天人相應，故此時若能透過修養
功夫，使心性回復到道德神明初始的狀態，便可被道含德，與道相通，達到
長生不死的境界。

　　而《指歸》觀察最能表現被道含德狀態者爲初生赤子與得道之人，「天地
之道，深以遠，妙以微，能識之者寡，行之者希，智惠不能得，唯赤子能體
之〔註252〕」，赤子初生，不受外在情識、感官、思慮所牽引，爲人初始最清靜
自然的狀態，是《指歸》所推崇的境界。爲了返回如赤子般的清靜狀態之人，
《指歸》稱爲道士、得道之士，《指歸》云：「得道之士，外亡中存，學以變
情，爲以治己。實而若虛，渾渾冥冥，若無所以。容疏言訥，貌樸而鄙。情
達虛無，性通無有，寂泊無爲，若無所止。遁名逃勢，與神臥起，執道履和，
物無不理〔註253〕」，透過修養功夫，使性情回復初始虛靜無爲狀態，精神和順，
神氣流暢，四肢九竅清明，思慮意志自能無爲無不爲，便可達到體道合德之境。

　　因此，《指歸》的修養論主要以心性修養爲主，希望透過心性修養功夫，
調養體內神明之氣，使精神專一與道相合，形體柔弱以致長生久視，生生不
息。以下分述之。

一、清靜爲本

> 是故，虛、無、清、靜、微、寡、柔、弱、卑、損、時、和、嗇，
> 凡此十三，生之徒；實、有、濁、擾、顯、眾、剛、強、高、滿、
> 過、泰、費，此十三者，死之徒也。夫何故哉？聖人之道，動有所
> 因，靜有所應。四支九竅，凡此十三，死生之外具也；虛實之事，
> 剛柔之變，死生之內數也。故以十三言諸。〔註254〕

　　道體虛靜自然，是《指歸》修養所追求的境界目標，因此，《指歸》發揮
《老子》：「出生入死。生之徒十有三，死之徒十有三，而民生生，動，皆之
死地之十有三〔註255〕」，將其轉化爲修養論的基礎，《指歸》舉出「虛、無、

〔註252〕（漢）嚴遵撰、（唐）谷神子註：《道德眞經指歸》，卷四，〈含德之厚篇〉，頁
　　　　218。

〔註253〕同註252，卷五，〈天下謂我篇〉，頁288～289。

〔註254〕同註252，卷三，〈出生入死篇〉，頁189。

〔註255〕此據《馬王堆漢墓帛書・老子甲本》。國家文物局古文獻研究室編：《馬王堆
　　　　漢墓帛書【壹】》，甲本釋文，頁4。范應元云：「韓非、嚴遵同古本。」（宋）

清、靜、微、寡、柔、弱、卑、損、時、和、嗇」等十三個順道自然無爲之行爲表現，與「實、有、濁、擾、顯、眾、剛、強、高、滿、過、泰、費」等十三個違背道虛無清靜本體的行爲表現，《指歸》認爲若是能因循道自然無爲等十三個行爲準則，便是邁向生生不息的道路，反之，若違背道虛靜本體，則是步入死亡的道路。因此，在修養論上，《指歸》先點出體道之清靜的重要性。

其次，《指歸》云：「四支九竅，凡此十三，死生之外具也；虛實之事，剛柔之變，死生之內數也」，《指歸》認爲四肢九竅，其數正爲十三，故爲修養論的關鍵，四肢九竅屬於有形形軀感官臟器，其與清靜虛無之道之本質不同，故爲「死生之外具」，是修養功夫所要超越的對象，是修養功夫的外緣，而精神、心意者屬於無形思慮判斷器官，是「死生之內數」，是修養功夫的內涵重心所在。故「『虛』則能消除掉主觀心知的作用力，掌握到道的律動，也才能夠因時順勢地操持。靜者，不擾也，不躁也。此心清靜，則神明則能貞固於內，而不向外漏失。〔註256〕」

> 託道之術，留神之方，清靜爲本，虛無爲常，非心意之所能致，非思慮之所能然也。故知者之居也，耳目視聽，心意思慮，飲食時節，窮適志欲，聰明並作，不釋晝夜，經歷百方，籌策萬事，定安危之始，明去就之路，將以全身體而延大命也。若然，則精神爲之損，血氣爲之敗，魂魄離散，大命傷天。及其寐也，心意不用，聰明閉塞，不思不慮，不飲不食。精神和順，血氣生息，心得所安，身無百疾。遭離兇害，大瘡以瘳，斷骨以續，百節九竅，皆得所欲。〔註257〕

在肯定內在修養功夫的重要性之後，《指歸》以清靜、虛無作爲修養論的理論基礎加以發揮，認爲在外在感官如耳目視聽、口欲飲食，以及內在心神方面如心意思慮、志向欲望皆須以清靜、虛無爲原則，才能使心意不執著於聰明思慮，感官不執著於飲食欲望，如此才可到達「精神和順，血氣生息，心得所安，身無百疾。遭離兇害，大瘡以瘳，斷骨以續，百節九竅，皆得所

范應元：《宋本老子道德經古本集註》二卷，卷下，頁 25。缺文據《馬王堆漢墓帛書‧老子乙本》，頁 90、《韓非子‧解老》補。（周）韓非撰：《韓非子》二十卷，卷六〈解老〉，頁 32。

〔註256〕陳慧娟：《兩漢三家《老子》注養生思想研究》，頁 322。

〔註257〕（漢）嚴遵撰、（唐）谷神子註：《道德眞經指歸》，卷三，〈聖人無常心篇〉，頁 180～181。

欲」之體道合德之虛靜境界〔註258〕。反之，若窮盡追求耳目視聽飲食之欲，以及心意思慮之聰明而晝夜不止，反而會造成血氣消亡，筋骨堅強，耳目等感官失去判斷，四肢九竅運動不行，性命遭受外在嗜欲、災禍損傷的景況。而如何使心神回復到道初始虛靜的狀態，《指歸》提出除情去欲、自然無爲、重神愛氣的修養功夫。

二、不欲不求

面對外在事物與感官相接後所產生情意過度表現時，志欲應運而生，《指歸》認爲，情意志欲無法滿足時，便會造成心知判斷失誤與神氣煩促散分，以致精神去之，道德離散，使形體損傷而無法與道德相通，無法長生久壽。因此，在修養功夫部分，爲達到虛靜自然，復歸道德本性的狀態，若能去除多餘情意志欲，使心神虛靜專一，便可返回赤子般清靜澹泊的狀態。

> 盛德之人，敦敦悾悾，若似不足，無形無容。簡情易性，化爲童蒙，
> 無爲無事，若癡若聾。身體居一，神明千之，變化不可見，喜欲不
> 可聞，若閉若塞，獨與道存。〔註259〕

在情感方面，本性受外物影響使感官迷惑、情感表現太過、過度愛養其身、追求名利等，皆是導致心神因情緒變動使神氣紊亂無法保養造成判斷失序、欲望放縱以及形體損傷的原因。因此，《指歸》主張虛靜情識，認爲唯有「簡情易性」，使情感簡單平和，本性復歸赤子般無心無爲的狀態，心意專一，陰陽神明之氣流行順暢，五臟六腑、四肢九竅作用和順，如此，「順情從欲，窮極心意〔註260〕」，喜怒、欲望便無法擾亂心知情感表現，情性美善，精神與天道相通，便能到達天人是一，體道同德的境界。因此，《指歸》云：「情性自然，不以爲取。將以順道，不以爲己。萬物歸之，爲天下宰〔註261〕」。

是以捐聰明，棄智慮，反歸眞樸。游於太素，輕物傲世，卓爾不污。

〔註258〕陳麗桂云：「所謂無爲而治，關鍵其實只是一顆虛無沖泊，寧靜平和的心靈，《老子指歸》中因此充滿了對這種心靈的鋪寫與強調。……它其實是經由一種類似《老子》的『損』與《莊子》的『齋』、『忘』工夫，所甄至的，由靜入虛，再由虛轉實，終而上升爲無限靈妙（神），以與造化、自然冥合爲一的狀態。」陳麗桂：《漢代道家思想》，頁209。
〔註259〕（漢）嚴遵撰、（唐）谷神子註：《道德眞經指歸》，卷一，〈上士聞道篇〉，頁129。
〔註260〕同註259，卷六，〈知不知篇〉，頁312。
〔註261〕同註259，卷五，〈萬物之奧篇〉，頁264。

喜怒不嬰於心，利害不接於意，貴尖同域，存亡一度。動於不為，
覽於玄妙，精神平靜，無所章載，抱德含和。〔註262〕

在意念方面，意念的形成，是心知主宰與外物接後所發動的想法，當意念受到喜怒情緒、榮名利害等影響，「情意多欲，神與物連〔註263〕」，思慮、權謀、欲望便會產生，導致心意執著，判斷失序，血氣滯礙不通，神明離散敗亡，最終勞神傷形，禍患自來。因此，《指歸》主張虛靜心意，故云：「損心棄意〔註264〕」、「去心釋意，務於無名，無知無識，歸於玄冥〔註265〕」，認為只要「心意虛靜，神氣和順〔註266〕」，捨棄過度耳目聰明、心思智巧，減損欲望產生，使情緒平和，心意清靜而不受情感、知識、智謀、名利影響而失去是非判斷能力，只要情意虛靜依循道自然而然之理，便可使心神專一，神氣和平，四肢九竅五官臟腑各司其職，形體因和氣飽滿而柔弱自然，不受外在災禍影響而通達道德神明，長生久視。

去心去志，無為無事，以順其性。去聰去明，虛無自應，以保其命。
是以和平自起，萬物自正。故能體道合德，與天同則。抱神履和，
包裹萬物，聲飛化物，盈溢六合。得導天地，明照日月，制世御俗，
宇內為一。〔註267〕

是以聖人，去智去慮。虛心專氣，清靜因應，則天之心，順地之意。
政舉化流，如日之光，禍亂消滅，若雲之除。天下象之，無所不為，
萬物師之，無所不事。〔註268〕

在心志方面，心志的形成，是人心受情意影響時對外所作的決定，因此，當情意受到外識干擾而出現不合宜之喜怒情緒表現與計謀、是非判斷時，心志的發動就會破壞形體間和氣和諧，使神氣變動，精神離散，而使思慮執著功名、利益而招致災禍，使形體受到損傷。因此，《指歸》主張虛靜心志，「損心挫志〔註269〕」，去除多餘思慮欲望與聰明智巧，因循自然無為的本性，便能

〔註262〕（漢）嚴遵撰、（唐）谷神子註：《道德真經指歸》，卷一，〈上士聞道篇〉，頁125～126。
〔註263〕同註262，卷三，〈為學日益篇〉，頁174。
〔註264〕同註262，卷一，〈上德不德篇〉，頁113。
〔註265〕同註262，卷二，〈道生一篇〉，頁139。
〔註266〕同註262，卷一，〈上德不德篇〉，頁106。
〔註267〕同註262，卷一，〈得一篇〉，頁119。
〔註268〕同註262，卷二，〈大成若缺篇〉，頁158。
〔註269〕同註262，卷一，〈得一篇〉，頁121。

讓精神平順、思慮清靜，耳目感官澹泊無欲，復歸虛無清靜的道體〔註270〕，當氣類相感，與道相互連通之時，自然得以不受外在情識、災禍干擾，達到保全性命長生久視之修養境界〔註271〕。

> 去我情欲，取民所安，去我智慮，歸之自然。動之以和，導之以沖，上含道德之意，下得神明之心。〔註272〕

> 無欲則靜，靜則虛，虛則實，實則神。動歸太素，靜歸自然，保身存國，富貴無患，羣生得志，以至長存。此言之易知而事之易行者也，而天下莫能知莫能行也。〔註273〕

> 柔弱虛靜，魂魄無事。樂無樂之樂，安無欲之欲。〔註274〕

在欲望方面，欲望的形成，是順應性命與情意的發生，對事物追求產生執著，因此，當欲望產生時，「情意多欲，神與物連〔註275〕」，為追求感官聲色享受與名位利益，便會使心志判斷失準，喜怒情緒表現過度，思慮計謀決定失誤，精神因欲望而無法涵養於形體之內，而使神氣散離，去道背德，最終招致災禍而使肢體堅強邁向死亡。因此，《指歸》主張去除多餘的外在情感嗜欲的干擾，不過度追求執著智識，自能使心神虛靜專一，回到清靜無為自然之本性，進而達到體道合德的修養境界〔註276〕。

綜上所述，情意志欲為影響心神清靜專一的關鍵，因此，針對情意志欲的形成與執著對心性、形氣神所產生的傷害皆作出許多論述，並且指出唯有虛靜心意，去除情意志欲等外識追求的執著，才能使神氣充盈存養於體內，神氣飽滿，使心性、精神復歸虛靜自然，自能含德體道。

〔註270〕《指歸》云：「約物修文，亡言寡志。皆合自然，各得其所。」又云：「神無所思，志無所慮，聰明玄遠，寂泊空虛。」（漢）嚴遵撰、（唐）谷神子註：《道德真經指歸》，卷七，〈小國寡民篇〉，頁361；卷一，〈上德不德篇〉，頁103。

〔註271〕《指歸》云：「心無所圖，志無所治；聰明運動，光耀四海，塗民耳目，示以無有；庖廚不形，聲色不起，知故不生，禍亂息矣。」同註270，卷六，〈知不知篇〉，頁309。

〔註272〕同註270，卷三，〈聖人無常心篇〉，頁182。

〔註273〕同註270，卷六，〈言甚易知篇〉，頁302～303。

〔註274〕同註270，卷四，〈含德之厚篇〉，頁219。

〔註275〕同註270，卷三，〈為學日益篇〉，頁174。

〔註276〕《指歸》云：「唯無欲者，身為之宅，藏之於心，故曰『含德』。」同註270，卷四，〈含德之厚篇〉，頁216。

三、無爲無事

《指歸》的修養論除了強調心神虛靜，與去除過度情意志欲的重要性之外，更帶出無心無爲的修養功夫的重要性。因爲唯有除去情識、智巧、機心，才能使心神虛靜，使形氣調和，回到赤子般自然無爲的狀態，不受人爲造作、外在事物誘惑，因循隨順道德神明，達到體道合德之境。因此，《指歸》云：

> 故虛無無爲無知無欲者，道德之心而天地之意也；清靜効象無爲因
> 應者，道德之動而天地之化也。〔註277〕

無爲是道生萬物的規律法則，道之所以可以化生萬物，成爲萬物初始本體，就在於道法萬物自然而然之生成次序，無爲而無所不爲，使萬物能順其自然生生不息，由此可知，正因道自然無爲的特質，故能不受有限形象、思慮、智巧、法則限制，包容天地萬物變化之理，天人相應，氣類相感，因此，人的心神修養，遵循道自然無爲的次序便是重要的課題。

《指歸》指出凡是有心有爲的思慮、判斷，人爲的造作都是破壞自然無爲之道的因素，因此，修養功夫也必須著重心靈、精神修養，使其隨順自然無爲之道理而爲，故《指歸》云：

> 夫立則遺其身，坐則忘其心。澹如赤子，泊如無形。不視不聽，不
> 爲不言，變化消息，動靜無常。與道俯仰，與德浮沉，與神合體，
> 與和屈伸。不賤爲物，不貴爲人，與王侯異利，與萬性殊患。死生
> 爲一，故不別存亡。此治身之無爲也。〔註278〕

《指歸》修養論的目標是體道同德，而《指歸》認爲最能表現清靜虛無自然之道的狀態者爲初生赤子，故以赤子爲例，強調赤子初生，不受外在感官、嗜欲、好惡、是非干擾，不受智巧、權謀、知識、心意、志向影響，便能「骨弱筋柔，握持堅固〔註279〕」，形體間清濁和氣調和，神明之氣充盈全身，達到與道德相通的狀態。因此，治身之修養功夫，《指歸》主張在心神部分除了要以清靜爲本，去除過多嗜欲，更要依循道體自然無爲的規律準則，不執著於外在情識欲望的追求，不刻意於內在思慮智巧的計算，使心境澹泊名利、

〔註277〕（漢）嚴遵撰、（唐）谷神子註：《道德眞經指歸》，卷三，〈行於大道篇〉，頁205。

〔註278〕同註277，卷三，〈出生入死篇〉，頁186。

〔註279〕同註277，卷四，〈含德之厚篇〉，頁219。

嗜欲的影響，便可使神氣靜定充盈不外洩，四肢九竅屈伸柔弱，心意虛靜專一，自然不受內在情緒與外在環境災厄危難影響，而能體悟天地陰陽消息變化，順應萬物運行規律〔註280〕，達到與道德神明合一之境，因此修養功夫方面《指歸》主張無為的治身法則。

> 貪生利壽，唯恐不得。強藏心意，閉塞耳目。導引翔步，動搖百節。
>
> 吐故納新，吹煦呼吸。被服五星，飲食日月。形神並作，未嘗休息。
>
> 此治身之有為也。〔註281〕

　　除了從正面討論治身修養應遵循自然無為之理的重要性，亦由反面論之，論述治身有為的過失。《指歸》認為在內在修養方面，舉凡是希望長生久壽的欲望、刻意想要虛靜心意而捨棄感官享受的執著，或是在外在修養方面，強調呼吸導引之術與辟穀食氣之法，對形神修養上都是有心有為的人為造作，反而使精神與形體無法得到真正的休息保養，因此，《指歸》云此為治身之有為，違反虛靜無為之道，反而無法達到體道同德，長生久視的修養目標〔註282〕。

四、重神愛氣

　　虛靜無為是《指歸》心性修養功夫的主旨重心，而落實於人身當中，如何實踐，《指歸》則提出重神愛氣之說。

> 故治之於身，則性簡情易，心達志通，遠所不遠，明所不明。重神愛氣，輕物細名，思慮不惑，血氣和平。筋骨便利，耳目聰明，肌膚潤澤，面理有光。精神專固，生生青青，身體輕勁，美好難終。〔註283〕

〔註280〕《指歸》云：「無為無事，無意無心，不求道德，不積精神。既不思慮，又無障蔽，神氣不作，聰明無識。柔弱虛靜，魂魄無事。樂無樂之樂，安無欲之欲。生不枉神，死不幽志。故能被道含德與天地同則，蜂蠆虫蛇無心施其毒螫，攫鳥猛獸無意加其攫搏。骨弱筋柔，握持堅固。不睹牝牡，陰陽以化。」（漢）嚴遵撰、（唐）谷神子註：《道德真經指歸》，卷四，〈含德之厚篇〉，頁219。

〔註281〕同註280，卷三，〈出生入死篇〉，頁187～188。

〔註282〕陳麗桂云：「一切有形無形的動作、工具和依勢，其實都是不必要的。聖人只須以此通向無限深遠與永恆的虛無沖泊之心去應對外物，一切自然有成……這就叫做自然無為。這樣的心靈與境界是《老子指歸》推衍《老子》的理論體悟出來的。但就文字的表達而言，卻相當接近《淮南子》的鋪衍形態。就思想氣質而言，則與《莊子》有相當的類近性。」陳麗桂：《漢代道家思想》，頁210～211。

〔註283〕同註280，卷三，〈善建篇〉，頁210～211。

「我之所以爲我者，以有神也。神之所以留我者，道使然也〔註284〕」，《指歸》認爲人身當中最重要，能與道相通者爲清靜虛無的神明之氣或稱神氣、陽氣，神明之氣具有生生不息的創造力量，因此，人身中神明之氣若能充盈，就算是面臨危難者也能安然度過，反之，若神明之氣消散，就算是平安強壯者也可能遭受劫難，因此《指歸》認爲保養神氣使其充盈體內成爲修養的關鍵，若神氣充滿，精神清明，形體柔弱和順，性命便可長生〔註285〕。然而要使人身內在心意精神思慮清明專一，血氣調和，五臟九竅運行合宜，外在筋骨柔弱，耳目感官聰明，肌膚容貌潤澤，進而長生久視的重點便是「重神愛氣」，即重視愛惜神明生生陽氣，使之充盈全身。而愛惜保養神明之氣，使血氣流暢的關鍵在於使心虛靜無爲，去除心性對外在事物、欲望、智巧、思慮的執著，便可使心意清明，精神專一，性情回復到初始安靜自然的狀態，故《指歸》云：「養神積和，以治其心。心爲身主，身爲國心，天下應之，若性自然〔註286〕」。〔註287〕

> 故存身之道，莫急乎養神；養神之要，莫甚乎素然。常體憂畏，慄
> 慄震震。失神之術，本於縱恣；喪神之數，在於自專。〔註288〕

《指歸》除了提到重神愛氣對人身修養的重要性，也點出若是違背重神愛氣、虛靜無爲的修養準則，就會造成心神憂慮不安，形體堅強，最後導致「患大禍深，以至滅亡〔註289〕」，而「昌衰吉凶，皆由己出〔註290〕」，皆是在於自身修養功夫背離道德神明使心無法做出正確判斷而執著於感官享受與思慮計謀之故，因此，《指歸》認爲神氣離散的關鍵在於嗜欲的放縱，神氣喪失的關鍵在於心意的執著，故若要達到保全身體，長生久視的狀態關鍵在於重

〔註284〕（漢）嚴遵撰、（唐）谷神子註：《道德眞經指歸》，卷三，〈聖人無常心篇〉，頁 180。

〔註285〕《指歸》云：「神明所居，危者可安，死者可活也；神明所去，寧者可危，而壯者可煞也。……故神明、陽氣，生物之根也；而柔弱，物之藥也。柔弱和順，長生之具而神明、陽氣之所託也。」同註 284，卷七，〈生也柔弱篇〉，頁 339。

〔註286〕同註 284，卷一，〈上士聞道篇〉，頁 128。

〔註287〕陳福濱云：「在『道』的觀照下，人與宇宙本即同體，故人與萬物之相處自當靜以存神、虛以體道，果若人能返歸眞樸體現道境，自然與道相合爲一。」陳福濱：〈「老子指歸」中「道」思想之探究〉，頁 88。

〔註288〕同註 284，卷六，〈民不畏威篇〉，頁 313。

〔註289〕同註 284，卷六，〈民不畏威篇〉，頁 313。

〔註290〕同註 284，卷六，〈民不畏威篇〉，頁 313。

神養神，而保養生生神氣使之存養全身的關鍵便是心意精神的清靜專一，而這便成爲《指歸》修養論的重心所在。

綜上所述，《指歸》的修養功夫著重在心性層面的修養，不論外在肢體柔弱和順、感官的聰明與體內血氣流行與否，其關鍵皆在於心意思慮是否能虛靜專一，使神氣得以涵養全身，不受外在感官嗜欲與內在意志思慮牽引干擾，進而達到筋骨柔弱，精神專一，形體強健，長生久視，體道同德的境界。因此，陳慧娟云：

> 以人的精神層面而言，包含了正向的道德、神明等，也包含了負向的情欲、意志、思慮、知識等，用後世道教的概念來詮釋，前者指的是元神，後者指的是識神，此二者並存於人心之中，卻有排擠效應，識神存則元神去。因此，養生應存元神，而去識神。就產生的根源而論，元神乃與生俱來之靈虛之神，此元神隨興命而有厚薄，就嚴遵的思想來說，元神無法以人爲的力量與日增加，相反地，只會與日遞減，甚至會因爲種種人爲的作爲，而加速消亡。至於識神，其產生的方式，往往因爲感官外接於外物之時，而產生思慮、意念、情欲，而後或有執著。因此欲存元神，去識神，勢必正本清源，在源頭上下功夫。〔註291〕

陳慧娟認爲正因《指歸》修養觀重內在心神的清靜，主張重神愛氣，就內容而言雖仍屬於道家心性修養觀，但在重神的修養功夫強調氣論思想，影響道教修養論的建立，對後來道教元神、識神論提供了理論基礎，成爲道家心性修養思想轉變爲道教神氣修養論的關鍵之一。

〔註291〕陳慧娟：《兩漢三家《老子》注養生思想研究》，頁 321。鍾肇鵬云：「《淮南子》和《老子指歸》都以神爲本，主張神不沒滅，這就爲後來道教的長生成仙和神不滅論，打下了理論基礎。」鍾肇鵬：〈論精氣神〉，頁 205。

第五章 《老子河上公章句》道氣論思想

　　《老子河上公章句》〔註1〕爲東漢時期注解《老子》的作品，其思想淵源大多承襲自《老子》思想，尊道爲形上超越的初始本體，但受到時代思潮的影響，《河上公章句》以氣釋道，同時將重心放在治國與治身之上，使得其修養論的思想內容被道教所吸收，成爲道教內在修養論的理論基礎，受到道教徒的重視，成爲必讀經典。故以下試以《河上公章句》氣論思想的建構，探究其思想內容特色。

第一節　始者道本也，吐氣布化，出於虛無，爲天地本始

一、道爲天下萬物之母

　　　　道淵深不可知，似爲萬物之宗祖。〔註2〕

　　　　始，道也〔註3〕。道爲天下萬物之母。〔註4〕

　　道是萬物的初始本體，是天下萬物之母，萬物皆由道所化生，故《河上公章句》云：「始，道也」、「始者道本也〔註5〕」，道爲萬物的根源、初始，如孕育生命之母，萬物之宗祖，一切事物之根源，因此，《河上公章句》云：「言

〔註1〕以下簡稱《河上公章句》。
〔註2〕（漢）河上公章句：《老子道德經》二卷，卷上，〈無源第四〉，頁4。
〔註3〕「始，道也」本作「始有道也」。王卡云：「影宋本原誤作『始有道也』，今從顧本與Ｓ三九二六刪作『始道也』。」王卡點校：《老子道德經河上公章句》，頁201。
〔註4〕同註2，卷下，〈歸元第五十二〉，頁16。
〔註5〕同註2，卷上，〈體道第一〉，頁4。

道稟與，萬物始生〔註6〕」、「言萬物皆須道以生成也〔註7〕」、「萬物皆恃道而生〔註8〕」，正因道爲萬物初始本體，爲天地萬物之所以生成之本根理序，天地萬物之生化皆須因循道中無限生生之理變化完成，故云：「道爲天下萬物之母」，因此道具初始本體義。

其次，《河上公章句》云：「道自在天帝之前，此言道乃先天地生也〔註9〕」，道超越在無限時間與有限空間之前，爲一切萬物初始根本，先天地而生，甚至超越無形天帝神靈之前，具有形上超越義〔註10〕。

由此可知，《河上公章句》延續《老子》中道爲絕對本體的敘述，視道爲超越時空，萬物初始、根源的狀態，且道淵深不可知，無形超越不可名言，具有形上超越之本體義。同時，《河上公章句》言道超越在天帝之前，使道出現宗教意味，但仍肯定道的至高無上境界是超越在至上神靈之前，亦爲天地神靈初始根源。

二、道唯窈冥无形，其中有精實

> 無名者謂道，道無形，故不可名也。始者道本也，吐氣布化，出於虛无，爲天地本始也。〔註11〕

> 言虛空者乃可用盛受萬物，故曰虛无能制有形。道者空也。〔註12〕

道爲萬物初始之本體，具有無形不受形體的限制的特色，故《河上公章句》以「無形」、「虛無」、「忽悅」、「悅忽」、「窈冥」等語詞詮釋道體無形，恍惚不可辨識、不可言說的特色。因此，《河上公章句》云：「道者空也」，強調道體無形虛空的特色，但言道虛空並非指道的內涵空虛，而是透過道具備

〔註 6〕（漢）河上公章句：《老子道德經》二卷，卷上，〈虛心第二十一〉，頁9。
〔註 7〕同註6，卷下，〈法本第三十九〉，頁13。
〔註 8〕同註6，卷上，〈任成第三十四〉，頁12。
〔註 9〕同註6，卷上，〈無源第四〉，頁4。
〔註10〕趙中偉云：「爲了展現『道』的特殊崇高性，此書又格外強調『道』超越性。它超越在『天地』之上，甚而『天帝』之前。這在傳統以『天』或『天帝』爲至上神的氛圍中，有其獨特意義的。一則賡續道家重『道』的一脈承傳；另一則是打破傳統觀念對『天』或『天帝』的過度重視。」趙中偉：《道者，萬物之宗：兩漢道家形上思維研究》，頁207～208；陳慧娟云：「天帝的思想是殷周時代之信仰觀，以爲天帝或上帝爲創造萬物，並主宰萬物的至上神。言道在天帝之前，意指道的時間先在天地鬼神之屬。」陳慧娟：《《老子河上公注》氣論研究》（高雄：國立高雄師範大學國文學系碩士論文，2006年），頁138。
〔註11〕同註6，卷上，〈體道第一〉，頁4。
〔註12〕同註6，卷上，〈無用第十一〉，頁6。

無形虛空的特質，呈現道能容受天地萬物，不受有限形體限制，化育生成天地萬物的特色〔註13〕，點出道具有形上超越的特質。

> 道唯忽恍无形，其中獨爲萬物法像。〔註14〕

> 道唯窈冥无形，其中有精實，神明相薄，陰陽交會也。〔註15〕

> 無有謂道也。道無形質，故能出入无間，通神明濟羣生也〔註16〕。

〔註17〕

道雖虛空、無形但眞實存在，「道匿名藏譽，其用在中〔註18〕」、「始者道本也，吐氣布化，出於虛无，爲天地本始也」，道中蘊含萬物生生之規律次序，《河上公章句》稱爲「精實」、「氣」、「元氣」、「精氣」等，透過精氣神妙之作用相互激盪，調和陰陽二氣，萬物順道之自然次序應運而生。故《河上公章句》云：「言道明白〔註19〕，如日月四通，滿於天下八極之外。故曰視之不見，聽之不聞，彰布之於十方，煥煥煌煌也。〔註20〕」

由此可知，道雖無有，但其作用如日月光輝般明亮遍在，充滿四方、八極、十方內外，無形但實存且遍在天地萬物之間，具有普遍性。

三、窮乎無窮，無所不通

> 道通行天地，无所不入，在陽不焦，託陰不腐，无不貫穿，而不危殆也〔註21〕。〔註22〕

〔註13〕 王清祥云：「故『無』作爲名詞使用時，其『空虛』並非完全虛無，而是充滿無限的生命力、無限的創造力，萬物皆因『無』而有，故言『有生於無』。」王清祥：《《老子河上公注》之研究》（臺北：輔仁大學宗教學研究所碩士論文，1992年），頁28。

〔註14〕 （漢）河上公章句：《老子道德經》二卷，卷上，〈虛心第二十一〉，頁8。

〔註15〕 同註14，卷上，〈虛心第二十一〉，頁8。

〔註16〕 「通神明濟羣生也」本作「通神羣生也」。王卡云：「影宋本此句原誤作『通神羣生也』，S三九二六作『通養群生』，P二六三九作『通神羣生』，道藏本與取善集『通於神明濟於群生』，今從顧本與強本改作『通神明濟羣生也』。」王卡點校：《老子道德經河上公章句》，頁174。

〔註17〕 同註14，卷下，〈徧用第四十三〉，頁14。

〔註18〕 同註14，卷上，〈無源第四〉，頁11。

〔註19〕 「言道明白」本作「言達明白」。王卡云：「影宋本『道』字原誤作『達』，今據S四七七、顧本、強本、道藏本與集注本改正。」同註16，頁40。

〔註20〕 同註14，卷上，〈能爲第十〉，頁6。

〔註21〕 「而不危殆也」本作「不危殆也」。王卡云：「影宋本原無『而』字，據道藏本補。」同註16，頁104。

〔註22〕 同註14，卷上，〈象元第二十五〉，頁9。

言遠者，窮乎無窮，布氣天地，無所不通也。〔註23〕

道體無限，不受空間、時間、一切有限觀念、感官所約束限制。為詮釋道體無限，《河上公章句》從空間、時間與感官認知觀念的角度論述。從空間言之，《河上公章句》以「無所不入」、「無不貫穿」、「無所不通也」，言道體無形，無有虛空，不受空間限制，貫通有無，通行充滿宇宙天地萬物之間，並且超越空間限制，在極遠之內外，皆有無限之道體存在，強調道在空間上的無限性與普遍性。

自古至今，道常在不去。〔註24〕

道自在天帝之前，此言道乃先天地生也。〔註25〕

其次，從時間上言，道不受時間限制，同時超越時間的限制，舉凡天地萬物創生初始之前、創生之初，與過去、現在以及未來的任何時間當中，道皆貫通其間，真實存在，無有終始。同時，道亦在天帝之前，超越在所有天地人鬼神靈存在之先，具有初始本體義。

道能陰能陽，能弛能張，能存能亡，故無常名也。〔註26〕

言道氾氾，若浮若沈，若有若無，視之不見，說之難殊。〔註27〕

再者，道不受一切有限觀念、感官認知經驗所限制，故云：「道淵深不可知〔註28〕」，道的性質是恍惚、混沌不可探知，因此，《河上公章句》中以「陰陽」、「弛張」、「存亡」、「浮沉」、「有無」等相對觀念，與「視覺」、「聽覺」等感官認知，言道超越觀念、感官認知的限制，無法以有限觀念、認知定義詮釋，具有無限性。此外，《河上公章句》又云：「道之於萬物，獨恍忽往來，而无所定也〔註29〕。〔註30〕」道盈滿天地之間，不受往來、四通、八極、十方等方位觀念所約束限制，故「道既內在於存有之中，同

〔註23〕　（漢）河上公章句：《老子道德經》二卷，卷上，〈象元第二十五〉，頁10。
〔註24〕　同註23，卷上，〈虛心第二十一〉，頁9。
〔註25〕　同註23，卷上，〈無源第四〉，頁4。
〔註26〕　同註23，卷上，〈聖德第三十二〉，頁11。
〔註27〕　同註23，卷上，〈任成第三十四〉，頁12。
〔註28〕　同註23，卷上，〈無源第四〉，頁4。
〔註29〕　「而无所定也」本作「於其无所定也」。王卡云：「影宋本此句原作『於其无所定也』，強本與顧本作『於其所也』。今從道藏本改。」王卡點校：《老子道德經河上公章句》，頁87。
〔註30〕　同註23，卷上，〈虛心第二十一〉，頁8。

時亦外在於存有之中，道之周遍性，不受任何時空的切割，恆唯一連續無間之體〔註31〕」。

《河上公章句》爲詮釋道體無限的抽象觀念，《河上公章句》是從反面由現實世界的時空、觀念角度與超現實的神靈概念論述，以有限觀念、文字、定義反覆論述，再再爲了突顯道的無限性，超越在有限觀念、文字、定義之上，不受其限制，具有絕對超越的特質。同時道亦普遍存在於有無之間、有無之外，爲萬物初始，故具備初始本體義。

四、道無爲而萬物自化成

　　道以無爲爲常也。〔註32〕

　　道所施爲，不恃望其報也。〔註33〕

此言道之無限生生作用義。道生萬物，其中蘊含玄妙不測生生理序，道透過元氣施布與陰陽二氣的交互調和，天地萬物無所不生。天地萬物依循道之理序自然生長，道雖爲萬物初始根源的生化作用，但卻不會刻意干預造作萬物生長次序，而是「以能安靜湛然，不勞煩〔註34〕」，順天地萬物自身生長規律給予玄妙不測之生生作用，萬物便得以自然生成，道不主宰不干涉且不求回報，故曰「以無爲爲常」。

　　道清靜不言，陰行精氣，萬物自成也。〔註35〕

　　吾見道無爲而萬物自化成，是以知無爲之有益於人也。〔註36〕

道法自然，以無爲爲其常理，長養化育萬物，並依循萬物各自不同之陰陽二氣比例「吐氣布化」，使萬物得以順其自然生成，道在此展現其生化萬物的原則爲因任自然，故云：「道性自然，無所法也〔註37〕」、「天施地化，不以

〔註31〕陳慧娟：《《老子河上公注》氣論研究》，頁142；趙中偉云：「『道』無論在任何情況之下，任何時空的狀態之中，皆不受任何的阻擾，不受任何事物的傷害，包括陰陽的變化，無所不在，無所不入，而不至於遭受危殆。統而論之，萬物是流變無常的，而『道』應是永恆不變的，亙古常新的。」趙中偉：《道者，萬物之宗：兩漢道家形上思維研究》，頁237。

〔註32〕（漢）河上公章句：《老子道德經》二卷，卷上，〈爲政第三十七〉，頁12。

〔註33〕同註32，卷上，〈養身第二〉，頁4。

〔註34〕同註32，卷上，〈無源第四〉，頁5。

〔註35〕同註32，卷上，〈象元第二十五〉，頁10。

〔註36〕同註32，卷下，〈徧用第四十三〉，頁14。

〔註37〕同註32，卷上，〈象元第二十五〉，頁10。

仁恩任自然也〔註38〕」，道生萬物並非爲施予仁愛恩惠，而是因任自然，而正因爲道的無心無爲、因任自然，使萬物得以順其自己然之理春生夏長秋收冬藏，無所不爲，無所不成，故道具有無限生生義〔註39〕。

五、道唯悅忽，其中有一，經營生化，因氣立質

《河上公章句》對道本體的論述，除了延續《老子》對道超越、無形、無限、不可言說、生生不息等論述之外，還受到漢代氣化宇宙論的影響，加入氣論思想，以氣言道。同時，爲強調道本體的絕對超越，《河上公章句》中更以一論之，突顯道至高無上唯一的初始義，以下試論之。

（一）萬物始生，從道受氣

> 始者道本也，吐氣布化，出於虛無，爲天地本始也。〔註40〕

> 道唯悅忽，其中有一，經營生化，因氣立質。〔註41〕

> 言道稟與，萬物始生，從道受氣。〔註42〕

道爲萬物初始本體，萬物皆須依恃道體而生，形上超越之道如何化生形下具體有形天地萬物，《河上公章句》以氣言之。

《河上公章句》認爲道生萬物的關鍵在於其中所蘊含神妙之創生作用「氣」，道透過其中精妙的創生作用元氣「經營生化」，精微神妙之元氣中蘊含能創生具體形物之陰陽二氣，「神明相薄、陰陽交會〔註43〕」、相互激盪，天地萬物應運而生。故《河上公章句》言道「因氣立質」，無形超越之道能成爲天地萬物本質之因在於元氣，又因生生元氣精微玄妙，《河上公章句》又稱爲精氣。由此可知，道與氣的關係：

第一，道在氣先：《河上公章句》仍視道爲形上超越本體，此與老莊思想相同，但《河上公章句》加入漢代氣論思想，將氣視爲在道之下最關鍵重要的生成作用。「吐氣布化，出於虛无」，正因元氣生於無形悅忽之道，具備無

〔註38〕 （漢）河上公章句：《老子道德經》二卷，卷上，〈應用第五〉，頁5。

〔註39〕 趙中偉云：「『道』是一切萬物的本根，萬物依循『道』的自然無爲的必然性規律而化生，……『道』亦以無爲的自然趨向之必然性規律，作爲化生的基準。」趙中偉：《道者，萬物之宗：兩漢道家形上思維研究》，頁233。

〔註40〕 同註38，卷上，〈體道第一〉，頁4。

〔註41〕 同註38，卷上，〈虛心第二十一〉，頁8。

〔註42〕 同註38，卷上，〈虛心第二十一〉，頁9。

〔註43〕 同註38，卷上，〈虛心第二十一〉，頁8。

形的特質，同時，氣中陰陽二氣又能凝結創生具體天地萬物，具有形質義，因此，氣就成爲溝通於無形之道與有形之物間的重要關鍵〔註44〕。

第二，道中有氣：《河上公章句》云：「道唯怳忽，其中有一，經營生化，因氣立質」、「以今萬物皆得道之精氣而生〔註45〕，動作起居，非道不然〔註46〕」，《河上公章句》認爲氣爲道中關鍵精妙之創生作用，道透過其中精氣作用創生萬物，因此道中有氣，氣爲道中重要內涵〔註47〕。同時，道生萬物，萬物從道受氣，「萬物中皆有元氣〔註48〕」，透過氣化生生作用，使無限道體實存天地萬物中，成爲萬物初始本體〔註49〕，故元氣亦蘊含本體性質〔註50〕。

第三，元氣生萬物而不有：元氣既爲道中重要的生化作用，化生成萬物之規律法則自然依循道法自然的生生之理，道無爲而無不爲，氣亦如是，故曰：「元氣生萬物而不有〔註51〕」。

（二）一者，道始所生，太和之精氣

一者，道始所生，太和之精氣也〔註52〕，故曰一。一布名於天下，天得一以清，地得一以寧，侯王得一以爲正平。入爲心，出爲行，

〔註44〕 林俊宏云：「『氣』是貫穿道與萬物的重要橋樑，《河上公注》透過『氣』說明了萬物，也觀察了道。」林俊宏：〈氣、身體與政治——「老子河上公注」的政治思想分析〉，《政治科學論叢》第十九期（2003 年 12 月），頁 5。

〔註45〕 「以今萬物皆得道之精氣而生」本作「以今萬物皆得道精氣而生」。王卡云：「強本『萬物』下有『之精』二字，『道』下有『之』字。影宋本原無『之』字，從強本補。」王卡點校：《老子道德經河上公章句》，頁 89。

〔註46〕 （漢）河上公章句：《老子道德經》二卷，卷二，〈虛心第二十一〉，頁 87。

〔註47〕 陳慧娟云：「『道』之虛無能生出氣，……道生氣之後，道又將氣包覆於其中，如此可知道與氣的空間結構關係，爲氣蘊藏在道之中。」陳慧娟：《兩漢三家《老子》注養生思想研究》，頁 169。

〔註48〕 同註 46，卷下，〈道化第四十二〉，頁 14。

〔註49〕 張運華云：「在河上公看來，道化生萬物之後，作爲萬物根本的道並不是不存在，而是已經滲透於萬物之中，成爲萬物的根據，……這樣就否定了道是游離於萬物之外，超越於萬物的精神實體，繼承了《老子》、《淮南子》宇宙論的合理因素。」張運華：〈身國並重的道家養生論——論「老子河上公章句」〉，《宗教哲學》第二卷第一期，（1996 年 1 月），頁 98。

〔註50〕 趙中偉云：「其主張『道』的內涵是『氣』或『元氣』，是一種終極本原的原始物質。」趙中偉：《道者，萬物之宗：兩漢道家形上思維研究》，頁 216。

〔註51〕 同註 46，卷上，〈養身第二〉，頁 4。

〔註52〕 「太和」本作「大和」。王卡云：「影宋本『太』字原作『大』，古『大』『太』二字通。今據道藏本、強本、集注本與劉本改作『太』。」王卡點校：《老子道德經河上公章句》，頁 37。

布施爲德，摠名爲一。一之爲言志一無二也。〔註53〕

《河上公章句》中除特別強調道與氣的關係，亦以「一」的觀念言之。「一，無爲，道之子也〔註54〕」，《河上公章句》言道能具體創生天地萬物的作用爲一，一爲道所初生之創生作用，而一的內涵爲神妙生生之精氣，其作用無形遍布天地間，一中蘊含道之無限生生之理，「言神得一故能變化無形〔註55〕」，存在於天地萬物間之生生作用，透過一之布散其精妙之氣，將道無限生生次序、規律作用於天地萬物間，天地萬物自能依循其間無限生生理序生育長養，而此作用具體落實於現實世界，聖王得以觀天地萬物變化規律，體道無限生生之理，因此，《河上公章句》稱展現於天地萬物間無限生生之規律次序爲德。由此可知，道與一的關係：

第一，道始所生：《河上公章句》言「一」爲道始所生，除了爲了強調道的形上超越，超越在初始之一之觀念之上，是獨一無二，是唯一本體，同時，也在說明「一」是道所初生〔註56〕。道中有「一」，「一」是道生萬物過程中的唯一精妙之創生作用，而「一」之內涵爲太和之精氣，道須透過太和之精氣施予布化才得以生成具體形物，故「一」具有道之生生義。

第二，一生萬物自然無爲：《河上公章句》云：「一，無爲，道之子也〔註57〕」、「道一不命召萬物，而常自然應之如影響〔註58〕」，「一」既爲道中生化萬物的作用，其化生萬物的原則爲自然無爲，故《河上公章句》言「一」生萬物並非有爲之命令指揮，而是無爲如自然響應，因任萬物本身之生成理序長養萬物，因此，「一」具有道無爲而無不爲之特質，法自然而化生萬物。

（三）德，一也，一主布氣而畜養之

德，一也。一主布氣〔註59〕而畜養之〔註60〕。〔註61〕

〔註53〕（漢）河上公章句：《老子道德經》二卷，卷上，〈能爲第十〉，頁5～6。

〔註54〕同註53，卷下，〈法本第三十九〉，頁13。

〔註55〕同註53，卷下，〈法本第三十九〉，頁13。

〔註56〕李養正云：「認爲『虛極』與『恍惚』之『道』產生元氣（即『一』）。」李養正：《道教與諸子百家》（北京：北京燕山出版社，1993年，11月），頁21。

〔註57〕同註53，卷下，〈法本第三十九〉，頁13。

〔註58〕同註53，卷下，〈養德第五十一〉，頁16。

〔註59〕王卡云：「P二六三九、顧本、道藏本與集注本『主』字均作『生』。顧本與S三九二六『氣』作『炁』。」王卡點校：《老子道德經河上公章句》，頁197。

〔註60〕「畜養之」本作「畜養」。王卡云：「影宋本漏句末『之』字，句顧本與S三九二六補。」同註59，頁197。

〔註61〕同註53，卷下，〈養德第五十一〉，頁16。

一者德也，德爲道落實在具體世界的表現，而一主生化作用，透過太和之精氣施予布化生成萬物，而道生元氣，吐氣不化，道在生出元氣之後，透過元氣間自然無爲的生成作用化育萬物〔註62〕，由此可知，《河上公章句》認爲德即是一。

一者氣也，《河上公章句》云：「一者，道始所生，太和之精氣也」、「言道稟與，萬物始生，從道受氣〔註63〕」、「道唯惚忽，其中有一，經營生化，因氣立質〔註64〕」、「始者道本也，吐氣布化，出於虛無，爲天地本始也〔註65〕」，《河上公章句》言道中有氣、道中有一，一與氣同爲道始所生，皆爲道中精妙之生化作用，萬物皆須依恃一與氣才得以完成，由此可知，一與氣實爲一也。

因此，德即是一即是氣，皆爲道落實於具體世界當中最初且精妙的生化作用，一爲強調道之至高無上，氣爲強調道的生生流動性，而德則表現出道普遍落實於天地萬物間的特質〔註66〕。

綜上所述，《河上公章句》中對無限超越之道體的描繪，大多延續《老子》思想，加上秦漢以降所流行的氣論思想，對《老子》進行重新詮釋，同時，《河上公章句》更帶出天帝神靈的概念，藉此詮釋道體的超越，使道出現宗教意涵，而這對道教本體論理論的建立，具有相當重要的影響。

〔註62〕 李增云：「河注以一取代《老子》德畜之地位，『其中有一，經營生化，因氣立質。』〈二十章注〉，作爲生產布氣之質料因，作爲規範萬物形象之形成因，作爲成就萬物之勢之動力因。」李增：〈論河上公注老之氣化宇宙觀特色〉，《哲學與文化》第352期（第30卷第9期）（臺北：哲學與文化月刊雜誌社，2003年9月），頁100。

〔註63〕 （漢）河上公章句：《老子道德經》二卷，卷上，〈虛心第二十一〉，頁9。

〔註64〕 同註63，卷上，〈虛心第二十一〉，頁8。

〔註65〕 同註63，卷上，〈體道第一〉，頁4。

〔註66〕 江佳蒨云：「《河上公注》中所指的『一』傾向於說明到第一個派生出來完整無缺的精氣，有專門指涉的意義；而『氣』則多半出現在說明宇宙生成的過程中，意義上包含了初始、第二元、第三元的氣，所涵蓋的內容較廣。」江佳蒨：《《老子河上公注》思想考察》（臺北：國立臺灣大學中國文學研究所碩士論文，2001年），頁27。

第二節　道始所生者一，一生陰與陽，陰陽生和清濁　三氣，分爲天地人

一、天地含氣生萬物

> 道始所生者一也〔註67〕。一生陰與陽也。陰陽生和、清、濁三氣
> 〔註68〕，分爲天地人也。天地人共生萬物也〔註69〕。天施地化，
> 人長養之也。萬物無不負陰而向陽，廻心而就日。萬物中皆有元
> 氣，得以和柔，若胸中有藏，骨中有髓，草木中有空虛與氣通，
> 故得久生也。〔註70〕

　　道生萬物的過程，《河上公章句》延續漢代氣化宇宙論思想，以氣建構之。道爲萬物本體，其中蘊含生生不息創造作用爲一，其內容爲太和之精氣，或稱元氣，元氣中有陰陽二種創造作用，透過無形之陰陽二氣相互作用，產生清濁和三種蘊含能創生具體形質的氣化作用，清氣上揚爲天，濁氣下沉爲地，和氣化生爲人，天地人共生長養化育萬物。由此可知，《河上公章句》的宇宙生成論是以氣爲作爲道生化萬物的關鍵而推展開的〔註71〕。

　　「天地人共生萬物也。天施地化，人長養之〔註72〕」，《河上公章句》言天地二氣交互作用創生萬物，人居天地之間，長養孕育之，故曰共生。又天地依循道之自然生生之理，不有心有爲順萬物自然之理，而人能依循萬物自

〔註67〕　「道始所生者一也」本作「道始所生者」。王卡云：「影宋本漏『一也』，據顧本、強本、P 二六三九、S 三九二六、道藏本、集注本、天祿本及陳景元本補。」王卡點校：《老子道德經河上公章句》，頁 170。

〔註68〕　「陰陽生和、清、濁三氣」本作「陰陽生和、氣、濁三氣」。王卡云：「影宋本『清』字原誤作『氣』，今據顧本、強本、S 三九二六、P 二六三九、集注本與陳景元本改正。又道藏本『和清濁』作『和氣清濁』。」同註 67，頁 170。

〔註69〕　「天地人共生萬物也」本作「天地共生萬物也」。王卡云：「影宋本漏『人』字，據顧本、強本、P 二六三九、道藏本與陳景元本增補。」同註 67，頁 170。

〔註70〕　（漢）河上公章句：《老子道德經》二卷，卷下，〈道化第四十二〉，頁 14。

〔註71〕　王清祥云：「『氣』是整個生成變化的原動力與萬物的基本元素，透過『氣』所建構的生成宇宙論，正可彌補原來經文之不足。」王清祥：《《老子河上公注》之研究》，頁 48；江佳蒨云：「《河上公注》作者認爲宇宙天地的產生是從氣的變化開始、萬物的生成也是因爲氣而存在的想法。……就是作者認爲宇宙是經由氣交感作用而具有創生的動力，再藉由此動力將變化中的氣布化開來，使萬物的生成越來越繁複。」江佳蒨：《《老子河上公注》思想考察》，頁34。

〔註72〕　同註 70，卷下，〈道化第四十二〉，頁 14。

生之理，長養並運用天地間萬殊之物，賦予萬物不同生命、功用，故以人爲萬物之靈，以人爲最貴。

二、道無形，故言生於無

道生天地萬物的過程，《河上公章句》除以氣論言之，亦從無生有的過程論之。

> 天地神明，蜎飛蠕動，皆從道生，道無形，故言生於無也。此言本勝於華，弱勝於強，謙虛勝盈滿也。〔註73〕

> 天下萬物皆從天地生〔註74〕，天地有形位，故言生於有也。〔註75〕

道無形無名，其中蘊含氣化生生作用，《河上公章句》曰一、曰元氣、曰太和之精氣，一生陰與陽，氣分陰陽二氣，氣透過其中陰氣與陽氣不同比例的相互作用，產生能創生有形之清、濁、和三氣，至此，《河上公章句》認爲屬於無形的境界。清、濁、和三氣生成天、地、人，天、地、人有形象、時空、陰陽、柔剛等可識，天地創生萬物，人長養之，《河上公章句》則認爲屬於有形世界。由此可知，此爲《河上公章句》中道生萬物、無生有的宇宙生化過程。

道在化生出具體有形世界之後的生化過程，《河上公章句》也提出了說明。

> 言天當有陰陽弛張，晝夜更用，不可但欲清明無已時，將恐分裂不爲天。〔註76〕

> 言地當有高下剛柔，節氣五行，不可但欲安靜無已時，將恐發泄不爲地。〔註77〕

「天地含氣生萬物，長大成熟，如母之養子〔註78〕」，清濁和三氣生天地人，輕揚清明之氣上升爲天，重濁靜定之氣下沉爲地，《河上公章句》又云：「萬物之朴散則爲器用也，若道散則爲神明，流爲日月，分爲五行也〔註79〕」，

〔註73〕（漢）河上公章句：《老子道德經》二卷，卷下，〈去用第四十〉，頁14。

〔註74〕「天下萬物皆從天地生」本作「萬物皆從天地生」。王卡云：「影宋本缺『天下』二字，據顧本、強本、S三九二六、P二六三九補。」王卡點校：《老子道德經河上公章句》，頁162。

〔註75〕同註73，卷下，〈去用第四十〉，頁13。

〔註76〕同註73，卷下，〈法本第三十九〉，頁13。

〔註77〕同註73，卷下，〈法本第三十九〉，頁13。

〔註78〕同註73，卷上，〈體道第一〉，頁4。

〔註79〕同註73，卷上，〈反朴第二十八〉，頁10。

道中元氣化生陰陽二氣，陰陽二氣散布於天成爲輪轉不已之日月，陰陽二氣散布於地分化爲金、木、水、火、土五種元素，而在天地間陰陽五行之氣的交互作用之下，高下、剛柔、弛張等正反觀念，與四時、二十四節氣、星辰等天文，以及山川、五穀等地理，和蟲魚鳥獸等萬物應運而生。「天地之間空虛，和氣流行，故萬物自生〔註80〕」，天地間和氣流行，化生爲人，人居天地間，依循天施地化生成之萬物，長養化育，故「天地生萬物，人最爲貴〔註81〕」。

而《河上公章句》也提到道生萬物的過程是因任萬物陰陽、五行、剛柔之內涵之自己然而化生，但若有心有爲之破壞天地萬物生化之理序，便破壞了道生萬物之自然，萬物便會產生不分裂、不發泄等異象提出警示，告誡在上位者，因此了解道生萬物的過程、規律就非常的關鍵重要，在上位者不可不知、不可不愼。

綜上所述，《河上公章句》以氣爲根基建構其氣化宇宙圖示，如下：

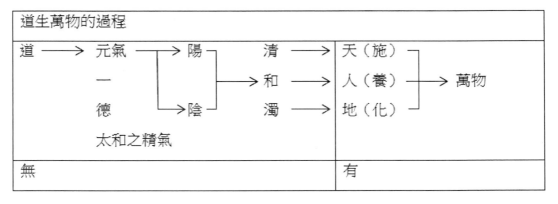

道生萬物的過程	
道 → 元氣　　→ 陽　　　清 →　　天（施）┐ 　　　一　　　　　　　　　→ 和 →　　人（養）├→ 萬物 　　　德　　　→ 陰　　　濁 →　　地（化）┘ 　　太和之精氣	
無	有

而《河上公章句》道生萬物的過程與先秦之《管子》精氣說、漢朝《淮南》與《指歸》皆有相互繼承的關係，《管子》云：「精也者，氣之精者也。氣道乃生，生乃思，思乃知，知乃止矣。凡心之形，過知失生。一物能化謂之神，一事能變謂之智，化不易氣，變不易智，惟執一之君子能爲此乎！執一不失，能君萬物〔註82〕」，言一即精氣，其中生生神明作用生成萬物；《淮南》則視道爲一〔註83〕，而道生萬物的過程爲「一生二，二生三，三生萬物。

〔註80〕（漢）河上公章句：《老子道德經》二卷，卷上，〈虛用第五〉，頁 5。

〔註81〕同註80，卷上，〈虛用第五〉，頁 5。

〔註82〕黎翔鳳：《管子校注》（全三冊），冊中，卷十六，〈內業第四十九〉，頁 937。

〔註83〕《淮南・詮言》云：「一也者，萬物之本也，無敵之道也。」〈原道〉云：「所謂無形者，一之謂也。所謂一者，無匹合於天下者也。」（漢）劉安：《淮南子》二十一卷，卷十四，頁 106；卷一，頁 7。

萬物背陰而抱陽，沖氣以爲和﹝註84﹞」，而高誘注云：「一謂道也，二曰神明也，三曰和氣也。或説一者元氣也，生二者乾坤也，二生三、三生万萬，天地設位，陰陽通流，万物乃生﹝註85﹞」，而道生萬物的內涵，《淮南》又云：「天地未形，馮馮翼翼，洞洞灟灟，故曰太始﹝註86﹞。太始生虛霩﹝註87﹞，虛霩生宇宙，宇宙生元氣，元氣有涯垠﹝註88﹞。清陽者薄靡而爲天，重濁者凝滯而爲地。清妙之合專易，重濁之凝竭難，故天先成而地後定。天地之襲精爲陰陽，陰陽之專精爲四時，四時之散精爲萬物﹝註89﹞」，《淮南》認爲道即一，一中有恍惚元氣，變化出清濁和氣，化生爲具體天地人萬物。而此影響後來的《指歸》，《指歸》云：「道虛之虛，故能生一。……一以虛，故能生二。……二以無之無，故能生三。……三以無，故能生萬物﹝註90﹞」、「一者，道之子，神明之母，太和之宗，天地之祖﹝註91﹞」，由此可知，《指歸》認爲道生萬物的過程爲道生一、一生二、二生三、三生萬物，其內涵爲道生一，一生神明，神明生太和之氣，太和之氣生天地萬物，其對道與一的看法雖和《淮南》不同，但在道生萬物的過程與內涵的討論基本上仍可看出相互承襲影響的關係﹝註92﹞。

﹝註84﹞　（漢）劉安：《淮南子》二十一卷，卷七，〈精神〉，頁45。
﹝註85﹞　同註84，卷七〈精神〉，頁45。
﹝註86﹞　「故曰太始」本作「故曰太昭」。王引之曰：「『太昭』當作『太始』，字之誤也。」參見（清）王念孫著：《讀書雜志》（全二冊），下冊，頁785。
﹝註87﹞　「太始生虛霩」本作「道始於虛霩」。王引之云：「『道始於虛霩』當作『太始生虛霩』，即承上文『太始』而言。」同註86，下冊，頁785。
﹝註88﹞　「宇宙生元氣，元氣有涯垠」本作「宇宙生氣，氣有漢垠」。王念孫云：「此當爲『宇宙生元氣，元氣有涯垠。』下文清揚爲天，重濁爲地，所謂元氣有涯垠也。今本脫去兩元字，涯字又誤爲漢。」同註86，下冊，頁786。
﹝註89﹞　同註84，卷三〈天文〉，頁18。
﹝註90﹞　（漢）嚴遵撰、（唐）谷神子註：《道德眞經指歸》，卷二，〈道生一篇〉，頁135。
﹝註91﹞　同註90，卷一，〈得一篇〉，頁114。
﹝註92﹞　林俊宏云：「在《老子指歸》中透過『一』把『有生於無』的過程視爲逐漸實質化的過程，從對應上看，道之子是爲一，神明爲二，太和爲三，天地一方面是場域一方面則與人同爲物（當然是物之大者的範疇），其中，一個重要貫穿的概念是『氣』，……這不僅是《淮南子》關於『道之爲物』的基本理解，也承繼了包括〈內業〉、〈白心〉、〈心術上〉以及〈心術下〉等四篇記下思維的氣化觀點。」林俊宏：〈氣、身體與政治——「老子河上公注」的政治思想分析〉，頁5～6；卿希泰云：「《河上公章句》對於《老子》關於『道生一、一生二、二生三、三生萬物』的生成圖式的解釋，顯然比《淮南子》的理解更爲明確，它以元氣爲世界萬物本源的思想，是在吸收《淮南子》的基礎上又有所發展。」卿希泰：〈《老子河上公章句》的成書時代與基本思想初探〉，《輔仁宗教研究》第二十二期（2011年春），頁13。

三、同氣相求

　　《河上公章句》道生萬物的過程以氣的生成變化推展其氣化宇宙圖式，而元氣化生陰陽二氣，陰陽二氣化生清濁和氣，清濁和氣生成天地人，共生萬物的過程當中，氣以同氣相求、氣類相感的原則之下生成具體形物，以下試論之。

　　　　此言物類相從〔註93〕，同聲相應，同氣相求〔註94〕，雲從龍，風從

　　　　虎，水流濕，火就燥，自然之數也〔註95〕。〔註96〕

　　道生萬物的過程，生生之氣扮演關鍵角色，《河上公章句》認爲道中有一，吐氣布化，初始元氣中蘊含陰陽二種相生作用，陰陽相薄，產生清濁和氣，變化生成天地人，而天地之間和氣流行，萬物自生。由此可知，道透過氣化作用於天地萬物之間，成爲萬物本體，故萬物得以與道相互感應，皆因其本質是一，皆爲生生元氣。

　　因此，《河上公章句》云：「同聲相應，同氣相求」，萬物皆由不同比例陰陽五行之氣所構成，萬物間氣類相近之物便會產生相近的特性，故能夠相互感動影響，如同水往低窪潮濕處聚集，火親近燥熱處燃燒，又如動物間龍屬水，故居處顯現於雲間，虎屬木，木生風，故虎嘯於山林之間，而此皆氣類相應之自然之理〔註97〕。

　　　　天澹泊〔註98〕不動，施而不求報，生長萬物，無所收取。〔註99〕

〔註93〕「物類相從」本作「物類相歸」。王卡云：「『相從』，影宋本原作『相歸』，今　　　　　據強本改作『相從』。」王卡點校：《老子道德經河上公章句》，頁97。

〔註94〕「同聲相應，同氣相求」本作「同聲相應」。王卡云：「影宋本原無『同氣相　　　　　求』四字，今據顧本補。案易乾文言曰：『同聲相應，同氣相求，水流濕，火　　　　　就燥，雲從龍，風從虎，聖人作而萬物覩。』河上注即本易傳以釋老子『道　　　　　者同於道，德者同於德，失者同於失』之意。」同註93，頁97～98。

〔註95〕「自然之數也」本作「自然之類也」。王卡云：「影宋本『數』字原作『類』，　　　　　案作『數』字義長，今從顧本與道藏本改。」同註93，頁98。

〔註96〕（漢）河上公章句：《老子道德經》二卷，卷上，〈虛無第二十三〉，頁9。

〔註97〕陳慧娟云：「天人之所以能相通，是因爲天人同具『精氣』，因此能透過『氣』　　　　　之介質相感、相應。……即是『物類相從，同聲相應』的觀念，所謂『物類　　　　　相從』意思是說：相關的物類會有相『從隨』的關係，一個事物發生變化，　　　　　與它相關的另一事物也會受到牽動。……『同聲相應』應引申作：一個事物　　　　　出現，必有與之相應的現象出現，而相應的關係在於『同』的概念，同則應，　　　　　不同則不應。」陳慧娟：《兩漢三家《老子》注養生思想研究》，頁214～215。

〔註98〕「澹泊」本作「湛泊」。王卡云「影宋本原作『湛泊』，今據顧本改作『澹泊』。　　　　　又強本作『湛然』，亦可。」同註93，頁105。

〔註99〕同註96，卷上，〈象元第二十五〉，頁10。

天生萬物，愛育之，令長大，無所傷害也。〔註100〕

天不呼召，萬物皆負陰而向陽。〔註101〕

《河上公章句》言「萬物母者，天地含氣生萬物，長大成熟，如母之養子〔註102〕」，天地人共生萬物，天施地化，人長養之，又《河上公章句》認為「言天當有陰陽弛張〔註103〕，晝夜更用〔註104〕」、「言地當有高下剛柔，節氣五行〔註105〕〔註106〕」，天主無形生生陰陽施化，變化晝夜天道輪轉運行，地主有形凝結高下剛柔，節氣五行生剋萬物完成，具體生成之物有形有限，故會邁向死亡。而「道始所生者一也〔註107〕。一生陰與陽也〔註108〕」，道之元氣中蘊含陰陽作用，變化創生萬物，由此可知，天氣施與創生與道中生生元氣相通。綜上所述，《河上公章句》中特別強調天的創生施化作用，並賦予其具有創生主宰位置。

故，《河上公章句》云：「天生萬物」、「天不言，萬物自動以應時〔註109〕〔註110〕」，天因循自然之道創生萬物，萬物負陰向陽，在陰陽相生相薄之下應運而生，非有心有為刻意造作，萬物自然得以孕育成長，皆順道而已。

天道無有親疏，唯與善人，則與司契同也〔註111〕。〔註112〕

天道抑強扶弱〔註113〕，自然之效。〔註114〕

〔註100〕　（漢）河上公章句：《老子道德經》二卷，卷下，〈顯質第八十一〉，頁23。
〔註101〕　同註100卷下，〈任為第七十三〉，頁21。
〔註102〕　同註100卷上，〈體道第一〉，頁10。
〔註103〕　「陰陽弛張」本作「陰陽施張」。王卡云：「『弛張』，影宋本誤作『施張』，據顧本改。」王卡點校：《老子道德經河上公章句》，頁158。
〔註104〕　同註100，卷下，〈法本第三十九〉，頁13。
〔註105〕　「節氣五行」本作「氣節五行」。王卡云：「影宋本『節氣』誤作『氣節』，據顧本改正。」同註103，頁158。
〔註106〕　同註100，卷下，〈法本第三十九〉，頁13。
〔註107〕　「道始所生者一也」本作「道始所生者」。王卡云：「影宋本漏『一也』，據顧本、強本、P二六三九、S三九二六、道藏本、集注本、天祿本及陳景元本補。」同註103，頁170。
〔註108〕　同註100，卷下，〈道化第四十二〉，頁14。
〔註109〕　「萬物自動以應時」本作「萬物自動應以時」。王卡云：「影宋本『以應時』原作『應以時』，今據S三九二六、P二六三九、治要、顧本、強本、道藏本與集注本改正。」同註103，頁284。
〔註110〕　同註100，卷下，〈任為第七十三〉，頁21。
〔註111〕　「則與司契同也」本作「則與司契者也」。王卡云：「影宋本『同』原作『者』，於義不通，今從顧本、道藏本改正。」同註103，頁302。
〔註112〕　同註100，卷下，〈任契第七十九〉，頁22。

天應之以惡氣，即害五穀，五穀盡則傷人也〔註115〕。〔註116〕

侯王動作能與天相應合，天即降下甘露善瑞也〔註117〕。〔註118〕

因此在同氣相求、氣類相感的創生原則之下，天地人物便得以與天相互感應，因為其本質皆生生元氣，故《河上公章句》云：「天道與人道同，天人相通〔註119〕，精氣相貫。人君清靜〔註120〕，天氣自正；人君多欲，天氣煩濁〔註121〕」，自然天道無有親疏，當人君為善仁慈，治身清靜無為，行道合德，必能與天道相通，天自然降下正氣瑞應，使萬物順利生成，政治清明無災，反之當人君為惡尚武，治身多欲勞神，背叛道德，必會與惡氣相應，天便會降下煩濁之氣，傷害五穀萬物生長，政治災殃頻仍。

由此可知，《河上公章句》認為氣類相感、天人相應，同時並賦予天具有主宰意識，故天得以與人君感動，降下甘露善瑞，抑強扶弱，皆因人君順應道之太和之精氣。因此，在上位者必須觀天道變化，與太和之精氣相應，合於天道自然運行生成之理治理長養萬物，人事萬物便可順利生長太平無災。

天將救助善人，必與慈仁之性，使能自營助也〔註122〕。〔註123〕

〔註113〕「天道抑強扶弱」本作「大道抑強扶弱」。王卡云：「影宋本『天道』誤作『大道』，據顧本、強本、Ｐ二六三九、Ｓ三九二六與道藏本改。」王卡點校：《老子道德經河上公章句》，頁294。

〔註114〕（漢）河上公章句：《老子道德經》二卷，卷下，〈戒強第七十六〉，頁22。

〔註115〕「五穀盡則傷人也」本作「五穀盡傷人也」。王卡云：「影宋本漏『則』字，據強本與顧本補。」同註113，頁123。

〔註116〕同註114，卷上，〈儉武第三十〉，頁11。

〔註117〕「天即降下甘露善瑞也」本作「天即下甘露善瑞也」。王卡云：「『天即降下』，影宋本作『天即下』三字，道藏本作『則天降』，顧本作『則天降下』。今據道藏本與顧本補『降』字。」同註113，頁132。

〔註118〕同註114，卷上，〈聖德第三十二〉，頁11。

〔註119〕「天人相通」本作「大人相通」。王卡云：「影宋本『天人』誤作『大人』，據顧本、強本、Ｓ三九二六、Ｐ二六三九、道藏本與集注本改正。」同註113，頁185。

〔註120〕「人君清靜」本作「人君清淨」。王卡云：「影宋本『靜』借作『淨』，據治要、強本、顧本、Ｓ三九二六、Ｐ二六三九、道藏本與集注本改正。」同註113，頁185。

〔註121〕同註114，卷下，〈鑒遠第四十七〉，頁15。

〔註122〕「使能自營助也」本作「使能自當助也」。王卡云：「影宋本『營』誤作『當』，據Ｓ三九二六、Ｐ二六三九、顧本、強本、道藏本、集注本與取善集改正。」同註113，頁267。

〔註123〕同註114，卷下，〈三寶第六十七〉，頁20。

人能法道行德〔註124〕，天亦將自知之。〔註125〕

天知之，則神靈祐助，不復危殆。〔註126〕

　　在天人相應的原則之下，《河上公章句》更進一步賦予天意識，故言「天將救助善人」、「天知之」，認爲人若能爲善行德，除情去欲，便能使心清靜專一，精氣充盈全身，如此便可與太和之精氣相通，便可與天相互感應，天便會降下善瑞救助之，此外《河上公章句》更云天將自知，則神靈亦會庇佑協助，使天逐漸出現人格神意味，雖然《河上公章句》當中天並未出現喜怒情緒，但仍可看出《河上公章句》氣化宇宙論受到漢朝氣類相感、天人相應的思想影響之下，更進一步的在天人感應的基礎上加入人格神、人格天的觀念〔註127〕，而這也成爲道家氣論思想逐漸轉變爲道教氣論思想的關鍵之一。

第三節　天人相通，精氣相貫

道始所生者一也〔註128〕。一生陰與陽也。陰陽生和、清、濁三氣〔註129〕，分爲天地人也。天地人共生萬物也〔註130〕。天施地化，人長養之也。〔註131〕

　　道透過陰陽五行之氣化作用，產生清、濁、和三氣，交互激盪產生天地人，而在天施地化與人長養的過程中萬物得以生成。由此可知，人爲萬物之

〔註124〕「人能法道行德」本作「人能去道行德」。王卡云：「影宋本『法道』誤作『去道』，據顧本、道藏本、集注本改正。」王卡點校：《老子道德經河上公章句》，頁133。

〔註125〕（漢）河上公章句：《老子道德經》二卷，卷上，〈聖德第三十二〉，頁11～12。

〔註126〕同註125，卷上，〈聖德第三十二〉，頁12。

〔註127〕陳慧娟云：「基於這樣的理論，來觀看天人感應，則同於天者，所爲則與天同，天亦樂得之：所爲則不與天同，天則不樂得之。又《河上公注》之『天』乃具有宗教人格神的意味，具有賞善罰惡的力量。」陳慧娟：《兩漢三家《老子》注養生思想研究》，頁215。

〔註128〕「道始所生者一也」本作「道始所生者」。王卡云：「影宋本漏『一也』，據顧本、強本、Ｐ二六三九、Ｓ三九二六、道藏本、集注本、天祿本及陳景元本補。」同註124，頁170。

〔註129〕「陰陽生和、清、濁三氣」本作「陰陽生和、氣、濁三氣」。王卡云：「影宋本『清』字原誤作『氣』，今據顧本、強本、Ｓ三九二六、Ｐ二六三九、集注本與陳景元本改正。又道藏本『和清濁』作『和氣清濁』。」同註124，頁170。

〔註130〕「天地人共生萬物也」本作「天地共生萬物也」。王卡云：「影宋本漏『人』字，據顧本、強本、Ｐ二六三九、道藏本與陳景元本增補。」同註124，頁170。

〔註131〕同註125，卷下，〈道化第四十二〉，頁14。

靈，故能與道同氣相求、天人感應，因此，為詮釋人身的組成、運行之理，《河上公章句》以氣建構其身體觀，說明天人相應的理論基礎，與愛氣養神、與道相通、長生久視之修養論的理論根據。以下試論之。

一、人生含和氣，抱精神

（一）萬物皆得道之精氣而生

道唯窈冥無形，其中有精實，神明相薄，陰陽交會也。〔註132〕

以今萬物皆得道之精氣而生〔註133〕，動作起居，非道不然。〔註134〕

言道善稟貸人精氣，且成就之也。〔註135〕

一者，道之子，更是道化生具體形物的關鍵，而一的內涵便是太和之精氣，因此，太和之精氣其中蘊含能具體凝結形物之神妙作用，《河上公章句》稱為精實，透過精實凝結與神明陰陽相互激盪變化構成具體人身形體，故《河上公章句》稱道透過太和之精氣賦予人身形體之本質為精氣，亦稱為和氣，故云：「人生含和氣，抱精神，故柔弱也〔註136〕」。

由此可知，精氣為道中具有生成能力的作用，能凝結為具體形物，故具有形質義，成為構成人身、四肢、五臟、九竅等腑臟的關鍵〔註137〕。故《河上公章句》云：「人能保身中之道，使精氣不勞，五神不苦，則可以長久〔註138〕」，

〔註132〕（漢）河上公章句：《老子道德經》二卷，卷上，〈虛心第二十一〉，頁8。
〔註133〕「以今萬物皆得道之精氣而生」本作「以今萬物皆得道精氣而生」。王卡云：「強本『萬物』下有『之精』二字，『道』字下有『之』字。影宋本原無『之』字，從強本補。」王卡點校：《老子道德經河上公章句》，頁89。
〔註134〕同註132，卷上，〈虛心第二十一〉，頁9。
〔註135〕同註132，卷下，〈同異第四十一〉，頁14。
〔註136〕同註132，卷下，〈戒強第七十六〉，頁21。
〔註137〕林俊宏云：「論者以為精當然是氣與神之指導，故言精氣或是精神，……更進一步說，精兼具了物質與精神兩種屬性，而且由物質起始，存有往精神方面移動的向量，所以，道家的養生方法中精、氣、神三個的概念放置一起處理不是沒有來由的，它說明了一個形神相養以及由精而神的連貫可能。」林俊宏：〈氣、身體與政治——「老子河上公注」的政治思想分析〉，頁11；陳慧娟云：「『精』一概念，在《河上公注》中相當複雜，……它一方面又是物質，謂之『精』，是人身最精微的物質；……以作為人身物質基礎的『精』來說，《河上公注》有言『愛精重施，髓滿骨堅。』（〈安民・第三〉）從中可知『精』之於人，乃是代表一種生命能量。」陳慧娟：《兩漢三家《老子》注養生思想研究》，頁268。
〔註138〕同註132，卷下，〈守道第五十九〉，頁18。

人若能保養體內之精氣，使其不勞累不外泄，五臟便得以運行流暢，五神便得以清明導引五臟而不辛苦，此便為長生久視修養目標的關鍵所在。

（二）人所以生者，以有精神

人生含和氣，抱精神，故柔弱也。〔註139〕

人死和氣竭，精神亡，欲堅強也。〔註140〕

人所以生者，以有精神〔註141〕，精神託空虛〔註142〕，喜清靜〔註143〕，若飲食不節〔註144〕，忽道念色，邪僻滿腹，為伐本厭神也。〔註145〕

道所生太和之精氣透過陰陽二氣相互激盪，化生清濁和氣，其中和氣變化成人，而人除了蘊涵有太和精氣當中具有凝結作用之精氣，生成四肢五臟之外，道中蘊含生生不測之神妙創造力量亦作用於人身當中，成為人所以生之根源，清靜空虛，故能產生生生不息的思慮創造作用，《河上公章句》稱之為精神、神、神明。

所謂精神，《河上公章句》指道中生生不測神明作用於人身的狀態，因此，精神為道之太和之精氣落實於人身的根本，清靜無為，故可與道相通。《河上公章句》認為精神蘊含於人身腹中，是人所以化生之元素，必須乘載於精氣之中，才能具體落實於人身，故當人身中精氣充盈，五臟感官安靜空虛，精神便得以居之而生生不息，反之，若人身精氣衰竭，五臟感官充滿嗜欲，精神便會煩勞躁疾而消亡。

人能養神則不死也，神謂五藏之神也：肝藏魂，肺藏魄，心藏神，腎藏精，脾藏志。五藏盡傷，則五神去矣。〔註146〕

〔註139〕（漢）河上公章句：《老子道德經》二卷，卷下，〈戒強第七十六〉，頁21。

〔註140〕同註139，卷下，〈戒強第七十六〉，頁21～22。

〔註141〕「以有精神」本作「為有精神」。王卡云：「影宋本『以』字作『為』，今從顧本、強本、P二六三九、S三九二六與取善集改。」王卡點校：《老子道德經河上公章句》，頁280。

〔註142〕「精神託空虛」本作「託空虛」。王卡云：「影宋本漏『精神』二字，據顧本、P二六三九、S三九二六與取善集補。」同註141，頁280。

〔註143〕「喜清靜」本作「喜清淨」。王卡云：「影宋本『靜』作『淨』，據強本、道藏本、S三九二六、集注本與取善集改。」同註141，頁280。

〔註144〕「若飲食不節」本作「飲食不節」。王卡云：「影宋本無『若』字，據顧本補。」同註140，頁280。

〔註145〕同註139，卷下，〈愛己第七十二〉，頁21。

〔註146〕同註139，卷上，〈成象第六〉，頁5。

腹中有神，畏其形消亡〔註147〕。〔註148〕

治身者嗜欲傷神，貪財殺身，民不知畏之也。〔註149〕

畏之者當愛精養神〔註150〕，承天順地也。〔註151〕

所謂神，《河上公章句》稱之爲五臟之神以及統御心藏之生生神妙作用。因此，當五臟之神育養充實人身腹中，五臟便得以安靜柔順運行，精氣充盈，神與天相通，形體自然能不受嗜欲影響而長生不死。反之，若五臟之神受外在嗜欲影響而遠離人身，五臟運行便會因此受到損傷，使精氣枯竭，神氣消亡，形體自然便會邁向死亡。因此，《河上公章句》主張愛精養神，充實腹中。〔註152〕

其次，神指心藏之神，是心之判斷認知作用之所以能清靜無爲正確作用的關鍵，故《河上公章句》云：「我獨漂漂，若飛若揚，無所止也，志意在神域也〔註153〕」，神爲道賦予人身生生神妙作用，無形無爲，流行其間，而心知意志便得以清靜空虛，懷道抱一，於生生神用當中正確認知主宰判斷，無有缺失，形體自然和順而不受損傷。〔註154〕

治身則天降神明，往來於巳也。〔註155〕

能王，則德合神明〔註156〕，乃與天通〔註157〕。〔註158〕

〔註147〕「畏其形消亡」本作「畏形之消亡也」。王卡云：「案影宋本及各本此句均作『畏形之消亡也』，惟道藏本作『畏其形消亡』。考上句注文有『恐其屋破壞』，此處當作『畏其形消亡』與之相應，今依道藏本改。」王卡點校：《老子道德經河上公章句》，頁44。

〔註148〕（漢）河上公章句：《老子道德經》二卷，卷上，〈無用第十一〉，頁6。

〔註149〕同註148，卷下，〈制惑第七十四〉，頁21。

〔註150〕「畏之者當愛精養神」本作「畏之者當愛精神」。王卡云：「影宋本『愛精養神』作『愛精神』，顧本作『保精養神』，道藏本作『保養精神』，今從S三九二六、P二六三九、強本與取善集補『養』字。」同註147，頁280。

〔註151〕同註148，卷下，〈愛己第七十二〉，頁21。

〔註152〕詳說參見本章第三節，三、神謂五臟之神，頁268。

〔註153〕同註148，卷上，〈異俗第二十〉，頁8。

〔註154〕詳說參見本章第三節，四、入爲心，出爲行，布施爲德，總名爲一，頁270。

〔註155〕同註148，卷上，〈仁德第三十五〉，頁12。

〔註156〕「則德合神明」本作「德合神明」。王卡云：「影宋本及各本均無句首『則』字，惟道藏本有，今據補。」同註147，頁67。

〔註157〕「乃與天通」本作「乃與天子」。王卡云：「影宋本『通』字原誤作『子』，今從S四七七、顧本、強本、道藏本及集注本改正。」同註147，頁67。

〔註158〕同註148，卷上，〈歸根第十六〉，頁7。

治身不害神明，則身安而大壽也。〔註159〕

所謂神明，《河上公章句》認爲是道中生生不測神妙作用，此作用透過精氣充實於人身當中，成爲人身之所以與道相通並產生清明認知判斷主宰作用的根本所在。故《河上公章句》言此神明作用由天氣所生，天主無形生生陰陽施化，因此神明進入人身便成爲人變化無窮、清靜無爲的心神志慮，因此在修養上必須清靜無爲、空虛專一，愛惜精氣、存養神明入於腹中，才能天人相通，得道之自然，進而長生久壽，反之則會使心神勞煩，精氣雜亂、神明消亡，形體便會遭致災害凶禍。而此說亦與《指歸》相近，《指歸》云：「道德無爲而神明然矣，神明無爲而太和自起，太和無爲而萬物自理〔註160〕」、「生之以道，養之以德。導之以精神，和之以法式〔註161〕」，《指歸》認爲神明爲道德無爲所生，爲陰陽創生作用，化生太和之氣，太和之氣蘊含清濁和氣，三氣變化生成萬物，而神明之氣落實於人身當中則稱之爲神、精神，因此人身修養必須以自然生生之太和之氣爲法則，以清靜無爲之精神爲基礎，才能體道合德。

以其不犯上十三之死地也〔註162〕。言神明營護之，此物不敢害。〔註163〕

百姓愛之如父母，神明祐之若赤子，故身常存。〔註164〕

神明保佑含德之人，若父母之於赤子也。〔註165〕

聖人爲人所愛，神明所祐，非以其公正無私所致乎？〔註166〕

神明爲道之陰陽神明變化作用，進入人身成爲人身精神、心志的根本，亦是天人之所以相通感應的重要關鍵，因此只要神明進入人身充盈實腹，心志思慮便可與清靜道體相通，去除多餘情欲，使五臟和順，四肢、九竅等感

〔註159〕（漢）河上公章句：《老子道德經》二卷，卷上，〈仁德第三十五〉，頁12。
〔註160〕（漢）嚴遵撰、（唐）谷神子註：《道德眞經指歸》，卷二，〈大成若缺篇〉，頁152～153。
〔註161〕同註160，卷一，〈上士聞道篇〉，頁130。
〔註162〕「以其不犯上十三之死地也」本作「以其不犯十三之死地也」。王卡云：「影宋本漏『上』字，據顧本、強本、S三九二六與延命錄補。」王卡點校：《老子道德經河上公章句》，頁195。
〔註163〕同註159，卷下，〈貴生第五十〉，頁16。
〔註164〕同註159，卷上，〈韜光第七〉，頁5。
〔註165〕同註159，卷下，〈玄符第五十五〉，頁17。
〔註166〕同註159，卷上，〈韜光第七〉，頁5。

官不受外在情識干擾，精氣自然不易外泄，形體便可不受災禍影響而長生久視。然而，《河上公章句》更云：「神明營護之，此物不敢害」、「神明祐之若赤子」、「神明保佑含德之人」、「神明所祐」等，使神明出現人格神的意味，雖無明顯好惡情緒表現，但已出現主宰意識，而這觀念的出現，也影響到後來道教形神觀與修養論的產生，成為其理論基礎之一。

　　綜上所述，《河上公章句》認為神為人身中生生不測神妙作用，為五臟之心之思慮判斷的根本，以及五臟運行作用的主宰五臟神。因此當神降下落實人身，成為精神保守實腹，思慮便得以清明不易受外在情識影響。反之，若精神散失，思慮無法安靜思慮，便會使心志判斷失序而發狂，受到情緒、嗜欲的影響，故《河上公章句》云：「人精神好安靜，馳騁呼吸，精神散亡，故發狂也〔註167〕」、「人能除情欲，節滋味，清五藏，則神明居之也〔註168〕」，由此可知，精神充盈不外泄便成為《河上公章句》修養觀的重點之一，若能保養精神，使精神安靜專一，思慮清明，便可達到與道相通，長生久視的修養境界，故《河上公章句》云：「使吾無有身體，得道自然，輕舉昇雲，出入無間，與道通神，當有何患？〔註169〕」

（三）人以氣為根

　　　　人能以氣為根，以精為蒂，如樹根不深則拔〔註170〕，菓蒂不堅則落〔註171〕。言當深藏其氣，固守其精，使無漏泄。〔註172〕

　　「萬物始生，從道受氣」，人的生成亦由道中太和之氣化生之陰陽二氣，交互激盪所生之和氣孕育而成，其中氣為貫通道生萬物的過程，成為人與道本體連接的關鍵，道透過元氣化生作用賦予人形質與精神，成為人的本質，同時氣也是溝通形體與精神的媒介，具有流行、作用義〔註173〕，因此，氣為

〔註167〕（漢）河上公章句：《老子道德經》二卷，卷上，〈檢欲第十二〉，頁6。
〔註168〕同註167，卷上，〈虛用第五〉，頁5。
〔註169〕同註167，卷上，〈猒恥第十三〉，頁6。
〔註170〕「如樹根不深則拔」本作「如樹根不深則枝」。王卡云：「影宋本『拔』字誤作『枝』，據顧本、強本、意林、S三九二六、P二六三九、道藏本與天祿本改正。」王卡點校：《老子道德經河上公章句》，頁233。
〔註171〕「菓蒂不堅則落」本作「蒂不堅則落」。王卡云：「影宋本漏『菓』字，據P二六三九補。」同註170，頁233。
〔註172〕同註167，卷下，〈守道第五十九〉，頁18。
〔註173〕陳慧娟云：「氣是人體的精神與物質的仲介層次，亦即『流動的身體』，氣下可凝固形體具象，上可昇華成神明。」陳慧娟：《兩漢三家《老子》注養生思想研究》，頁285～286。

人身之根本，具有本體義、生生義。故《河上公章句》以果樹爲喻，說明精
與氣間的關係，《河上公章句》認爲氣爲人之根源，如樹之根，精氣爲人身中
精妙的凝結作用，是產生形體、四肢、五臟之關鍵，如樹之果蒂，故根不深
不夠穩固，果蒂便因無法接受養分而掉落，如人身中若氣充盈，精氣便無法
固守而外泄，精神便無法涵養實腹之中，以致五臟之神消亡，四肢、五臟、
九竅等便無法順利運行，而使心志不清明，形體也會受到損傷。

　　由此可知，《河上公章句》透過樹根與蒂間的關係，點出氣爲萬物本質，
是溝通天人的關鍵，亦爲人之本體，具有流行作用義，二者缺一不可，強調
氣在人身當中所扮演的角色與其重要性。

　　此外，《指歸》亦云：「夫生之於形也，神爲之蒂，精爲之根，營爽爲宮
室，九竅爲户門。聰明爲侯使，情意爲乘輿，魂魄爲左右，血氣爲卒徒〔註174〕」，
《指歸》以太和之精氣爲人身之根本，以血氣爲構成人體的基礎，以精神爲
生生變化的作用，「道德神明，長生不死；清濁太和，變化無窮〔註175〕」，《指
歸》認爲精神爲人身存在之所由，是生生創造作用，爲道德所生，故人修養
上若能使神明虛靜專一，便可與道相通，達到長生不死的境界。神明之氣化
生太和之精氣，太和之精氣中透過清濁和氣相生變化生成萬物，因此太和之
精氣具有形質義，爲人身具體化成的根本，由此可知，《指歸》的心性身體修
養觀著重於精神的保養，故云：「重神愛氣，輕物細名，思慮不惑，血氣和平。
筋骨便利，耳目聰明，肌膚潤澤，面理有光。精神專固，生生青青，身體輕
勁，美好難終〔註176〕」。

　　而《河上公章句》云：「人能以氣爲根，以精爲蒂」，《河上公章句》認
爲氣爲萬物的根本，太和之精氣爲道中精實，萬物皆得道之精氣而生，精神
爲人之所以生，爲道中生生作用，空虛清靜。「人能保身中之道，使精氣不
勞，五神不苦，則可以長久〔註177〕」，《河上公章句》認爲太和之精氣爲道
之精氣，是道中初始精妙之創生元素，是人之根本、本質，生生精神亦須有
精氣承載才得以作用於人身之中，故云：「人生含和氣，抱精神，故柔弱
也。……人死和氣竭，精神亡，欲堅強也〔註178〕」，當人能固守道之精氣，

〔註174〕　（漢）嚴遵撰、（唐）谷神子註：《道德眞經指歸》，卷三，〈出生入死篇〉，頁185。
〔註175〕　同註174，卷二，〈名身孰親篇〉，頁147。
〔註176〕　同註174，卷三，〈善建篇〉，頁210～211。
〔註177〕　（漢）河上公章句：《老子道德經》二卷，卷下，〈守道第五十九〉，頁18。
〔註178〕　同註177，卷下，〈戒強第七十六〉，頁21～22。

使之專一於形體之中，精神便得以清靜不勞苦，便可以達到長生久視的境界，由此可知，《河上公章句》的心性身體修養觀則是較爲重視精氣的固守，故云：「人能自節養，不失其所受天之精氣，則可以長久〔註179〕〔註180〕」，並提出透過呼吸吐納等修養功夫，便可守和氣於中，使精神清靜不執著於情識嗜欲，主張「愛氣養神〔註181〕」，這與《指歸》較爲著重精神清靜的修養功夫略有不同，而這也成爲黃老著重心性修養逐漸轉變爲道教修養中著重於形氣鍛煉的思想開端。

二、玄，天也，於人爲鼻。牝，地也，於人爲口

> 言不死之道〔註182〕，在於玄牝。玄，天也，於人爲鼻。牝，地也，於人爲口。天食人以五氣，從鼻入藏於心。五氣清微，爲精神聰明，音聲五性。其鬼曰魂，魂者雄也，主出入人鼻，與天通，故鼻爲玄也。地食人以五味，從口入藏於胃。五味濁辱〔註183〕，爲形骸骨肉，血脈六情。其鬼曰魄，魄者雌也，主出入於口，與天地通，故口爲牝也。〔註184〕

由於萬物皆從道受氣所生，因此，《河上公章句》以此詮釋人身中感官鼻口耳目與魂魄、天人之間的關係，藉此說明天人相應之理。

《河上公章句》認爲天之氣清微，與人之鼻相通，鼻主呼吸，主嗅覺，鼻能溝通清微五氣進出人身，主宰清明之心志、精神之認知判斷作用，使耳聽覺聰敏，目視覺清明，其他感官五性便能順利運行，此無形作用曰魂，故魂者雄也，主清陽之神氣，故能與天相通，溝通天之五氣與人四官之鼻。

地之氣重濁，與人之口相通，口主飲食，主味覺，口透過飲食作用於胃，溝通人身五臟，重濁之氣主宰具體形骸骨肉運作，與血脈運行，使人之六情

〔註179〕「則可以長久」本作「則可以久」。王卡云：「影宋本原無『長』字，據顧本、強本與取善集補。」王卡點校：《老子道德經河上公章句》，頁135。

〔註180〕（漢）河上公章句：《老子道德經》二卷，卷上，〈辯德第三十三〉，頁12。

〔註181〕同註180，卷下，〈修觀第五十四〉，頁16。

〔註182〕「言不死之道」本作「言不死之有」。王卡云：「強本、陳景元本並無句首『言』字。又影宋本、天祿本、劉本句末『道』字均誤作『有』，今據 S 四七七、道藏本、強本、集注、延命錄及陳景元本改作『道』。」同註179，頁23。

〔註183〕「五味濁辱」本作「五性濁辱」。王卡云：「影宋本『五味』原誤作『五性』，據 S 四七七、強本、道藏本、延命錄及陳景元本改作『味』。」同註179，頁24。

〔註184〕同註180，卷上，〈成象第六〉，頁5。

能順暢展現，此作用曰魄，故魄者雌也，主濁辱之精氣，故能與天地相通，溝通天之六情、地之五味與人四官之口。

然《河上公章句》雖將感官以鼻、口為主，分別論述其作用特色，但仍言「人載魂魄之上得以生，當愛養之。……故魂靜志道不亂，魄安得壽延年也〔註185〕」，《河上公章句》認為精魄者食五味由口入於胃臟，其作用展現於人身形骸骨肉血脈，使形骸骨肉得以運動，使血脈得以順暢流行，如此，耳目聰明便得以透過人身表現，若無精魄之承載，神魂便無法展現。而人之所以最為貴，在於人同時蘊含具體重濁形體腑臟之精魄之氣與無形清揚精神之神魂之氣，載魂魄才得以生，故形體、精神皆當愛養之，二者缺一不可〔註186〕。

綜上所述，《河上公章句》的四官及其作用與魂魄的搭配，以下試以圖表整理之。

四官之主	天人相應	天地性質	天地賦予之作用	氣類特質	腑臟之主	四官之輔	功能	鬼神	鬼神性質
鼻	天	玄	食以五氣	清微	心	耳目	精神聰明，音聲五性	魂	雄
口	地	牝	食以五味	濁辱	胃		形骸骨肉，血脉六情	魄	雌

正因如此，《河上公章句》的修養功夫從對心靈精神的修養，進入對人身形軀的修養鍛鍊，企圖透過對能溝通有無鍛鍊精神，使精神得以趨近無限之道之境界，同時，透過精神與五臟之神的鍛鍊使人身四肢、五臟等形軀達到長生不死的狀態〔註187〕。

〔註185〕（漢）河上公章句：《老子道德經》二卷，卷上，〈能為第十〉，頁5。

〔註186〕林俊宏云：「口鼻是《河上公注》論述的重心，人透過口與鼻得到天地的給養（就這個意義上，人是天地清濁二氣和合的產物），也透過口與鼻與天地形成一個完整的溝通網絡（就這個意義上，人與天地溝通並進而與萬物共構一個存有）。」林俊宏：〈氣、身體與政治——「老子河上公注」的政治思想分析〉，頁10。

〔註187〕陳麗桂云：「其貴神、賤形的基本旨趣雖與道家一致；但，道教重呼吸吐納、輕攝食，主辟穀的修煉原則，在此以可尋得根據。」陳麗桂：《漢代道家思想》，頁94。

三、神謂五藏之神

> 谷，養也。人能養神則不死也，神謂五藏之神也：肝藏魂，肺藏魄，
> 心藏神，腎藏精，脾藏志。五藏盡傷，則五神去矣。〔註188〕

> 懷道抱一，守五神也。〔註189〕

在此所謂神、五神，指五藏之神，即五種人身臟器中玄妙的氣化流行作用，此作用具有主宰作用〔註190〕，當五臟之神充盈流行於人身腹中，便可使五藏功能順利運動，當五臟順利運行，作用於人身外之肢體、感官便能順利表現，如此便可與道相通，達到長生久視之境。反之，若五神無法存養於形體當中，五臟便無法順利運行而受到損傷，肢體、感官自然就無法順利表現，形體便會邁向死亡〔註191〕。

而《河上公章句》以五臟神作爲五臟之主，強調五臟皆有相對應之生生不測之作用所主宰，故若能保養五臟之神便可使五臟作用和諧，由此觀之，其五臟神仍屬於精神層面，然此說後來影響了《太平經》的五臟之神說，《太平經》云：「故肝神去，出遊不時還，目無明也；心神去不在，其脣青白也；肺神去不在，其鼻不通也；腎神去不在，其耳聾也；脾神去不在，令人口不知甘也〔註192〕」，《太平經》便由道教神靈觀點論述五臟神與五臟之間的關係，而這也使道家身體觀的內容轉變爲宗教神祇所主宰的身體觀思想，成爲道教身體觀當中重要內涵之一。

《河上公章句》對於五藏與五臟之神間相互對應的關係，有進一步的闡述。《河上公章句》將五臟：肝、肺、心、腎、脾與五神：魂、魄、神、精、志搭配，其中肝、心、脾與魂、神、志性質相近，屬天之清微之氣，肺、腎

〔註188〕 （漢）河上公章句：《老子道德經》二卷，卷上，〈成象第六〉，頁 5。

〔註189〕 同註 188，卷上，〈安民第三〉，頁 4。

〔註190〕 林俊宏云：「從道教著作中出現的五臟神的概念（這個部分在《太平》與《河上公注》以及魏晉的《黃庭內景經》都出現過，可以想見這當是一個傳統而與中國古醫書系統重視臟腑的傳統有關），這裡的神像是帶有人格神的概念。」林俊宏：〈氣、身體與政治──「老子河上公注」的政治思想分析〉，頁 16。

〔註191〕 陳慧娟云：「因爲五臟與五臟之神相互依存，因此兩者相互影響，五臟之形若受到傷害，五臟神也無法倖免。是以，形體強健是精神靈明的基礎，精神寓於形體之上，智慧不能離開形身以孤存，形全而後神全。」陳慧娟：《兩漢三家《老子》注養生思想研究》，頁 278。

〔註192〕 （唐）王懸河輯：《三洞珠囊》十卷（成都：四川人民出版社，1998 年，《諸子集成續編》影《正統道藏》本），第 20 冊，卷一〈救導品〉引《太平經》第三十三，頁 13。

與魄、精性質相近，屬地之濁辱之氣，故云：「魂靜志道不亂，魄安得壽延年也〔註193〕」。因此，《河上公章句》認為須透過天地之氣相互激盪，才能相生構成完整圓滿的人，由於天地人之本質一氣也，故五藏得與五神相應，人之形骸骨肉得以與天地相應，而透過與天地相應之人身的修養鍛鍊，便能通天地之氣，進而接近道無限的境界，而在人身上的展現就是長生不死。以下列表觀之。

五臟	肝	肺	心	腎	脾
五臟之神	魂	魄	神	精	志

> 天食人以五氣，從鼻入藏於心。……其鬼曰魂，魂者雄也，主出入
> 人鼻，與天通，故鼻為玄也。地食人以五味，從口入藏於胃。……
> 其鬼曰魄，魄者雌也，主出入於口，與天地通，故口為牝也〔註194〕

《河上公章句》將五臟與五臟之神相配，同時《河上公章句》亦將五臟、五神與四官相配，《河上公章句》認為五臟神之魂與天、鼻、心、雄相應；五臟神之魄與地、口、胃、雌相應，是由於清揚天氣透過鼻之呼吸進入心臟，故心主形體間生生之魂，屬雄之陽氣；重濁地氣透過口之飲食進入胃臟，故胃主形體間凝結之魄，屬雌之陰氣。

由以上論述發現，《河上公章句》論四官與腑臟相配，以及五臟與五臟之神相配關係並不一致，《河上公章句》將四官之鼻、口；腑臟之心、胃；五臟之神之魂、魄相配，而又將五臟之神之魂、魄與五臟之肝、肺相配。可知，《河上公章句》論述可能是因為為了個別詮釋注解《老子》章節文義，同時又要加入自己的氣化身體觀，因此在內容搭配之上便出現前後不一之現象。

綜上所述，在神魂、精魄與鼻口、心胃、精神、形骸與五藏與五神的搭配，相互作用之下，構成《河上公章句》的身體觀，《河上公章句》有云可道之道「非自然長生之道也。常道當以無為養神，無事安民，含光藏暉，滅迹匿端，不可稱道。〔註195〕」因此，在無限道體與身體觀的建構之下，《河上公章句》將其重點落實於養生修練形神，希望透過懷道守一、愛精養神、除情去欲等修養功夫之中，能體道長生。

〔註193〕（漢）河上公章句：《老子道德經》二卷，卷上，〈能為第十〉，頁5。
〔註194〕同註193，卷上，〈成象第六〉，頁5。
〔註195〕同註193，卷上，〈體道第一〉，頁4。

四、入爲心，出爲行，布施爲德，摠名爲一

> 言人能抱一，使不離於身，則身長存〔註196〕。一者，道始所生，太
> 和之精氣也〔註197〕，故曰一。一布名於天下，天得一以清，地得一
> 以寧，侯王得一以爲正平。入爲心，出爲行，布施爲德，摠名爲一。
> 一之爲言志一无二也。〔註198〕

「心藏神〔註199〕」，神爲生生不息的作用，在人身上的展現稱之爲魂，
神魂透過太和之精氣流動於人身中，成爲精神聰明、形骸骨肉的主宰，此
時稱之爲心〔註200〕，故《河上公章句》云：「謂心居神，當寬柔，不當急
狹也〔註201〕」。一者道始所生，太和之精氣，太和之精氣要能順暢作用於
人身，就必須透過溝通天人的五臟鼻息作用，使之準確落實進入於心，通
過心之主宰，人的精神自能聰明清靜，柔弱自然，感官腑臟的運行與形體
筋骨的動作自能合宜表現，人便得以體道和德，回復到天人是一的境界，
就是《河上公章句》所謂的「入爲心，出爲行，布施爲德，摠名爲一」，因
此，心爲溝通天人的重要臟器，是道生生太和精氣進入人身的表現，故人
能與天道合一，透過修養使心專一不離於身，才能達到修養的最高境界「長
壽久生」。

五、道性自然

> 道性自然，無所法也。〔註202〕

> 教人反本實者，欲以輔助萬物自然之性也。〔註203〕

〔註196〕「則身長存」本作「則長存」。王卡云：「影宋本及各本『則』下皆無『身』
字，惟 S 四七七有。案加一『身』字於文義更完整，今從敦煌本補。」王卡
點校：《老子道德經河上公章句》，頁 37。

〔註197〕「太和」本作「大和」。王卡云：「影宋本『太』字原作『大』，古『大』『太』
二字通。今據道藏本、強本、集注本與劉本改作『太』。」同註 196，頁 37。

〔註198〕（漢）河上公章句：《老子道德經》二卷，卷上，〈能爲第十〉，頁 5～6。

〔註199〕同註 198，卷上，〈成象第六〉，頁 5。

〔註200〕陳慧娟云：「狹義的神指心神，心神由道氣生成之後，進一步也由氣來存
養，……此言『神』、『精神』，即由『五氣』所存養的。……可知這個入藏於
『心』所涵養的精神，所言當指狹義的神，即心神之意。」陳慧娟：《兩漢三
家《老子》注養生思想研究》，頁 282。

〔註201〕同註 198，卷下，〈愛己第七十二〉，頁 21。

〔註202〕同註 198，卷上，〈象元第二十五〉，頁 10。

〔註203〕同註 198，卷下，〈守微第六十四〉，頁 19。

　　心能保養太和之精氣，使道體順暢展現在人身，達到「天人相通〔註204〕，精氣相貫〔註205〕」，空虛清靜、與道合一的境界，此時道在人身最眞實的表現稱之爲性〔註206〕。「道性自然，無所法也〔註207〕」，道在人身上的展現曰性，道性清靜自然無爲，人性亦如是，因此，《河上公章句》言「言安靜者是爲復還性命，使不死也〔註208〕」，人身若能達到清靜無爲，精氣與天地相通的狀態，便能與道合一，復返道體初始無形無限之境界，而道教認爲透過「守五性，去六情，節志氣，養神明〔註209〕」等修養功夫，保養精氣貫盈全身，便得以與道相通，心神清明、形骸和柔，最終到達長壽久生的境界。

　　　道之於萬物，非但生之而已，乃復長養、成孰、覆育，全其性命〔註210〕。〔註211〕

　　　言安靜者是爲復還性命，使不死也。〔註212〕

　　　復命使不死，乃道之所常行也。〔註213〕

　　　謂用道治國〔註214〕，則國富民昌〔註215〕，治身則壽命延長，無有既盡之時也〔註216〕。〔註217〕

〔註204〕「天人相通」本作「大人相通」。王卡云：「影宋本『天人』誤作『大人』，據顧本、強本、Ｓ三九二六、Ｐ二六三九、道藏本與集注本改正。」王卡點校：《老子道德經河上公章句》，頁185。

〔註205〕（漢）河上公章句：《老子道德經》二卷，卷下，〈鑒遠第四十七〉，頁15。

〔註206〕陳慧娟云：「《河上公注》以爲『性』是指先天所稟賦之性。……也就是《呂氏春秋・知分》所謂：『生，性也』的意思。」陳慧娟：《兩漢三家《老子》注養生思想研究》，頁272。

〔註207〕同註205，卷上，〈象元第二十五〉，頁10。

〔註208〕同註205，卷上，〈歸根第十六〉，頁7。

〔註209〕同註205，卷上，〈檢欲第十二〉，頁6。

〔註210〕「全其性命」本作「全於性命」。王卡云：「影宋本『其』字誤作『於』，據顧本、強本、Ｐ二六三九、Ｓ三九二六、道藏本與集注本改。」同註204，頁198。

〔註211〕同註205，卷下，〈養德第五十一〉，頁16。

〔註212〕同註205，卷上，〈歸根第十六〉，頁7。

〔註213〕同註205，卷上，〈歸根第十六〉，頁7。

〔註214〕「用道治國」本作「謂用道治國」。王卡云：「影宋本無「謂」字，據道藏本補。」同註204，頁141。

〔註215〕「國富民昌」本作「國安民昌」。王卡云：「『國富』，影宋本作『國安』，據強本、顧本及道藏本改。」同註204，頁141。

〔註216〕「無有既盡之時也」本作「無有既盡時也」。王卡云：「影宋本無『之』字，據顧本、道藏本補。」同註204，頁141。

〔註217〕同註205，卷上，〈仁德第三十五〉，頁12。

　　《禮記・中庸》云：「天命之謂性，率性之謂道〔註218〕」，所謂命，泛指生
命與命運，主要指人生於世所遇不同的境遇與壽命。《河上公章句》當中雖無對
命作出定義，但有性命之說，《河上公章句》認爲道生萬物除了賦予人身清靜自
然本性之外，同時還蘊含生生理序，使萬物得以因循自己然之理生長完成，因
此，人之生死壽命也是道所賦予人身者，與自然本性相同，故稱之性命。

　　由於性命爲道所生，故人若能修道行善，復歸清靜本性，與道相通，壽
命自然得以長生不死，反之，若人執著外在情識，使清靜本性受情欲干預而
造成形體損傷，壽命自然容易亂衰亡，由此可知，《河上公章句》的性命觀已
從《老》、《莊》主張清靜無欲、自然無爲，不執著強調死生的性命觀當中轉
變爲重視壽命長短，而希望能透過修養達到延長壽命、復命不死的修養觀，
而這也影響了其後道教追求長生成仙思想的產生。

六、情欲出於五內

　　　出生謂情欲出於五內〔註219〕，魂定魄靜，故生也。入死謂情欲入於
　　　胸臆，精勞神惑〔註220〕，故死。〔註221〕

　　　天地之間空虛，和氣流行，故萬物自生。人能除情欲，節滋味，清
　　　五藏，則神明居之也。〔註222〕

　　人性清靜自然，如同初始之道體，在人身透過心主宰作用展現於外，心
能專一，使太和精氣盈滿全身，則神魂安定清明、精魄清靜柔順，五臟運行
和順而生生不息，反之若心不能專一，太和精氣離散漏泄，則「精勞神惑」、
形體堅強而邁向死亡。因此，情欲成爲影響心神是否清明、形體是否和柔的
重要關鍵，若能好好保養太和精氣，使神魂精魄聰明靜定，心性合於道，便
能達修養的目的長壽延年。

〔註218〕（漢）鄭玄注、（唐）孔穎達正義：《禮記正義》六十三卷，頁879。
〔註219〕「出生謂情欲出於五內」本作「出生謂情欲出无內」。王卡云：「影宋本漏『於』
　　　　字，據 S 三九二六、P 二六三九、顧本、強本、延命錄與道藏本補。」王卡
　　　　點校：《老子道德經河上公章句》，頁 193。案：「五內」影宋本作「无內」，
　　　　今據 S 三九二六、P 二六三九、道藏本改作「五內」。
〔註220〕「精勞神惑」本作「精神勞惑」。王卡云：「影宋本原作『精神勞惑』，P 二六
　　　　三九、S 三九二六、作『精勞神或』，延命錄作『精散神惑』。今從敦煌本。」
　　　　同註 219，頁 193。
〔註221〕（漢）河上公章句：《老子道德經》二卷，卷下，〈貴生第五十〉，頁 15。
〔註222〕同註 221，卷上，〈應用第五〉，頁 5。

　　言有欲之人與無欲之人，同受氣於天。天中復有天也。稟氣有厚薄，

　　得中和滋液則生賢聖，得錯亂汙辱則生貪淫也。〔註223〕

　　其次，《河上公章句》認為人身皆有清靜本性，但之所以社會上會出現聖賢與貪淫之人，其中的差別在於稟氣有厚薄。當人生於世，若稟氣較厚，太和之精氣便得以充盈滋養全身，此人便成為聖賢，若稟氣較薄，太和之精氣便無法充盈而外洩，此時精神便無法清明思慮，形體便無法合道運行，便容易導致污辱之氣進入身中而產生貪淫嗜欲。由此可知，《河上公章句》受漢代性分三品之說影響，但只強調聖賢之人與貪淫之人之性，認為太和之精氣是否充盈全身為人性善惡的關鍵之一，因此在修養功夫上守中和之氣便成為重要的課題之一〔註224〕。

　　營魄，魂魄也。人載魂魄之上得以生，當愛養之。喜怒亡魂，卒驚

　　傷魄。魂在肝，魄在肺。美酒甘肴，腐人肝肺〔註225〕。故魂靜志道

　　不亂，魄安得壽延年也。〔註226〕

　　言人所為，功成事立，名迹稱遂，不退身避位，則遇於害，此乃天

　　之常道也。譬如日中則移，月滿則虧，物盛則衰，樂極則哀。〔註227〕

　　所謂情，指人受外在事物影響之後所產生表現於外的情緒，《河上公章句》云：「地食人以五味，從口入藏於胃。五味濁辱〔註228〕，為形骸骨肉，血脈六情〔註229〕」，《河上公章句》認為人性本清靜無欲，鼻口耳目本應與天道相通，因任自然，隨順形體所須呼吸飲食，使耳聰目明。但若喜怒等六情失去原本正常的表現，便會使主宰鼻息心志之神魂與主宰口耳目之精魄損傷喪亡，當

〔註223〕（漢）河上公章句：《老子道德經》二卷，卷上，〈體道第一〉，頁4。

〔註224〕王清祥云：「性善之人（先天之氣雄厚的人），當潔身自愛，守氣、養氣，使氣更為雄厚，更為充沛，成為至至善之人。性惡之人（先天之氣稀少的人）當修身養性，使氣由稀而厚，由少而多，成為行善之人。」王清祥：《《老子河上公注》之研究》，頁65。

〔註225〕「腐人肝肺」本作「腐人膊肺」。王卡云：「又影宋本『肝』字原誤作『膊』，今據 S 四七七、強本、道藏本、集注本與劉本改作『肝』。」王卡點校：《老子道德經河上公章句》，頁37。

〔註226〕同註223，卷上，〈能為第十〉，頁5。

〔註227〕同註223，卷上，〈運夷第九〉，頁5。

〔註228〕「五味濁辱」本作「五性濁辱」。王卡云：「影宋本『五味』原誤作『五性』，據 S 四七七、強本、道藏本、延命錄及陳景元本改作『味』。」同註225，頁24。

〔註229〕同註223，卷上，〈成象第六〉，頁5。

魂魄傷亡便會造成五臟之神散失，五臟之神散失則會使五臟作用失序，便會導致形體損傷。《河上公章句》認爲影響心性表現者有六情，言有喜、怒、驚、樂、哀等，但並未明確指出六情之內容，而同一時期的《白虎通德論‧性情》便指出「五性者何謂？仁、義、禮、智、信也。……六情者，何謂也？喜、怒、哀、樂、愛、惡謂六情，所以扶成五性〔註230〕」，因此，要能「守五性，去六情，節志氣，養神明〔註231〕」才能回復到清靜自然本性。

所謂欲，即是過度追求鼻口耳目的享受，《河上公章句》云：「美酒甘肴，腐人肝肺」、「言人所爲，功成事立，名迹稱遂，不退身避位，則遇於害」、「物盛則衰，樂極則哀」，當過度享受美酒甘肴等鼻口嗜欲，便會造成魂魄過度喜樂，腐蝕五臟之肝肺正常表現，使形體損傷，最終便會導致極度哀傷。而過度追求外在名利欲望，便容易產生貪淫或污辱，這也是導致形體遇害的關鍵〔註232〕。

因此，《河上公章句》認爲欲望的過與不及皆是影響情感是否正常表現的關鍵，當六情失衡，神魂精魄錯亂，便會導致五臟之神盡傷而加速死亡。故《河上公章句》云：「天中復有天也。稟氣有厚薄，得中和滋液則生賢聖，得錯亂汙辱則生貪淫也〔註233〕」、「能知天中復有天，稟氣有厚薄，除情去欲，守中和，是謂知道要之門戶也〔註234〕」，除情去欲便成爲《河上公章句》修養功夫的根本，若除清去欲，便能保守中和之氣於全身，心性清靜無欲，五臟之神作用正常，形體、五臟、感官順其自然運行，最終達到長生久視的修養境界。

綜上所述，《河上公章句》以精氣神作爲人身之架構，分別論述形體之鼻口耳目、五臟等感官、腑臟，以及五臟之神、心性情欲等精神、思慮與情感之表現，構成氣化身體之內涵，故「萬物中皆有元氣，得以和柔，若胸中有藏，骨中有髓，草木中有空虛與氣通，故得久生也〔註235〕」，人爲元氣中太和之精氣所生，形體與精神皆以氣爲內涵，如胸中有藏、骨中有髓，氣皆流行

〔註230〕（清）陳立撰、吳則虞點校：《白虎通疏證》（全二冊），冊一，卷八，頁381
～382。

〔註231〕（漢）河上公章句：《老子道德經》二卷，卷上，〈檢欲第十二〉，頁6。

〔註232〕陳慧娟云：「人之有情欲乃人之常情，但情欲的過度擴張會妨害自然之性的發展，也會使得精神受到耗損，性命亦隨之而去。」陳慧娟：《兩漢三家《老子》注養生思想研究》，頁274。

〔註233〕同註231，卷上，〈體道第一〉，頁4。

〔註234〕同註231，卷上，〈體道第一〉，頁4。

〔註235〕同註231，卷下，〈道化第四十二〉，頁14。

溝通其間，使精神神明清靜守一，而這重形養神的身體觀也成為道教修養論的重要基礎〔註236〕。

第四節　修道於身，愛氣養神，益壽延年

　　在「人生含和氣，抱精神」的身體觀建構之下，《河上公章句》的修養論除了發揮道家虛靜心性的修養功夫，其更重視的為形體間生生不息之氣之保養，希望透過除情去欲、守中和之氣、愛身養氣等修養步驟，達到天人相通、體道合德之長生久壽之境。

一、除情去欲

　　　言生死之類各有十三，謂九竅四關也。其生也，目不妄視，耳不妄聽，鼻不妄嗅〔註237〕，口不妄言，舌不妄味〔註238〕，手不妄持，足不妄行，精不妄施〔註239〕。其死也反是〔註240〕。〔註241〕

　　　目不妄視，耳不妄聽，口不妄言，則無怨惡於天下，故長壽。〔註242〕

〔註236〕湯一介云：「要解決生死問題必然要遇到神形關係問題。……而道教主張『神不離形而長生』就是沿著神仙家思想發展而成的。……道教以為，人們超生死、得解脫的道路不是圓應寂滅，而是肉體成仙。……按道教多以『舉形升虛』為上，這種主張的基礎必定是『形神不離』，神和形結合在一起飛升而成仙，進入神仙世界。」湯一介：《魏晉南北朝時期的道教》，頁334～335。王清祥云：「道教主張『神不離形，而長生』這是人成為神仙重要論點之一。」王清祥：《《老子河上公注》之研究》，頁56。

〔註237〕「鼻不妄嗅」本作「鼻不妄香臭」。王卡云：「影宋本原作『鼻不妄香臭』，集注本與Ｐ二六三九、Ｓ三九二六同影宋本，強本、道藏本與天祿本作『鼻不妄香臭』，然據上下文，此句作『鼻不妄嗅』於義為長，今從顧本與延命錄改正。」王卡點校：《老子道德經河上公章句》，頁193。

〔註238〕「口不妄言，舌不妄味」本作「口不妄言味」。王卡云：「影宋本原作『口不妄言味』，今據顧本、集注本與延命錄作『口不妄言』。影宋本原缺『舌不妄』三字，據顧本、集注本補。」同註237，頁193～194。

〔註239〕「精不妄施」本作「精神不妄施」。王卡云：「影宋本原作『精神不妄施』，集注本作『精不妄搖於』，今從顧本、強本、Ｓ三九二六、Ｐ二六三九、延命錄與道藏本刪去『神』字。」同註237，頁194。

〔註240〕「其死也反是」本作「其死也反是也」。王卡云：「影宋本『反是』誤作『反是也』，Ｓ三九二六作『反此』，今從顧本、強本、道藏本、延命錄、集注本與天祿本改作『反是』。」同註237，頁194。

〔註241〕（漢）河上公章句：《老子道德經》二卷，卷下，〈貴生第五十〉，頁15。

〔註242〕同註241，卷上，〈辯德第三十三〉，頁12。

　　在感官方面，《河上公章句》認爲會影響情欲過度表現者爲目、耳、鼻、口、舌、手、足、精等九竅四關在面對外在嗜欲時的反應，九竅四關若能不過度貪戀視、聽、嗅、言、味、持、行、施，淡泊無欲，清靜自然，心性自能回復道初始虛無清明的境界，生命即能長壽久生。反之，則「目不妄視，妄視泄精於外〔註243〕」、「貪淫好色，則傷精失明也，不能視無色之色〔註244〕〔註245〕」、「人嗜於五味〔註246〕，則口亡，言失於道味也〔註247〕」，若飲食不節制美食佳餚，目貪戀美色，欲望過度違反道恬泊本性則「邪僻滿腹，爲伐本厭神〔註248〕」，終將導致形體日漸剛強而邁入死亡〔註249〕。因此，《河上公章句》強調「以其不犯上十三之死地〔註250〕。言神明營護之，此物不敢害〔註251〕」，以此爲自然養生之道。

> 天地之間空虛，和氣流行，故萬物自生。人能除情欲，節滋味，清五藏，則神明居之也。〔註252〕

> 治身者當除情去欲，使五藏空虛，神乃歸之也。〔註253〕

〔註243〕（漢）河上公章句：《老子道德經》二卷，卷上，〈檢欲第十二〉，頁6。

〔註244〕「不能視無色之色」本無。王卡云：「『不能視無色之色』，影宋本、S四七七等多無此句。按下文河上注有『不能聽無聲之聲』，此處亦當有『不能視無色之色』，今據道藏本與顧本補。」王卡點校：《老子道德經河上公章句》，頁46。

〔註245〕同註243，卷上，〈檢欲第十二〉，頁6。

〔註246〕「人嗜於五味」本作「人嗜於五味於口」。王卡云：「『人嗜於五味』，此句影宋本、天祿本、集注本並作『人嗜於五味於口』，道藏本作『人嗜五味』，顧本作『嗜於五味』，今從S四七七、治要與強本作『人嗜於五味』。」同註244，頁45。

〔註247〕同註243，卷上，〈檢欲第十二〉，頁6。

〔註248〕同註243，卷下，〈愛己第七十二〉，頁21。

〔註249〕趙中偉云：「禍患主因，就在於觸情縱欲。會使自身受辱，⋯⋯情欲過甚，除了自身受辱之外，亦是叛道離德之舉。同時，人能夠生存，進而長生，就是不沾情欲；走向死亡，不得好死，即是放縱情欲，精神疲勞。」趙中偉：《道者，萬物之宗：兩漢道家形上思維研究》，頁251；陳慧娟云：「《河上公注》一再指出『精神』之與『情欲』乃背道而馳者，情欲會妨害、排擠精神之發展，曰：『嗜欲傷神，財多累身。』（〈運夷・第九〉）欲望之發展會阻礙精神，甚至會帶來禍患。」陳慧娟：《兩漢三家《老子》注養生思想研究》，頁378。

〔註250〕「以其不犯上十三之死地」本作「以其不犯十三之死地」。王卡云：「影宋本漏『上』字，據顧本、強本、S三九二六與延命錄補。」同註244，頁195。

〔註251〕同註243，卷下，〈貴生第五十〉，頁16。

〔註252〕同註243，卷上，〈應用第五〉，頁5。

〔註253〕同註253，卷上，〈無用第十一〉，頁6。

綜上所述，《河上公章句》認爲九竅四關的過度享受，與六情失序，是外在感官行爲中，造成神魂精魄的損傷與錯亂的原因，因此如何去除感官情欲的影響，清靜五臟神，使之空虛清靜才能復歸道境，故云：「人能養神則不死也，……五藏盡傷，則五神去矣〔註254〕」。反之，若無法使感官、五臟清靜空虛，精神便容易散亡，形體也容易受到損傷，故《河上公章句》云：「吾所以有大患者，爲吾有身。有身則憂其勤勞〔註255〕，念其飢寒，觸情從欲，則遇禍患也〔註256〕」，放縱情慾，在意身體、感官享樂，必會使情緒動盪，憂樂之情破壞心性平和，神魂精魄散亡，終至遭遇禍患，形體剛強而趨向死亡。

因此，「得道之人，捐情去欲，五內清靜〔註257〕，至於虛極〔註258〕」，內在修養功夫必須要去除外在過度的欲望與失衡的情緒，使太和之精氣充盈全身、貫注五臟，神魂精魄自能靜定和柔，心性回復道初始虛靜自然的狀態〔註259〕，故曰：「情欲斷絕，德與道合，則无所不施，无所不爲也。〔註260〕」

二、心當專一和柔而神氣實內

天中復有天也。稟氣有厚薄，得中和滋液則生賢聖，得錯亂汙辱則生貪淫也。〔註261〕

能知天中復有天，稟氣有厚薄，除情去欲，守中和，是謂知道要之門戶也。〔註262〕

〔註254〕（漢）河上公章句：《老子道德經》二卷，卷上，〈成象第六〉，頁5。

〔註255〕「有身則憂其勤勞」本作「有身憂其勤勞」。王卡云：「又『身』字下影宋本原無『則』字，於文義不全，今據顧本、強本與取善集補。」王卡點校：《老子道德經河上公章句》，頁51。

〔註256〕同註254，卷上，〈猒恥第十三〉，頁6。

〔註257〕「五內清靜」本作「五內清淨」。王卡云：「又『靜』字影宋本原作『淨』，今從S四七七、道藏本改作『靜』。」同註255，頁64。

〔註258〕同註254，卷上，〈歸根第十六〉，頁7。

〔註259〕王清祥云：「氣是組成人身體有形與無形的基本分子，所以養生首重守氣、養氣，但是氣虛以無（即除情去欲）爲本，如此，方可以行氣導引而氣足，及精神飽滿。當精、氣、神三合一，便可長生不死。」王清祥：《《老子河上公注》之研究》，頁74；陳廣忠、梁宗華云：「『去六情』是河上公注中『治身』的第一要素。」陳廣忠、梁宗華著：《道家與中國哲學（漢代卷）》，頁77。

〔註260〕同註254，卷下，〈忘知第四十八〉，頁15。

〔註261〕同註254，卷上，〈體道第一〉，頁4。

〔註262〕同註254，卷上，〈體道第一〉，頁4。

　　除情去欲的內在修養功夫的關鍵，就在守中和之精氣。天地間和氣充盈流行，人居其中，「天人相通，精氣相貫〔註263〕」，人懷中和之精氣化育萬物，萬物皆得道之精氣而生。因此，要達道之虛靜自然，與道相通，就必須要保養人身當中精妙之中和之氣〔註264〕。

　　　　心當專一和柔而神氣實內〔註265〕，故形柔。而反使妄有所為，則和

　　　　氣去於中〔註266〕，故形體日以剛強也。〔註267〕

　　保守含養道之中和之氣，能使身中精氣充盈，五臟之神清靜，精神飽滿形體自然和順，到達清明之聖賢的境界，反之，若無法保守中和之氣，使身中精氣衰竭，五臟之神錯亂，人便會受情欲干預，精神散亡而形體堅強死亡〔註268〕。而保守中和之氣之法在於心是否專一，心為溝通天人的臟器，天之精氣由鼻入心，虛靜靈明，與道相通，故內在修養功夫當重心神專一，一者太和之精氣，守一即守心即守太和之精氣，「洗心濯垢，恬泊無欲，則精神居之而不厭也〔註269〕〔註270〕」，心當專一，使太和精氣充盈全身，便能

〔註263〕「天人相通」本作「大人相通」。王卡云：「影宋本『天人』誤作『大人』，據顧本、強本、S 三九二六、P 二六三九、道藏本與集注本改正。」王卡點校：《老子道德經河上公章句》，頁185。

〔註264〕卿希泰云：「《河上公章句》認為，人是稟天地之和氣而生的，人體內的和氣暢通，則可以長生；和氣衰竭，便會死亡。故善養生者當保養和氣。」卿希泰：〈《老子河上公章句》的成書時代與基本思想初探〉，頁19；呂佩玲云：「《河上公注》認為天地之間因為有『中和之氣』，所以萬物可以自生自長，能夠除情去欲，讓身心保持在寧靜安和的境界，讓中和之氣保有在心胸，就可以知曉體道的方法。」呂佩玲：《《老子河上公注》思想探究》（台中：東海大學中國文學系碩士論文，2004年），頁78。

〔註265〕「心當專一和柔而神氣實內」本作「心當專一和柔而氣實內」。王卡云：「影宋本缺『神』字，據顧本、強本、P 二六三九、S 三九二六與道藏本補。」同註263，頁215。

〔註266〕「則和氣去於中」本作「和氣去於中」。王卡云：「影宋本漏句首『則』字，據顧本、S 三九二六與道藏本補。」同註263，頁215。

〔註267〕（漢）河上公章句：《老子道德經》二卷，卷下，〈玄符第五十五〉，頁17。

〔註268〕陳慧娟云：「和氣存則生；和氣竭則死。人之生死即由『和氣』之存非所決定，既然人之生死是由『和氣』所決定，因此能保存較多的『和氣』，避免『和氣』的消耗，則可保持生命的現象。……事實上，『和氣』、『精氣』、『元氣』乃同源於一，三者相互牽動影響，因此『和氣』竭，『精氣』、『元氣』也會耗竭。」陳慧娟：《兩漢三家《老子》注養生思想研究》，頁362。

〔註269〕「則精神居之而不厭也」本作「則精神居之不厭也」。王卡云：「影宋本無『而』字，據道藏本與取善集補。」同註263，頁281。

〔註270〕同註267，卷下，〈愛己第七十二〉，頁21。

達與虛靜道體相通之玄妙之境〔註271〕。

三、愛氣養神

> 修道於身，愛氣養神，益壽延年。其德如是，乃為眞人。〔註272〕

> 不如守德於中，育養精神，愛氣希言。〔註273〕

> 人能自節養，不失其所受天之精氣，則可以長久〔註274〕。〔註275〕

《河上公章句》的修養功夫重視內在心性的修養，心專一守中和之氣，以達到除情去欲、虛靜自然的境界，而其中的關鍵皆在精氣，精氣若能保守全身，使之貫注充盈五臟形骸，神魂精魄必能清明虛靜。因此，《河上公章句》在修養功夫上提出固守其精、愛氣養神的觀念，希望透過修練保養體內太和之精氣，以達到心虛靜專一，精神清明，上通天道，以達長生久視的修養境界〔註276〕。

如何愛氣養神，為節養固守精氣於形體之內，《河上公章句》提出呼吸吐納的修養功夫〔註277〕，希望透過外在練氣的修練方式使精氣充盈固守於內，達到溝通內外，形氣神是一的狀態。

> 治身者呼吸精氣，无令耳聞也；治國者布施惠德，无令下知也。〔註278〕

〔註271〕趙中偉云：「『一』就是『道』，是以『抱一』就是『抱道』。如果我們時時刻刻能夠『抱道』，就能使個體生命得到永恆。其次，我們能夠放棄對個人形體的執著，順『道』而行，自然無為；則精神的生命將會昇華，悠遊自在，騰雲升空，出入無阻，無所不至，不僅精神長存，軀殼亦能長存天地。這就是求『道』而得『道』，天人合體的最大價值所在。」趙中偉：《道者，萬物之宗：兩漢道家形上思維研究》，頁240；陳慧娟云：「故抱一，也就等於抱守『太和之精氣』，能抱守太和之精氣，不使之須臾離於身，則可以身體柔弱，而得以長生久壽。」陳慧娟：《兩漢三家《老子》注養生思想研究》，頁363。

〔註272〕（漢）河上公章句：《老子道德經》二卷，卷下，〈修觀第五十四〉，頁16。

〔註273〕同註272，卷上，〈應用第五〉，頁5。

〔註274〕「則可以長久」本作「則可以久」。王卡云：「影宋本原無『長』字，據顧本、強本與取善集補。」王卡點校：《老子道德經河上公章句》，頁135。

〔註275〕同註272，卷上，〈辯德第三十三〉，頁12。

〔註276〕王清祥云：「人是由氣所架構的，氣足，則精神飽滿；氣少，則精神萎靡。所以人當守氣、愛氣、養氣，氣足不只有精神，且可以長生，長生是神仙的特色之一。」王清祥：《《老子河上公注》之研究》，頁55。

〔註277〕陳廣忠、梁宗華云：「吐故納新，導引行氣，為彭祖、王喬、赤松子養生之術，河上公也有所繼承。河上公行氣方法是通過口鼻吸收天地自然之元氣、精氣。」陳廣忠、梁宗華：《道家與中國哲學（漢代卷）》，頁80～81。

〔註278〕同註272，卷上，〈能為第十〉，頁6。

言鼻口之門，是乃通天地之元氣所從往來也。鼻口呼噏喘息，當綿綿微妙，若可存，復若无有。用氣常寬舒，不當急疾勤勞也。〔註279〕

《河上公章句》點出了呼吸調節的重要性，認爲天人相通，天地之精氣透過鼻口進入體內，影響人之心性形骸五臟，而且，呼吸吐納有其規律存在，所謂呼吸吐納即「鼻孔張開，使大氣出入叫『喘息』，鼻孔回合，均勻吐納叫『呼吸』。此爲利用鼻口之孔竅，與天地之氣互相流通、交流，使人氣與天地之氣完成一個大循環，在此循環之中，人將濁惡之氣交換而出，而吸取天地之元氣，如此新陳代謝的結果，人氣才能不斷地保持其活力，也才能日新又新，生生不息〔註280〕」因此，透過鼻口呼吸吐納，鍛鍊調節，並注意「當綿綿微妙」、「用氣常寬舒」，必能使天地之精氣透過鼻口溝通充盈流暢全身，使神魂精魄清明靜定，與天道自然相通〔註281〕，最終到達聖賢、眞人之境界，與益壽延年的終極目標。而強調愛氣養神便可「長生不死，世世以久〔註282〕」，這也使《河上公章句》由道家虛靜專一的心靈修養逐漸走向道教修養長生不死的境界。

綜上所述，《河上公章句》的修養觀承襲自道家心性修養而來，以講求除情去欲、專一虛靜等心性修養層面討論，因此，一般學者仍認爲《河上公章句》爲道家思想著作〔註283〕。但受兩漢氣論思想影響，加入氣的觀念，由強

〔註279〕（漢）河上公章句：《老子道德經》二卷，卷上，〈成象第六〉，頁5。
〔註280〕陳慧娟：《兩漢三家《老子》注養生思想研究》，頁367。
〔註281〕趙中偉云：「《河注》則以鼻和口類比玄牝；並認爲鼻口之間，象徵天地『元氣』流通往來之所。爲要修煉『元氣』，必須使鼻口呼吸調節適當，輕柔緩慢，若有若無；千萬不可動作急促，而無法獲得『元氣』。」趙中偉：《道者，萬物之宗：兩漢道家形上思維研究》，頁266；呂佩玲云：「它認爲鼻口是與天地溝通的器官管道，也因爲可以與天地溝通有無，所以就更不應當急促，而應該寬緩舒坦。」呂佩玲：《《老子河上公注》思想探究》，頁69。
〔註282〕同註279，卷下，〈修觀第五十四〉，頁16。
〔註283〕張運華云：「河上公認爲養神可以長生不殆，也主要是從人的心理體驗而言，而不是追求一種肉體的長生永存，……河上公明確承認肉體不可長存『人死利氣竭，精神亡』。由此看來，道家的養生思想，在《河上公章句》中還沒有發展成爲一種肉體長生的思想，至少還不十分明顯。」張運華：〈身國並重的道家養生論──論「老子河上公章句」〉，頁103；牟鐘鑒云：「在養生論上，作者主張『損情去欲，五內清靜』（十六章注），『愛氣養神，益壽延年』（五十四章注）。這是道家的傳統理論。不同的地方在作者受神仙思想的影響，認爲養生可以達到長生不死，……這種思想在《淮南子》中並不明顯，在河上公注裡就多了一些。」任繼愈主編：《中國哲學發展史（秦漢）》，頁642～643；呂佩玲云：「《河上公注》也有長生不死的想法，可是它著重的是傾向於精神

調保守全身中和之精氣與愛氣養神，且進一步加強呼吸吐納的外在修練功夫，並提出五臟之神的觀念〔註284〕，這也成爲道教思想當中的重要一環，影響到後來道教的神靈觀與行氣導引之術的思想奠定與發展〔註285〕。

層面的涵養、內在的修養，……因此也可以確定，《河上公注》是在道教成形之前的作品，而且並未與道教有接軌的跡象。」呂佩玲：《《老子河上公注》思想探究》，頁73。

〔註284〕王鐵云：「注文的內容包括有房中、吐納、行氣、內養五神等方術門類，但可總括爲一條，就是守精養氣。作者雖也相信得道者可以『輕舉升雲，出入無間』，但所談的都還可以算是比較切實的修煉方法。該書是最能說明養生、神仙方術與道家學說的關係的文獻之一。」王鐵：《漢代學術史》（上海：華東師範大學出版社，1995年12月），頁129～130。

〔註285〕王明云：「河上公則言除情去欲，煉養神明，是屬於道家求仙之行徑也歟。」王明：《道家和道教思想研究》（北京：中國社會科學出版社，1990年8月），頁313；卿希泰云：「王明先生認爲，河上公所主張的『除情去欲，煉養神明，是屬於道家求仙之行徑』是完全正確的。特別是它認爲在人身中有五臟之神的思想，在道教的許多典籍中，也有相同的主張，並加以發展了。……由此也可以見到從《老子道德經河上公章句》過渡到道教經典的密切關係，進一步表明《河上公章句》乃是從道家到道教的一道橋樑。」卿希泰：〈《老子河上公章句》的成書時代與基本思想初探〉，頁23～24；呂佩玲云：「這樣的主張，影響了日後道教呼吸吐納方面的身體修行。身體與天地之間的溝通，來自於身體器官對於『氣』的保有與修養，著重的似乎是對於『氣』的修煉之上。」呂佩玲：《《老子河上公注》思想探究》，頁69。